Se abre el telón

Se abre el telón

Teatro español y latinoamericano para analizar, conversar y actuar

Editoras KARLA P. ZEPEDA-WENGER *y* MÓNICA B. BOTTA

McFarland & Company, Inc., Publishers
Jefferson, North Carolina

This book has undergone peer review.

Library of Congress Cataloguing-in-Publication Data

Names: Zepeda-Wenger, Karla P., 1974– editor. | Botta, Mónica B., editor.
Title: Se abre el telón : teatro español y latinoamericano para analizar, conversar y actuar / editoras: Karla P. Zepeda-Wenger y Mónica B. Botta.
Description: Jefferson, North Carolina : McFarland & Company, Inc., Publishers, 2021 | Includes bibliographical references and index.
Identifiers: LCCN 2021026418 | ISBN 9781476678368 (paperback : acid free paper) ∞
ISBN 9781476642741 (ebook)
Subjects: LCSH: Spanish language—Textbooks for foreign speakers | Spanish language—Readers—Drama. | Spanish drama. | BISAC: LITERARY CRITICISM / Drama | LITERARY CRITICISM / American / Hispanic & Latino | LCGFT: Readers (Publications)
Classification: LCC PC4128 .S4 2021 | DDC 468.6/421—dc23
LC record available at https://lccn.loc.gov/2021026418

British Library cataloguing data are available
ISBN (print) 978-1-4766-7836-8
ISBN (ebook) 978-1-4766-4274-1

© 2021 Karla P. Zepeda-Wenger and Mónica B. Botta. All rights reserved

No part of this book may be reproduced or transmitted in any form or by any means, electronic or mechanical, including photocopying or recording, or by any information storage and retrieval system, without permission in writing from the publisher.

Front cover image: Gulliver Park and Neptune at Turia Gardens in the City of Arts and Sciences, Valencia, Spain, © A. Ortega 2020

Printed in the United States of America

McFarland & Company, Inc., Publishers
Box 611, Jefferson, North Carolina 28640
www.mcfarlandpub.com

A Matt, Ellie y Noah
A Carlos

Agradecimientos

Nuestro profundo agradecimiento a Sabina Berman, Juan Mayorga, Paloma Pedrero, Diana Raznovich, Concha Romero, Eduardo Rovner, Luisa (Chiqui) Vicioso y al grupo de teatro "Reflejo de la Diosa Luna" de la asociación civil Fortaleza de la Mujer Maya (FOMMA) por habernos concedido el permiso para reproducir las obras que se incluyen en este libro de textos.

A Jacqueline Bixler, Patricia O'Connor, Gladys Pedraza Grandal, Lisandra Ramos y Phyllis Zatlin por la cortesía de habernos facilitado el camino para llegar al encuentro de las autoras teatrales.

A Adilia Ortega le agradecemos su contribución a la portada y su permiso para reproducir su ilustración.

A su vez, un agradecimiento especial merece Layla Milholen por su valioso trabajo editorial, como así también lo merecen todas aquellas personas que detrás de la escena nos han brindado su apoyo para llevar a cabo este proyecto.

Agradecemos también a Purdue University Fort Wayne por su apoyo institucional y a la universidad Washington and Lee por el sabático otorgado, principalmente, para la preparación de este trabajo.

Por último, Karla Zepeda le agradece a su familia por su apoyo incondicional a su carrera, en especial a su esposo Matt, sus hijos Ellie y Noah, y sus padres. Mónica Botta agradece el apoyo que le han brindado su compañero Carlos, su familia y sus amigos y colegas.

Contenido

Agradecimientos	vi
Introducción	1
1. *¿Una foto?*, Eduardo Rovner (Argentina)	3
2. *Resguardo personal*, Paloma Pedrero (España)	15
3. *¿Tengo razón o no?*, Concha Romero (España)	24
4. *Entre Villa y una mujer desnuda*, Sabina Berman (México)	36
5. *El sí de las niñas*, Leandro Fernández de Moratín (España)	73
6. *La casa de Bernarda Alba: Drama de mujeres en los pueblos de España*, Federico García Lorca (España)	119
7. *Casa matriz*, Diana Raznovich (Argentina)	156
8. *La monja bruja*, Petrona de la Cruz, Isabel Juárez Espinosa, grupo teatral "Reflejo de la Diosa Luna" de la asociación civil Fortaleza de la Mujer Maya (México)	179
9. *Andrea Evangelina Rodríguez*, Luisa A.S. (Chiqui) Vicioso (República Dominicana)	189
10. *El chico de la última fila*, Juan Mayorga (España)	203
Glosario	241
Índice	243

Introducción

En el campo de la enseñanza de la lengua son numerosos los estudios que, cimentados en sustentos teóricos, hacen hincapié en el valor pedagógico de utilizar el teatro en el aprendizaje de un idioma. A raíz de estos presupuestos y de nuestro empleo de recursos teatrales surgió la necesidad de crear un libro con el ánimo de desarrollar la competencia comunicativa e intercultural del español, precisamente, por medio del estudio de textos dramáticos y el uso de técnicas teatrales. Haciéndonos eco de la consigna "el teatro también se lee" que apareció en la Argentina, España y en otros países, *Se abre el telón: Teatro español y latinoamericano para analizar, conversar y actuar* reúne a autores/as de teatro que escribieron o escriben a ambos lados del Atlántico, con el fin de facilitar la lectura, el análisis y la escenificación de textos dramáticos en una clase de español. Por su parte, hemos compilado un conjunto variado de textos y autores teatrales con miras a disminuir la brecha existente entre las obras que están disponibles para su lectura y aquellas que se representan en la actualidad. De este modo, entre los dramaturgos/as que incluimos se encuentran Sabina Berman, Leandro Fernández de Moratín, Federico García Lorca, Juan Mayorga, Paloma Pedrero, Diana Raznovich, Concha Romero, Eduardo Rovner, Luisa A.S. (Chiqui) Vicioso y el grupo teatral "Reflejo de la Diosa Luna" formado por Petrona de la Cruz e Isabel Juárez Espinosa, fundadoras de la asociación civil Fortaleza de la Mujer Maya (FOMMA).

En cuanto a los usos de *Se abre el telón*, el libro está planteado para cursos de español dirigidos a estudiantes de un nivel intermedio-avanzado, tanto en el contexto universitario como en las clases avanzadas (AP) de la escuela secundaria de los Estados Unidos. Las obras dramáticas y las poéticas teatrales representadas en estas páginas también aspiran a que el alumnado desarrolle una apreciación por el hecho teatral en su totalidad.

Se abre el telón se compone de diez capítulos que siguen un formato específico: una introducción a los autores y su obra, el texto completo de una pieza teatral, siete secciones didácticas y una breve bibliografía. Los ejercicios permiten que las obras sean analizadas desde múltiples perspectivas, comenzando por ejercicios que buscan un acercamiento al tema tratado a nivel personal hasta otros orientados a fomentar un análisis más profundo del texto; por ello, los ejercicios se organizan bajo los siguientes títulos: (1) Actividades preliminares, (2) Circunstancias dadas, (3) Preguntas de comprensión, (4) Más allá de la comprensión, (5) Dramatizaciones, (6) Conexiones culturales, y (7) Ahora a escribir. Al final se adjunta un glosario que recoge una lista reducida de términos y conceptos vinculados al teatro. Este glosario incluye términos básicos para discurrir sobre el teatro porque nuestra práctica pedagógica nos ha demostrado la importancia de reforzar el uso más común del vocabulario especializado, en lugar de presentar una lista pormenorizada de conceptos que son de poco uso.

Las piezas recopiladas se organizan siguiendo un orden temático con miras a alentar la indagación de los cruces o puntos de contacto y de tensión entre los textos estudiados. Algunos de los ejes temáticos que recorren estas obras son, por orden de aparición: el conflicto de pareja, la cultura patriarcal y su desmantelamiento, la construcción de género, el aspecto performativo de la identidad, la cultura de consumo, el autoritarismo y la violencia política, el desamparo y la solidaridad, la memoria histórica y las relaciones de poder. Siguiendo un modelo de lectura progresiva, este libro de textos comienza con obras de un acto. Por consiguiente, esta metodología ha propiciado que las piezas no aparezcan por orden cronológico, como sucede en las antologías literarias.

Creemos que *Se abre el telón* tiene tres rasgos distintivos. Uno, es el de ofrecer una serie de actividades creativas para que los estudiantes desarrollen la destreza comunicativa siguiendo los principios pedagógicos que se establecen en el *American Council on the Teaching of Foreign Languages* (ACTFL), en cuanto a las modalidades que se designan como "interpersonal," "interpretativa" y "presentacional." Ciertamente, este aspecto del libro queda reflejado en una serie de ejercicios que van desde la conexión personal y cultural con el material presentado hasta ejercicios de improvisación, conversación y escritura, orientados a imaginar las posibilidades escénicas de un texto, pasando primero por la comprensión, análisis, discusión e interpretación de las piezas estudiadas. La segunda característica es la de conciliar la presencia de una variedad de temáticas relevantes con planteos que abren pistas para la formación de diferentes ópticas interpretativas. Por último, la importancia concedida a la práctica escénica, en la forma de ejercicios de improvisación y actuación, es otro de los pilares en los que se sustenta el libro, en el sentido de que además del objetivo pedagógico procuramos incentivar la destreza creativa y expresiva del estudiantado.

Finalmente, así como al comienzo hicimos alusión a la consigna "el teatro también se lee," ahora nos gustaría concluir con el presupuesto de que "el teatro también se puede hacer, ver y apreciar" en el contexto de una clase de idiomas y de literatura, las que solemos dictar en nuestros departamentos de español. Esperamos que este libro abra el camino para alcanzar dicho propósito.

1

¿Una foto...?
Eduardo Rovner
(Argentina)

Introducción

Eduardo Rovner (Buenos Aires, 1942-2019), graduado en Ingeniería Electrónica, Psicología Social y como violinista en el Conservatorio Municipal de Música Manuel de Fallas, comenzó su creación dramatúrgica en la década del setenta y desde entonces es autor de cincuenta obras dramáticas, entre ellas: *Último premio* (1991); *Concierto de aniversario* (1983), con la que participó en el ciclo Teatro Abierto, *Y el mundo vendrá* (1989), *Volvió una noche* (1995), *Tinieblas de un escritor enamorado* (1999) y *Lejana tierra mía* (2002), muchas de ellas representadas en diversos escenarios del mundo. Rovner, además, ha desempeñado diversas funciones en instituciones relacionadas al ámbito de la cultura y también ha sido fundador y director de revistas especializadas en teoría y práctica teatral.

En reconocimiento a su dramaturgia y a su labor en el quehacer cultural, Rovner ha sido galardonado con varias distinciones dentro y fuera de la Argentina, entre ellas, el Premio Casa de las Américas, Premio Argentores de la Sociedad Argentina de Autores, Premio Nacional de Dramaturgia, Premio Fundación Konex, Premio Asociación de Autores y María Casares (España), ACE y HOLA (Nueva York). Algunos rasgos estilísticos que caracterizan su dramaturgia son el uso del humor y la ironía, la presencia de la música como elemento metafórico de la trama, y la representación distorsionada de situaciones que reconocemos como cotidianas. En cuanto a los ejes temáticos muchas de sus obras exploran y cuestionan la máscara social de los individuos, el autoritarismo, el abuso de poder en el ámbito familiar, el conflicto generacional y el desfase entre el discurso y la acción de las personas.

En efecto, algunos de estos temas están presentes en *¿Una foto...?*, pieza que pertenece a la primera etapa de la producción dramática del autor. Esta obra se estrenó en 1977 y desde entonces fue montada en numerosas ocasiones. Como en muchas de sus piezas, el comienzo y el desarrollo de la trama encuadran con los procedimientos realistas, pero para la sorpresa del público espectador, el desenlace linda más con los procedimientos del absurdo teatral.

¿Una foto...? (1977)[1]

Personajes
Luis
Alicia

Escuchando "La Primavera," de "Las Cuatro Estaciones" de Vivaldi, está Luis sentado en una silla. Lee una revista y hamaca el cochecito donde está el bebé, al que no se ve.

ALICIA. (*Desde afuera.*) ¿Cómo está?
LUIS. (*Mira el cochecito y contesta.*) Bien. (*Sigue leyendo y hamacando.*)
ALICIA. (*Entrando.*) ¿Por qué no aprovechamos para sacarle una foto?
LUIS. ¿Ahora?
ALICIA. Y, sí. ¿Por qué no?
LUIS. No, digo, porque... ya que está bien...
ALICIA. No le va a pasar nada porque le saquemos una foto... Andá a buscar la cámara. (*Se acerca al cochecito y comienza a arreglarlo.*)
(*Luis sale.*)
LUIS. (*Desde afuera.*) Mientras, preparalo.
ALICIA. Es lo que estoy haciendo.
(*Vuelve Luis con la cámara y abre el estuche.*)
ALICIA. ¡Qué rapidez!
LUIS. Busqué la cámara y vine. ¿Qué más iba a hacer?
ALICIA. ¿Y el flash?
LUIS. (*Mira. Está inseguro.*) Cierto. (*Vuelve a irse.*)
ALICIA. ¡Fijate que esté todo!
LUIS. (*Desde afuera.*) ¡No te preocupes por lo que tengo que hacer yo!
ALICIA. Bueno.
LUIS. ¿Por qué, mientras, no lo peinás un poco?
(*Alicia asiente y continúa con el cochecito. Vuelve Luis con la cámara y el flash y comienza a preparar todo.*)
ALICIA. ¿Te parece que está bien así?
LUIS. (*Duda.*) Sí...
ALICIA. ¿No tendría que cambiarlo?
LUIS. No, dejá. (*Sin mirar. Concentrado en el armado de la máquina y el flash*)
ALICIA. ¿Estás seguro?
LUIS. Así está bien... que esté natural... Lo importante es el gesto.
ALICIA. Sí, que sea... como de improviso, ¿no?

---

1. Los personajes de esta obra usan el pronombre *vos* y las conjugaciones asociadas con este pronombre para aludir a la segunda persona singular informal. Esto se conoce con el nombre de *voseo* y, en la actualidad, su uso se extiende principalmente en la región de Centroamérica (excepto por Panamá) y en Bolivia, Ecuador, Argentina, Uruguay y Paraguay.

1. ¿Una foto…?

LUIS. Instantánea. (*Tiene dificultades para conectar el flash.*)
ALICIA. Eso… Las fotos en pose no me gustan.
LUIS. Mmmm…. (*Asiente sin prestar atención.*)
ALICIA. Es como si no tuviesen vida, ¿no? … Mientras que las naturales, ésas en las que uno sale así *(hace un ademán.)* dan la impresión de que tuviesen vida siempre… No solo el que está en la foto, sino el que la mira también cree que está en ese tiempo, ¿no es así? Es volver a vivir.
LUIS. Mmmmm…. Me parece que le falta un cable.
ALICIA. ¿A quién?
LUIS. ¿Cómo a quién? ¡Al flash!
ALICIA. Ah. ¿Cuántos tiene que haber?
LUIS. Dejame a mí… Ya me voy a dar cuenta cómo es…
ALICIA. Bueno.
LUIS. Me parece que había dos: uno del flash a la cámara y el otro de… (*Duda.*) Voy a probar con este solo. (*Prueba acercándoselo al oído.*)
ALICIA. ¿Y?
LUIS. Parece que sí… Por lo menos hace el silbido.
ALICIA. ¿Cómo la olla a presión?
LUIS. No hagas bromas… (*Con confianza.*) Sí, claro, seguro, tenía que ser así.
ALICIA. ¿Ya podemos sacar la foto?
LUIS. Esperá, se tiene que prender la luz del flash.
ALICIA. ¿A ver?
LUIS. ¿Vos, qué sabés? ¡Además lo estoy haciendo yo! ¿O no? Haceme el favor de no meterte.
(*Pausa.*)
ALICIA. ¿Ya está?
LUIS. Ahora sí, ya está… (*Mira el cochecito.*) A ver dónde lo ponemos…
(*Van probando distintos lugares.*)
ALICIA. No, ahí no.
LUIS. ¿Te parece aquí?
ALICIA. Me gusta más ahí.
LUIS. No, ahí no es bueno el fondo.
ALICIA. ¿Por qué no?
LUIS. No tiene buena luz.
ALICIA. Si igual tenemos flash.
LUIS. ¿Qué tiene que ver? Mejor por acá.
ALICIA. Bueno, donde quieras.
(*Luis lo deja en el borde del escenario.*)
LUIS. Aquí está muy bien… ¿no?
ALICIA. Sí, sí.
LUIS. Mejor lo saco de arriba.
ALICIA. Sí, así sale de frente.
(*Luis pone una silla delante del cochecito y se sube a ella. Queda frente al público. Mira por la cámara.*)
LUIS. ¿Serán dos metros?

ALICIA. Más o menos… ¿Le sacaste la tapa?
(*Luis mira, mueve la lente, toca el flash.*)
LUIS. Sí, ya está todo.
ALICIA. Sacásela linda, ¿eh?
LUIS. (*Mirando por la máquina.*) Mirá la cara que tiene. ¿Por qué no le hacés algo?
(*Alicia insiste con las gracias, sin éxito.*)
ALICIA. Esperá, voy a buscar el sonajero. (*Sale.*)
LUIS. Apurate.
(*Luis baja la máquina y queda esperando sobre la silla. Vuelve Alicia con el sonajero. Luis, nuevamente, se coloca en posición para sacar la foto. Alicia agita el sonajero.*)
ALICIA. No pasa nada.
LUIS. Probá hacerle así. (*Le indica una forma algo extraña.*) (*Alicia intenta de esa manera.*)
ALICIA. No se ríe.
LUIS. (*Bajando la máquina.*): Probá con otra cosa.
ALICIA. ¿Se sentirá mal?
LUIS. ¿Por?
ALICIA. Quizás le duele la panza… Hoy comió un poco más.
LUIS. ¿Un poco más que cuándo?
ALICIA. Que otros días.
LUIS. Dale las gotas.
ALICIA. ¿Y si se duerme?
LUIS. Ponele música.
ALICIA. ¿Sabés que no es mala idea? ¡Le encanta! (*Va a buscar los cassettes.*)
LUIS. ¿Qué le vas a poner?
ALICIA. Tchaikovsky. Le gusta muchísimo.
LUIS. ¿Tchaikovsky?
ALICIA. ¡Vas a ver!
(*Pone el casette, se escucha la música. Los dos van a mirar al bebé. Alicia hace un gesto de frustración.*)
LUIS. Poné de nuevo el de Vivaldi que estaba escuchando.
ALICIA. ¿Te parece, Vivaldi?
LUIS. ¿Por qué no? Con ése estaba bien.
ALICIA. Es lindo, pero no es para que se ría.
LUIS. ¿Y Tchaikovsky qué tiene de gracioso?
ALICIA. No compares.
LUIS. Para eso ponele uno de Chaplin.
ALICIA. No seas tonto.
LUIS. ¡Ah! ¿Tonto yo? Si los dos parecemos un par de… Mirá, si alguien estuviese mirándonos estaría muriéndose de risa… Las cosas que hacemos para que….
ALICIA. (*Mira al bebé, y repentinamente.*) ¡Ahí, sacala, se está riendo!
(*Luis sube rápidamente a la silla y saca la foto. El flash encandila al público.*)
ALICIA. (*Al cochecito.*) ¡Dulce! (*A Luis.*) Salió lindísimo, ¿no?
LUIS. Bueno, ya está. (*Baja de la silla, pasa la foto, mira la máquina. Se queda observándola.*)

1. ¿Una foto...?

ALICIA. ¡Está tan hermoso!... Pensar que teníamos miedo de que saliera un monstruo. ¿Te acordás?
LUIS. (*Asiente.*): Mmmm. (*Sigue mirando la máquina. Pasa las fotos.*)
ALICIA. Si sale como me imagino, la ampliamos, la ponemos en un marco hermoso y la colgamos en el dormitorio al lado de la de los abuelos, ¿no?
LUIS. (*Asiente.*) Mmmmm. (*Continúa observando la cámara.*)
ALICIA. ¿Pasa algo?
LUIS. No sé.... Me parece ... que...
ALICIA. ¿Qué?
LUIS. Que no tiene rollo.
ALICIA. ¿En serio?
LUIS. Creía que tenía.
ALICIA. No te puedo creer.
LUIS. ¿Por qué no? No es tan terrible, me olvidé ... que se terminó y lo saqué... Cualquiera se puede equivocar, ¿no?
ALICIA. Si yo no te dije nada.
LUIS. ¿Ah, no? Dijiste que no lo podés creer, como diciendo: –No se puede creer lo idiota que sos–.
ALICIA. ¡Ay no, Luis, ¡no te enojes!
LUIS. No me enojo, fue así... Además, decime, ¿por qué tengo que sacar yo la foto?
ALICIA. ¿Cómo por qué?
LUIS. Claro, si vos sos la que querés, ¿por qué no se la sacás vos?
ALICIA. No empieces ahora, cuando yo te dije de sacársela, no me dijiste nada.
LUIS. Te pregunté si tenía que ser ahora.
ALICIA. Lo que pasa ahora es que, si antes dije que sí o que no o nada, en última instancia no interesa, porque las cosas pueden cambiar, ¿o no?
ALICIA. (*Duda.*) Sí.
LUIS. Muy bien. Y yo ahora me pregunto: ¿Por qué lo tengo que hacer yo?
(*Pausa*)
ALICIA. ¿No quedará otro rollo?
LUIS. Sí, hay uno en el placard.
ALICIA. ¡Qué suerte!
LUIS. ¡No! ¡Qué suerte no!¡Queda uno porque me preocupé yo de comprarlo, por las dudas! ... (*Sale. Alicia se queda jugando frente al cochecito. Desde afuera.*) ¡Blanco y negro!
ALICIA. Bueno.
LUIS. (*Entrando.*) ¿Preferías color?
ALICIA. No, es igual.
(*Luis comienza a hacer la operación de poner el rollo.*)
LUIS. ¿Será posible? ¡Con estas máquinas es imposible saber si queda bien puesto o no!
ALICIA. ¿No es automática?
LUIS. ¡Justamente, por eso!
ALICIA. Fijate si sale el número uno.
LUIS. ¡Ahí está! Ojalá se ría rápido ahora.

ALICIA. Otro flash no le hará mal a los ojos, ¿no?
LUIS. ¿Querés que se la saque o no?
ALICIA. Sí, sí … espero que no le haga nada.
(*Luis termina de preparar la cámara. Se sube a la silla y se pone en posición para sacar la foto.*)
LUIS. Jugale con el sonajero… (*Alicia lo agita. Se ve que no hay reacción.*) Con más ganas. ¿Cómo querés que se ría así?
ALICIA. Bueno. ¿Qué querés que haga? (*Alicia lo agita. Se ve que no hay reacción.*)
LUIS. ¿No tendrá hambre?
ALICIA. Todavía falta una hora para la comida.
LUIS. Por las dudas no muevas mucho las tetas.
ALICIA. (*Irónica.*) ¡Qué gracioso!
LUIS. En una de esas se excita.
ALICIA. No seas pavo, ¿querés?
LUIS. Tenés razón… Para que se excite con vos…
ALICIA. ¡Miren quién habla, el macho de América! (*Pausa tensa.*)
LUIS. Bueno, dale, jugale, a ver si sacamos la foto de una vez, antes de que me empiecen a agarrar calambres.
ALICIA. ¡Ahí se ríe! ¡Dale, ahora! ¡¡Sacala!! … ¡¡No!! ¡¡Pará!!
LUIS. (*Sacándose la cámara del ojo.*) ¿Qué pasa?
ALICIA. No sé … esa cara…
LUIS. ¿Esa cara qué?
ALICIA. No me gusta mucho.
LUIS. (*sorprendido.*) ¿Por qué?
ALICIA. No sé … me parece una risa muy…
LUIS. ¿Muy qué? ¡Hablá!
ALICIA. Muy dura
LUIS. Estás bromeando.
ALICIA. No, en serio… No sé, es como si no fuese un bebé… ¿No es un gesto demasiado duro?
LUIS. (*Bajando de la silla.*) Me parece que si seguimos un poco más con todo esto nos podemos volver locos.
ALICIA. No, entendeme, una foto es algo que queda para toda la vida… y que salga con esa cara….
LUIS. ¡Esperá un poco! Calmémonos, a ver si podemos conversar tranquilamente. ¿Sabés qué?
ALICIA. ¿Qué?
LUIS. Creo que tenemos que organizarnos.
ALICIA. ¿Cómo organizarnos?
LUIS. ¡Seguro! Organizarnos, sentar las bases del problema. Por ejemplo, un primer punto importante es: ¿Cuántos tipos de sonrisas hay? Y segundo: ¿Cuál elige usted? Perdón, hay un tercer punto, también importante: ¿Cuál elijo yo?
ALICIA. ¡No seas ridículo!
LUIS. ¡Nooo, vamos a hacer las cosas bien! (*Va pasando de la ironía a la rabia.*) Hay varios tipos de sonrisas, primero: la sonrisa firme, como vos decís… (*La hace.*)

1. ¿Una foto...?

Segundo: la artificial... (*La hace.*) Tercero: la natural... (*La hace.*) Cuarto: La angelical (*La hace.*) Quinto: la maldita... (*La hace.*) Y así, fíjate que a medida que vas moviendo apenas la boca y los ojos.... (*Lo va haciendo lentamente.*) vas teniendo una sonrisa distinta. (*Mueve los ojos y la boca hasta que llega a una expresión con la cara contraída.*)

ALICIA. ¡Luis, qué horrible!
LUIS. ¿No te gusta?
ALICIA. No, sacá esa cara.
LUIS. (*Normalmente.*) ¿Ninguna te gusta?
ALICIA. (*Duda.*) ¿La verdad? La que más me gusta ... es la cuarta.
LUIS. ¿Cuál es?
ALICIA. La ... la que vos llamás angelical.
LUIS. Sabía.
ALICIA. ¿Qué sabías?
LUIS. Estaba seguro que a vos te iba a encantar ésa.
ALICIA. ¿Por qué?
LUIS. Si es claro como el agua, porque es lo que vos querés que sea.
ALICIA. ¿Qué quiero, a ver?
LUIS. ¿Querés verlo? (*Se arrodilla y simula rezar.*)
ALICIA. ¿Y que tendría de malo?
LUIS. (*Irónico.*) ¡No, nada! Si lo más natural del mundo es tener un hijo santurrón.
ALICIA. ¡Yo no dije que quiero que sea un santurrón!
LUIS. ¿Ah, ¿no? ¿Y qué querés que sea con esa sonrisa?
ALICIA. A vos te gustaría la sonrisa firme, ¿no?
LUIS. Y....mejor que la angelical.
ALICIA. (*Irónica.*) ¡Seguro! ¡Si es mejor que sea milico!
LUIS. En todo caso, es mejor que sea un macho y no un... Me entendés.
ALICIA. No. ¿Qué querés decir?
LUIS. No te hagas la inocente. Sabés qué quiero decir.
ALICIA. No sé. Si sos tan macho, decilo.
LUIS. (*Gritando.*) ¡¡No me provoques!! ¡¡Ni quiero, ni tengo por qué decirlo!! ¡¡Y si cada uno quiere otra cosa...!! (*Cambia repentinamente.*) ¿Será posible que siempre tengamos que discutir? (*Señala el cochecito.*) ¿Por qué no la terminamos de una vez?
(*Pausa*)
ALICIA. De acuerdo.
(*Pausa*)
LUIS. ¡Se me ocurre una idea!
ALICIA. ¿Qué?
LUIS. (*Excitado.*) ¡Escuchá, creo que tengo la solución final!! Es perfecta.
ALICIA. Decí.
LUIS. Lo importante para nosotros es una sonrisa para la foto, ¿no?
ALICIA. Sí.
LUIS. Muy bien, entonces, ¿para qué vamos a seguir peleando? Le dibujamos una neutral, con la que estemos de acuerdo los dos ... y se acabó. ¿Qué te parece? Si igual, para una foto....

ALICIA. Puede ser.
LUIS. Probemos, no perdemos nada.
ALICIA. Está bien. ¿Cómo hacemos?
LUIS. Traé un lápiz de labios.
ALICIA. Ya lo traigo.
(*Alicia sale.*)
LUIS. ¡Es una idea genial! ¿Cómo no se nos ocurrió antes? ¡Le dibujamos exactamente la sonrisa que queremos y asunto terminado! ¿Acaso no somos los padres? ¡Muy bien! Entonces le vamos haciendo la expresión que más nos guste a los dos… ¡Y así va a salir!
(*Vuelve Alicia.*)
ALICIA. ¿Se la dibujo yo?
LUIS. Sí, dale.
ALICIA. Vos mientras estate atento con la cámara. (*Luis sube a la silla. Alicia dibuja.*)
LUIS. Va fantástico.
ALICIA. ¿Está bien así?
LUIS. ¡Sí, correte!
ALICIA. ¡Ay, no! ¡Se chupa la pintura!
LUIS. ¡¡Por Dios!! ¡Parece a propósito!
ALICIA. ¿Y si le tengo la boca de los costados?
LUIS. Se van a ver las manos.
ALICIA. ¿Entonces?
LUIS. ¿Sabés qué necesitamos? ¡¡Una mueca!!
ALICIA. ¿Cómo una mueca?
LUIS. ¡Seguro! ¡¡Aunque sea una mínima mueca que podamos usar como sonrisa!!
(*Se prepara nuevamente con la cámara.*)
ALICIA. Pero… ¿Y cómo conseguimos que la haga?
LUIS. (*Lentamente.*) Ali, con cuidado, para que no se te vea nada, agachate bien… y retorcele un poco el piecito.
ALICIA. … ¿Te parece?
LUIS. No tengas dudas. Tranquila y segura.
(*Alicia se agacha y, sin mirar, lo hace.*)
ALICIA. ¿Y?
LUIS. Todavía no.
ALICIA. ¿Nada?
LUIS. (*Hace que no.*) Probá un poco más.
(*Alicia fuerza su gesto, torciendo más su mano.*)
ALICIA. ¿Ahora?
LUIS. (*Con rabia.*) Increíble, está impávido.
ALICIA. Pero… ¿Cómo puede ser?
LUIS. Animate, sin miedo. Un segundo de dolor, un instante de sufrimiento que se note apenas y se pueda confundir… ¡Y misión cumplida! ¿Te das cuenta?
ALICIA. ¡Me duele la mano!
LUIS. Ya está cambiando de color…. ¡Fuerza!
ALICIA. ¡No puedo más! ¿Nada hace?

LUIS. El último esfuerzo, Ali… ¡Falta una miseria!
ALICIA. ¡Es imposible! ¡Lo tengo dado vuelta!
LUIS. (*Al cochecito.*) ¡¡Una mueca, infeliz!! ¡¡ No te estamos pidiendo que te rías!! ¡¡Solo una mueca!!
ALICIA. ¡¡Terminemos con esto, Luis!! ¡¡Es inútil!!
(*Luis deja de mirar por la máquina y baja de la silla.*)
LUIS. ¡Soltalo!
ALICIA. (*Tomándose el brazo dolorido.*) ¡Mirá cómo me dejó el brazo!
LUIS. (*Con furia.*) ¡Ahora va a ver!
(*Luis va hacia el cochecito y le pega una patada, volcándolo. Apagón e inmediatamente un foco ilumina las caras de Luis y Alicia juntas, mirando el piso.*)
ALICIA. ¡Qué sonrisa hermosa!
LUIS. Como queríamos los dos…
Un flash encandila al público. Apagón.

Actividades preliminares

1. La fotografía: Alicia y Luis dicen que les gusta sacar fotos naturales, aunque luego vemos que sus acciones demuestran lo contrario. En tu caso, ¿te gustan las fotos naturales? ¿Qué significa sacar una foto natural? Posiblemente, la credencial (*identification card*) de tu universidad contiene una foto tuya. ¿Qué piensas de esa foto? Conversa sobre estos temas con un/a compañero/a de clase.

2. Entrevista a un/a compañero/a de clase y pídele que te describa una foto que tiene muy presente en su memoria. Pregúntale si puede reconstruir el momento o el contexto de la foto. Además, le puedes preguntar, ¿qué recuerdos evoca o asocia con esa foto? ¿cuándo fue la última vez que la vio? ¿es una foto digital?

3. La música: Alicia y Luis escuchan música de Vivaldi y de Tchaikovski. En tu caso, ¿en qué ambiente musical creciste? ¿has cambiado tus gustos musicales a través del tiempo? Ahora, ¿qué estilos de música escuchas? Conversa sobre estos temas con un/a compañero/a de clase.

Hacia el texto

A. Circunstancias dadas

En parejas, improvisen un diálogo creíble entre Alicia y Luis sobre uno de los siguientes temas de conversación:

1. El tipo de música que el bebé debería escuchar.
2. La distribución de las tareas domésticas.
3. La fiesta de cumpleaños de su hijo.

B. Preguntas de comprensión

1. ¿Qué imagen de Luis se presenta en la primera acotación de la obra? ¿Cuál es la primera impresión que tenemos de este personaje?
2. ¿Qué sabemos de Alicia y de Luis? ¿Con qué clase social puedes asociar a estos personajes? ¿Por qué?
3. ¿Cuál es el motor de la acción dramática? ¿Qué quieren hacer Alicia y Luis desde el principio hasta el final de la obra? ¿Con qué obstáculos se enfrentan?
4. ¿Qué piensas de la relación entre Alicia y Luis? ¿se llevan bien o discuten todo el tiempo?
5. ¿Qué contradicciones encuentras entre las palabras y las acciones de los personajes?
6. ¿Qué hacen los personajes para arrancarle una sonrisa "natural" a su hijo? Haz una lista de estas acciones. ¿Qué notas a medida que avanza la obra?
7. ¿Cuál es la primera acción que te llama la atención? ¿Por qué? Compara tu respuesta con la de un compañero.
8. ¿En qué momento vemos al hijo de la pareja sonreír? ¿Cómo interpretas esta sonrisa?
9. Según tu opinión, ¿qué importancia tienen el parlamento en el que Luis enumera y clasifica los diferentes tipos de sonrisa? ¿Qué aspectos de la personalidad de Luis se revelan en esta instancia de la obra?
10. Cuando los personajes discuten si quieren un hijo con la sonrisa "angelical" o con una sonrisa "firme," ¿qué comentario hace Luis? Otra vez, qué aprendemos sobre este personaje en este intercambio de palabras con su esposa.
11. Si vinculamos la idea de familia con la de nación, ¿qué puede representar el núcleo familiar? ¿Cómo interpretas que el bebé de esta pareja no quiere sonreír? ¿Qué significa sonreír? ¿Qué imagen se quiere representar con una sonrisa?
12. ¿Qué tipo de reacción te provoca el desenlace? Compara la escena final con el comienzo de la obra.
13. Explica el uso de signos de interrogación en el título. Inventa otro título para esta obra.

C. Más allá de la comprensión

1. En grupo, analicen la intensificación de la acción. Por ejemplo, ¿cómo explicas que, al principio de la obra, Alicia no quería sacarle fotos a su hijo porque tenía miedo de que el flash le hiciera daño, pero, luego, al final, es ella quien le retuerce el piecito a su bebé?
2. Si con el decorado quisieras transmitir algunos rasgos de la personalidad de Luis y Alicia, ¿qué elementos de utilería y decorado pondrías en la puesta en escena? Justifica tu respuesta.
3. ¿Qué piensas sobre la utilización de una acción familiar, como la de sacar una foto, para reflexionar sobre la violencia política fuera de la ficción teatral? Comparte tus ideas con el resto de la clase.

Dramatizaciones

1. Los estudiantes escuchan "La primavera" de Vivaldi, música con la que se abre la obra, mientras improvisan una acción en el aula sin pronunciar una palabra. El objetivo de este ejercicio es concentrarse en la expresión corporal al escuchar esta melodía.
2. Diálogo cantado: En parejas, y en los roles de Luis y Alicia, traten de cantar el primer diálogo hasta que Alicia le dice a Luis, "estás seguro."
3. Lectura dramatizada: En parejas, lean en voz alta la secuencia final de la obra, un estudiante debe leer las acotaciones. Específicamente, dramaticen desde el momento en que Luis dice "Ali, con cuidado, para que no se te vea nada, agachate bien … y retorcele un poco el piecito." Repitan la lectura un par de veces, así descubren nuevos matices en su actuación.

Conexiones culturales

1. Como puedes observar, los personajes de esta obra usan el pronombre *vos* y las conjugaciones asociadas con este pronombre para aludir a la segunda persona singular informal. Esto se conoce con el nombre de *voseo* y, en la actualidad, su uso se extiende principalmente en la región de Centroamérica (excepto por Panamá) y en Bolivia, Ecuador, Argentina, Uruguay y Paraguay. Investiga tres aspectos del *voseo*. Por ejemplo, ¿cuál es su origen en Hispanoamérica? ¿por qué se usa en algunos países y en otros no? ¿en qué contextos se usa? En grupos, conversen sobre la información que han encontrado.
2. Con el objetivo de hacer una presentación de tipo multimedia en clase, investiga un aspecto del período conocido como la "Guerra Sucia" (1976–1983) en Argentina. Por ejemplo, en las bases de datos académicas, puedes indagar sobre: dictadura y represión política; el Plan Cóndor; los organismos de derechos humanos; la censura en la prensa y en las artes; la literatura que se escribió durante esos años dentro y fuera de la Argentina; la opinión pública internacional, y la agenda exterior del presidente norteamericano Carter, entre múltiples posibilidades. Consulta como mínimo cinco fuentes bibliográficas.

Ahora a escribir

1. Analiza la crueldad de los personajes.
2. En el teatro argentino muchas veces la dinámica familiar se ha usado para hablar de la nación. Teniendo en cuenta el contexto sociopolítico de la época, ¿cómo interpretas que los personajes hacen cosas insólitas para obtener una foto que muestre la alegría de su hijo?
3. Examina el uso de la música en la obra.

Bibliografía mínima

Barrea-Marlys, Mirta. "Eduardo Rovner." *Encyclopedia of Latin American Theater*, edited by Eladio Cortés and Mirta Barrea-Marlys, Greenwood, 2003, pp. 40.

López, Liliana. "El teatro emergente. Variantes: su inclusión en las poéticas preexistentes (1976–1998)." *Historia del Teatro Argentino en Buenos Aires. El teatro actual (1976–1998)*. Galerna, 2001, pp. 164–173.

Meléndez, Priscilla. "Disonancias musicales: violencia y performance en *Cuarteto* de Eduardo Rovner." *Latin American Theatre Review*, vol. 44, no. 1, 2010, pp. 9–28.

Pellettieri, Osvaldo. "El teatro de Eduardo Rovner: Un mundo sentimental y satírico." *Ollantay Theater Magazine*, vol. 10, no. 20, 2002, pp. 97–111.

Warren, Michelle. "Photographic Representation: Negotiating Sites of Memory in Eduardo Rovner's *¿Una foto…?*" *Latin American Theatre Review*, vol. 49, no. 1, 2005, pp. 49–161.

2

Resguardo personal
Paloma Pedrero
(España)

Introducción

Paloma Pedrero (Madrid, 1957–) es una dramaturga, actriz y directora de teatro. En el centro de su obra encontramos al ser humano en medio de sus conflictos y su búsqueda activa hacia la resolución. Ya desde su formación se comienza a vislumbrar este eje artístico; estudió sociología y arte dramático en la Universidad de Complutense de Madrid, y antropología y psicología de la Gestalt en el Instituto de Gestalt de Florencia, Italia. También estudió interpretación, técnica de voz, dirección de escena y estructura dramática. El arte de Pedrero revela su habilidad de observar al ser humano; visibiliza la experiencia vital a través de la emoción, el temperamento, la acción y la interacción personal. Su dramaturgia es idealista si entendemos como tal una fuerte creencia en la capacidad humana para subsistir a través del aprendizaje y la transformación. Podemos entender mejor su arte desde sus propias palabras. En una entrevista con María Gray para UnirTv, Pedrero comparte lo siguiente: "Yo creo que el arte siempre defiende el idealismo. El arte que no cree en el ser humano, es un arte muerto; es un arte que está condenado a no funcionar, a morir en sí mismo. El arte puro cree, el artista puro cree en el ser humano" ("Entrevista a Paloma Pedrero" 13:21–13:43). Precisamente en sus obras, miramos, conocemos y entendemos al ser humano con el fin de redimirlo y afirmarlo en su experiencia.

Paloma Pedrero ha tenido una producción literaria prolífica. En 1985 estrena *La llamada de Lauren...* donde la desunión emocional y la enajenación de una pareja se hace evidente mientras se preparan para un carnaval. Desde esta obra se vislumbra el componente social de su dramaturgia. Pedro, el personaje principal, se colma de ser hombre. Está cansado de representar su género desde el vestuario hasta el comportamiento. Pero este conflicto personal se expone en relación a su esposa, quien se desconcierta frente a este cuestionamiento.

El vínculo humano, el alejamiento, la frustración, la enajenación, el amor y la soledad son los temas claves de la obra de Pedrero. Así lo vemos en *Besos de lobo* (1987), en donde el personaje principal, Ana, trata de encontrar su *raison d'être* entre su amante, su amigo, su padre y su enamorado; pero se embarca sola en un viaje sin rumbo hacia sí misma. En *El color de agosto* (1989) dos amigas se reencuentran después de un período de separación, la reconexión se fragmenta entre el amor y la tensión. En la obra de Pedrero se puede notar el uso del metateatro, los personajes actúan dentro de la obra para tratar de ver, entender y decidir sobre sus vidas. Así lo vemos en *Resguardo personal* (1988), donde Marta inventa una situación para interactuar con su esposo, Gonzalo, y así ver y entender mejor a su cónyuge y su relación. En esta obra, vemos cómo Pedrero utiliza su arte para mostrar lo enfermo y luego, curarlo.

Resguardo personal (1988)

Personajes
Marta, La mujer   Gonzalo, El marido

Salón-comedor de casa modesta o apartamento. Los muebles son típicos de piso de alquiler: toscos, impersonales y baratos. La decoración escasa. En la habitación hay signos de mudanza reciente. Al encenderse la luz vemos a Marta. Está arreglada y maquillada, aunque en su rostro hay huellas de cansancio. Abre su bolso de mano y busca un papel que coloca encima de la mesa del teléfono. Va a marcar, pero se arrepiente y cuelga. Se sienta en el sofá al lado de una caja de cartón por la que asoma ropa que ella coloca delicadamente.

Suena el timbre de la puerta. Marta se levanta, se pone el abrigo y se dirige a abrir.

En el umbral de la puerta aparece Gonzalo.

MARTA. (*Sin dejarle entrar*) ¿Qué quieres?
GONZALO. ¿Cómo que qué quiero? Déjame pasar.
MARTA. ¿Para qué?
GONZALO. Tenemos que hablar.
MARTA. Ahora no puedo. Tengo prisa. Iba a salir en este momento.
(*Gonzalo empuja la puerta y se introduce dentro de la casa.*)
GONZALO. Creo que me debes una explicación.
MARTA. ¿Otra? No me quedan.
GONZALO. ¿Dónde está Nunca?
MARTA. Tú sabrás. Estaba en tu casa. Tal vez se cansó y salió a tomar sol.
GONZALO. Ha desaparecido. Tú eres la única que tiene las llaves del piso y sabías que iba a estar dos días fuera. Te has llevado a la perra, ¿no?
MARTA. (*Mirando alrededor*) Llámala. Estará deseando verte.
GONZALO. (*Abriendo las puertas de las habitaciones*) ¡Nunca! ¡Nunca, soy yo…!
MARTA. Ya lo ves. No está.
GONZALO. ¿Dónde está la perra? No me voy a enfadar, Marta. Solo quiero que me des una explicación. Me la has quitado.
MARTA. ¿Me vas a denunciar? No te lo aconsejo. Vas a hacer un ridículo espantoso.

2. Resguardo personal

(*Se ríe*) Ya lo estoy viendo: marido agraviado denuncia a su esposa por secuestro de perrita cariñosa. (*A carcajadas*) ¡Qué divertido!, ¿no?

GONZALO. No empieces a ponerme nervioso. Estoy intentando ser razonable. Te pido que no me hagas perder los estribos.

MARTA. Grita, grita. Es muy sano. Sé que lo necesitas.

GONZALO. (*Levantando la voz*) ¡Deja de hablarme en ese tono! ¡Vas a conseguir que ocurra lo que estoy intentando evitar! ¿Dónde está la perra?

MARTA. Habla bajito, por favor. No me encuentro bien del todo. Llevo dos días sin salir de casa. Todavía estoy un poco…

GONZALO. ¿Qué te pasa?

MARTA. Fiebre. He estado con cuarenta grados.

GONZALO. ¿Te ha visto un médico?

MARTA. He tenido unos delirios terribles. Antenoche me desperté gritando; soñé que te habías convertido en una araña roja…

GONZALO. (*Preocupado*) ¿Cuándo tuviste los primeros síntomas? ¿Dolor? ¿Inflamación? ¿Has tomado antitérmicos? ¿Quieres que te explore?

MARTA. No te preocupes, ya estoy bien. He tomado antibióticos y hoy ya no tengo fiebre. Por cierto, Gonzalo, cuando anestesiáis a un enfermo para operarle, ¿oye?

GONZALO. ¿Cómo que si oye? Bueno, si es una anestesia de tipo quirúrgico, evidentemente no.

MARTA. ¿Y si es superficial? ¿Si es superficial escucha lo que pasa a su alrededor?

GONZALO. Pues … sí, pero, ¿por qué me preguntas eso?

MARTA. No, era una imagen. Cuando deliraba con la fiebre me sentía como anestesiada. (*Pausita*) Pero lo oía todo.

GONZALO. Te noto cansada. No deberías estar sola.

MARTA. ¿A qué hora ha llegado tu tren? Te esperaba antes. Te has retrasado diez minutos. Llegaste a Chamartín a las seis y media, ¿no?

GONZALO. ¿Por qué lo sabes?

MARTA. Te esperaba.

GONZALO. Sabía que iba a venir por la perra, claro. Estás reconociendo que te la llevaste.

MARTA. La recuperé. Abrí la puerta y vino corriendo hacia mí. "Ah, no," le dije yo y le expliqué claramente su situación. Entonces ella decidió libremente que prefería vivir conmigo. Te aseguro que no la coaccioné.

GONZALO. Me desconciertas, Marta. No sé si es que estás desarrollando un nuevo sentido del humor o es que te estás quedando conmigo.

MARTA. (*Con sorna*) No, no tengo ningún interés en quedarme contigo. Tengo prisa.

GONZALO. Escúchame. Vamos a hablar como personas civilizadas. Nos estamos jodiendo la vida demasiado el uno al otro. Esto no tiene sentido.

MARTA. (*Mostrándole un poster*) ¿Qué te parece si pongo este cartel en esa pared? Está todo tan feo…

GONZALO. ¡He venido a hablar contigo!

MARTA. ¿Me vas a dar el piano? El piano era de mi padre; me lo regaló a mí.

GONZALO. ¡Cállate! Quiero … estoy jodido, Marta. ¿No te das cuenta?

MARTA. (*Le mira fijamente*) Ya lo sé. No soportas sentirte abandonado. Te pone enfermo. Pues deberías tranquilizarte, porque es mentira; tú me dejaste primero y después yo … me fui.

GONZALO. Yo nunca te he dejado. Eso no es verdad.

MARTA. No, claro, solo trabajabas tanto… Pues estás mejor ahora. Al menos no me hablas de sístoles y diástoles.

GONZALO. No te entiendo.

MARTA. No pretendo que me entiendas a estas alturas. Soy un poco… paranoica, pero no gilipollas.

GONZALO. Yo siempre te he tenido en mente.

MARTA. Me has tenido en casa. Tengo un vecino que dice que lo mejor de estar casado es no tener que preocuparse de pasear a la novia.

GONZALO. ¿Por qué no me lo dijiste?

MARTA. No ha sido grave. Ya sabes que mis fiebres son psicosomáticas.

GONZALO. ¿Por qué no me dijiste que me estabas poniendo los cuernos?

MARTA. ¡Qué expresión más desacertada! ¿Tú sabes de dónde viene? Nunca he conseguido averiguar el significado…

GONZALO. Si al menos te hubieras enrollado con ese gilipollas discretamente … pero no, tenías que subirle a casa. Que te viera el portero.

MARTA. Jamás lo hicimos en nuestra cama.

GONZALO. ¡Eso es lo de menos! Ya te he dicho que lo que no soporto es…¡Me siento traicionado!

MARTA. Gonzalito, déjalo, ¿quieres? Se me hace muy aburrido… No nos entendemos. La gente no se puede comunicar con todo el mundo, es normal. Es una cuestión de ondas… La tuya y la mía chocan y ¡plaf! caos, caos, caos…

GONZALO. ¿Sigues con él?

MARTA. No. Estoy intentando encontrar la paz.

GONZALO. Ya sabía yo que era un hijo de puta. Me alegro de que, al menos, te hayas dado cuenta.

MARTA. Estaba hablando del caos.

GONZALO. O sea que sigues viéndole.

MARTA. Qué más da…

GONZALO. Sabes que no me da igual.

MARTA. No estoy con nadie. Ya te he dicho que necesito estar sola.

GONZALO. ¿Hasta cuándo?

MARTA. Hasta que olvide y vuelva a creer en cosas imposibles.

GONZALO. Necesito que vuelvas a casa. Esto es absurdo.

MARTA. Es totalmente absurdo. Me ha costado mucho tomar esta decisión, pero ya está, ya la he tomado.

GONZALO. Tienes que volver. No me acostumbro a estar solo.

MARTA. Es una cuestión de aprendizaje.

GONZALO. Marta, yo te quiero. Te juro que te quiero.

MARTA. Ya lo sé. Me enseñaste algo que no conocía…

GONZALO. Vuelve a casa. Podemos arreglar las cosas…

MARTA. Me enseñaste a lo insólito del amor: la destrucción.

GONZALO. Quiero seguir viviendo contigo. Creo que no está todo perdido…

2. Resguardo personal

MARTA. Puede ser que la destrucción sea parte del amor...
GONZALO. Mira, Marta, he estado pensando mucho en nosotros, sé que soy un tío jodido, pero ... voy a hacer un esfuerzo por salvar nuestra relación.
MARTA. Sí, eres muy jodido y bastante sordo.
GONZALO. Tienes que comprenderme. Sabes que tengo muchas responsabilidades. Estoy luchando para que me den la plaza de Jefe de Servicio. Tengo treinta camas a mi cargo. Me paso diez horas diarias en el quirófano...
MARTA. ¡No! Lo de siempre no, por favor. Sueño con personas deformes, con extracorpóreas, transfusiones, ecocardiogramas ... tic-tac tic-tac, tic-tac, corazones que nunca se paran.
GONZALO. Lo hago por nosotros, por nuestros hijos. Quiero ganar dinero para que vivamos bien...
MARTA. Eso es interesante. ¡Suerte! Nos equivocamos; yo necesito otras cosas y tú otra mujer.
GONZALO. No me hagas perder la paciencia. He decidido que te perdono ... que te comprendo. Sé que estás un poco ... desequilibrada y sé también que yo, en parte, soy responsable. Vamos a ayudarnos. Si no me echas una mano no voy a conseguir sacar la plaza.
MARTA. ¡Me importa un carajo! ¡Dios, toda la vida con el mismo rollo!
GONZALO. ¡No me quieres escuchar!
MARTA. No.
GONZALO. No tienes interés en hablar conmigo, ¿no?
MARTA. Sí.
GONZALO. ¿Sí?
MARTA. Sí que no, que no tengo interés.
GONZALO. ¿Vas a volver a casa?
MARTA. No.
GONAZALO. Te advierto que no te lo voy a pedir más.
MARTA. Te lo agradezco. Tengo prisa.
GONZALO. Es tu última oportunidad.
MARTA. No la quiero.
GONZALO. Es increíble el resentimiento que tienes. Estás enferma.
MARTA. Sí, me provocas palpitaciones.
GONZALO. ¡No te consiento que me hables así!
MARTA. Me tengo que ir.
GONZALO. ¿A dónde?
MARTA. Vete, Gonzalo. Lárgate de mi casa. No te he invitado a venir.
GONZALO. Está bien, tú lo has querido. He venido aquí por algo...
MARTA. Por algo que no está. (*Mira su reloj.*) ¡Dios mío, las ocho menos once minutos! (*Se dirige hacia la puerta. Gonzalo se pone delante para no dejarla salir.*)
GONZALO. Tú no sales de aquí hasta que no me digas dónde está la perra.
MARTA. Quítate de ahí. Tengo algo muy urgente que hacer.
GONZALO. Devuélveme lo que me has robado.
MARTA. ¡Es mía! Yo la he criado, la he cuidado cuando estuvo enferma...
GONZALO. Eso es una chorrada. Yo la sacaba a mear...

MARTA. ¡Mentira! Yo le daba de comer, le hacía todo…
GONZALO. ¿Quién la pagó?
MARTA. Tú no compras nada, imbécil. Nada que esté vivo. ¡Y quítate de ahí…!
GONZALO. ¿Dónde está la perra?
MARTA. (*Después de una pausa*) ¿Quieres saber dónde está? ¿Quieres que te lo diga? En la Perrera Municipal.
GONZALO. ¿Qué la has metido en la Perrera?
MARTA. De tu casa a la Perrera directamente. ¿Qué te crees? ¿Qué iba a estar aquí esperándote?
GONZALO. ¡Eres una hija de puta…!
MARTA. Y no te molestes en ir a buscarla porque no te la van a dar. Tengo un papel en el que consta que yo soy su dueña y solo entregando ese resguardo te la dan.
GONZALO. ¡Dame ese papel ahora mismo!
MARTA. ¡Me has quitado todo, pero a la perra no la vuelves a ver!
(*Marta intenta salir de nuevo. Gonzalo la agarra.*)
MARTA. ¡Déjame salir! ¡Tengo que irme!
GONZALO. ¡El papel…!
MARTA. Esta tarde termina el plazo para ir a recogerla. La perrera la cierran a las ocho. Me quedan ocho minutos. (*Histérica.*) ¡Ocho minutos!
GONZALO. ¿Para qué?
MARTA. Me dieron setenta y dos horas. Si no voy ahora mismo y cierran, la sacrifican esta noche.
GONZALO. ¡Eso es mentira!
MARTA. ¡Te lo juro por Dios! (*Llorando.*) He estado enferma y sola. No he podido salir a la calle antes… Cuando has llegado me iba a buscarla. Por favor, te lo suplico, déjame salir. ¡No me queda tiempo!
GONZALO. No. (*Marta se lanza hacia él y le golpea.*)
MARTA. ¡Hijo de puta! ¡Eres un…! ¡La van a matar por tu culpa!
GONZALO. Por la tuya. Fuiste tú quien la llevó al matadero.
MARTA. (*Suplicante.*) Todavía tengo tiempo. La Perrera está aquí al lado… Quedan cuatro minutos…
GONZALO. NO.
MARTA. ¿Cómo? ¿No vas a ir?
GONZALO. Los caprichos de loca hay que pagarlos. (*Lee el papel y mira el reloj.*) Se acabó, ya no hay tiempo.
MARTA. Eres tú. Lo veo tan bien, tan claro… Siento cierta felicidad por no haberme equivocado. Eres despreciable. Eres una araña roja; te has comido mis raíces, mis hojas…, has matado a mi perra…
GONZALO. Tú la has matado. Estás loca, Marta. Y solo por orgullo…
MARTA. Solo por odio.
GONZALO. Estás más grave de lo que pensaba.
MARTA. Puede sentirse satisfecho con su trabajo, doctor.
GONZALO. Las ocho.
MARTA. Adiós.
GONZALO. Un momento, tengo que cerciorarme. (*Se dirige al teléfono.*)

MARTA. ¿Qué vas a hacer?
GONZALO. Llamar a la perrera.
MARTA. (*Señalando el resguardo.*) El teléfono viene ahí.
(*Gonzalo marca el número. Espera y cuelga.*)
GONZALO. Han cerrado. (*Satisfecho.*) Tu perrita ya… (*Hace un gesto de inyectar y rompe el papel en pedazos. Marta se derrumba.*) Adiós. (*Sale.*)
(*Marta mira hacia la puerta. Después de unos segundos de angustia comienza a reírse a carcajadas. Corre hacia una caja de embalaje, la abre y sale Nunca desperezándose.*)
MARTA. (*Sorprendida.*) ¿Ya estás despierta? Pobrecita… Muy bien, te has portado estupendamente. (*Le da algo de comer.*) ¿Has oído, Nunca? Necesitaba que lo oyeras todo, que supieras cómo es tu padre. Bueno, ya te vas a ir espabilando… Solo ha sido un sueñecito. (*Saca una jeringuilla de la caja.*) La culpa es de Gonzalo; esto era suyo. (*La tira con desprecio.*) ¿Has visto cómo todo ha salido bien? Le conozco tanto… Sabes, yo misma me creía que era verdad; casi me muero. Pero ya se acabó, ya no volverá a molestarnos… por lo menos a ti, ¿nos vamos a la calle? Hale…
(*Nunca mueve el rabo contenta. Marta coge la cadena. Salen.*)

FIN

Actividades preliminares

1. Imagina que Marta o Gonzalo utilizan una de tus redes sociales favoritas y son muy activos. ¿Qué dirían en su plataforma virtual? Por ejemplo, si Marta o Gonzalo utilizaran una cuenta de *Instagram*, ¿qué contenido pondrían? ¿qué comentarios harían y qué *hashtags* utilizarían? Escribe tus respuestas y luego conversa sobre esto con el resto del grupo.

2. En grupos pequeños, discutan si existe el amor ideal. ¿Qué es el amor? ¿Qué tipos de amor existen? ¿Cómo se expresa el amor? ¿Existe el amor tóxico? ¿Cómo es? Luego de conversar en grupos pequeños, relacionen esta discusión a la obra. ¿Qué tipos de amor vemos en esta obra?

3. En grupos de dos, escojan una escena de la obra que represente el conflicto dramático. Luego, actúen la escena y expliquen por qué la encuentran clave.

Hacia el texto

A. Circunstancias dadas

Escribe la historia desde una perspectiva nueva. Luego comparte la nueva versión con otros compañeros/as. Al escribir, reflexiona sobre la manera en que el punto de vista del narrador puede cambiar el conflicto dramático.

1. La perspectiva de Nunca.
2. La perspectiva del portero.
3. El amante de Marta.

B. Preguntas de comprensión

1. ¿En dónde se desarrolla la acción dramática de la obra? ¿Qué detalles se incluyen para su puesta en escena?
2. Si el espacio escénico hablara, ¿qué le comunicaría a la audiencia?
3. ¿Qué profesión tiene cada personaje en esta obra? ¿Qué aporta a la vida matrimonial? Y, ¿cómo la afecta?
4. ¿Qué errores ha cometido cada personaje en su vida matrimonial?
5. Se conoce a los personajes a través de sus palabras y sus acciones. ¿Cómo es el habla de los personajes? ¿Cómo es Marta? ¿Cómo es Gonzalo? ¿Cómo son como pareja?
6. ¿Por qué deja Marta a Gonzalo?
7. Nunca es un personaje sin voz. ¿Qué sabemos de Nunca? ¿Cómo aparece en la acción? ¿Qué función desempela en la obra?
8. En la obra, Marta efectúa una representación teatral. ¿Qué situación construye? ¿Cómo actúa? ¿Ante quién? ¿Con qué propósito?
9. ¿De qué se da cuenta Marta en esta interacción con Gonzalo?
10. ¿Evolucionan los personajes a través de esta interacción? Explica.
11. ¿Cuál es el conflicto dramático en la obra?
12. ¿Qué es un resguardo? ¿Por qué se titula la obra *Resguardo personal*?

C. Más allá de la comprensión

1. Un tema central en la obra es la búsqueda de identidad. ¿Qué ocasiona la búsqueda? ¿Quién busca una nueva identidad? ¿La encuentra?
2. Lee la siguiente cita de Paloma Pedrero y relaciónala a su obra teatral: "Yo creo que las raíces las tenemos enfermas, casi todos, porque vivimos, nacemos, de una cadena genética que ya viene enferma, ¿no? Entonces hay que ir a la raíz de la raíz para curarnos. Y luego poder dar. Y luego poder hacer. Y luego poder transformar" ("Entrevista a Paloma Pedrero" 14:52–15:10). ¿Qué opinas de la cita? ¿Estás de acuerdo? ¿Cumple la obra esta función reveladora y curativa?

Dramatizaciones

1. En grupo de dos, escojan un momento de la obra para improvisarla como monólogo. Reflexionen sobre la situación, ¿qué sentirían si fuesen uno de los personajes? ¿Qué tono usarían para enunciar las palabras? Luego representen un monólogo que manifieste la emoción de uno de los personajes.
2. En grupo de dos, los estudiantes deben actuar una pesadilla. Un/a estudiante se duerme, el/la otro/a toma vida y actúa la pesadilla solo con el cuerpo, el movimiento y mínimamente con la voz.

Conexiones culturales

1. Busquen la definición de metateatro como técnica teatral. ¿Cómo está presente esta técnica en la obra? ¿Cuál es su función e importancia?

2. Paloma Pedrero tiene una ONG (Organización no gubernamental) que se llama, "Caídos del cielo." Busca información sobre esta organización. ¿A qué se dedica esta organización? ¿Tiene el teatro una función y responsabilidad social?

Ahora a escribir

1. ¿Puede tener el arte una función curativa como argumenta Paloma Pedrero? Desarrolla un ensayo en que discutes el propósito del arte y su función social.

2. Reflexiona sobre la crisis personal y matrimonial representada en la obra. ¿Por qué ocurre la crisis? ¿Qué función tiene en la obra y la vida de los personajes?

Bibliografía mínima

Bourland Ross, Catherine. "Paloma Pedrero: El escape de los roles tradicionales de la mujer." *Romance Notes*, vol. 43, no. 3, 2003, pp. 279–284.

Corry, Jennifer Marie. "Narcissistic Perceptions in Paloma Pedrero's *Resguardo personal*." *Consciousness, Literature and the Arts*, vol. 17, no. 1, 2016, www.dmd27.org/corry2016.html

"Entrevista a Paloma Pedrero." Unirtv, publicado por UnirTV, tv.unir.net/videos/11750/0/Entrevista-a-Paloma-Pedrero, 24 mayo 2019.

Serrano, Virtudes. "Hacia una dramaturgia femenina." *Anales de la literatura española contemporánea*, vol. 19, no. 3, 1994, pp. 343–364.

Zatlin, Phyllis. "Intertextualidad y metateatro en la obra de Paloma Pedrero." *Letras femeninas*, vol. 19, no. 1/2, 1993, pp. 14–20.

3

¿Tengo razón o no?
Concha Romero
(España)

Introducción

Concha Romero Pineda (Puebla del Río, Sevilla, 1945–) es una autora de teatro. Estudió Filología Clásica en la Universidad de Salamanca y participó en el Grupo de Teatro Universitario de Sevilla. También estudió Arte Dramático en la Escuela de Cinematografía de Madrid. Enseñó latín en el instituto y fue profesora en la Real Escuela Superior de Arte Dramático de Madrid. Además de dedicarse al teatro, ha escrito libretos para la televisión y el cine.

El teatro de Concha Romero exhibe dos tendencias fundamentales: obras históricas o mitológicas u obras de vena feminista (Harris 522). Su primera obra fue *Un olor a ámbar* (1983), drama histórico sobre la muerte de Santa Teresa de Ávila, a la que seguirían *Las bodas de una princesa* (1988) sobre la vida de Isabel I y su desarrollo como reina, y *Juego de reinas* (1989), donde Romero presenta la relación de Isabel I y su hija, Juana la Loca. Entre sus piezas también se destacan: *Así aman los dioses* (1991), *Un maldito beso* (1989), *Allá él* (1994) y *¿Tengo razón o no?* (1995).

La obra de Romero muestra una preocupación feminista al representar y cuestionar los roles de género en la sociedad. Así surge la tensión que estos causan a nivel personal e interpersonal. En su producción dramática vemos temas como la mujer ante el poder masculino, la voz de la mujer, la búsqueda de identidad, y cuestiones de género en la sociedad actual, entre otros. Asimismo, Romero utiliza el metateatro, la intertextualidad y la ironía para cuestionar discursos hegemónicos y así subvertir mecanismos de poder.

¿Tengo razón o no? (1995)

Personaje
Carlos

3. ¿Tengo razón o no?

Acto único

Salita de estar de un piso modesto. Teléfono y una mesita mueble-bar. Dos puertas, a izquierda y derecha, comunican con el exterior y con las habitaciones interiores.

La luz está encendida. Suenan doce campanas de un reloj imaginario.

Carlos, de unos cuarenta años, entra con gabardina y maletín por la izquierda.

CARLOS. ¡María, María…!

(*Al no obtener respuesta entra por la puerta derecha llamando a María. En off.*)

¡María…, María…!

(*Entrando en escena de nuevo.*) ¡Y para esto he venido tan pronto! ¡Si llego a saber que no estaba…! (*Quitándose la gabardina.*) ¿Adónde habrá ido? Seguramente a alguna de sus tías le ha dado un jamacuco. ¡Es que no se pueden tener tantas tías ni preocuparse tanto por ellas! En fin, cada uno tiene sus *hobbys* y, dentro de lo que cabe, éste es de los menos malos. (*Carlos se sirve una copa.*) No debería molestarme, pero el caso es que me molesta, no sé muy bien por qué. Misterios de la vida. Aunque lo que realmente me molesta no es que vaya a cuidar a su tía, sino que no esté en casa cuando yo llego, sobre todo si he venido corriendo para que no se enfade. ¿Tengo razón o no? No sé si acostarme o esperarla. Sueño no tengo. Me tomaré otra copa.

(*Se sirve otra copa y pone la radio. Da un sorbo. Marca un teléfono.*)

¿Te he despertado?… ¿Estabas en la cama?… No, estoy solo… Sí, en casa… María ha salido… Ja, ja, ja. ¡Y con lo calentitos que estábamos! Hoy me ha dado verdadera pereza salir. Hacía tanto frío en la calle… Tres bajo cero. Trabajo me costó quitar el hielo del coche… Sí, el tiempo está muy raro…

Lo mismo pienso yo, debería haberme quedado un rato más, pero ya sabes cómo es mi mujer, si no llego a cenar, se enfada y si dan las doce y no he aparecido, se pone histérica… ¡Cenar, cenar! ¿Qué más te da cenar que almorzar?… ¿Al cine? Al cine podemos ir a las cuatro, a las siete. Es mucho mejor, hay menos gente… No sé de qué te quejas, si paso contigo más tiempo que con ella… ¿Que si te quiero? ¡Vaya pregunta! ¿Es que lo dudas?

¿Qué la deje y me vaya a vivir contigo?… Sí, claro que me ha sorprendido. Es la primera vez que me lo dices… Creí que eras una fanática de la soltería. ¡Como siempre hablas pestes del matrimonio!… Tienes razón, yo tampoco hablo demasiado bien, pero lo hago con conocimiento de causa, en cambio tú siempre has vivido sola… Bueno, algunas ventajas tiene, aunque claro, bastantes más inconvenientes… ¿Cuáles? Pues no sé…, te sientes como vigilado, como un niño pequeño teniendo que dar cuentas de dónde has ido y de dónde has venido… pero, vamos, con un poco de imaginación y unas excusas bien preparadas, no es muy grave la cosa, acabas haciendo lo que quieres. Las mujeres se tragan bien las bolas. Es fácil… ¡No, mi vida! A ti nunca te mentiría… ¿Qué te han entrado unas ganas irrefrenables de casarte? No me asustes. ¿Para qué? ¿No estamos bien así…?

(*Mientras escucha la larga réplica de la mujer, Carlos hace gestos de contrariedad. Es evidente que no quiere problemas.*)

Perdona un momento, he oído el ascensor. Debe de ser María. Te cuelgo. Hasta mañana.

(*Carlos cuelga el teléfono aliviado.*)

¡Ya se me estropeó el rollo! ¡Otra que se quiere casar! De sobra sé por experiencia que después de esta proposición no puede venir nada bueno. Y yo no quiero problemas, bastantes tengo ya. Así que monada, adiós, adiós para siempre, adiós. Y a otra cosa, mariposa.

(*Carlos apura la copa.*)

Me pregunto qué tendré yo para gustarle tanto a las mujeres. ¿Ustedes lo comprenden? Tampoco yo. Pero es así, ¡qué le vamos a hacer! Se chiflan por mí. Y eso que no soy banquero, ni político, ni artista, aunque algún arte digo yo que tendré, y si no que se lo pregunten a ellas, ja, ja, ja… Susi decía que era muy tierno y Maruchi que muy duro. Encarnita me llamaba "ángel" y Celia "demonio." ¡A ver quién entiende a las mujeres! Lo que decía mi padre, ¡quien las entienda que las compre! Ja, ja, ja. La que tenía gracias era Casilda dándoselas de importante, de segura, de mujer de mundo experimentada. ¿Sabéis qué me decía cuando acabábamos de hacer el amor? "Carlos, macho, funcionas muy bien, pero que muy requetebién." Y se levantaba de un brinco. Te lo has ganado, tío, voy a servirte una copa; ¿qué quieres, lo de siempre"? Se desplomó la pobre cuando dejé de verla. Tuvo una gran depresión y ya no levantó cabeza, ¿ustedes lo comprenden? Pues yo tampoco. Otro misterio de la vida.

¿Y Amalia? ¿Qué habrá sido de Amalia?

(*Dándose un golpe en la frente.*) ¡Pero Carlos, burro, ¿cómo has podido olvidarla, si se suicidó por tu amor?! ¿Es que ya no recuerdas la carta que te escribió antes de tomarse dos cajas de Valium? "No puedo vivir sin ti." ¡Pobrecilla! Parece que la estoy oyendo. ¡Qué macabro! Y yo que recibo la carta un mes después. ¡Qué barbaridad, cómo está el correo! Y eso que vivía a tres manzanas de aquí. ¿Por qué haría una cosa así, la idiota? ¡Con lo bueno que estaba! De verdad que no entiendo a las mujeres. ¿Por qué sufrirán tanto? ¿Por qué se lo tomarán tan a pecho? Nada, que me lo voy a tener que creer. Que no me va a quedar otro remedio que pensar que soy único, insustituible, superdotado, un *superman*, un *todo-terreno*, un Rodolfo Valentino, un gran seductor, un verdadero don Juan. No, don Juan no. Don Juan a mi lado se queda chico. Todavía está por ver que yo persiga a una tía. A mí se me rinden. A mí me conquistan todas. Me miran, se acercan, sonríen, me hablan y ya está, ya me enrollaron. ¡Si es que soy débil, qué le voy a hacer! ¡Si es que me lo ponen en bandeja! ¡Si es que está tirado!… Con lo salidas que están las mujeres, uno no da abasto.

Lo malo es que de vez en cuando tengo que cumplir con mi legítima y cada día me apetece menos. Se ha estropeado mucho. Se ha estropeado mucho. En muy poco tiempo se ha vuelto vieja. Con la pulmonía que tuvo dio un bajón y no se ha recuperado. Claro que tiene más de cuarenta y en una mujer los años no pasan en balde. En cambio, a mí, nada. Parece que tengo treinta. Cada día estoy más en forma y estas canas hasta me hacen interesante.

Lo que no me explico es por qué antes de casarme no me comía una rosca, es que no ligaba nada, pero nada de nada, y en cuanto me casé, sin saber por qué, por arte de

3. ¿Tengo razón o no?

birlibirloque, ¡así las tengo, así, detrás de mí como moscas! ¿Ustedes lo comprenden? Yo tampoco. Otro misterio al saco. ¿Será que mi mujer me sirve de amuleto?, ja, ja, ja. ¡Tendría gracias que el *sex appeal* me lo diera ella!

¡Y lo pesada que se ha puesto con lo del piso! Nada, que se le ha metido en la cabeza de comprar piso. ¡Y como están los pisos en Madrid! ¡Que no compro yo un piso, que no! Que no hipoteco mi vida. ¡Si esto no puede seguir así! ¿Quién puede comprar un piso hoy día? La corriente, desde luego que no. Tiene gracias..., venía yo en el coche oyendo la radio..., le estaban haciendo una entrevista a un banquero, Alberto me parece que se llamaba y decía el tipo que los pisos iban a seguir subiendo hasta el año 2000. ¡Qué listos! Para que la gente se lo crea y siga comprando como loca y ¡hala, hala! Los precios para arriba... El caso es que cambio de emisora cabreado, y oigo a una adivina que decía todo lo contrario, que los pisos iban a bajar en picado a partir de julio. Yo, la verdad, entre el banquero y la adivina me quedo con la adivina y, si todo el mundo hiciera lo mismo, los pisos bajaban, ya lo creo que bajaban.

Así que, se ponga como se ponga, por el momento no hay piso. ¡Y que se fastidie, por lo puñetera que es! Siempre protestando, que si no me ayudas en casa..., que si has dejado los calcetines debajo de la cama, que si yo no soy tu criada. ¡Vamos, anda! ¡Si debería dar saltos de alegría por el hombre que tiene! ¿He faltado alguna noche a dormir a mi casa? ¿He llegado muchos días después de las doce? Con los dedos de la mano se podrían contar. ¡Y que no se me ocurra, porque el numerito que puede montar la señora es fino! ¿De qué se quejará? Si hasta me está entrando complejo de Cenicienta, si en cuanto suenan las doce echo a correr y no paro... hasta miedo le tengo. ¿Qué más querrá la hija de su madre? Nunca mejor dicho, la hija de su madre, porque es igual, igualita que mi puñetera suegra. Como se le meta una cosa en la cabeza, hasta que no lo consigue no para. Es tipo gotera. ¡No sé cómo la he aguantado tanto tiempo! No sé cómo no he cogido la maleta de una puñetera vez, porque lo que son ganas, la verdad es que muchas veces no me faltan.

(*Carlos mira el reloj.*)

La una. La una y sin dar señales de vida. ¡Claro, ella puede entrar y salir sin contar con nadie porque como es una santa, como siempre está haciendo obras de caridad...! Y que no se me ocurra desconfiar, porque ¡madre mía!, un día que le dije algo medio en broma, ¡cómo se puso! Y es que no hay derecho, no hay derecho a que uno tenga que llegar antes de las doce, mareándome encima por encontrar una excusa, y ella, con el rollo de la familia, ni viene ni se le ocurre avisar siquiera. "Pero Carlos, si he ido a casa de mi tía Angélica que no se podía mover de la cama con el lumbago..., yo que culpa tengo si a ti nunca se te puede localizar, como tu trabajo es de calle..."

"¡Yo qué culpa tengo! ¡Yo qué culpa tengo!" El que no tengo culpa de nada soy yo. ¿Crees que a mí me gusta estar todo el día de un lado a otro? ¿Crees que me gusta vender corbatas de tienda en tienda? Pues no señora, no me gusta un pimiento, me toca las narices y si lo hago es porque no me queda otro remedio, porque de algo hay que vivir, como me decías cuando me obligaste a coger el empleo. ¡Si hubieras tenido un poco de paciencia...! Pero no, tú erre que erre, "Carlos que no tenemos para el alquiler.... Carlos que el teléfono.... Carlos que la lavadora.... Carlos que no puedes quedarte en casa sin hacer nada...." ¡Con lo que a mí me gusta no hacer nada! Pero ella, a lo seguro. Y lo seguro eran las corbatas. Lo seguro era entrar en el negocio de su tío y tenerme bien cogido en el clan familiar. ¡Y menudo clan, menuda familia tiene! Todos como una piña. Todos preocupadísimos por mí hasta que me pusieron a vender corbatas. Hasta entonces no descansaron los malditos padres.

(*Carlos se sirve otra copa y cambia de emisora.*)

¡Ay! Si hubiera sabido el éxito que me esperaba con las mujeres no me habría casado nunca. Casi sin trabajar podía haber vivido. Total, con desayunar con una y comer con otra me hubiera apañado. ¡Si yo no tengo ambiciones! Pero no pudo ser. Me cazó esta lagarta, la primera que me miró, y yo como un imbécil caí en sus garras. Son casi las dos. ¡Ay! Me ha dado una punzada en el pecho, aquí en el lugar del corazón… y se me baja por el brazo izquierdo…, ¿será un infarto? ¡Qué injusticia tan grande! A mí me está dando un infarto solo en casa y ella con su tía que apenas tiene un dolorcito de lumbago…

Ya se pasó. Habrá sido nervioso.

¿Por qué no me habrá llamado por teléfono? Claro que también podía llamarla yo. ¿Y si no está en casa de su tía? No son horas de despertar a nadie.

Bueno, me voy a la cama. Estoy agotado y mañana hay que madrugar. Le dejaré la luz encendida.

(*Carlos sale por la puerta derecha. Pasados unos segundos vuelve a la escena en pijama y leyendo una carta.*)

CARTA. "Querido Carlos: Te escribo porque hubiera sido muy violento decírtelo cara a cara y estoy harta de discusiones. Esta vez es de verdad. Me voy, o mejor dicho, cuando leas la carta ya me habré ido. Me separo de ti para siempre."

CARLOS. ¿Pero qué dices? ¿Qué bicho te ha picado hoy, vamos a ver?

CARTA. "Hace ya tiempo que no sentía nada por ti. Bueno, miento, sentía malestar, frustración, agresividad y un vacío tan grande que me preguntaba que si esto era la vida, no quería seguir viviendo."

CARLOS. ¡Pero se ha vuelto loca de repente! Ayer tan normal y hoy me sale con éstas.

CARTA. "Seguro que ni te has dado cuenta. Vuelves tan tarde y tan cansado y te fijas tan poco en mí…. Pero no creas que soy tonta, ni que me he chupado el dedo, ni que me he tragado todas las bolas que me metías. No, para nada. Estaba al corriente de la situación y de lo que no tenía pruebas lo imaginaba."

CARLOS. Mentira. No sabe absolutamente nada. Es una zorra. Lo dice a ver si saca algo en limpio, pero si se ha creído que voy a picar en el anzuelo, va lista. Además, aunque supiera, ¿qué es lo que puede saber? ¿Que he salido con algunas chicas? ¡Y eso qué tiene de malo! Pues, nada, que como están los tiempos… ¡Y como están las mujeres… que tienen más libertad que los hombres!

Yo hago lo que todo el mundo. Bueno, lo que todo el mundo no, porque la mayoría se separa y dejan a la mujer plantada con los hijos y sin pasarle un duro. No tenemos hijos, pero nunca los abandonaría. Como no abandono a mi mujer. Es cuestión de principios.

CARTA. "He sufrido mucho a tu lado. Solo los dos primeros años fueron buenos, pese a los problemas económicos. Entonces me querías, pero después… no sé lo que pasó."

3. ¿Tengo razón o no?

CARLOS. ¡Qué va a pasar! Nada, que no se puede estar siempre como el primer día.

CARTA. "Lo cierto es que en los últimos años hasta me había olvidado de que era una mujer. Me sentía como un mueble, como un robot que se levantaba, arreglaba la casa, preparaba la comida, lavaba, planchaba y esperaba con ansiedad que regresaras. Y siempre para nada. Mantuve la esperanza demasiado tiempo pensando que cambiarías, que me mirarías como a una mujer, que me besarías con ardor. ¡Lo deseaba tanto! Pero el milagro no se producía. Tú ya venías harto de besos nuevos, frescos y excitantes."

CARLOS. (*Tirando la carta al suelo.*) ¡Si piensas que voy a seguir leyendo tonterías, estás pero que muy equivocada! Vamos a ver, ¿qué quejas puedes tener de mí? ¿No te doy dinero bastante para la casa y para todos los caprichos que se te antojan? Hasta un lavaplatos te he comprado. ¡La falta que nos hará un lavaplatos para dos personas que somos y yo que casi nunca como al mediodía! ¿Y lavadora-secadora que vale cuatro veces más que la corriente? Total, ¿para qué? Para secar cuatro camisas... Y el año pasado se te antojó un abrigo de pieles, ¿te puse algún impedimento para que lo compraras? La verdad, María, no sé lo que quieres de mí, no te entiendo. Cualquier mujer estaría encantada y tu siempre insatisfecha, siempre de morros, con la cara larga haga lo que haga.

Además, ¿sabes lo que te digo? Que no me creo que te vayas. ¿Adónde vas a ir con la edad que tienes? ¡Y con lo vieja que estás! ¡Como no te vayas con alguna de tus tías...! ¡Pues vaya cambio! Dejas tu casa, tu marido y veinte años de matrimonio sin motivo ninguno, por puro capricho, porque te da la vena, porque te aburres, porque ya no es como antes. Olvídate de romanticismos, mujer, que los tiempos no están para bromas.

Nunca debí dejarte que te pusieras a trabajar. Si no tuvieras un trabajo no me montarías estos números. Pero, claro, allí las amigas te calentarán la cabeza. Seguro que hay muchas separadas y tú, tan inocente, no has querido ser menos. Pensarás que es más moderno separarse. Volverás. Ya lo creo que volverás. Y quizás esta misma noche. No es la primera vez que das la espantada y te vas a dormir con tu tía del alma. Voy a llamar. Seguro que está allí.

(*Marca el número de teléfono.*) ¿Está María? Perdone que la moleste a estas horas, pero no me ha dejado ninguna nota y empezaba a preocuparme... ¿De viaje? ¿Qué se ha ido de viaje...? No, no me dicho nada... Buenas noches, adiós.

(*Carlos cuelga el teléfono.*) ¿De viaje? Esto me mosquea un rato. (*Vuelve a coger la carta del suelo y continúa leyendo.*)

CARTA. "Hace unos meses conocí a un hombre en una cafetería. Él también se encontraba solo desde que murió su mujer."

CARLOS. ¡Un viudo! Tendrá ochenta años y hasta le parecerías joven.

CARTA. "Es más joven que yo, le llevo casi siete años, pero no le importa."

CARLOS. ¡Qué extraño! Aquí hay gato encerrado. Será un listillo. Habrá pensado que tienes dinero. Como irías con el abrigo de pieles. La culpa es mía. Soy un imbécil. ¿Por qué te lo regalaría?

CARTA. "Al principio creí que se estaba riendo de mí. ¡Fíjate, me encontraba atractiva!"

CARLOS. Ese viudo debe estar ciego o cuando menos tiene cataratas.

CARTA. "El caso es que a partir de ese día nos seguimos viendo. Hace ya seis meses."

CARLOS. ¡Vaya con la mosquita muerta! ¡La fiel esposa, la que se indignaba cuando me permitía la más mínima broma! Seis meses poniéndome los cuernos y yo sin enterarme. ¡Sinvergüenza, puta, ramera!

CARTA. "Al principio me sentía culpable."

CARLOS. ¡Vaya, es un consuelo!

CARTA. "Pero después, pensando en los dieciocho años que llevas engañándome tú, me pareció una tontería."

CARLOS. No es ninguna tontería. ¡Qué va a ser una tontería! ¿Acaso piensas que es lo mismo el engaño de un hombre que el de una mujer? ¿Pero estás en la luna, o qué? ¡Si estuvieras aquí no sé lo que te haría!

¿Te das cuenta de lo que has hecho? ¿Te das cuenta de lo que estás haciendo de mí? Primero vendedor de corbatas y ahora un cornudo. A ver, dime, dime con qué cara me presento mañana en el trabajo. Vamos, habla… Tú lo que quieres es hacerme un desgraciado.

Un hombre tiene que dar buena imagen, seguridad, ¿y qué seguridad voy a transmitir lleno de cuernos y abandonado? Ninguna, ninguna. No venderé una sola corbata. La seguridad es muy importante en la vida.

CARTA. "El caso es que he recobrado la seguridad en mí misma, no solo como mujer sino en todo, ya no me dan miedo los coches, ni los perros, ni nada."

CARLOS. Muy bonito, has recobrado la seguridad a costa de la mía.

CARTA. "Hasta me veo guapa. ¡No te rías, es verdad! Me desea más que a ninguna otra mujer. Debe de ser porque está enamorado. He vuelto a creer en el amor, Carlos, y es maravilloso. Te deseo la misma suerte."

CARLOS. ¡Mierda, mierda, mierda! (*Arrugando la carta entre las manos.*) ¿Sabes lo que te digo? Que me alegro de que te vayas. Que estaba de ti y de tus caprichos hasta la coronilla. Que eres fea, vieja y no vales nada, que prefiero estar con cualquier chica de la calle que contigo, que si no te he dejado antes es porque soy un hombre de bien, con principios, y sobre todo porque me dabas lástima.

CARTA. "A ti no te será difícil rehacer tu vida con una o con varias, como te apetezca."

CARLOS. Desde luego que no, mañana mismo si quiero.

CARTA. "Este encuentro ha sido un milagro que nos puede liberar a los dos. La verdad es que no comprendo cómo has podido estar conmigo tanto tiempo gustándote tan poco."

CARLOS. El que no lo comprendo soy yo.

CARTA. "En el fondo es posible que te diera lástima dejarme después de tantos años."

CARLOS. No me daba lástima. ¡Me daba rabia! ¡Rabia de sentirme atado, rabia de necesitarte para toda la vida! Sería la costumbre porque ¿qué otra cosa podía ser?

Bueno, veamos cómo acaba la novelita rosa.

CARTA. "Nos vamos a vivir afuera. Es extranjero. Puedes quedarte con todo. Él tiene una buena posición y yo trabajaré. Nunca dejaré de trabajar."

"Adiós y que todo te vaya bien. Sinceramente. María."

CARLOS. ¿Al extranjero? ¿Se va al extranjero? No, ni que lo piense, a mí no me hace una tía esto. Se va a enterar de lo que vale un peine.

(*Carlos marca nervioso un teléfono.*)

3. ¿Tengo razón o no?

¿Policía…? Buenas noches. Oiga, por favor, me encuentro en un gravísimo apuro, le ruego que me ayuden… Es una situación desesperada… De mi esposa, se trata de mi esposa… No, no ha tenido ningún accidente… no, desgracias tampoco. ¡Pues por qué va a ser! Porque se ha largado con otro… Gracias, pero el que lo siento soy yo… ¿Que qué quiero que hagan? Pues que la busquen y me la traigan a casa… Morena, de estatura normal, ni alta ni baja… cuarenta y dos años…, ni guapa ni fea, corriente, una mujer vulgar y corriente… Puede que lleve un abrigo de pieles, pero no estoy seguro… ¿Una denuncia? No hay tiempo para denuncias. Piensa irse de viaje…, al extranjero lo más probable, y tienen que impedirlo. Si logra coger el avión no volveré a verla jamás. La conozco muy bien, es cabezona como ella sola y cuando toma una decisión… ¿Qué avión va a tomar? ¡Y yo qué sé! Si lo supiera no estaría perdiendo el tiempo en el teléfono… ¿A qué país? Tampoco lo sé… Por una carta que me ha dejado… No, no dice nada del avión, solo que el tipo se la ha enrollado es extranjero. Extranjero y viaje, pues está claro… Él debe tener unos treinta y tantos años… No, viudo… Sí, más joven que ella y ¡también tiene más dinero que yo!… Perdone, estoy muy excitado… No, no tengo idea de la nacionalidad. ¡Ni me importa un rábano!… Perdone otra vez… Lo del avión me lo imagino, es más rápido para quitarse de en medio, pero puede que usted tenga razón y se vaya en tren o en coche… Sí, tendrán que vigilar también las estaciones y las carreteras… ¿Que no pueden? ¿Cómo no van a poder?… ¿Complicado?… ¿no lo hacen cuando se escapa un terrorista?… ¿La seguridad del Estado? ¿Y mi seguridad? ¿Es que mi seguridad no le importa a nadie? Si pudiera verme…, estoy tan inseguro que hasta me tiemblan las manos… No, nunca la he maltratado… Le he dicho que no, que nunca le he puesto la mano encima… ¿Qué no puede hacer nada? ¡Tienen que ayudarme, me encuentro tan mal!… No necesito ningún médico y menos un psiquiatra. ¿Qué se piensa, que estoy loco?… Oiga, usted, yo pago mis impuestos y tengo derecho como el que más. Les hago una llamada de socorro y están obligados a ayudarme. ¿Me oye? ¿Me oye? ¡Mierda, me ha colgado!
(*Carlos se toma de un trago otra copa y marca de nuevo un teléfono.*)
Angélica, ¿dónde está María?… Sí, usted lo sabe, claro que lo sabe. María no da un paso sin consultar a su familia… De viaje, sí, pero ¿adónde?… Aunque me lo jure por sus muertos no la creo… Se arrepentirá de esto, se arrepentirá toda la vida si no me lo dice. Soy su marido y tengo derecho a saberlo… ¿No me lo dice, eh? Pues yo sí que le voy a decir unas cuantas cosas. ¿Sabe lo que es usted y toda su familia? Unos hipócritas y unos traidores encubridores, y su sobrina, ¿sabe lo que es? Una zorra, una ramera, una grandísima puta. ¿Angélica? ¿Angélica…? ¡Mierda! Otra que no quiere oír. ¡Pues me van a oír, aunque no quieran! ¡Ay, la punzada! (*Echándose la mano al pecho.*) Tengo que relajarme…, respirar hondo…, porque me va a dar el infarto. Y lo que siento no es morirme. Lo único que siento es que esa hija de su putísima madre se salga con la suya. "El amor…. He vuelto a creer en el amor y es maravilloso" … ¿Qué sabrás tú lo que es el amor? ¡Vuelve, María! No me dejes solo. Yo te quiero, a mi manera, pero te quiero. No me importa que seas vieja, ni fea, ni que fueras ciega, coja o jorobada. No me importa nada de nada. Tu sitio está aquí, no seas loca, aquí, en tu casa, con tu marido. Necesito verte al volver del trabajo o de donde coño sea. ¿Qué te importa de dónde venga si al final éste es mi

puerto, donde quiero dormir y despertar? No me hagas un desgraciado. Te lo prometo, María, voy a cambiar. Cambiaré por ti. Ya verás, todo será como antes, como cuando nos conocimos. Te mimaré, te haré caricias, te sacaré al cine y al teatro, iremos a cenar. Te juro que será distinto, pero por lo que más quieras, vuelve.

Lo que siento por ti no se puede expresar, no tiene nombre, es algo muy fuerte, más fuerte que yo, más poderoso que el sexo y que el amor. Te necesito, María. Por última vez te lo pido. ¡Vuelve!

¿No vienes, eh? Pues ya me he cansado, ya no te suplico más.

(*Carlos se sirve una copa y se la toma de un trago.*)

¿Qué crees que no hay mujeres en el mundo? Pues estás muy equivocada. Y cualquiera vale más que tú. A ver, ¿qué tienes de especial? Nada, de especial no tienes absolutamente nada. Para colmo, ni siquiera eres atractiva, por mucho que lo diga ese extranjero. Eres vulgar, del montón y en una edad difícil, no me lo irás a negar. ¡Veremos a ver lo que haces cuando ese tipo te deje! A mí no se te ocurra buscarme.

(*Carlos se sirve otra copa y la bebe pausadamente saboreándola.*)

Parece que la estoy viendo. En el aeropuerto. El extranjero la lleva cogida por los hombros del abrigo de piel que le regalé yo y que le sentaba tan bien. La besa. La besa una y otra vez en la mejilla, en la oreja, con ternura, con pasión, con promesas. Ella se deja hacer, pero de pronto se acuerda de mis besos. Se retira… Se aleja. Él se inquieta. "¿Qué te pasa?," le pregunta. "Nada," le responde ella. Él vuelve a preguntar, nervioso. Ella tarda en contestar. "Nada, que no puedo olvidar a mi marido, lo siento, me vuelvo a casa."

(*Suena un timbre imaginario y potente.*)

Ahí está. ¿Tengo o no tengo razón?

(*Carlos, dando tumbos, abre la puerta. Puede ser cualquiera de las dos. Nadie entra.*)

Pasa, pasa, estás en tu casa. Siéntate, ¿quieres tomar una copa? Lo suponía, nunca bebes, es igual, aunque deberías aceptarla por hacerme compañía. ¿Qué, te lo has pasado bien con ese pollo? Muy bien no estarías cuando has vuelto tan pronto. Si es lo que yo te digo, ¿adónde vas a ir tú con esa pinta y esa edad? ¿Y dónde vas a encontrar a un marido más atractivo que yo? ¡Así, así las tengo a todas, locas por mí, porque soy un superdotado, un *superman*, un *todo-terreno*, un don Juan, un Rodolfo Valentino, un macho ibérico.

(*Carlos, que con dificultad por la borrachera ha pronunciado las últimas palabras, se desploma redondo dejando caer la copa al suelo.*)

TELÓN

Actividades preliminares

1. Imaginen que Carlos o María utilizan una red social como *Snapchat* o *Twitter* y son muy activos en sus plataformas. En grupos de dos o tres, creen una serie de interacciones con otros usuarios. Por ejemplo, si utilizan *Twitter*, escriban una serie de tweets o retweets como si fuesen Carlos o María. ¿Sobre qué cosas

hablarían estos personajes? ¿Qué imagen de sí mismos crearían y resaltarían en su plataforma virtual? Luego, compartan sus respuestas con la clase.

2. En la obra, Carlos recuerda haber escuchado a una adivina en la radio que hacía comentarios sobre el precio de los pisos en Madrid. En grupos de dos o tres, imaginen que Carlos decide ir a visitar a la adivina y esta le dice una serie de revelaciones. Actúen la escena de la visita y presenten las predicciones de la adivina.

3. En la obra, Carlos se presenta como un personaje solo, ensimismado y alejado del mundo exterior. Su discurso se articula sin interlocutor. ¿Qué revela de sí mismo?

Hacia el texto

A. Circunstancias dadas

En grupos de tres o cuatro, y por turnos de veinte segundos, resuman la obra. Utilicen las siguientes oraciones para comenzar su resumen, recuerden que tienen que hablar por veinte segundos como mínimo.

1. Carlos entra en su apartamento después de…
2. Carlos tiene muchas amantes…
3. María finalmente ha abierto los ojos y…
4. En la obra descubrimos varios secretos…

B. Preguntas de comprensión

1. ¿Dónde transcurre la obra? ¿Cómo es este espacio? ¿Es perfecto para la trama?
2. ¿Quién es Carlos? ¿Cómo es? ¿Qué citas revelan su personalidad?
3. ¿Qué secretos revela Carlos sobre su vida? ¿Desenmascaran algo sobre su visión de sí mismo?
4. ¿Representa Carlos estereotipos masculinos? Explica.
5. ¿Cree Carlos en la igualdad de los géneros? ¿Por qué sí o no? Explica tu respuesta.
6. La obra es un monólogo que enuncia la voz de Carlos únicamente. ¿Cómo es la voz de Carlos? ¿Por qué se le da voz al personaje? ¿Con qué objetivos?
7. En general, el monólogo no tiene un interlocutor. No obstante, la obra presenta interlocutores a través de una serie de formas de comunicación. ¿Qué formas de comunicación presenta la obra? ¿Quiénes interrumpen el ensimismamiento de Carlos?
8. ¿Qué sabemos de su esposa y su familia?
9. ¿De qué se da cuenta Carlos al leer la carta de su esposa?
10. La carta es uno de los momentos en que se presenta la esposa de forma directa. Según el contenido y el tono de la carta, ¿cómo te imaginas a este personaje femenino?

11. ¿Qué opina Carlos sobre la infidelidad? ¿Juzga él la infidelidad diferente si la comete un hombre a diferencia de la mujer? Y en el entorno social que tu conoces, ¿se juzga de manera diferente la infidelidad?

12. La obra muestra una serie de ironías. ¿Qué ironías surgen en la obra?

13. La expresión "tengo razón o no" es polisémica, es decir expresa una pluralidad de significados. En el contexto de esta obra, ¿qué posibilidades de significados evoca esta expresión?

C. Más allá de la comprensión

1. En grupo, discutan las formas de comunicación utilizadas en esta obra. Luego, observa con atención el uso del monólogo y del diálogo. ¿Qué aspectos caracterizan a cada uno? ¿Qué funciones desemplean? ¿Por qué crees que Concha Romero escoge un monólogo para esta obra?

2. El registro lingüístico de una lengua es la forma que un sujeto social se comunica en diferentes circunstancias. Se pueden cambiar las palabras, el tono y la expresión corporal según el contexto, el receptor de la comunicación y el propósito del hablante. El registro también se modula según el medio comunicativo a través del cual se expresa el mensaje. ¿Qué variedades de registros emergen en la obra? Reflexionen sobre los siguientes: casual/informal, íntimo, vulgar, oral, escrito. ¿Qué efecto tienen estos registros en la obra?

3. La obra presenta a Carlos como un personaje con voz y presencia. Es un personaje que articula su poder y su machismo. No obstante, Carlos se desintegra poco a poco. ¿Cómo cambia Carlos en el transcurso de la obra? ¿Qué causa el cambio? ¿Cómo interpretas esta transformación del personaje?

Dramatizaciones

1. Imagina que la carta de María toma vida. Actúa la carta de María cambiándola de texto a comunicación oral. ¿Qué incluyes? ¿Cómo es este comunicado oral? Preséntalo a la clase como si fueras María.

2. Improvisa la escena cuando María conoce a su amante. ¿Cómo se conocen por primera vez? ¿Qué se dicen?

3. Improvisa la llamada telefónica entre Carlos y el/la policía. Carlos llama a la policía para pedir ayuda, pero ¿cómo reacciona y qué piensa el/la policía que lo atiende?

Conexiones culturales

1. Carlos menciona que vive en Madrid y que cuesta mucho comprar un piso en la ciudad. Busca información sobre Madrid. ¿Cuántas personas viven en la ciudad? ¿Cuál es el costo de vida? ¿Cuánto cuesta alquilar o comprar un apartamento? Compara esta información con tu pueblo o ciudad. ¿Dónde es más barato vivir? ¿Dónde escogerías vivir tú y por qué?

2. Haz una visita virtual a Madrid y prepara una presentación utilizando *PowerPoint* o *Prezi* en la que presentas información sobre los barrios de la ciudad. ¿Qué cosas particulares tiene cada uno de ellos? ¿Cuál te gustaría visitar y por qué?

Ahora a escribir

1. ¿Cómo presenta la obra el poder masculino y la subordinación de la mujer? ¿Con qué objetivo? ¿Es *¿Tengo razón o no?* una obra feminista?

2. Reflexiona sobre el género literario de la obra. ¿Se puede considerar *¿Tengo razón o no?* una comedia?

Bibliografía mínima

"Concha Romero." *Escritoras.com* [en línea]. 6 abr 2003. [Consulta: 30 may 2019]. escritoras.com/escritoras/Concha-Romero.

Harris, Carolyn. "Romero, Concha." *The Feminist Encyclopedia of Spanish Literature*, Janet Pérez and Maureen Ihrie, editors, Greenwood Press, 2002, pp. 522–524.

Johnson, Anita. "La apropiación del discurso teatral hegemónico en *¿Tengo razón o no?* por Concha Romero." *Confluencia*, vol. 10, no. 1, 1994, pp. 125–129.

Serrano, Virtudes. "Hacia una dramaturgia femenina." *Anales de literatura española contemporánea*, vol. 19, no.3, 1994, pp. 343–364.

Wilfried, Floeck. "Entre el drama histórico y la comedia actual: El subtexto femenino en el teatro de Concha Romero." *Estreno, Cuadernos de teatro español contemporáneo*, vol. 23, no. 1, pp. 33–38.

4

Entre Villa y una mujer desnuda
Sabina Berman
(México)

Introducción

Sabina Berman (México, 1955–), novelista, ensayista, periodista, guionista y dramaturga, ocupa un lugar sobresaliente dentro de la dramaturgia latinoamericana contemporánea y de la escena cultural mexicana. Estudió psicología y letras mexicanas en la Universidad Iberoamericana y dirección teatral en el CADAC. En sus tres décadas de producción dramática, Berman ha sido galardonada con numerosos premios nacionales e internacionales: con el Premio Nacional de Teatro, en cuatro ocasiones; con el Premio Nacional de Periodismo, en dos, y con el Premio Juan Ruiz de Alarcón por su trayectoria teatral, entre otros. Por su parte, Berman también ha incursionado en la televisión como conductora del programa *Shalalá*, el que se transmite por Televisión Azteca. Entre sus obras de teatro se destacan *Rompecabezas* (1982), *Águila o sol* (1984), *Muerte súbita* (1988), *La grieta* (1991), *Entre Villa y una mujer desnuda* (1993), *Molière* (1998) y *Feliz nuevo siglo doktor Freud* (2002).

Dentro del sistema teatral mexicano, Berman pertenece a la llamada "nueva dramaturgia mexicana," conformada por autores que se alejaron del realismo para experimentar con la simultaneidad, la fragmentación, el diálogo intertextual y la ironía, rasgos que hoy se asocian con la estética del arte postmoderno. Algunos de los temas que recorren sus obras son el cuestionamiento de las grandes narrativas y los mitos nacionales, la política mexicana, el carácter performativo del género, los códigos sociales y culturales y los vínculos amorosos.

Entre Villa y una mujer desnuda se estrenó en 1993, bajo la dirección de la misma autora, en un teatro perteneciente al circuito comercial; en una época en donde los dramaturgos nacionales no figuraban en la cartelera comercial. Como otros textos de Berman, los discursos encontrados en relación a eventos históricos, la reescritura de la historia, el deseo y las dinámicas de poder nutren la trama de esta obra. Pero, por sobre todo, con la yuxtaposición de la presencia caricaturesca del líder revolucionario Pancho Villa y la de Gina y Adrián, una pareja de nuestra época, la pieza interroga el código cultural del machismo en dos momentos históricos diferentes. Y como es característico de la dramaturga, todo esto se lleva a cabo con un agudo sentido del humor.

Entre Villa y una mujer desnuda (1993)

Personajes

Gina, hacia los 40 años
Adrián, 45 años
Andrea, entre 30 y 45 años
Villa

Ismael, como de 22 años
Mujer
Doña Micaela Arango
(Andrea también es la Mujer)

Gina no tiene que ser especialmente atractiva, pero uno desearía de inmediato tenerla de amiga. Sus ademanes son suaves y en general tiende a conciliar su entorno. Si en las escenas de esta historia pierde el buen juicio con cierta frecuencia –se vuelve brusca o comete locuras–, es porque circunstancias extremas están desequilibrando su natural gentileza.

Adrián tampoco tiene que ser especialmente atractivo, pero cualquier mujer desearía invitarlo a cenar y averiguar si es cierta esa sensualidad que se le entreve por la corteza sobria y áspera. Tiene una elegancia calculadamente descuidada, tan común en los carácteres intelectuales sofisticados, y una labia hipnótica. De pronto el discurso político puede literalmente poseerlo y entonces habla rápido y fervientemente.

Andrea es una mujer directa. Se parece al expresidente Plutarco Elías Calles, en los gestos, la facha y la inteligencia. Si esto parece indicar que no es una mujer atractiva, lo primero es invitar al lector a revisar las fotografías del guapo Plutarco; lo segundo es asegurar que tiene un encanto físico y una divertida tendencia mental a la ironía. Y por supuesto Andrea es la socia ideal para cualquier empresa que requiere energía y decisión.

Ismael es un joven bien fornido. Cuando está cerca de Gina tartamudea y suspira y clava la mirada languidamente, pero con cualquier otro mortal luce una desenvoltura que a veces se rebasa hasta la insolencia. Suele ir con pantalones vaqueros muy gastados y tenis y lleva en la oreja derecha una aracada de plata.

Villa es el Villa mítico de las películas mexicanas de los años cincuentas, sesentas y setentas. Perfectamente viril, con una facilidad portentosa para la violencia o el sentimentalismo.

Época actual. (1993)

1. *Un departamento en la colonia Condesa de la ciudad de México. Una sala con al menos estos elementos: un ventanal grande, un sofá, una mesita baja, un taburete; puerta principal y accesos a la cocina y al dormitorio.*
Un dormitorio.
2. *Entrada a un edificio de departamentos.*
Para el estreno de **Entre Villa y una mujer desnuda** *se diseñó un espacio que siendo la sala del departamento de Gina podía ser sin ningún cambio físico los otros lugares que plantea la obra.*

Las escenas donde aparece Villa pueden sin problema realizarse en la sala, en un juego escénico que permite convivir dos tiempos históricos. Sin mayor explicación Villa y la Mujer de época revolucionaria pueden tomar té en esa sala contemporánea. Igualmente Villa y su madre pueden pasearse por la sala, usando el espacio como si se tratara de campo abierto; de ahí que sean plausibles las acotaciones que indican que Gina al fumar un cigarro en su sala echa el humo sobre Villa y Villa comenta que hasta ahí llega el humo del campo de batalla, o que Villa toma de la mesita donde Gina escribe a máquina la botella de tequila y beba de ella.

En el primer acto, la parte posterior de la sala se convertía en un dormitorio cuando allí se deslizaba una cama donde Gina y Adrián, acostados, conversaban; al mismo tiempo en la parte de la sala más próxima al proscenio Villa y la Mujer toman té.

La forma del plano de la sala era, esquemáticamente, una cruz: un área donde estaba el sofá, al frente; en medio un pasillo estrecho, en cuyo extremo izquierdo se encontraba la puerta principal y en cuyo extremo derecho estaban los dos arcos, accesos a la cocina y el dormitorio; atrás otra área de sala, dominada al fondo por un ventanal de medio arco.

Asimismo la parte posterior de la sala, mediante un efecto de luz y sonido que evocaba la lluvia se convertía en la entrada al edificio de Adrián; el ventanal giraba para ser el portón con su interfón.

A la directora le pareció entonces imprescindible la cercanía del acceso a la cocina con el acceso al dormitorio, dadas las entradas y salidas rápidas de los personajes que se plantean en el primer acto.

ACTO I

ESCENA I *Andrea y Gina toman té en la sala.*
GINA. Cada dos o tres semanas.
ANDREA. ¿Dos o tres semanas?
GINA. O cuatro días.
ANDREA. Ya.
GINA. Llama por teléfono antes de venir.
ANDREA. Ay, qué hombre más amable.
(*Gina enciende un cigarrillo largo y negro.*)
GINA. Dice: Estoy a una cuadra de tu departamento, ¿puedo verte? O: estoy en la universidad, necesito verte. O: hablo del teléfono de la esquina, ¿me recibes? Siempre lo recibo.
ANDREA. Ya.
GINA. Le abro la puerta. Hay un cierto ritual. Le abro la puerta, se queda en el umbral, me mira. Me mira… Luego, se acerca: me besa. (*Se toca los labios.*)
ANDREA. Tú a él no.
GINA. No. Tiene que pasar un momento, o dos, o tres, antes de que algo… algo: el sentimiento, me regrese de la memoria. Entonces subo la mano a su cabello y… hasta entonces se me abren.
ANDREA. Se te abren…¿qué?

GINA. Los labios. La crema. Se me olvidó la crema. (*Sale a la cocina, llevándose su taza.*)
ANDREA. Los labios. ¿Cuáles?
Suena la campanita de la puerta principal.

ESCENA II

Gina abre la puerta. Es Adrián, en su impermeable beige, gastado por una decena de años de amoroso uso, el hombro contra el quicio. Se miran.
Adrián estrecha a Gina por la cintura y la besa en los labios, mientras la encamina al dormitorio. Pasa un instante, dos, tres, antes de que la diestra de ella suba a la melena cana de él, y ahí se hunda.
Antes de cruzar el quicio del dormitorio él la levanta en sus brazos, salen.

ESCENA III

Mientras Gina regresa de la cocina con la cremera.
ANDREA. Directo a... (*Hace un gesto que implica hacer el amor.*) Eso es lo que se llama un hombre directo. Aunque dices que ya dentro de la cama es menos... O más... Bueno, ¿cómo dices que es?
GINA. No, ya dentro es...: ay, Dios... (*Vierte la crema desde quince centímetros de altura, larga, lentamente.*) Ya dentro es....
ANDREA. ¡Mmmhmm! ¡Mhmhmm! Así está bien (*de crema*), gracias.
GINA. La Gloria, Andrea. Ya dentro es la Gloria.
ANDREA. ¿Entonces cuál es el problema?
GINA. El problema es cuando llega.
ANDREA. Claro, cuando llega y así (*truena los dedos*) te da la espalda, y ni quién te ayude a ti porque él ya está dormido. Te digo qué: se llama "mucha madre": lo aprenden con sus mamás, que les dan todo sin pedir a cambio nada.
Gina la mira molesta.
ANDREA. ¿Qué? ¿No tuvo mamá?
GINA. No es eso. El problema, dije, es cuando llega...
ANDREA. ¿...Ajá...?
GINA. Aquí al departamento.
ANDREA. Ah, aquí al departamento.
GINA. Antes pues de hacer el amor.
ANDREA. Oh, antes.
GINA. Sí, aquí en la sala, se inicia esta lucha ridícula. Él tratando de llevarme inmediatamente a la cama y yo tratando de sentarlo para tomar un té.
ANDREA. ¿Te quieres casar?
GINA. ¿Casar con él? No. No. (*Se ríe.*) No.(*Seria.*) No. Para nada. En serio. No.
ANDREA. ¿Porque ya está casado?
GINA. No. Aunque no lo estuviera. De veras.
ANDREA. Y si no te quieres casar con él, ¿para qué quieres tenerlo sentado en la sala?
Al detenerse a pensarlo Gina se va enojando...
GINA. Quiero tomarme un té con él, ¿es un pecado?
ANDREA. Tomar un té, en principio, es saludable.

GINA. Carajo, se me olvidó mi té. (*Sale a la cocina, llevándose la charola con el juego del té.*)

ANDREA. (*Luego de probar su taza.*) ¿Por qué se llevó todo? Esta mujer está muy nerviosa.

Suena fuera un teléfono.

ESCENA IV

Gina entra hablando por teléfono.

GINA. ¿En dónde estás? (*Pausa breve.*) En el aeropuerto ¿de aquí? (*Pausa breve.*) ¿Te vas o llegas?

ANDREA. ¿Gina…?

GINA. Tenía una cita con mi socia… Pero no importa: ven.

ANDREA. ¿No importa?

GINA. Sh.

ANDREA. Ni quién te ayude.

GINA. (*Pausa breve.*) Pero en tres cuartos de hora llegas aquí. (*Pausa breve.*) Sí, también yo. También yo…. También……… Ay Vida, también……

Andrea sale por la puerta de la cocina. Gina se queda teléfono en mano respirando densamente.

Suena la campanita de la puerta principal.

ESCENA V

Gina cuelga y va a abrir la puerta. Es Adrián, el hombro recargado contra el quicio, en impermeable, a un lado ha dejado su maleta. La mira largo, fijamente. Hay algo desamparado en su expresión.

ADRIÁN. (*Quedo, grave.*) ¿Puedo…?

GINA. Sí.

ADRIÁN. ¿Segura?

GINA. Sí.

ADRIÁN. Me muero si un día me dices: no, ya no, ya nada.

GINA. O si tú ya no llamas: yo me muero.

ADRIÁN. No, yo me muero.

GINA. Está bien: si no me llamas, muérete.

ADRIÁN. Está bien.

Adrián abraza a Gina por el talle y la besa en los labios; retroceden hacia el dormitorio besándose. Pasa un momento, tres, ella sube la diestra a su melena. A un paso del dormitorio él la levanta en brazos, pero Gina se acuerda de sus propósitos y salta al piso.

GINA. Espérate. Vamos a tomar un té.

ADRIÁN. ¿Un qué?

GINA. Hace un mes que no te veo, carajo.

ADRIÁN. Por eso.

GINA. Por eso. (*Zafándose y entrando a la cocina.*) Bueno, cuenta.

ADRIÁN. (*Yendo a colgar su impermeable en el perchero.*): ¿Cuento qué? Te dije: estuve en Toronto. ¿No te dije? Te dejé un recado en tu contestadora, hace un mes. Y estuve un mes fuera. Di unas clases. Un curso.

GINA. ¿De?
ADRIÁN. ¿De? De historia de la Revolución Mexicana. ¿Y el té?
GINA. (*Que recién ha salido de la cocina.*) El agua tarda en hervir.
ADRIÁN. ¿Ah, sí?
Gina va a sentarse al sofá.
GINA. Toronto que queda en el sur de Canadá. En la frontera de los Estados Unidos.
ADRIÁN. Junto a las Cataratas del Niágara.
GINA. Fíjate. Así que hasta ahí se interesan por la Revolución Mexicana.
ADRIÁN. Gina, necesito… sentirte… que me toques…
GINA. Ven, siéntate. ¿No podemos platicar como si fuéramos seres humanos?
Adrián lo piensa. Va a sentarse al sofá, pero Gina extiende en el sofá las piernas para ocuparlo entero. Resignadamente Adrián toma asiento en un taburete.
GINA. ¿Y cómo las encontraste, a las Cataratas del Niágara?
ADRIÁN. ¿Cómo las encontré? Le dije al taxista: llévame a las Cataratas.
GINA. Pero cómo las encontraste, burro.
ADRIÁN. Ah, pues… son unas caídas de agua… …imponentes, esa es la palabra: imponentes. ¿Sabes?: toneladas de agua por segundo cayendo…
GINA. (*Interrumpiéndolo.*) Las conozco. Estuve allí con Julián, hace diez años.
ADRIÁN. (*Molesto.*) Con Julián… ¿Y la pasaron bien?
Silencio: la plática se ha agotado.
Adrián se cambia al sofá, apasionado, dispuesto a besarla.
ADRIÁN. Me encantas, me encantas. Sueño contigo.
Suena el silbido de una tetera. Gina se apresura a la cocina.
ADRIÁN. ¡¿A dónde vas?!
GINA. ¡El té! ¿No íbamos a tomar té? (*Desde la cocina.*) ¿Trabajaste en lo de Villa?
ADRIÁN. La monografía de Villa. Sí. Va bien. La verdad llevo las notas sobre Villa a todas partes. Estoy en una reunión del consejo del periódico, y discretamente estoy dibujando en mi cuaderno sombreritos norteños. Pienso en Villa hasta dormido. Pero la verdad, en este momento quisiera descansar de don Pancho Villa, si no te importa.
Pausa.
Es decir: empecé ya a trazar el esquema del libro. Es lo que menos me gusta. Lo que quisiera es ya estar… ¿cómo decirlo?, montado en el tema. Concretamente quisiera ya estar cabalgando con el Centauro rumbo a la ciudad de México. Villa seguido de la División del Norte. Un ejército resbalando hasta la ciudad. Un ejército de desharapados: un pueblo de desharapados precipitándose sobre la "Ciudad de los palacios." Todos estos cabrones muertos de hambre viniendo a cobrarse lo que es suyo de los politiqueros burgueses y perjumados y jijos de la chingada.
Bueno, va a estar mejor escrito que como lo cuento. En fin, hablemos de otra cosa.
Aunque no mucho mejor escrito. No escrito con delicadezas, mariconerías lingüísticas. Quiero hacer sentir toda la violencia del asunto: quiero que mi libro huela a caballo, a sudores, a pólvora, ¿y el té?
Gina ha regresado a tomar asiento en el sofá.
GINA. Está infusándose.
ADRIÁN. In-fu-sán-dose. Qué fascinante.

GINA. ¿Cómo está Marta?

Pausa incómoda.

ADRIÁN. (*Luego de carraspear*) No las he visto. Digo: hace cuatro semanas que no las veo. Estuve en Toronto, recién te dije. (*Se suaviza.*) Están bien, perdón, ayer hablé con Marta de larga distancia, la niña estaba dormida pero supongo que está bien. Hoy en la noche las veo. Gina: no sé porque me hablas de mi hija y su madre. Me… incomoda.

GINA. Porque me habló Marta.

ADRIÁN. ¿Te habló a ti?

GINA. No le diste el dinero de abril para la niña.

ADRIÁN. Ya sé, pero no tiene porque meterte… ¿Cómo está tu hijo?

GINA. Bien. Iba a venir de vacaciones pero prefiere quedarse estudiando en Boston, para los exámenes.

ADRIÁN. Gina, yo ya no vivo con esa mujer. Son asuntos del pasado, ruinas del pasado. Me crees, ¿no?

GINA. Yo te creo todo.

ADRIÁN. Pues haces mal. Soy un desobligado. Abandono lo que más amo. No sé por qué. Lo sabes, es evidente: llevo dos matrimonios fracasados, pero quieres no saberlo. Quieres cambiarme. Más fácil sería que me cambiaras por otro hombre.

GINA. ¿Qué opinas de las elecciones en Oaxaca?

ADRIÁN. ¿Esto es lo que tú llamas una plática natural?

GINA. Esto es lo que llamo una plática ligera.

ADRIÁN. Los dinosaurios priistas, la maldita derecha y nosotros impugnamos la elección en Oaxaca; hubieron madrazos en las calles y dos muertos.

GINA. Entonces cuéntame de tus alumnos.

ADRIÁN. Peor. Puro pendejete reformista.

GINA. O deja que te cuente como va la maquiladora.

ADRIÁN. No. No me interesa tu trabajo.

GINA. Ah vaya: mi trabajo no te interesa.

ADRIÁN. No. Sinceramente, no. Especialmente no cuando estás montando una maquiladora, es decir cuando te afilias al vendabal neoliberal que está desgraciando a este país.

GINA. Estamos dándoles trabajo a la gente.

ADRIÁN. Están esclavizándolos. Por algo tu socia ¿cómo se llama?

GINA. Andrea Elías.

ADRIÁN. Elías Calles: nieta del máximo traidor a la Revolución.

GINA. Si la conocieras…

ADRIÁN. La asesino. Como voy a asesinar veinte veces a su abuelito en mi libro.

GINA. (*Conciliadora.*) Adrián, la intención es tener una plática natural, ¿no entiendes?

ADRIÁN. Entiendo, pero no se puede.

GINA. Siquiera trata, Adrián de mi vida.

ADRIÁN. (*En una descarga rápida.*) Es que no se puede, Corazón. No hay nada que sea humano y natural al mismo tiempo. Somos la única raza animal con memoria, por lo tanto con Historia, por lo tanto con acumulación de costumbres. Llevamos algo así como 8.000 años acumulando costumbres. Ergo: natural como natural es una imposibilidad; natural como pautas automatizadas es no solo posible, es por desgracia un poco menos que inescapable.

GINA. Eres imposible.
ADRIÁN. Así es. Y te deseo.
Rápido, traslapado.
GINA. Y yo también te deseo.
ADRIÁN. ¿Entonces...?
GINA. Podemos seguirnos deseando, deseando serenamente...
ADRIÁN. Cuatro horas de avión y una de taxi deseándote...
GINA. Serenamente. Antes de...
ADRIÁN. ¿De qué?
GINA. De matar el deseo como un animal.
ADRIÁN. Estás educándome.
GINA. Sí.
ADRIÁN. Ah.
GINA. Es que ya estamos haciendo el amor.
ADRIÁN. ¿En serio?
GINA. Hablando, mirándonos, deseándonos de lejos, ya estamos haciendo el amor.
ADRIÁN. Es que el amor de lejos...
GINA. ¿Listo para tomar el té?
ADRIÁN. Gina... Es que el amor de lejos, hoy empecé a hacerlo contigo a las nueve de la mañana, cuando me desperté pensando en ti aquí (*la cabeza*) y aquí (*el corazón*) y aquí (*el sexo*). Llego al aeropuerto, y antes de abordar, en el umbral electrónico me piden que deposite mi maleta de ropa, mis llaves, mi cinturón de hebilla grande, me quito todo eso y siento que ya estoy desvistiéndome en tu cuarto... Y en el avión me parece que todo el avión, estoy sentado en la última fila, y siento que el avión entero, el Jumbo entero, es mi tremenda... erección... Y que el cielo en el que estoy penetrando y penetrando y penetrando eres tú y tú y tú... cinco horas sin escalas... Y las nubes arriba son tus ojos en blanco y abajo tus piernas abiertas son la Sierra Madre Oriental... Así que si no me permites tocarte ahora, te advierto: puedo enfermarme, puedo explotar, y enloquecer para siempre.
GINA. Dios santo, qué labia tienes. (*Se encamina al dormitorio, desvistiéndose...*)
ADRIÁN. (*Saliendo tras ella.*) No, no, no. Labia, labia la tuya, mi vida.
Salen al dormitorio.

ESCENA VI
Entra en la estancia, con aire desconfiado, don Pancho Villa. Lleva al hombro sus cananas, su revólver. Entra una Mujer, vestida a la usanza de principios del siglo XX, con una charola en la que trae el servicio del té.
MUJER. Siéntese, mi general. Está es su casa.
VILLA. (*Mirando su entorno.*) Ah chinga'os.
La Mujer se arrodilla para dejar en la mesita baja la charola.
MUJER. Le sirvo té. Es té de tila. ¿O prefiere un café?
VILLA. (*Yendo a sentarse frente a ella.*) ¿Por qué no? Prefiero un café.

MUJER. Es bueno el té de tila para los nervios, mi general. Los apacigua. Luego uno piensa cosas muy buenas.

Va deslizándose en otro sector una cama. Gina y Adrián están sentados contra el espaldar.

VILLA. Pos eso mismo me da prevención. No me vayan a quedar los nervios lacios, lacios, lacios… y entonces ni con humo me saca de aquí de su casa.

MUJER. Ay mi general, pues quién quiere que se vaya.

VILLA. Es usted muy bonita.

ADRIÁN. Era una mujer muy bonita.

VILLA. Muy educadita. Muy refinada. Hija de familia, como se dice. Por usted, hasta ganas dan de adormilarse.

GINA. Entonces, el general se bebió el té de tila de un solo trago.

ADRIÁN. No, no podía. Hizo así como si se lo sorbiera. Nunca comía ni bebía nada que su sargento no hubiera probado y resistido antes. A Villa lo habían tratado de envenenar muchas veces. Nada más como si lo sorbiera hacía, estaba ganando tiempo.

GINA. *(Quedito.)* Pásame las gomitas.

Adrián toma una gomita y le pasa la bolsa a Gina.

ADRIÁN. *(Con la gomita en la boca.)* Sí, nada más le ganaba tiempo al tiempo…

GINA. ¿Tiempo para qué?

ADRIÁN. Tiempo para ver a la mujer, para gozarla despacito, y para decirle adiós. Porque esa mujer no iba a ser suya. Al menos no como las otras tantas mujeres que tuvo el general.

GINA. Trescientas tuvo.

ADRIÁN. Las cifras se pierden en lo mítico.

VILLA. Es usted, de veras, requete bonita.

ADRIÁN. Era muy pero muy bonita.

VILLA. Es usted requete preciosa, qué recondenada suerte.

MUJER. Tómese el té, mi general.

GINA. Y luego se duerme entre mis brazos.

MUJER. Y luego se duerme entre mis brazos.

VILLA. El general Villa solo duerme en brazos de la sierra y la noche abierta.

ADRIÁN. Cuestión de seguridad: nunca dormía bajo techo.

VILLA. Así que no es por desairarla, verdá´ de Dios. ¡Jijos de la Tiznada!: ¡es usté requete primorosa!…, pero contrarevolucionaria. Su papacito es general callista. Epigmeo Saldívar Saldaña se llama el muy méndigo, ¿que no?

GINA. Y bueno, qué importa. Ella es ella.

VILLA. Cómo se ve que siempre ha dormido usté en almohada blanda. Ni yo merito le impongo miedo. Ya me ve amaneciendo arrepechadito a usté, ¿no es verdá´?

MUJER. Le sirvo más té, mi general. De tila.

La Mujer extiende el brazo para tomarle la taza. Villa la observa. Y con la mano con la que no sostiene la taza, desenfunda la pistola y la mata.

Gina se queda boquiabierta.

Villa sopla el humo del cañón de su pistola.

Adrián se alza de la cama mientras Villa se alza del sofá. Mientras Adrián discute con

Gina y se viste, con movimientos extrañamente sincronizados a los de Adrián, Villa irá a quitarle los aretes a la Mujer, a cerrarle los ojos, y luego se pondrá sus cananas, preparándose para irse.
GINA. ¿Qué pasó? ¿Por qué la mató?
ADRIÁN. Porque tengo que irme.
GINA. ¿Por qué?
ADRIÁN. Porque tengo que irme.
GINA. ¿Pero por qué? Quédate a dormir.
ADRIÁN. Tengo que irme.
GINA. Cenamos y te vas.
ADRIÁN. …..
GINA. Trabajas acá.
ADRIÁN. No traigo con qué.
GINA. Pues trae con qué, la próxima vez. No te estoy pidiendo que te quedes a dormir, solo que te quedes más tiempo. Adrián, quédate a cenar.
ADRIÁN. No puedo, no puedo. No puedo.
GINA. Mándame lo que vayas escribiendo, para pasártelo en limpio.
ADRIÁN. No puedo.
Villa se cala el sombrero al tiempo que Adrián se cuelga al hombro su saco.
GINA. Siempre yéndote, chingados.
VILLA. Huyendo o atacando. Es el destino del macho, compañerita.
Villa y Adrián se sobresaltan cuando se oyen la campanita de la entrada. Ambos, recelosos, se escurren de donde están: Villa fuera de escena, Adrián a la sala.

ESCENA VII
Gina se pone una bata japonesa, va a abrir. Es Ismael, en un saco de marino y pantalones de mezclilla.
GINA. Hola Ismael, ¿cómo estás? Pasa, pasa. Este es Ismael, Adrián. El amigo de mi hijo.
ADRIÁN. Mucho gusto.
GINA. Trabaja conmigo en la tienda. Me diseña cubos.
ADRIÁN. Cubos, ¿los diseña?, qué interesante.
GINA. Esos juegos de madera para los niños chiquitos, ya sabes.
ADRIÁN. Ah claro.
GINA. Y nos está diseñando los cubos de la maquiladora.
ADRIÁN. No me digas. Así que usted diseña cubos. Pues lo felicito. Lo felicito.
GINA. Y este es Adrián Pineda, mi… este, eh… mi…
Ismael tose.
ISMAEL. Mucho gusto.
GINA. Mi buen amigo Adrián Pineda.
ISMAEL. (*Entusiasmado.*) Ah, Pineda: tú escribes, ¿no?
ADRIÁN. Escribo, sí.
ISMAEL. En el periódico.
ADRIÁN. Semanalmente.
ISMAEL. En el *Esto*, ¿no?

ADRIÁN. De ninguna manera. En *La Jornada*.
ISMAEL. *(Decepcionado.)* Ah. Bueno. Es otro Pineda. Creo.
ADRIÁN. *(Dándole la mano.)* Bueno, pues ha sido fascinante conocerlo, su arete es lindo, y…
GINA. Espérate un momento. Enséñanos los nuevos cubos, Ismael. Vas a ver que bellas cosas hace este muchacho.
ADRIÁN. Yo te hablo, ¿está bien?
GINA. ¡Espérate un mo-men-to!
Adrián cruza adelante una mano sobre la otra, se espera estrictamente un momento.
ADRIÁN. Yo te hablo. *(La besa en los labios, sale.)*
Brusca, Gina cierra la puerta. Entonces se topa con la maleta de Adrián. Abre la puerta en el momento que él toca el timbre, precisamente para pedirle la maleta, pero descortés, ella se la tira encima y cierra la puerta de golpe.
Gina se va entristeciendo. De una patada prende la grabadora (así se prende la grabadora de Gina): suena un bolero romántico.
Gina se deja caer en el sofá. Así, en su bata de seda, el pelo revuelto, se está lánguida y ausente en el sofá. Ismael la observa desde hace unos minutos, absorto.
Pasa un rato hasta que Gina lanza un suspiro muy alto, Ismael tose. Gina se vuelve a verlo, sorprendida. Lo había olvidado.
GINA. *(Lánguida, melancólica, melodramática.)* Ismael.
ISMAEL. ¿Sí, sí?
GINA. Ismael, acércate…
ISMAEL. Sí.
GINA. … y enséñame… tus cubitos.
Ismael se arrodilla junto a la mesita baja, empieza a sacar sus cubitos.
OSCURO LENTO

ACTO II

ESCENA I

Aún está oscuro. Gina en su bata japonesa, sentada para escribir en máquina, consultando una libreta de Adrián.
GINA. *(Tecleando.)* Noche… *(Se enciende en el ciclorama la noche.)* .. de luna… *(Baja en el ciclorama una luna redonda.)* … llena.
Entra al escenario Doña Micaela Arango, una anciana con reboso, un cofrecito de joyas entre las manos, se congela. Mientras Gina se sirve un tequila, entra Villa, se congela.

Gina teclea: Villa y Doña Micaela se avivan.

DOÑA MICAELA. *(Tirando lo que menta por encima de su hombro.)* Aretes de canica de agua.
VILLA. *(Cachando las joyas.)* De ópalo.
DOÑA MICAELA. Anillo de…
VILLA. Ojo de tigre, amá. Aquellos pendientitos son rubíes…
DOÑA MICAELA. No me quiere asté, mi niño. En dieciocho años lo he visto cinco veces.
VILLA. Siete, mamacita.

DOÑA MICAELA. Cinco.
VILLA. Siete.
DOÑA MICAELA. Cinco, con una chingada.
VILLA. Está bueno, mamacita: lo que ordene y mande.
Gina enciende un cigarro: Villa se alarma.
VILLA. ¿Qué carajos...?
Gina exhala un chorrito de humo sobre Villa.
VILLA. Ah: hasta aquí llega el humo del campo de batalla. *(Refiriéndose al tecleo de la máquina de escribir.)* Sí, como ese traqueteo: la maldita metralla... ¿Y qué, le placen, madrecita?
DOÑA MICAELA. ¿Qué quere que haga con esta riqueza? ¿Colgármela pa' pasear por la plaza, pa que todo mundo sepa y conozca que m'hijo es un bandolero?
VILLA. Un revolucionario, mamá.
DOÑA MICAELA. Usté solo viene a verme cuando le queda cerca de una guerra, o otra de sus criminalidades.
VILLA. Ya me va a empezar a regañar...
DOÑA MICAELA. Aquí tenga este arete de plata. Tiene una gota de sangre. Y aquí tome de una vez todo su oro, Panchito. Esta mamacita de usté es pobre pero digna.
VILLA. Ayayayayay, qué hombre es mi amá.
DOÑA MICAELA. No, nomás hembra que ha parido.
VILLA. Cállense cerros, que mi madre habló.
DOÑA MICAELA. Pero es que la vida que llevas, siempre a salto de mata. ¿Quién le surce los calcetines? ¿Quién se fija que su zarape esté limpio? Y si te duele una muela, ¿a quién le cuentas?
VILLA. Pos hay tengo unas cuantas señoras que me quieren...
DOÑA MICAELA. Pero ni una casada contigo por la Iglesia y ante Dios.
VILLA. Cómo no. Cinco casadas conmigo por la Iglesia y ante Dios.
DOÑA MICAELA. ¡Jesús santo! *(Se persigna.)* ¡Nombres!
VILLA. ¿Cómo dijo, madrecita?
DOÑA MICAELA. Quero nombres, direcciones y apelativos de esas fulanas y de todas tus queridas. Las de ahora y las dendenantes.
VILLA. ¿Qué dice madrecita?
GINA. Ay, perdón. Perdón, perdón, perdón.
Gina regresa el rodillo y tacha: Doña Micaela vuelve a sentarse y a su resignación, como si se regresara el tiempo. Gina vuelve a escribir.
DOÑA MICAELA. ¡Jesús santo! *(Se persigna.)* Entonces como si ni una. Porque si son cinco, no hay quien le lleve de cerca el registro, m'hijo. No hay quien lo cuide noche tras noche. No tiene con quien saber que va a morirse en sus brazos...
VILLA. No llore 'ama, que entonces sí me quiebra...
Y se quiebra Villa: llora. Toma de la mesita de Gina la botella de tequila, bebe. Gina le toma la botella y también bebe, igualmente llorando. (Sin darse a notar Ismael aparece de espaldas en el quicio de la cocina, está arreglando unas rosas rojas en un florero.)
DOÑA MICAELA. *(Luego de enjugarse las lágrimas.)* ¿Y cuántos son ya mis nietos?
VILLA. Muchos.

DOÑA MICAELA. ¿Cuántos?

VILLA. Pos así, certeramente…? Cien… Ciento…… Pos siento mucho no poder sacar las cuentas. Le digo: andamos haciendo Patria. *(Se arrodilla junto a ella.)* No se enoje conmigo, madrecita. Usted sabe que si ando por estos caminos de polvo y sangre es porque este pinche mundo no está bien hecho.

DOÑA MICAELA. ¿Y hasta cuando vas a seguir así, guerreando?

VILLA. Hasta que dejemos colgados de los campanarios de la Catedral a todos los engañadores del pueblo. Sobre todo al generalito ese, Elías Calles: a ese y a sus compinches riquillos, de los huevos. Y luego…

DOÑA MICAELA. ¿Luego?

VILLA. Pos… hasta que dejemos bien hechecito al mundo.

DOÑA MICAELA. *(Llorando.)* Uuuujule, Pancho… 'Ta verde.

VILLA. Deme su bendición, madre, que ya debo largarme.

DOÑA MICAELA. No le doy nada. Primero vas con el cura y te confiesas y a luego.

VILLA. Se lo ruego, mamacita. De niño apenas y me dio de comer. Namás le pido una bendición…

Doña Micaela acerca a la cabeza de su hijo la diestra, para bendecirlo, Gina saca la hoja de la máquina para colocar otra: Doña Micaela y Villa se congelan. (Sin darse a notar, Andrea se sienta junto al ventanal.) Cuando Gina vuelve a teclear, doña Micaela y Villa se avivan.

DOÑA MICAELA. No le doy nada, punto.

VILLA. Mire mamacita, doña Micaela, para confesarme necesitaría al menos ocho días y usté bien oye que ahí fuera está la guerra esperándome. Además, necesitaría usté conseguirme un cura con el corazón muy grande, más grande que el mío, para que yo le dijera todo lo que el Señor me ha dado licencia de hacer.

GINA, ya sin escribir, leyendo de una hoja, (y en escena sucediendo):

La anciana deslizó su mano temblorosa sobre la cabeza de su hijo… pero la retiró, como si hubiera tocado lumbre.

DOÑA MICAELA. *(Retrocediendo hasta salir de escena.)* No m' hijo. A un asesino no puedo darle la bendición.

VILLA. No le aunque, ya es costumbre. *(Va a la salida furioso.)*

ANDREA. Ay qué barbaridad, Santo Dios.

VILLA. *(Yéndose.)* ¡Vámonos!

A lo lejos vemos a Villa disparar al aire tres veces antes de desaparecer.

ESCENA II

Mientras Ismael deja el florero con rosas en la sala y luego va al fondo a mirar llover:

ANDREA. Mira que ese plan suyo de colgar a mi abuelito de sus partes nobles en pleno Zócalo, me ha dejado anonadada.

Gina bebe de un sorbo su tequila y se empieza a servir otro.

GINA. No lo tomes personalmente.

Un relámpago.

ANDREA. Va caer una tormenta. No, lo tomo políticamente.

GINA. Bueno, no coinciden políticamente, pero…

ANDREA. Oye, ya párale, ¿no? Llevas tres cuartos de botella.

4. Entre Villa y una mujer desnuda

GINA. Pero cuando empecé ya estaba empezada. Oye, ¿y esas rosas?
ANDREA. Ni viste cómo aterrizaron ahí, ¿cierto? Te las trajo... *(Señala a Ismael, que se encuentra de espaldas, junto al ventanal.)*
GINA. Oh.
ANDREA. Sí: oh.
GINA. Bueno, insisto en que no coincides con él políticamente, puedo aceptar eso. Pero como escritor, debes reconocer...
ANDREA. Ah no, no, como escritor me parece notable su... su...
GINA. Estilo.
ANDREA. No, no, su ... su ortografía. Impresionante cómo pone los puntos y las comas. Con mucha, mucha virilidad, ¿no es cierto? Pero te digo qué: que siga viviendo en el pasado, para eso es historiador. Nosotras pasemos a nuestro promisorio futuro. Isma.
Hay otro relámpago.
ANDREA. Tráete acá tu calculadora. *(Abre su libro de cuentas.)* Si mi intuición no falla, estamos por debajo de los costos que suponíamos.
ISMAEL. *(Acercándose.)* Sí, claro, si tus amigos sufren, mejor cambia de tema.
ANDREA. Nos citamos para revisar números, Flaco.
ISMAEL. Sí, pero. Es que. No. No, es que o vives con ese tipo o lo cortas, Gina.
GINA. Perdón, de qué hablas. Yo vivo sola muy feliz y muy tranquila.
ISMAEL. Hablo de tus insomnios, de los días en que no llegas al negocio, de como lo único que haces últimamente es copiar las cosas de ese tipo; hablo de que estás bebiendo como si te quisieras ir a la *(Hay otro relámpago y un rápido trueno.)*
ISMAEL. No entiendo: el amor te debería hacer feliz.
ANDREA. No, pues sí.
ISMAEL. Digo: si dos personas –este– se aman, de verdad se aman, quieren vivir juntas, ¿o no?
ANDREA. No, no necesariamente. Si son adultos, pueden tener otro pacto, Ismael, como Gina y este hampón que se llama a sí mismo intelectual. Se ven, se disfrutan; y hace cada quien su vida. Y ahora dejemos en paz la vida íntima de Gina y vamos a revisar las cuentas de la maquiladora.
GINA. No, no, sigan; aunque sea mal, sigan hablándome de ese hampón.
ISMAEL. Mira, si yo fuera él, y tú llegas a verme a mi casa y –no sé– me dices...
ANDREA. Imposible.
ISMAEL. ¿Qué no es posible?
ANDREA. Gina no puede ir a su departamento.
ISMAEL. ¿Por qué?
GINA. Es parte de nuestro pacto. Yo no soy de ese tipo de mujeres que andan detrás de los tipos. Que los persiguen y los invaden y... Y no soy ese tipo de mujer.
ANDREA. Tan-tan. *(Abre su cuaderno y se dirige a Ismael.)* Primer rubro:...
GINA. A ver, ¿qué harías si estás en tu casa trabajando –cubitos –, y yo llego a media noche, te interrumpo y así de pronto te pido matrimonio?
ANDREA. *(Admonitoria.)* ¿Matrimonio?
GINA. Si llego con ese ramo de rosas rojas... y te digo: Ismael, hazme un hijo.
ISMAEL. ¿E-esas...? Yo.. te... eh... te digo......

ANDREA. Le dices: pero Gina, si ya tienes un hijo, y te cuesta una fortuna su colegiatura de Harvard; y sacas tu calculadora.
ISMAEL. Te digo: Gina, a mi –para mí sería un honor hacerte un hijo.
ANDREA. Cristo Rey.
ISMAEL. Sería un honor hacerte todo lo que me propusieras, porque, porque cómo voy a negarte algo, a ponerte límites, a establecer prohibiciones, digo: si te amo. El amor lo quiere todo… Quiere ser para siempre, si no, no es amor. Si no quiere ser eterno e infinito, es un amor indigno. Además…
GINA. *(A Andrea.)* Oye, este muchacho es muy rescatable.
ANDREA. Sí, totalmente. Qué sorpresa, Ismael. Qué conceptazos. A ver Ismael, exprésate, expláyate.
GINA. Orale: expláyate. Con confianza.
ANDREA. Que nada te detenga Flaco: lo que tenga que salir esta noche tormentosa, que salga.
ISMAEL. Es que… en el fondo… eso queremos los hombres, aunque juremos lo contrario: queremos que alguien nos tumbe todas –todas– nuestras idiotas defensas; que alguien nos invada, nos haga suyos; nos libere de nosotros mismos.
Las dos mujeres lo reflexionan.
ISMAEL. Bueno, esa es mi experiencia.
ANDREA. Sí, pero… tú no tienes experiencia, Ismael.
Mientras Andrea lo ha dicho Gina se ha puesto en pie para ir al perchero.
ANDREA. Gina. Gina, ¿qué pasa? ¿Qué haces?
Gina se ha quitado la bata para ponerse un impermeable y zapatos de tacón.
GINA. Nada. Voy a tumbarle todas sus idiotas defensas.
ANDREA. ¿Ahorita?
GINA. De una vez. A su departamento.
ANDREA. Espérate. Estas cuentas tenemos que reenviarlas a Tijuana mañana. Gina. Gina, por lo menos háblale antes. Avísale que vas.
ISMAEL. No, se trata de agarrarlo fuera de guardia.
ANDREA. Tú cállate. Gina, supón que se molesta porque llegas sin avisar. Supón que de plano se enoja. Supón que está con… Que se enoja.
Gina se paraliza.
ISMAEL. ¿Se enoja de qué?
ANDREA. De veras cállate Flaco.
ISMAEL. No te acobardes Gina. Si se enoja, le tiras en la cara la rosas y le dice adiós para siempre. Y te vas. Como toda una señora.
GINA. Eso me gustó. Le digo adiós para siempre y me voy… *(Haciendo un gesto teatral.)* como toda una… princesa, y luego… me suicido.
ANDREA. Muy bien, pero hazlo mañana. Gina.
Gina toma las rosas del florero. Mira desde lejos la puerta de salida.
ANDREA. Hazlo mañana. ¡Gina! Siquiera vístete.
GINA. ¿Para qué?, si al rato me desvisten.
Gina echa a caminar hacia la puerta con aire entre majestuoso e inseguro. Trastabilla un paso hacia atrás, y recomienza hacia el frente.
GINA. Voy en taxi.

Un resplandor ilumina su salida.
OSCURO.
ANDREA. Se fue la luz.
ISMAEL. Por aquí había velas…
Mientras en la oscuridad van a la cocina y cada vez los oímos más de lejos:
ANDREA. Oye, Isma, ¿sigues releyendo *El arte de amar*? Mi consejo: mejor ya hazlo. De preferencia con otra persona. Por ejemplo de tu edad.
ISMAEL. Podemos empezar con las cuentas, si quieres.

ESCENA III
La entrada de un edificio. Llueve.
Gina pulsa un timbre.
VOZ EN EL INTERFON. ¿Quién?
GINA. Yo.
Silencio.
GINA. ¿Me oyes, Adrián? Soy yo.*(Pausa breve.)* ¿Adrián…? *(Pausa breve.)* ¿No me oyes? No suena esta… *(Empuja la puerta, inútilmente.)* ¿Adrián? No suena el timbrecito para abrir, Adrián.
La puerta se abre. Adrián sale. Está con su eterno impermeable, abajo el torso desnudo, y sin calcetines. Pero Gina solo mira su amado rostro.
GINA. Adrián… *(En tono apasionado.)* …hazme un hijo.
Adrián abre un paraguas.
Gina trata de comprender ese hecho.
GINA. ¿No me vas a invitar a subir?
Silencio en que se oye llover.
ADRIÁN. No puedo. Hay… Hay, arriba, otra, ay Dios. Otra mujer.
GINA. Marta.
ADRIÁN. ¿Qué?
GINA. Marta, tu esposa.
ADRIÁN. No, no. ¿Cómo crees?
GINA. Entonces, la otra, la primera, ¿cómo se llama?
ADRIÁN. ¿Quién?
GINA. Tu primera mujer.
ADRIÁN. No. No. No.
GINA. ¿Quién entonces?
ADRIÁN. No importa. Te juro: no importa.
GINA. ¡Una alumna, –puta– una alumna!
ADRIÁN. ¡Que no importa por favor! ¡No tiene nombre, no existe!
GINA. …en la cara y le dices adiós…
ADRIÁN. ¿Qué?
GINA. …para siempre. ¿Me oyes?: se acabó para siempre.
Intenta golpearlo con las rosas, pero él esquiva el golpe y ella, desequilibrada, cae al piso.
GINA. *(Incorporándose.)* Puta: el tacón.
Adrián se agacha para recoger el tacón que se saltó del zapato.
GINA. A ver, tate quieto cabrón.

ADRIÁN. Tu cara, Gina… Tienes la cara herida.
Gina se palpa la cara: tiene sangre.
ADRIÁN. No, solo son tus deditos espinados…
GINA. Es solo sangre, Adrián. A ver, quédate quieto ahí cabrón.
Adrián obedece, se queda quieto bajo su paraguas, mientras Gina se pasea frente a él calculando el golpe. Le tira las rosas en la cara y gira en redondo; y se va caminando –cojeando– bajo la lluvia…
Un resplandor la ilumina.

ESCENA IV

El departamento. A la luz de unas velas, Andrea e Ismael. Ismael mira su reloj. Andrea mira su reloj.
ANDREA. Pues… se quedó a dormir con él. Vámonos.
ISMAEL. Hubiera llamado para avisarnos.
ANDREA. La pasión la obnibuló.
ISMAEL. De todos modos hubiera llamado. ¿Cuánto le toma hablar por teléfono?
Andrea lo observa con una sorna enternecida.
ANDREA. Isma, escúchame: nos borramos de su conciencia: tú y yo y el planeta Tierra.
ISMAEL. Tal vez hay que llamar a las cruces…
ANDREA. Mañana vemos. Vente.
ISMAEL. ……….
ANDREA. En ese closet hay cobertores.
ISMAEL. Gracias.
Mientras ella va a la salida y él a la cocina:
ANDREA. Me llevo la vela.
ISMAEL. Voy a llamar de una vez a las cruces.
ANDREA. Te mando un besito.
Ismael en la cocina: lo vemos de lejos hablar por teléfono.
ISMAEL. Disculpe señorita, el teléfono de la Cruz Roja. 53 95 11 11, gracias. *(Marca. Pequeña pausa.)* Estoy localizando a una persona. Sí gracias. *(Pequeña pausa.)* Estoy localizando a una persona. Sí gracias. *(Pequeña pausa.)* Gina Benítez. Hace tres días, perdón: tres horas.

ESCENA V

En la oscuridad se abre la puerta. Entra Gina, sin cerrar la puerta. Choca contra un mueble tumbando un plato ruidoso: vuelve la luz: Ismael sale de la cocina con el teléfono inalámbrico.
GINA. Puta.
Gina está con el maquillaje corrido, empapada, revuelto el cabello.
GINA. ¿Qué me ves?
ISMAEL. ¿Qué te pasó?
GINA. Nada. Me pasó la vida. Me fui a caminar bajo la lluvia. ¿Es malo, según tu experiencia? No me suicidé, estoy aquí, ahora puedes irte. Es más: ya vete, por favor.
ISMAEL. ¿Por qué no te bañas con agua caliente y te duermes?

4. Entre Villa y una mujer desnuda

Gina le arrebata el teléfono, se deja caer en el sofá. Marca en el teléfono.
GINA. Julián, Juliancito. Mami.
¿Así que te parece terrible que ahí sean las tres de la mañana? Pues aquí está mucho más cabrón porque son las cuatro. ¿Con quién estás? Oigo una voz.
¿Qué Margaret?
¿Margaret qué?
¿Y de dónde sale esa mujer?
Curiosidad, ¿es malo?
Y bueno, ¿qué hacen?
Aaah: trigonometría. Así que van a pasarse el resto de la noche haciendo trigonometría, tú y ésta Margaret Delawer de Wichita, Alabama. ¿Por qué me mientes, Julián? ¿Por qué todos los hombres mienten? Tu padre nunca me mintió. No me cuelgues.
Gina mira el receptor: Julián le ha colgado. Ella cuelga.
Gina permanece muy quieta.
GINA. Nunca me mintió. Creo. *(A Ismael, que se acerca a ofrecerle una copa de coñac.)* Ya te habías ido, ¿no?
ISMAEL. No puedo dejarte así como estás.
GINA. *(Yendo a la grabadora.)* Precisamente porque así estoy, sería bonito que te fueras.
Gina prende de una patada la grabadora.
ISMAEL. Hay que arreglar ese aparato.
GINA. No, así es.
Suena el bolero "Desdichadamente."[1] Gina, compenetrada con la dolorosa letra del bolero, padece. Las lágrimas se le derraman y silabea la tremenda canción. Hasta que vuelve a notar a Ismael, que no hace sino observarla.
Primero Gina se apena y le da la espalda. Luego lo reconsidera y mira por segunda ocasión al joven, con detenimiento. Se quita el impermeable sin dejar de verlo, está en camisón... Ismael la mira, tieso. Luego se bebe la copa de coñac de un sorbo y se acerca a ella...
Ella le toma las manos y las coloca en su cuerpo, para bailar... Se mueven muy despacio, tiernamente, y también torpemente: Ismael no sabe bailar el bolero...
GINA. No sabes llevar.
ISMAEL. Llévame tú.
Siguen bailando. Hay en sus cuerpos una paulatina relajación, confianza. Gina mete una mano en la bolsa de atrás del pantalón de él...

ESCENA VI

En la oscuridad entra despacio y sin hacer ruido Adrián, una rosa roja en la mano, el impermeable cubriéndole el torso sin ropa... Al ver a la pareja, se acerca más despacio... Cuando por fin Gina lo ve, sigue bailando.
ADRIÁN. Déjanos solos Isaac.
Ismael lo ignora también y busca la mirada de Gina. Pero Gina se aparta.

---
1. Bolero de Rafael Hernández.

ADRIÁN. Déjanos, Isaac.

Ismael va hacia la puerta principal, mientras Adrián se acerca a Gina. "Desdichadamente" acaba.

Adrián reúne su cuerpo con el de Gina. Inicia otro bolero, "Una y otra vez,"[2] pero Gina no reacciona a la cercanía de Adrián…

Por fin lo abraza. Bailan.

Ismael, que espiaba, se va cerrando tras de sí delicadamente, para no hacer ruido.

Adrián y Gina bailan maravillosamente bien. De pronto incluso parecen bailarines de "music hall." Bailando se van encaminando al dormitorio. Pero en el quicio, Adrián aprieta su cuerpo contra el de Gina, le alza ambos brazos, se baja la cremallera del pantalón, alza una pierna de Gina, quiere penetrarla. Aún con música de bolero empieza un forcejeo furioso entre la pareja.

Gina se zafa, va bruscamente a la grabadora, de una patada la apaga.

Larga pausa.

ADRIÁN. Está bien. ¿Qué quieres? ¿Qué es exactamente lo que quieres?

GINA. Quiero… Quiero… …dormir… cada noche contigo. Quiero despertar contigo, cada mañana. Quiero desayunar contigo. Quiero que vengas a comer diario aquí. Quiero irme de vacaciones contigo. …Quiero una casa en el campo. …Quiero que hables con mi hijo de larga distancia, que hablen de cosas de hombres, que yo te lleve un té mientras hablas con mi hijo, seriamente. Quiero que acabes con Marta, digo: formalmente; que firmes ya un acta de divorcio. *(Otra larga pausa.)* Quiero disciplinarme por fin para ir a correr cada mañana. Quiero dejar de fumar. Quiero que vengas conmigo a Tijuana para elegir el terreno para la maquiladora. Quiero un collar con tu nombre. Perdón: con mi nombre. No, sí: con tu nombre… Y quiero… *(Otra larga pausa.)* Quiero… despertar contigo. Abrir los ojos cada mañana y verte. Quiero verte y cerrar los ojos y dormirme en paz. Y quiero que en veinte años… me abraces… y me digas: la vida es buena.

ADRIÁN. Y querías un hijo mío.

GINA. Fíjate.

ADRIÁN. Está bien.

GINA. Y quiero que no se me olvide todo lo que yo quiero por estar pendiente de lo que tú o Julián o Andrea o todos los otros quieren.

ADRIÁN. Está bien. Ya no tomes la pastilla.

GINA. ¿Qué?

ADRIÁN. Si quieres tener un hijo mío.

GINA. Ay sí, qué fácil, hacerme un hijo. Pero como lo demás que te pido no lo quieres.

ADRIÁN. Dije: Está bien. Está bien. Está bien. Está bien.

Adrián se aproxima.

ADRIÁN. Quiero… una vida contigo. Eso es cierto. La vida contigo es buena.

Adrián la besa despacio. Se acarician.

ADRIÁN. Va a ser un niño de ojos grandes y despabilados.

OSCURO LENTO mientras siguen las caricias…

---

2. Bolero de Rodolfo Mendiolea.

ACTO III

ESCENA I

El departamento. Tarde. Durante la escena, de manera apenas perceptible, va enrojeciéndose la luz.
Gina abre la puerta. Es Adrián, el hombro recargado contra el quicio, un cigarro entre los labios. Está por decir algo, pero en cambio tose.
GINA. ¿Estás resfriado?
ADRIÁN. Un poco.
GINA. Entonces no fumes. ¿Desde hace cuanto fumas?
ADRIÁN. Dos semanas. *(Busca donde tirar el cigarro.)*
GINA. Entiérralo.
ADRIÁN. ¿Qué?
GINA. El cigarro. Que lo metas en la tierra de la maceta.
Gina le quita de los labios el cigarro y va a enterrarlo en la maceta del pasillo exterior al departamento. Adrián empieza a quitarse la gabardina.
GINA. No, espérate. No te la quites.
ADRIÁN. ¿De plano?
GINA. De plano. Vamos a tomar un café fuera.
Adrián lo piensa. Camina hacia el sofá. Se sienta.
ADRIÁN. Hace tres meses que no te llamo.
Pausa larga.
ADRIÁN. Es mucho tiempo. Pero también, a ver si puedes comprenderme, también es muy poco tiempo. Yo sé que tu vida está hecha sin mí, que así necesitarme, no me necesitas. Ni yo a ti. Lo nuestro sucede aparte de todo lo demás. Es un regalo, un don que nos ha dado la vida. Lo nuestro sucede un poco afuera del mundo. Un centímetro, un minuto, afuera del mundo, afuera del tiempo. Así que tres meses es mucho. Y es nada. Porque ayer, ayer salí apenas por esa puerta. Ayer salí apenas de tu cuerpo.
Gina sigue de pie.
ADRIÁN. Tuve trabajo: la universidad, dos o tres editoriales peliagudas en el periódico, revisé el manuscrito del libro, lo entregué a la editorial.
Adrián espera alguna reacción de Gina. En vano.
ADRIÁN. El libro de Villa, lo entregué a la editorial.
Ninguna reacción de Gina.
ADRIÁN. Y salí a Juchitán, para reportear el fraude electoral y... En fin.
GINA. Tres meses. Doce semanas. Ciento veinte días. Olvídate de los días: ciento veinte noches.
ADRIÁN. Con esta luz rojiza del atardecer... ahí, reclinada contra ese muro, te ves como una sacerdotiza...
Gina, con brusquedad, se mueve de la pared, va al sofá.
ADRIÁN. Griega.
GINA. Hace tres meses llamaste y dijiste que estabas en camino. El día siguiente a cuando decidimos tantas cosas. Dijiste que te urgía hablar conmigo, ¿cómo dijiste?, seriamente. No: definitivamente, esa palabra usaste. Estuve esperándote toda la tarde. Mentira: estuve esperándote hasta la madrugada.

ADRIÁN. Lo que pasó es… No me lo vas a creer.
GINA. Seguro.
ADRIÁN. Algo increíble. Venía en el Periférico hacia aquí. ¿Sabes donde las vías del tren corren casi paralelas al Periférico? Bueno, había mucho tráfico, íbamos a vuelta de rueda, defensa contra defensa, y yo con esa tremenda erección que me ocurre… esa tremenda erección que me ocurre cuando vengo a verte. Entonces me volví a ver hacia las vías. Había un campesino, con sombrero de paja, caminando al lado de las vías. Y… el tren… llegó el tren rapidísimo, y vi como la cabeza del campesino saltó por el aire; fue en un instante: la cabeza saltó y luego, mientras pasaban los vagones ya no podía ver al campesino. Me aferré al volante como si hubiera visto al Diablo en persona. Cuando terminó de pasar el tren… el campesino no estaba. Se me olvidó todo, a donde iba, pensé que había alucinado aquello. Traté de salirme del Periférico, llegar a las vías, ver si estaba la cabeza, el cadáver. Nunca llegué. Me perdí en las calles de la colonia Bondojito.
Pausa.
ADRIÁN. Así fue.
GINA. ¿Y los siguientes ciento diecinueve días?
ADRIÁN. Pues… Te juro que no sé. Tomé como una señal de mal agüero lo del Periférico. Me asustó. Tú sabes que soy supersticioso.
GINA. Primera noticia.
ADRIÁN. Pues resulta que sí, últimamente. Me puse a trabajar como loco los siguientes días, semanas… No sé, la sensación era de que me iba a morir. Tenía esa certeza extraña: que me iba a morir… Y antes quería acabar el libro. Y lo acabé y lo llevé a la editorial.
Adrián espera una reacción de Gina. En vano.
ADRIÁN. Pero, francamente, no sé, no sé qué pasó ahí. Ahora que tu me pudiste haber llamado por teléfono.
GINA. Nuestro pacto…
ADRIÁN. Pudiste haber roto el pacto.
GINA. Lo rompí una vez y me arrepiento.
Adrián camina hacia una esquina. Ahí toma ánimo para seguirse explicando.
ADRIÁN. Es bien curioso: cuando te pienso, pienso en tus manos, en tu boca, tus senos, tus piernas: en alguna parte de ti. No es hasta que te veo de nuevo que todo se reúne en una persona específica, que respira y piensa y está viva… Eso me da pavor, saber que aparte de mi, existes.
Gina se suelta a llorar, pero por pudor escapa al dormitorio.
GINA. *(Mientras se aleja.)* No me sigas.
ADRIÁN. ¿Vas a preparar el té?
Ya nadie le responde.
ADRIÁN. No, no creo.
Adrián se sienta en el sofá, entonces algo le incomoda del asiento. Busca debajo del asiento: encuentra un corazón de madera.
ADRIÁN. Qué infantilismo, puta madre.
Guarda de prisa el corazón bajo el asiento cuando siente a Gina volver, y finge calma.
GINA. Adrián, mira…

ADRIÁN. Lo de nuestro hijo, ya sé.
GINA. No. Era una locura.
ADRIÁN. Para nada, ¿por qué? Hablé con Marta, mi esposa.
GINA. Sé como se llama.
ADRIÁN. Dijo que ella no tenía problema. Dijo que podíamos tener un hijo.
GINA. *(Anonadada.)* Ella... no tenía problema... con un hijo que yo voy a tener. Me imagino que no. No sabía que eras tan íntimo con Marta, digo: todavía.
ADRIÁN. Somos amigos. Nada más. Te cuento que le conté para que sepas que mis intenciones eran serias. Son serias. Al menos en lo del hijo. El resto, eso es lo que quería discutir, platicar contigo. Punto por punto. La casa en el campo está muy bien, pero...
GINA. Adrián, déjame hablar.
ADRIÁN. Siéntate.
GINA. No quiero.
ADRIÁN. Está bien, quédate de pie, estás en tu casa.
GINA. Adrián, ya no... Ya no. Ya no vengas, no quiero que siquiera... me llames por teléfono.
ADRIÁN. ¿Es decir que... ya no?
GINA. Ya no, Adrián.
ADRIÁN. Ya. Pues... está muy bien: ya no.
GINA. Ya no.
ADRIÁN. *(Yendo a la puerta con una histeria creciente.)* Ya oí: ya no. Nada más me sorprende la limpieza del machetazo: ya no: pero perfecto: ya no: así son los neo-liberales, ¿no es cierto?, no sirve, a la mierda: ¡¡ya no!!
GINA. ¡Así es: ya no!
ADRIÁN. Y si nos vemos en calle nada más de lejos nos decimos ¡¡¡ya no!!!, ¿te parece?
GINA. ¡¡¡Exacto: ya no!!!
ADRIÁN. ¡Ya no, perfecto! ¡¡¡YA NO!!! ¡VÁMONOS!
Al abrir de golpe la puerta Adrián se encuentra a don Pancho Villa.
VILLA. Despacio, compañerito Pineda. Con calma. Con ternura. ¿Pa' que las quiere si no es para la ternura? *(Acompañándolo hacia Gina.)* Andele.
ADRIÁN. Gina... Este...
GINA. Ya no Adrián, por piedad.
ADRIÁN. Gina, es que...
VILLA. Carajo: ya.
ADRIÁN. Siento haber desaparecido tres meses, pero... Todo se puede arreglar.
GINA. No.
ADRIÁN. Todo.
GINA. ¡NO!
VILLA. Aunque no parezca está cediendo. No más toque las cuerdas más poquito a poco y de pronto canta...
Adrián ensaya tocarla. Ella se aparta cinco metros.
ADRIÁN. Carajo contigo: siempre me has dicho a todo sí y sí y sí; y de pronto hoy es no y no y no. No puedo estar en tu casa. No quieres tener un hijo mío. Ni siquiera puedo piropearte. Tocarte. Déjame pasar, chingados.

GINA. Adrián… Estoy enamorada.
Larga pausa.
VILLA. Ingrata…
Villa se vuelve. Trae una puñalada en la espalda.
ADRIÁN. General.
VILLA. No es nada, pinche puñalito, orita me lo saco. *(Empieza a intentar zafarse el puñal.)* Uste déle.
ADRIÁN. Perdón, creo que te oí mal. ¿Estás qué?
GINA. Enamorada.
ADRIÁN. Por favor, a tu edad ese lenguaje. Enamorada. Podrías explayarte.
GINA. No. Es muy simple: estoy enamorada.
ADRIÁN. Define el término enamorada por favor. Defínemelo funcionalmente.
GINA. Es muy simple.
ADRIÁN. Pero claro que no. Existe una bibliografía inmensa sobre ese estado de ilusión. Desde Platón hasta Freud y los post-freudianos, pasando por Kierkegard y Marcuse. Enamorada. Tal vez es inquietada sexualmente. *(Villa logra sacarse el puñal: Adrián continúa, más seguro de si mismo.)* Tal vez con cierta curiosidad sexual hacia alguien. Enamorada: esas son chingaderas, Gina. Estoy esperando una definición funcional del término.
GINA. ……
ADRIÁN. ¿De quién?
GINA. ……
VILLA. A ver si dan la cara, hijos de su madre.
ADRIÁN. Del pendejito del arete, no sé para qué pregunto. El chamaco este tuberculoso y medio maricón. ¿Ezequiel?
GINA. Ismael.
Un estampido. Villa salta y se vuelve. Tiene un balazo en la parte posterior del antebrazo.
VILLA. Chinga'o. Y yo aquí solo con mi alma…
Mientras Villa se quita el paliacate del cuello para vendarse el antebrazo:
ADRIÁN. Está bien, vamos a analizar con la cabeza fría el asunto, ¿te parece? Me ausento tres meses y me suples con un muchachito de la edad de tu hijo.
GINA. Mayor.
ADRIÁN. Un año mayor. Lo vas a mantener tú.
Villa empieza a cargar su pistola.
VILLA. Chichifo.
GINA. No. ¿Por qué?
ADRIÁN. Él va a pagar la universidad de tu hijo.
GINA. ¿Tú la pagabas?
VILLA. Ni le mueva por ahí.
GINA. Cada quien se ocupa de sus gastos.
VILLA. Chitón.
GINA. Además te sorprenderías de saber cúanto gana. Bastante más que tú.
ADRIÁN. Ah sí, su patrón le paga bien. Quiero decir: su patrona.
VILLA. Mandilón.

4. Entre Villa y una mujer desnuda

ADRIÁN. ¿Le vas a subir el salario?
VILLA. Padrote.
ADRIÁN. ¿O lo vas a hacer socio de una vez?
GINA. Cada quien se ocupará de sus gastos, ¿no oíste?
ADRIÁN. Claro, no es que se vayan a casar.
GINA. *(Sonriente.)* ....
VILLA. Necesito agua, tantita agua. *(Yendo a la cocina.)* Usted sígale dando, mi capitán.
ADRIÁN. Bueno, y ¿qué tiene que ver eso con lo nuestro? Te vuelvo a repetir: lo nuestro es bello porque está fuera de la corriente de la vida. De la vida o de la muerte. Lo nuestro ocurre aparte. Es tú y yo. Tú y yo. A mi él me tiene sin cuidado. Te digo: si lo amas, yo... yo lo acepto.
Villa, al volver de la cocina, recibe otro balazo.
VILLA. 'Ta cabrón, cabrones. Ora es desde nuestras mismas juerzas que disparan.
ADRIÁN. No le puedo exigir nada, general. Es una mujer pensante. Se gana sola la vida. ¿Con qué la obligo?
VILLA. ¿Cómo que con qué? *(Se toca el sexo entre las ingles...)* Con el sentimiento.
ADRIÁN. Pues eso trato, pero...
VILLA. Porque compartir la vieja, ni madres. Ni la yegua ni el jusil.
ADRIÁN. Por eso siempre perdemos el poder, general, por la terquedad de no saber negociar.
VILLA. Y pa´qué quiere el poder si llega todo doblado, maricón.
ADRIÁN. Las cosas no son Todo o Nada, caray.
GINA. Adrián...
VILLA. Métaselo aquí amiguito *(en la cabeza)*: con estos perjumados no se negocia, porque en cuanto les abre uno la puerta luego luego se quieren seguir hasta el fondo.
GINA. Adrián, ¿me oyes?
ADRIÁN. Te oigo, te oigo. ¿O quieres que me ponga de rodillas para oirte?
GINA. Mejor te lo digo de una vez.
VILLA. Ahí va, ahí va.
ADRIÁN. ¿Qué más?
VILLA. No la deje hablar, chinga'o. Péguele, bésela, interrúmpala, dígale: ay desgraciada, qué chula te ves cuando te enojas.
ADRIÁN. Ay desgraciada, qué chula te...
GINA. Vamos a vivir juntos.
Villa recibe otro balazo.
ADRIÁN. *(Los ojos muy abiertos.)* A vivir juntos... ¿Aquí?
GINA. Sí.
ADRIÁN. Este... Está bien. Está bien, conseguimos...
VILLA. ¿Está bien? *(Zarandeándolo.)* ¿Está bien, ´che mariquita? Ahí nos vimos... *(Se encamina hacia la puerta trabajosamente, y es que le duelen los balazos...)*
GINA. ¿Decías...?
ADRIÁN. *(La atención dividida entre Gina y Villa que se va.)* Que conseguimos otro lugar para nuestros encuentros. Yo no soy celoso.

Otro balazo a Villa.
VILLA. Aj.
GINA. *(Enfáticamente.)* No.
Otro balazo.
ADRIÁN. ¿Por qué no? Te la estoy poniendo fácil.
GINA. ¡Porque estoy enamorada hasta las pestañas!
Otro balazo. Villa queda tirado en el piso. Pausa.
Villa se pone en pie, dificultosamente, lleno de agujeros.
ADRIÁN. ¿Está ahí?
GINA. ¿Quién?
ADRIÁN. En el dormitorio, oyendo todo.
GINA. ¿Quién?
VILLA. Ya sal chamuco, ya sé que estás ahí.
GINA. No hay nadie.
Villa entra al dormitorio. Adrián se mueve también hacia el dormitorio, pero Gina se le interpone. La aparta, entra. Villa saca a rastras a Ismael, lo patea sin misericordia. Por fin abre la puerta principal y lo lanza fuera. Adrián vuelve a la sala.
GINA. No hay nadie, cómo se te ocurre.
VILLA. Listo.
ADRIÁN. Gracias.
Adrián se pasea por la sala arreglando, reacomodando lo que se desarregló durante su tremenda discusión con Gina.
GINA. *(Abriendo la puerta principal.)* Adrián… ¿Viniste en coche?
ADRIÁN. Está estacionado exactamente enfrente del edificio, ya me voy. Siéntate.
GINA. No.
ADRIÁN. Siéntate, te juro: ya casi me voy. Solo quiero mirarte, unos momentos. Tres momentos, los últimos, si quieres.
Gina cierra la puerta. Descansa la espalda contra la puerta.
Adrián se sienta en el sofá.
Villa se aproxima a Gina.
Largo silencio.
ADRIÁN. Solo quiero mirarte…
Pausa larga.
ADRIÁN. Mirarte.
Pausa larga en que solamente se oye la amenazante respiración de Villa.
GINA. *(Poco a poco asustada.)* No hagas eso.
ADRIÁN. ¿No hago qué?
VILLA. Solo estoy viéndote.
ADRIÁN. Te juro que no pasa nada.
VILLA. Nada más estoy viendo como la luz va cambiándote la cara. Siempre has sido la misma mujer. Por más que te cambie por otra, siempre haz sido la misma, una sola mujer…
ADRIÁN. ¿Sabes?: en esta luz crepuscular te ves … especialmente…
VILLA. Verde.
ADRIÁN. Bella. Como una estatua…

VILLA. De cobre oxidado.
ADRIÁN. Bella y...
VILLA. Verde.
ADRIÁN. Y tan...
VILLA. Una mujer más y ya, compañerito. Usted se va y ella se queda parada junto a esa puerta toda la vida, como una estatua; escúcheme bien: parada ahí, junto a esa puerta, como la misma estatua de la espera; ella se queda encerrada en su pequeño mundito y usted, pues usted encontrará otros brazos hospitalarios, siempre hay. Unos brazos más jóvenes. Más tiernos. Unos ojos más inocentes.
ADRIÁN. Gina... eres mi último amor...
VILLA. Qué va. Estamos heridos pero no dijuntos.
ADRIÁN. Nunca volveré a entregarme así.
VILLA. Ya acabe esto de una buena vez y me lleva al médico.
GINA. Tal vez, si yo hubiera expresado mis deseos... Si no te hubiera dicho sí a todo, como dijiste antes... Si te hubiera pedido lo que necesitaba, poco a poco, y no de golpe en una sola noche... y te hubiera dado la oportunidad de decir poco a poco sí o no... Pero... te tenía miedo.
ADRIÁN. ¿Miedo? ¿A mí?
GINA. Le he tenido miedo a cada uno de los hombres a quienes amé. A mi padre, a mi hermano. A Julián. A ti.
ADRIÁN. Pero ¿por qué?
Gina lo piensa arduamente.
GINA. Porque, no sé... Porque son más grandotes que yo.
ADRIÁN. Ay Gina, Gina, Gina.
GINA. Ahora por fin tengo confianza en un hombre, pero por desgracia no eres tú.
VILLA. Qué agonía más lenta, hijos de su madre...
GINA. No Adrián: no llores Adrián.
Otro balazo sobre Villa.
VILLA. *(Agónico.)* Qué ignominia.
ADRIÁN. Estas lágrimas son de rabia. *(Respira con dificultad.)* A mí no me puedes hacer esto. *(Está sofocándose.)* A mí no.
GINA. Ahora sí por favor Adrián, ya vete.
ADRIÁN. No puedes. No puedes. Te juro que no puedes.
VILLA. Así compañerito, así.
ADRIÁN. Y no puedes porque...
VILLA. Ya mátela, compañerito. A luego echamos discurso.
ADRIÁN. Yo no soy ese chamaco que...
VILLA. De una vez.
Villa toma la cacha de su pistola. Adrián mete la mano en la bolsa de su impermeable.
Adrián desembolsa, como un revólver, su libro. Villa desenfunda y dispara: no hay balas.
GINA. ¿Qué es esto? ¿El libro de Villa?
ADRIÁN. ....
GINA. No me dijiste que ya salió. Dijiste que lo entregaste a la editorial pero no que ya estaba impreso.

Villa se desploma en una silla. Adrián le da el libro a Gina.
GINA. Lo voy a leer con mucho cuidado.
ADRIÁN. *(Ahogándose de rencor)* Conoces el material.
GINA. No importa. Lo voy a leer con detenimiento. Qué bien, ¿eh? Villa en la portada, a caballo. *(Villa, curioso, se acerca a verse en la portada.)* En la contraportada tú, al escritorio. Te ves muy interesante. Y muy guapo. La tipografía es perfecta. Currier de once puntos. Muy legible.
ADRIÁN. Currier super.
GINA. Me alegro por ti, Adrián.
VILLA. *(En secreto a Adrián.)* Ya chingamos.
ADRIÁN. *(Plañidero.)* Te lo dediqué.
GINA. *(Muy sorprendida.)* ¿El libro? ¿En serio?
VILLA. No sea puto, cabrón.
GINA. Nunca me imaginé…
ADRIÁN. No, ¿verdad? Aquel día que no llegué, venía a proponerte matrimonio. Tampoco eso te lo imaginaste, ¿no?
GINA. Pero Adrián…
ADRIÁN. ¿Qué?
GINA. Es que estás todavía casado, Adrián.
VILLA. *(Desenfundando.)* ¿Y…?
ADRIÁN. Eso también lo pensaba arreglar. La verdad es esta: nunca me tuviste fe.
GINA. Pues… no, supongo que no, que nunca te tuve fe. Te digo: nunca me imaginé que me dedicaras tu libro y ahora… no sé… qué pensar, o hacer… No creí que yo para ti fuera así de… importante…
Gina, conmovida, se sienta junto a Adrián. Adrián pasa su brazo sobre los hombros de ella. Villa queda entre ambos, gozando el reencuentro de los amantes.
Gina busca las primeras páginas del libro. Lee. Sacude la cabeza.
GINA. Ah, a mano. ¡Me lo dedicaste a mano! "A una querida amiga, apasionada como yo de Pancho Villa."
VILLA. No, está cabrón, güero.
GINA. No Adrián, ahora sí te voy a pedir que te largues.
VILLA. Mátela, no tiene remedio.
ADRIÁN. Es tan irresponsable, dejarse arrastrar así por el instinto. Lo nuestro era una hermosa relación de lujuria, pero tenías que dejarte arrastrar por ese instinto de las hembras de hacer nido. Tenías que convertir nuestra pasión en un asunto de baños compartidos y biberones y recibos de tintorería. Tenías que atraparme aquí en tu casa, tenías que comportarte como "toda una mujer."
GINA. Por eso: ya vete, Adrián.
VILLA. Por eso, ya mátela, con sus propias manos.
ADRIÁN. Está bien, voy a divorciarme, de todos modos era solo un trámite que no hacía por desidia.
GINA. No quiero.
ADRIÁN. Aquel día venía a proponerte…
GINA. Adrián por favor, ya vete.
VILLA. Adrián, por favor: ya mátala…

Adrián observa el lugar con extrañeza. Se aparta de Gina y Villa, se pasea nerviosamente, ensimismado.
GINA. Adrián.
VILLA. Adrián.
Pausa.
GINA. Adrián.¿Qué esperas, Adrián?
VILLA. ¿Qué esperas, Adrián?
Pausa.
GINA. ¿Podrías ya irte? ¿ Adrián?
VILLA. ¿Podrías ya torcerle el cogote, Adrián?
Adrián corre hacia el ventanal y salta.
Larga pausa.
Gina se acerca al ventanal, lo cierra, se vuelve, boquiabierta.
GINA. Pero si siempre he vivido en planta baja.
Villa se desploma, muerto por fin, de vergüenza.
OSCURO LENTO.

ACTO IV

ESCENA I

Noche. Las luces eléctricas del departamento van subiendo. Tocan a la puerta. Andrea sale del dormitorio, cruza la estancia mientras se da "un pericazo" de coca. Abre.

Es Adrián, el hombro contra el quicio. Trae un sombrero de fieltro viejo, abollado, un suéter sin camisa abajo, una barba de tres días.
ANDREA. La miras… fijamente. Respirando fuerte. La besas. Ella dice: espérate, siéntate, te sirvo un té.
ADRIÁN. Te lo contó todo, Andrea. Andrea, ¿verdad?
ANDREA. Andrea Elías: sí.
ADRIÁN. Elías Calles.
ANDREA. Sí, Andrán-Cito. ¿ Por qué no? Es mi mejor amiga.
ADRIÁN. ¿Está en casa?
ANDREA. No.
ADRIÁN. No ha vuelto desde que hablé contigo por teléfono.
ANDREA. Ponte cómodo. *(Va a la cocina.)*
Adrián obedece, extrañado del tono de autoridad de Andrea. Cuelga en el perchero el impermeable.
ADRIÁN. ¿A qué horas vuelve? *(Va hacia el ventanal, se asoma, pero retrocede instintivamente lleno de vértigo. Vértigo del recuerdo de su suicidio fallido.)* Planta baja. *(Furioso.)* ¿A qué horas dices que vuelve?
Andrea regresa con una charola en la que se encuentra el servicio de té. Lo deja en la mesita baja y se arrodilla para servirlo.
ADRIÁN. ¿A qué horas?
ANDREA. No está en la ciudad. Me pidió que si la llamabas no te dijera en dónde está.
ADRIÁN. ¿Por qué?

ANDREA. Porque hace un mes, a las dos de la mañana, cuando no te quiso abrir la puerta de la entrada al edificio, la rompiste a patadas.

ADRIÁN. Tú preparas muy rápido el té.

ANDREA. Puse a hervir el agua cuando avisaste que venías.

ADRIÁN. Estaba ebrio. Y estaba desesperado. Y tenía que hablar con ella. Con alguien como ella: alguien comprensivo.

ANDREA. ¿Dos de azúcar?

ADRIÁN. Alguien que ve el vaso medio lleno y no medio vacío. Es que estuve esa tarde en el entierro de Villa.

ANDREA. ¿Dos de azúcar?

ADRIÁN. Quiero decir: el aniversario del entierro de… *(Andrea empieza a servir cucharadas de azúcar en el té de Adrián: cinco en total…)* Es decir… El aniversario de la muerte de Villa, en el cementerio. Se me destrozó el corazón, y necesitaba ver a Gina. *(Andrea le alarga la taza.)* ¿Es té de tila?

ANDREA. No. De lirio. Es té de lirio, Adrián. ¿Está sabroso?

ADRIÁN. *(Oliéndolo.)* No. No tomo té.

ANDREA. ¿Y a poco había gente en el panteón?

ADRIÁN. *(Resentido.)* Mucha. Como setecientos, entre hijos y nietos de Villa; y admiradores. Era como para llorar. Vinieron de todo el país y ahí estaban: morenos y con esos ojos del Centauro: azul turquesa, nítidos, como dos gotas de cielo. De cielo puro. Habían algunas viudas también, ya muy muy ancianas. Y estaban quietos, los hijos, los nietos, las mujeres de Villa, mirando la tumba.

ANDREA. Gente humilde.

ADRIÁN. Claro.

ANDREA. ¿Analfabetas?

ADRIÁN. Muchos, supongo. Como para llorar, en serio.

ANDREA. Pues sí. ¿De qué sirvió la Revolución, la lucha del general Villa, si sus nietos están igual de chingados que él de escuincle?

ADRIÁN. *(Con saña contra ella.)* Es que a otros les hizo justicia la Revolución, a los que no estaban junto a esa tumba: a los burgueses. Los perjumados. Los leídos. Los licenciados. La punta de sinvergüenzas.

ANDREA. Pues es que tuvo demasiados hijos, ¿no te parece? Sembró niños como si fueran quelites.

ADRIÁN. No sabes lo que dices. Toda su descendencia adora su memoria. Es lo único valioso para ellos: la memoria del Centauro.

ANDREA. Eso es lo que digo: que lo único que les dejó fue eso: su memoria. Ni educación, ni oficios. Solo su sombra inalcanzable.

ADRIÁN. Habló la oligarquía ilustrada.

ANDREA. Y entonces te embriagaste.

ADRIÁN. Me rompió el corazón, la descendencia de Villa, y sí, me fui a beber a La Guadalupana, de Coyoacán, y no bebí mucho, pero como nunca bebo, me embriagué, y luego necesitaba verla, a Gina, hablar con ella.

ANDREA. De Villa.

ADRIÁN. De Villa. ¿Sabes que esa tumba está vacía?

ANDREA. La de Villa.

4. Entre Villa y una mujer desnuda

ADRIÁN. Es que algunos dicen… que en realidad…
ANDREA. ¿En realidad…?
ADRIÁN. Villa se salió solito de la tumba.
ANDREA. Como Cristo.
ADRIÁN. Ey, como Cristo resucitó y salió de la tierra, cargando con todo y lápida.
ANDREA. Como el Pípila.
ADRIÁN. Ey. Y que anda vivo todavía.
ANDREA. San Pancho Villa.
ADRIÁN. Ey. Cabalgando por ahí. Y bueno, por ahí anda, ¿no?, cabalgando en nuestra imaginación, al menos. En nuestros ánimos de redención. No sé porque te cuento esto. Digo: no te conozco. O sí: y eres el enemigo.
ANDREA. No te preocupes, me gusta oirte. Tu labia es hipnótica. También me gustó tu novela de Villa.
ADRIÁN. Ah.
ANDREA. La compré en Vip's. Y la leí en Vip's. Es chiquita.
ADRIÁN. *(Molesto.)* ¿A qué horas dijiste que vuelve? *(Se pone en pie y se pasea.)*
ANDREA. Se fue de la ciudad. Se fue del país.
ADRIÁN. No es cierto.
ANDREA. Me vendió el departamento con todo incluido. *(Lo mira a él de pies a cabeza.)* Todo.
Adrián se detiene frente a un cuadro que antes no estaba. El retrato al óleo del presidente Plutarco Elías Calles, la banda tricolor cruzada al pecho.
ANDREA. Mi abuelito Plutarco. Un perjumado.
ADRIÁN. Ya. ¿A dónde está?
ANDREA. Por quinta vez: me pidió que no te dijera.
ADRIÁN. ¿Con el chichifo ese?
ANDREA. Con Ismael, sí.
ADRIÁN. Está en Tijuana, viendo lo de la maquiladora.
ANDREA. …..
ADRIÁN. Pues voy a ir a Tijuana y voy a peinarla.
ANDREA. De hecho no está en Tijuana. La maquiladora se está montando, pero Gina decidió retirarse medio año de los negocios y está… …lejos.
ADRIÁN. ¡¿Por qué no puedo saber dónde está?!
ANDREA. Te dije: porque rompiste a patadas la puerta del edificio.
ADRIÁN. ¿Y qué? Era mi derecho, tratar de recuperarla. Andrea: he cambiado. No sé que te habrá contado ella de mí pero he cambiado. La necesito.
ANDREA. Okey.
ADRIÁN. Por fin, humildemente, sin ningún pudor, reconozco que la necesito. La necesito.
ANDREA. Okey.
ADRIÁN. No digas okey, eso no es español. Tienes que ayudarme, Andrea. Estoy desolado. Desmadrado. Desvaído. Más calvo.
ANDREA. Ah, no eras así de calvo.
ADRIÁN. Para nada. Hace dos meses no tenía estas entradas.
ANDREA. Qué terrible.

ADRIÁN. Me duelen las encías. Me sangran. Fui a ver al dentista y me dijo: Lo suyo es mental. La necesita mi cuerpo. Mi alma. Esta melancolía, este anhelo por un fantasma, me está desgraciando el cerebro. El otro día pensé seriamente en irme a encerrar a un monasterio Zen en los Himalayas. Hacerme místico, a mi edad, con mi pasado de materialista dialéctico: ¿te lo imaginas?

ANDREA. Para qué si nunca lo vas a hacer.

ADRIÁN. (*Alzando la voz, para callarla.*) El hecho es que… Siempre cargué el mundo en los hombros, ahora cargo mi destino personal, y es un peso más grave, porque a su peso específico hay que agregarle el de saber que no tiene la menor importancia. No me entiendes.

ANDREA. Perfectamente.

ADRIÁN. Qué va.

ANDREA. Dices que estás agobiado por la mediocridad de tu vida.

Adrián camina, molesto por la interpretación de Andrea.

ADRIÁN. No exactamente. (*Va a sentarse al lado de Andrea.*) Andrea, seamos sensatos.

ANDREA. Okey.

ADRIÁN. Tú sabes que no le puede resultar con ese muchachito.

ANDREA. Mira Adrián, no digo para nada que Ismael sea mejor que tú. Según lo que sé de ambos, no lo es en varios sentidos. Tú eres más maduro, al menos físicamente; más leído, aunque quien sabe para qué sirve eso; eres mejor amante, como amante estás mejor equipado… dicen… no te hagas… En fin: rompes mejor las puertas a patadas, te tiras mejor desde las plantas bajas. Pero…

ADRIÁN. ¿Pero…?

ANDREA. Ese muchachito es capaz de tenerle devoción. Verdadera devoción, ¿entiendes?

ADRIÁN. Ese muchachito es homosexual, Andrea. Yo los huelo. En serio. Los homosexuales que no saben que son homosexuales tienen ese olor peculiar: a manzana.

ANDREA. Es cierto: a manzana.

ADRIÁN. ¿Verdad que sí?

ANDREA. Pero todos los jóvenes vírgenes huelen a manzana, Adrián.

ADRIÁN. (*Desolado.*) ¿Vírgen? ¿Es…

ANDREA. Era.

ADRIÁN. Yo lo único que sé es que quiero despertar por las mañanas con ella. Desayunar con ella. Mirarle sus pinches ojeras… Andrea, escúchame: ella también me necesita. Necesita a un hombre maduro, inteligente, conceptuoso, que la haga crecer, ¿o no? Díselo. Por favor.

ANDREA. (*Luego de tomarle las manos, íntima, cariñosa.*) No, no Adrián. Y te voy a rogar que ya no seas tan típico, por favor. Lo que sucede es que no soportas haber perdido, eso es todo. Perder ahuita.

ADRIÁN. Perder ahuita. Ahuita. ¿Aahuita de beber?

ANDREA. Ahuita: entristece. Del verbo ahuitar. Yo ahuito, tu ahuitas, vosotros ahuitais. Lo que tú necesitas es dejar de preocuparte por tu destino y ocuparte de él.

ADRIÁN. Dejar de preocuparme y ocuparme de… ¿Cómo?

ANDREA. (*Acariciándole una mejilla.*) Rompiendo con el pasado. Entregándote a

lo que llega. Mirando lo presente. Lo pasado, pasado, Adrián. Tienes que mirar lo que está frente a ti. O sea: enfrente.
Se miran largamente… Andrea le toca los hombros.
ADRIÁN. Están tensos.
ANDREA. Como de piedra.
Andrea le masajea los hombros. Él suspira.
ADRIÁN. Yo…
ANDREA. Cállate…
Andrea lo sigue masajeando.
ANDREA. ¿Mejor?
ADRIÁN. Mejor.
ANDREA. Bien. Párate. Los brazos: suelta los brazos.
Ambos se paran.
Andrea lo tiene tomado de ambas manos. Sacude sus brazos.
ANDREA. Flojo, flojo. Abrázame.
Adrián duda.
ADRIÁN. Es que no te conozco.
ANDREA. Te voy a tronar la espina dorsal. Abrázame.
Adrián la abraza. Ella lo truena tres veces.
ANDREA. Siéntate. En el sofá. Las manos.
Se sientan. Ella le masajea las manos. El grita de dolor.
ANDREA. Sopla, sopla, sopla. Son puntos de tensión, relájate.
ADRIÁN. De veras no sé qué hacer conmigo mismo. Lo de Gina, haber terminado lo de Villa también. Me quedé sin proyecto de vida… No hay héroes vivos alrededor nuestro; la Revolución está muerta: la de 1910 la asesinó precisamente tu abuelito. *(Grita de dolor por un punto de tensión que Andrea le toca…)*
ANDREA. Sopla, sopla, sopla.
ADRIÁN. *(De plano llorando.)* Y la revolución de mi generación, se la secuestró la derecha, para deshuesarla, descojonarla… Así que sí, "me agobia la mediocridad." Me agobia voltear y ver la punta de mercaderes merolicos que detentan el poder en nuestra época. Puta madre, no sé de donde saqué que el mundo podía ser justo, y no el compendio de pequeñeces e indecencias que me dedico a delatar en el periódico desde hace veinte, veinticinco años. Estoy exhausto, Gina.
ANDREA. Andrea.
ADRIÁN. Andrea.
ANDREA. *(Sacudiendo las manos porque el masaje ha terminado.)* Estabas cargado, papacito.
Pausa: él la mira como por primera vez.
ADRIÁN. ¿Sabes algo? En serio te pareces al general Plutarco Elías Calles.
ANDREA. ¿Por qué no? Soy su nieta.
ADRIÁN. Pero en esta luz, más. Se te forman sombras curiosas. *(Tocándole el rostro con el dedo índice.)* Alrededor de los ojos, por ejemplo, de manera que los ojos se te ven más negros. Como si de valeriana. Chiquitos y de valeriana negra, casi azul: como los de él. Y en el labio superior, es decir: arriba del labio superior, tienes otra sombra, y parecería que llevas, como el general, un bigotito.

ANDREA. ¿En serio?

ADRIÁN. Un bigotito. Hitleriano.

Él le marca con el índice el lugar del bigotito… Ella, enternecida lo besa en el cuello.

ANDREA. Oye Adrián…, ya en serio. ¿Por qué no escribes sobre don Plutarco?

ADRIÁN. ¿Sobre tu abuelo?

ANDREA. *(Besándole el cuello entre frases.)* Tengo su archivo personal, ahí en las habitaciones.

ADRIÁN. Debajo de tu cama.

ANDREA. Cerca. Como soy la menor de sus nietos, me tocó en herencia.

ADRIÁN. Con algunas propiedades además, supongo.

ANDREA. Latifundios. Fortunas en marcos suizos. *(Apartándose.)* ¿Qué pasa?

De la cocina ha entrado Doña Micaela.

DOÑA MICAELA. Ya acabé, señora.

ANDREA. Ay doña Mica, le pago el martes, ¿sí?, no tengo cambio.

DOÑA MICAELA. Sí. Compermiso. *(Va a la puerta principal…)*

ADRIÁN. Propio.

DOÑA MICAELA. Gracias. *(Al salir se pone un pasamontañas, lo vemos por el instante en que termina de cerrarse la puerta.)*

ANDREA. Volviendo a lo del archivo. *(Abraza a Adrián.)* Hay papeles inéditos, bastante sorprendentes. Hay documentos que en su época fueron secretos. Sería un libro revelador…

ADRIÁN. No. Haría pedazos a tu abuelo. Maldito burgués nepotista corruptor vende Patrias jijo de la chingada. Es decir: lo haría mierda.

ANDREA. No creo que le importe. Ya está hecho ceniza.

Andrea va al librero y busca entre los libros. Saca el libro de Villa. Lo abre.

ANDREA. Voy a citarte. Lo tengo marcado con un separador de plata y subrayado con plumón amarillo. *(De una patada prende la grabadora. Suena un danzón.)* "Es en Plutarco Elías Calles en quien cristaliza definitivamente la traición a la revolución popular de Zapata y Villa." Bonita frase.

ADRIÁN. Pues es cierto, aunque esté regularmente escrito.

ANDREA. *(Muy seductora.)* Pruébamelo.

ADRIÁN. ¿Perdón?

ANDREA. Oh sí, estás entendiendo bien: sistematiza el material confidencial de don Plutarco … y despacio, con fechas, con documentos, y para la Historia, con H mayúscula, pruébamelo…

ADRIÁN. Já. El bigotito…

Andrea lo besa en los labios, brevemente. Adrián no reacciona, pero no se aparta.

ADRIÁN. Já.

Andrea lo vuelve a besar, largamente.

Entra la punta de un cañón… El cañón sigue entrando, con Villa montado en el…

ADRIÁN. Puede ser. ¿Por qué no? Puede ser.

Andrea lo besa, brevemente.

De golpe Adrián se alza en pie, cargándola. La lleva al dormitorio, mientras Villa termina de entrar sobre el cañón.

ESCENA II
Villa mueve la manivela para desplegar el cañón telescópico. Es inmenso, impresionante, cruza la escena entera. Villa prende la mecha del cañón... Dispara. Pero la punta del cañón cae al suelo.
Entra a la sala, desde el dormitorio, Andrea, en la bata japonesa de Gina. Viene molesta, irritada. La irrita todavía más la pequeña bala que cae del cañón y bota en el suelo. Va al bar a servir dos copas de coñac.

ESCENA III
Adrián regresa a la sala con sus zapatos y calcetines en las manos. Pausa.
ADRIÁN. No... pude, y creo que... creo que, por un rato... no voy a poder...
Se encamina a la puerta.
ADRIÁN. ... no voy a poder... olvidarla.
Sale.
Andrea se queda sola, dos copas de coñac en sendas manos.
OSCURO.

Actividades preliminares

1. El personaje ficticio de Adrián siente una fuerte admiración por Pancho Villa y tiene mucho interés en la Revolución Mexicana. En tu caso, ¿sientes lo mismo por alguna figura histórica? Si tuvieras que hacer una investigación, ¿sobre qué momento histórico te gustaría investigar y aprender más? ¿Por qué? Comparte tu respuesta con un/a compañero/a de clase.

2. Como tarea, busca en la red entrevistas a Sabina Berman, o material audiovisual sobre la autora. Selecciona un vídeo en donde exprese sus opiniones sobre México. Préstale atención al contexto de ese vídeo (lugar, año, motivo de la entrevista, temas de conversación, etc.) y toma apuntes de los puntos que más te llamaron la atención. En grupo, conversen sobre las ideas principales de la entrevista o del vídeo que han visto sobre esta dramaturga.

3. En muchas reseñas sobre la puesta en escena de esta obra, la crítica teatral alude a esta pieza como una comedia. Como lector/a, ¿qué expectativas tienes y qué actitud asumes ante la lectura de una comedia? Conversa con un/a compañero/a sobre esto.

Hacia el texto

A. Circunstancias dadas

Imagina la vida de los siguientes personajes. En grupos pequeños, escribe cinco oraciones para cada uno de ellos:

1. Micaela, la empleada doméstica.
2. Andrea, socia de Gina y nieta del expresidente Plutarco Elías Calles.
3. Ismael, el joven diseñador de cubos.

B. Preguntas de comprensión

1. ¿En dónde se desarrolla la acción principal de esta pieza?
2. La obra se abre con dos amigas charlando y tomando el té. Lee atentamente los parlamentos de Andrea, ¿cómo es su actitud? ¿Crees que comprende a Gina? ¿Tienen la misma perspectiva?
3. ¿Qué sabemos de Gina y de Adrián? ¿La caracterización de estos personajes aparece principalmente en las acotaciones o en el diálogo?
4. En la exposición del texto dramático, ¿qué conflicto tiene el personaje de Gina? ¿Permanece este conflicto a lo largo de la obra, o se resuelve?
5. Cuando Adrián regresa de Toronto, ¿cómo es el reencuentro entre Gina y Adrián? ¿Por qué Gina quiere tomar el té? ¿Qué tipo de relación quiere ella?
6. En el contexto de la pieza, ¿piensas que es importante el detalle de que Marta llamó a Gina para decirle que Adrián no le pasó la mensualidad para su hija? Explica tu respuesta.
7. Analiza el habla de Adrián en el primer acto. Fíjate si el léxico que utiliza es coloquial o erudito. ¿Qué expresiones, imágenes y metáforas emplea cuando conversa con otros personajes? Y cuando explica cosas, ¿se expresa de forma lenta o rápida? ¿le gusta dar explicaciones?
8. Ismael diseña cubos, un tipo de juguete de madera, ¿por qué Adrián se burla de él? ¿Qué piensa Ismael de la relación entre Gina y Adrián? ¿Qué opina sobre el amor? En una lectura simbólica, ¿qué puede representar Ismael, el personaje más joven de la obra?
9. ¿Cómo reacciona Adrián cuando Gina le dice que está enamorada de otra persona? ¿Qué le dice el espectro de Villa a Adrián? ¿Por qué Gina no interactúa con el espectro de Villa? ¿Cómo interpretas que Adrián es el único personaje que ve y habla con Villa?
10. Examina las acciones y el discurso de Gina. ¿Piensas que hay contradicciones en este personaje? Justifica tu respuesta.
11. En tu opinión, ¿qué imágenes, ideas o situaciones pueden suscitar la risa de la audiencia? ¿Hay alguna secuencia con Villa que busca el efecto de la risa? ¿Cuál?
12. ¿Qué procedimientos usa la dramaturga para marcar la yuxtaposición entre la época actual y la época de la Revolución Mexicana?
13. Con respecto al desenlace de la obra, ¿te sorprendieron las acciones de Gina, Adrián y Andrea? ¿Por qué sí o no? ¿Notas algún cambio en los personajes? ¿Cuáles?

C. Más allá de la comprensión

1. En palabras de Adrián, la Revolución Mexicana ha fracasado. ¿Por qué dice esto el personaje? ¿Qué ve en su visita al cementerio el día del aniversario de la muerte de Villa? ¿Qué le causa tristeza? Finalmente, ¿crees que, al escribir un libro sobre Villa, el personaje hace algo para cambiar la situación? ¿Por qué sí o no? Conversa sobre esto con un/a compañero/a de clase.

2. Vuelve a leer la escena en donde Gina le dice a Adrián que ya no está enamorada de él y, al salir de la casa de Gina, Adrián se encuentra con Villa. ¿Qué melodía utilizarías para este momento tan importante? ¿Por qué? ¿Qué atmósfera quieres crear con este elemento sonoro? En parejas, compartan sus respuestas.

3. Diseña un programa de mano de una hoja para esta pieza. Incluye una imagen, un breve resumen de la obra e información de contexto para la comprensión de este texto. Haz una copia y llévala a clase. En el aula, la clase conversa sobre las diferentes posibilidades.

Dramatizaciones

Situación para improvisar: Tú eres Sabina Berman y la directora de la obra te invita a presenciar los ensayos. Imagínate una conversación creíble entre la autora y las siguientes personas:

1. Con el actor que tiene el papel de Villa. Explícale que te imaginas un tipo de actuación diferente a la de los otros personajes, ya que este personaje es un espectro.

2. Con la actriz que tiene el rol de Gina. Le dices que estás muy contenta con lo que viste en el ensayo de hoy.

3. Con el/la escenógrafo/a. Cuéntale qué rasgos de la personalidad de Gina quieres resaltar en el espacio escénico.

Conexiones culturales

1. Investiga la participación de la mujer y de los niños en la Revolución Mexicana desde un enfoque de tu elección. Analiza e interpreta la información que has encontrado; luego, prepara una presentación de tipo multimedia para explicar lo que has investigado. Como reflexión final, ¿qué has aprendido con este estudio?

2. En el plano de la ficción, Gina y su socia están montando una maquiladora, lo que le disgusta a Adrián.[3] De hecho, estos personajes tienen perspectivas muy diferentes en relación con las maquiladoras fronterizas. Primero, investiga la historia de las maquiladoras en México. Escribe un breve resumen sobre lo que has encontrado. Luego, contesta estas preguntas: ¿En qué consiste el trabajo en una maquiladora? ¿Cuáles son las condiciones laborales en estos establecimientos? Haz una lista de los productos que se ensamblan o producen en estos lugares. Finalmente, busca argumentos a favor y en contra de la industria maquiladora.

---

3. *Maquiladora*: a foreign-owned factory in Mexico at which imported parts are assembled by lower-paid workers into products for export (*Merrian-Webster Dictionary Online*, 2019).

Ahora a escribir

1. Analiza las contradicciones y las inconsistencias ideológicas de uno de los personajes. Emplea citas textuales para sustentar tu punto de vista.

2. En relación con el discurso machista de algunos personajes, ¿cómo interpretas la yuxtaposición de personajes históricos con personajes de nuestra época?

3. La crítica literaria coincide en que la obra de Sabina Berman se destaca por el uso de la parodia y la ironía. Argumenta a favor o en contra de esta declaración en relación con *Entre Villa y una mujer desnuda*.

Bibliografía mínima

Bixler, Jacqueline. "The Postmodernization of History in the Theatre of Sabina Berman." *Latin American Theatre Review*, vol 30, no.2, 1997, pp. 45–59.

_____. *Sediciosas seducciones: Sexo, poder y palabras en el teatro de Sabina Berman*, Escenología, 2004.

Clark, Stella. "Sabina Berman." *Encyclopedia of Latin American Theater*, edited by Eladio Cortés and Mirta Barrea-Marlys, Greenwood Press, 2003, pp .291.

Magnarelli, Sharon. "Fathering the Nation in Sabina Berman's *Entre Villa y una mujer desnuda*." *Home is Where the (He)art is. The Family Romance in Late Twentieth-Century Mexican and Argentine Theater*. Bucknell UP, 2008, pp. 145–170.

Meléndez, Priscilla. "Marx, Villa, Calle, Guzmán…: Fantasmas y modernidad en *Entre Villa y una mujer desnuda* de Sabina Berman." *Hispanic Review*, vol. 72, no. 4, 2009, pp. 523–546.

Varona, Alfonso. "Entrevista a Sabina Berman." *Latin American Theatre Review*, vol. 47, no. 1, 2013, pp. 133–144.

5

El sí de las niñas

Leandro Fernández de Moratín
(España)

Introducción

Leandro Fernández de Moratín (Madrid, 1760–París 1828) fue un escritor español conocido por su obra dramática. Cultivó una variedad de géneros literarios como la poesía, el diario, el epistolario, la autobiografía, los apuntes de viajes, además del teatro y la traducción de obras teatrales. Entre su producción literaria se destacan su romance, *La toma de Granada por los Reyes Católicos* (1779), y su sátira, *Lección poética* (1782), que reciben un accésit en un concurso de la Real Academia Española. Escribió también *Orígenes del teatro español* (1821), una obra de historia literaria. Su primera pieza dramática fue *El viejo y la niña* (estrenada en 1790 después de superar la oposición eclesiástica), obra que se vincula a *El sí de las niñas,* ya que en ambas se vislumbra una concepción didáctica del teatro y plantean el tema de la educación de los jóvenes y el matrimonio motivado por el interés. Moratín también escribió *La comedia nueva* (1792), *El barón* (1803), *La mojigata* (1804) y *El sí de las niñas* (1806)—obra que consagra a Moratín por su éxito al representarse veintiséis días seguidos, solo culminan sus días en cartel al llegar la cuaresma, ya que era costumbre suspender las representaciones teatrales durante esta época.

El sí de las niñas es una obra neoclásica que manifiesta los principios de la Ilustración con su creencia en la luz de la razón y el espíritu crítico para alcanzar la verdad. Como obra neoclásica, respeta algunas preceptivas sobre el género dramático: (1) la unidad de acción—la obra gira alrededor de un conflicto (un matrimonio arreglado que contraria los deseos de uno de los involucrados); (2) la unidad de espacio—tiene lugar en un solo escenario (la posada de Alcalá de Henares); (3) la unidad de tiempo—transcurre en un período de diez horas, desde las siete de la tarde hasta las cinco de la mañana. Moratín usa el tiempo de forma simbólica para enfatizar el progreso de los personajes que van de la oscuridad a la luz del alba; pues la obra comienza en el anochecer y termina en la madrugada. La luz articula simbólicamente los valores del Siglo de las Luces y la confianza ciega en la razón sobre el sentimiento y la tradición. La obra destaca lo racional sobre las costumbres. La autoridad paternal y maternal debe guiar y enseñar evitando la fuerza para no pecar en el despotismo. Así se valora al ser humano y su razón mientras se respetan las estructuras sociales.

Moratín introduce ideas que consideran el bienestar social y la justicia, pero sin necesariamente cuestionar jerarquías sociales como la diferencia de las clases y el poder de los padres y las madres. Así pues, Moratín crea una comedia verosímil articulada en un lenguaje sencillo que imita caracteres tomados de su sociedad con el fin de educar al público. Para Moratín, el teatro entretenía, pero también tenía la responsabilidad social de enseñar y corregir costumbres para ayudar a establecer el orden civil.

El sí de las niñas (1806)

Personajes

Don Diego   Simón
Don Carlos   Calamocha
Doña Irene   Rita
Doña Francisca

La escena es en una posada de Alcalá de Henares.

El teatro representa una sala de paso con cuatro puertas de habitaciones para huéspedes, numeradas todas. Una más grande en el foro, con escalera que conduce al piso bajo de la casa. Ventana de antepecho a un lado. Una mesa en medio, con banco, sillas, etc.

La acción empieza a las siete de la tarde y acaba a las cinco de la mañana siguiente.

ACTO I

ESCENA I
DON DIEGO, SIMÓN.
Sale DON DIEGO de su cuarto, SIMÓN, que está sentado en una silla, se levanta.
DON DIEGO. ¿No han venido todavía?
SIMÓN. No, señor.
DON DIEGO. Despacio lo han tomado, por cierto.
SIMÓN. Como su tía la quiere tanto, según parece, y no la ha visto desde que la llevaron a Guadalajara…
DON DIEGO. Sí. Yo no digo que no la viese; pero con media hora de visita y cuatro lágrimas estaba concluido.
SIMÓN. Ello también ha sido extraña determinación la de estarse usted dos días enteros sin salir de la posada. Cansa el leer, cansa el dormir… Y, sobre todo, cansa la mugre del cuarto, las sillas desvencijadas, las estampas del hijo pródigo, el ruido de campanillas y cascabeles, y la conversación ronca de carromateros y patanes, que no permiten un instante de quietud.

DON DIEGO. Ha sido conveniente el hacerlo así. Aquí me conocen todos, el Corregidor, el señor Abad, el Visitador, el Rector de Málaga... ¡Qué sé yo! Todos. Y ha sido preciso estarme quieto y no exponerme a que me hallasen por ahí.

SIMÓN. Yo no alcanzo la causa de tanto retiro. Pues ¿hay más en esto que haber acompañado usted a Doña Irene hasta Guadalajara para sacar del convento a la niña y volvemos con ellas a Madrid?

DON DIEGO. Sí, hombre; algo más hay de lo que has visto.

SIMÓN. Adelante.

DON DIEGO. Algo, algo... Ello tú al cabo lo has de saber, y no puede tardarse mucho... Mira, Simón, por Dios te encargo que no lo digas... Tú eres hombre de bien, y me has servido muchos años con fidelidad... Ya ves que hemos sacado a esa niña del convento y nos la llevamos a Madrid.

SIMÓN. Sí, señor.

DON DIEGO. Pues bien... Pero te vuelvo a encargar que a nadie lo descubras.

SIMÓN. Bien está, señor. Jamás he gustado de chismes.

DON DIEGO. Ya lo sé, por eso quiero fiarme de ti. Yo, la verdad, nunca había visto a la tal Doña Paquita; pero mediante la amistad con su madre, he tenido frecuentes noticias de ella; he leído muchas de las cartas que escribía; he visto algunas de su tía la monja, con quien ha vivido en Guadalajara; en suma, he tenido cuantos informes pudiera desear acerca de sus inclinaciones y su conducta. Ya he logrado verla; he procurado observarla en estos pocos días, y a decir verdad, cuantos elogios hicieron de ella me parecen escasos.

SIMÓN. Sí, por cierto... Es muy linda y...

DON DIEGO. Es muy linda, muy graciosa, muy humilde... Y, sobre todo, ¡aquel candor, aquella inocencia! Vamos, es de lo que no se encuentra por ahí... Y talento... Sí señor, mucho talento... Conque, para acabar de informarte, lo que yo he pensado es...

SIMÓN. No hay que decírmelo.

DON DIEGO. ¿No? ¿Por qué?

SIMÓN. Porque ya lo adivino. Y me parece excelente idea.

DON DIEGO. ¿Qué dices?

SIMÓN. Excelente.

DON DIEGO. ¿Conque al instante has conocido?...

SIMÓN. ¿Pues no es claro?... ¡Vaya!... Dígole a usted que me parece muy buena boda. Buena, buena.

DON DIEGO. Sí, señor... Yo lo he mirado bien y lo tengo por cosa muy acertada.

SIMÓN. Seguro que sí.

DON DIEGO. Pero quiero absolutamente que no se sepa hasta que esté hecho.

SIMÓN. Y en eso hace usted bien.

DON DIEGO. Porque no todos ven las cosas de una manera, y no faltaría quien murmurase, y dijese que era una locura, y me...

SIMÓN. ¿Locura? ¡Buena locura!... ¿Con una chica como ésa, eh?

DON DIEGO. Pues ya ves tú. Ella es una pobre... Eso sí... Porque aquí entre los dos, la buena de Doña Irene se ha dado tal prisa a gastar desde que murió su marido que, si no fuera por estas benditas religiosas y el canónigo de Castrojeriz, que es también su cuñado, no tendría para poner un puchero a la lumbre… Y muy vanidosa y muy remilgada, y hablando siempre de su parentela y de sus difuntos, y sacando unos cuentos allá que… Pero esto no es del caso… Yo no he buscado dinero, que dineros tengo. He buscado modestia, recogimiento, virtud.

SIMÓN. Eso es lo principal… Y, sobre todo, lo que usted tiene ¿para quién ha de ser?

DON DIEGO. Dices bien… ¿Y sabes tú lo que es una mujer aprovechada, hacendosa, que sepa cuidar de la casa, economizar, estar en todo?… Siempre lidiando con amas, que si una es mala, otra es peor, regalonas, entremetidas, habladoras, llenas de histérico, viejas, feas como demonios… No señor, vida nueva. Tendré quien me asista con amor y fidelidad, y viviremos como unos santos… Y deja que hablen y murmuren y…

SIMÓN. Pero siendo a gusto de entrambos, ¿qué pueden decir?

DON DIEGO. No, yo ya sé lo que dirán; pero… Dirán que la boda es desigual, que no hay proporción en la edad, que…

SIMÓN. Vamos, que no parece tan notable la diferencia. Siete u ocho años a lo más…

DON DIEGO. ¡Qué, hombre! ¿Qué hablas de siete u ocho años? Si ella ha cumplido dieciséis años pocos meses ha.

SIMÓN. Y bien, ¿qué?

DON DIEGO. Y yo, aunque gracias a Dios estoy robusto y… Con todo eso, mis cincuenta y nueve años no hay quien me los quite.

SIMÓN. Pero si yo no hablo de eso.

DON DIEGO. Pues ¿de qué hablas?

SIMÓN. Decía que… Vamos, o usted no acaba de explicarse, o yo lo entiendo al revés… En suma, esta Doña Paquita, ¿con quién se casa?

DON DIEGO. ¿Ahora estamos ahí? Conmigo.

SIMÓN. ¿Con usted?

DON DIEGO. Conmigo.

SIMÓN. ¡Medrados quedamos!

DON DIEGO. ¿Qué dices?… Vamos, ¿qué?…

SIMÓN. ¡Y pensaba yo haber adivinado!

DON DIEGO. Pues ¿qué creías? ¿Para quién juzgaste que la destinaba yo?

SIMÓN. Para Don Carlos, su sobrino de usted, mozo de talento, instruido, excelente soldado, amabilísimo por todas sus circunstancias… Para ese juzgué que se guardaba la tal niña.

DON DIEGO. Pues no, señor.

SIMÓN. Pues bien está.

DON DIEGO. ¡Mire usted qué idea! ¡Con el otro la había de ir a casar!… No señor; que estudie sus matemáticas.

SIMÓN. Ya las estudia; o, por mejor decir, ya las enseña.

DON DIEGO. Que se haga hombre de valor y…

SIMÓN. ¡Valor! ¿Todavía pide usted más valor a un oficial que en la última guerra, con muy pocos que se atrevieron a seguirle, tomó dos baterías, clavó los cañones, hizo algunos prisioneros, y volvió al campo lleno de heridas y cubierto de sangre?… Pues bien satisfecho quedó usted entonces del valor de su sobrino; y yo le vi a usted más de cuatro veces llorar de alegría cuando el rey le premió con el grado de teniente coronel y una cruz de Alcántara.

DON DIEGO. Sí señor; todo es verdad; pero no viene a cuento. Yo soy el que me caso.

SIMÓN. Si está usted bien seguro de que ella le quiere, si no le asusta la diferencia de la edad, si su elección es libre…

DON DIEGO. Pues ¿no ha de serlo?… Doña Irene le escribió con anticipación sobre el particular. Hemos ido allá, me ha visto, la han informado de cuanto ha querido saber, y ha respondido que está bien, que admite gustosa el partido que se le propone… Y ya ves tú con qué agrado me trata, y qué expresiones me hace tan cariñosas y tan sencillas… Mira, Simón, si los matrimonios muy desiguales tienen por lo común desgraciada resulta, consiste en que alguna de las partes procede sin libertad, en que hay violencia, seducción, engaño, amenazas, tiranía doméstica… Pero aquí no hay nada de eso. ¿Y qué sacarían con engañarme? Ya ves tú la religiosa de Guadalajara si es mujer de juicio; ésta de Alcalá, aunque no la conozco, sé que es una señora de excelentes prendas; mira tú si Doña Irene querrá el bien de su hija; pues todas ellas me han dado cuantas seguridades puedo apetecer… La criada, que la ha servido en Madrid y más de cuatro años en el convento, se hace lenguas de ella; y sobre todo me ha informado de que jamás observó en esta criatura la más remota inclinación a ninguno de los pocos hombres que ha podido ver en aquel encierro. Bordar, coser, leer libros devotos, oír misa y correr por la huerta detrás de las mariposas, y echar agua en los agujeros de las hormigas, estas han sido su ocupación y sus diversiones… ¿Qué dices?

SIMÓN. Yo nada, señor.

DON DIEGO. Y no pienses tú que, a pesar de tantas seguridades, no aprovecho las ocasiones que se presentan para ir ganando su amistad y su confianza, y lograr que se explique conmigo en absoluta libertad… Bien que aún hay tiempo… Solo que aquella Doña Irene siempre la interrumpe; todo se lo habla… Y es muy buena mujer, buena…

SIMÓN. En fin, señor, yo desearé que salga como usted apetece.

DON DIEGO. Sí; yo espero en Dios que no ha de salir mal. Aunque el novio no es muy de tu gusto… ¡Y qué fuera de tiempo me recomendabas al tal sobrinito! ¿Sabes tú lo enfadado que estoy con él?

SIMÓN. Pues ¿qué ha hecho?

DON DIEGO. Una de las suyas… Y hasta pocos días ha no lo he sabido. El año pasado, ya lo viste, estuvo dos meses en Madrid… Y me costó buen dinero la tal visita… En fin, es mi sobrino, bien dado está; pero voy al asunto. Ya te acuerdas de que a muy pocos días de haber salido de Madrid recibí la noticia de su llegada.

SIMÓN. Sí, señor.

DON DIEGO. Y que siguió escribiéndome, aunque algo perezoso, siempre con la data de Zaragoza.

SIMÓN. Así es la verdad.

DON DIEGO. Pues el pícaro no estaba allí cuando me escribía las tales cartas.

SIMÓN. ¿Qué dice usted?

DON DIEGO. Sí, señor. El día tres de julio salió de mi casa, y a fines de septiembre aún no había llegado a sus pabellones… ¿No te parece que para ir por la posta hizo muy buena diligencia?

SIMÓN. Tal vez se pondría malo en el camino, y por no darle a usted pesadumbre…

DON DIEGO. Nada de eso. Amores del señor oficial y devaneos que le traen loco… Por ahí en esas ciudades puede que… ¿Quién sabe? Si encuentra un par de ojos negros, ya es hombre perdido… ¡No permita Dios que me le engañe alguna bribona de estas que truecan el honor por el matrimonio!

SIMÓN. ¡Oh!, no hay que temer… Y si tropieza con alguna fullera de amor, buenas cartas ha de tener para que le engañe.

DON DIEGO. Me parece que están ahí… Sí. Busca al mayoral, y dile que venga para quedar de acuerdo en la hora a que deberemos salir mañana.

SIMÓN. Bien está.

DON DIEGO. Ya te he dicho que no quiero que esto se trasluzca, ni… ¿Estamos?

SIMÓN. No haya miedo que a nadie lo cuente.

(Simón se va por la puerta del foro. Salen por la misma las tres mujeres con mantillas y basquiñas. Rita deja un pañuelo atado sobre la mesa, y recoge las mantillas y las dobla.)

ESCENA II
DOÑA IRENE, DOÑA FRANCISCA, RITA, DON DIEGO.

DOÑA FRANCISCA. Ya estamos acá.

DOÑA IRENE. ¡Ay! ¡Qué escalera!

DON DIEGO. Muy bienvenidas, señoras.

DOÑA IRENE. ¿Conque usted, a lo que parece, no ha salido?

(Se sientan Doña Irene y Don Diego)

DON DIEGO. No, señora. Luego, más tarde, daré una vueltecita por ahí… He leído un rato. Traté de dormir, pero en esta posada no se duerme.

DOÑA FRANCISCA. Es verdad que no… ¡Y qué mosquitos! Mala peste en ellos. Anoche no me dejaron parar… Pero mire usted, mire usted *(Desata el pañuelo y manifiesta algunas cosas de las que indica el diálogo)* cuántas casillas traigo. Rosarios de nácar, cruces de ciprés, la regla de San Benito, una pililla de cristal… Mire usted qué bonita. Y dos corazones de talco… ¡Qué sé yo cuánto viene aquí!… ¡Ay!, y una campanilla de barro bendito para los truenos… ¡Tantas cosas!

DOÑA IRENE. Chucherías que le han dado las madres. Locas estaban con ella.

DOÑA FRANCISCA. ¡Cómo me quieren todas! Y mi tía, mi pobre tía, lloraba tanto… Es ya muy viejecita.

DOÑA IRENE. Ha sentido mucho no conocer a usted.

DOÑA FRANCISCA. Sí, es verdad. Decía: ¿por qué no ha venido aquel señor?

DOÑA IRENE. El padre capellán y el rector de los Verdes nos han venido acompañando hasta la puerta.

DOÑA FRANCISCA. Toma *(Vuelve a atar el pañuelo y se le da a Rita, la cual se va con él y con las mantillas al cuarto de Doña Irene)*, guárdamelo todo allí, en la escusabaraja. Mira, llévalo así de las puntas… ¡Válgate Dios! ¡Eh! ¡Ya se ha roto la santa Gertrudis de alcorza!

RITA. No importa; yo me la comeré.

ESCENA III
DOÑA IRENE, DOÑA FRANCISCA, DON DIEGO.

5. El sí de las niñas

DOÑA FRANCISCA. ¿Nos vamos adentro, mamá, o nos quedamos aquí?

DOÑA IRENE. Ahora, niña, que quiero descansar un rato.

DON DIEGO. Hoy se ha dejado sentir el calor en forma.

DOÑA IRENE. ¡Y qué fresco tienen aquel locutorio! Vaya, está hecho un cielo…

(*Se sienta Doña Francisca junto a su madre.*)

DOÑA FRANCISCA. Pues con todo, aquella monja tan gorda que se llama la madre Angustias, bien sudaba… ¡Ay, cómo sudaba la pobre mujer!

DOÑA IRENE. Mi hermana es la que sigue siempre bastante delicada. Ha padecido mucho este invierno… Pero, vaya, no sabía qué hacerse con su sobrina la buena señora… Está muy contenta de nuestra elección.

DON DIEGO. Yo celebro que sea tan a gusto de aquellas personas a quienes debe usted particulares obligaciones.

DOÑA IRENE. Sí, Trinidad está muy contenta; y en cuanto a Circuncisión, ya lo ha visto usted. La ha costado mucho despegarse de ella; pero ha conocido que, siendo para su bienestar, es necesario pasar por todo… Ya se acuerda usted de lo expresiva que estuvo, y…

DON DIEGO. Es verdad. Solo falta que la parte interesada tenga la misma satisfacción que manifiestan cuantos la quieren bien.

DOÑA IRENE. Es hija obediente, y no se apartará jamás de lo que determine su madre.

DON DIEGO. Todo eso es cierto; pero…

DOÑA IRENE. Es de buena sangre, y ha de pensar bien, y ha de proceder con el honor que la corresponde.

DON DIEGO. Sí, ya estoy; pero ¿no pudiera, sin faltar a su honor ni a su sangre…?

DOÑA FRANCISCA. ¿Me voy, mamá? (*Se levanta y vuelve a sentarse.*)

DOÑA IRENE. No pudiera, no señor. Una niña educada, hija de buenos padres, no puede menos de conducirse en todas ocasiones como es conveniente y debido. Un vivo retrato es la chica, ahí donde usted la ve, de su abuela que Dios perdone, Doña Jerónima de Peralta… En casa tengo el cuadro, ya le habrá usted visto. Y le hicieron, según me contaba su merced para enviárselo a su tío carnal el padre fray Serapión de San Juan Crisóstomo, electo obispo de Mechoacán.

DON DIEGO. Ya.

DOÑA IRENE. Y murió en el mar el buen religioso, que fue un quebranto para toda la familia… Hoy es y todavía estamos sintiendo su muerte; particularmente mi primo Don Cucufate, regidor perpetuo de Zamora, no puede oír hablar de Su Ilustrísima sin deshacerse en lágrimas.

DOÑA FRANCISCA. ¡Válgame Dios, qué moscas tan…!

DOÑA IRENE. Pues murió en olor de santidad.

DON DIEGO. Eso bueno es.

DOÑA IRENE. Sí señor; pero como la familia ha venido tan a menos… ¿Qué quiere usted? Donde no hay facultades… Bien que, por lo que pueda tronar, ya se le está escribiendo la vida; y ¿quién sabe que el día de mañana no se imprima, con el favor de Dios?

DON DIEGO. Sí, pues ya se ve. Todo se imprime.

DOÑA IRENE. Lo cierto es que el autor, que es sobrino de mi hermano político el canónigo de Castrojeriz, no la deja de la mano; y a la hora de esta lleva ya escritos nueve tomos en folio, que comprenden los nueve años primeros de la vida del santo obispo.

DON DIEGO. ¿Conque para cada año un tomo?

DOÑA IRENE. Sí, señor; ese plan se ha propuesto.

DON DIEGO. ¿Y de qué edad murió el venerable?

DOÑA IRENE. De ochenta y dos años, tres meses y catorce días.

DOÑA FRANCISCA. ¿Me voy, mamá?

DOÑA IRENE. Anda, vete. ¡Válgate Dios, qué prisa tienes!

DOÑA FRANCISCA. ¿Quiere usted *(Se levanta, y después de hacer una graciosa cortesía a Don Diego, da un beso a Doña Irene, y se va al cuarto de esta)* que le haga una cortesía a la francesa, señor Don Diego?

DON DIEGO. Sí, hija mía. A ver.

DOÑA FRANCISCA. Mire usted, así.

DON DIEGO. ¡Graciosa niña! ¡Viva la Paquita, viva!

DOÑA FRANCISCA. Para usted una cortesía, y para mi mamá un beso.

ESCENA IV
DOÑA IRENE, DON DIEGO

DOÑA IRENE. Es muy gitana, y muy mona, mucho.

DON DIEGO. Tiene un donaire natural que arrebata.

DOÑA IRENE. ¿Qué quiere usted? Criada sin artificio ni embelecos de mundo, contenta de verse otra vez al lado de su madre, y mucho más de considerar tan inmediata su colocación, no es maravilla que cuanto hace y dice sea una gracia, y máxime a los ojos de usted, que tanto se ha empeñado en favorecerla.

DON DIEGO. Quisiera solo que se explicase libremente acerca de nuestra proyectada unión, y…

DOÑA IRENE. Oiría usted lo mismo que le he dicho ya.

DON DIEGO. Sí, no lo dudo; pero el saber que la merezco alguna inclinación, oyéndoselo decir con aquella boquilla tan graciosa que tiene, sería para mí una satisfacción imponderable.

DOÑA IRENE. No tenga usted sobre ese particular la más leve desconfianza; pero hágase usted cargo de que a una niña no le es lícito decir con ingenuidad lo que siente. Mal parecería, señor Don Diego, que una doncella de vergüenza y criada como Dios manda, se atreviese a decirle a un hombre: yo le quiero a usted.

DON DIEGO. Bien; si fuese un hombre a quien hallara por casualidad en la calle y le espetara ese favor de buenas a primeras, cierto que la doncella haría muy mal; pero a un hombre con quien ha de casarse dentro de pocos días, ya pudiera decirle alguna cosa que… Además, que hay ciertos modos de explicarse…

DOÑA IRENE. Conmigo usa de más franqueza. A cada instante hablamos de usted, y en todo manifiesta el particular cariño que a usted le tiene… ¡Con qué juicio hablaba ayer noche, después que usted se fue a recoger! No sé lo que hubiera dado porque hubiese podido oírla.

DON DIEGO. ¿Y qué? ¿Hablaba de mí?

DOÑA IRENE. Y qué bien piensa acerca de lo preferible que es para una criatura de sus años un marido de cierta edad, experimentado, maduro y de conducta...

DON DIEGO. ¡Calle! ¿Eso decía?

DOÑA IRENE. No; esto se lo decía yo, y me escuchaba con una atención como si fuera una mujer de cuarenta años, lo mismo... ¡Buenas cosas le dije! Y ella, que tiene mucha penetración, aunque me esté mal el decirlo... ¿Pues no da lástima, señor, el ver cómo se hacen los matrimonios hoy en el día? Casan a una muchacha de quince años con un arrapiezo de dieciocho, a una de diecisiete con otro de veintidós: ella niña, sin juicio ni experiencia, y él niño también, sin asomo de cordura ni conocimiento de lo que es mundo. Pues, señor (que es lo que yo digo), ¿quién ha de gobernar la casa? ¿Quién ha de mandar a los criados? ¿Quién ha de enseñar y corregir a los hijos? Porque sucede también que estos atolondrados de chicos suelen plagarse de criaturas en un instante, que da compasión.

DON DIEGO. Cierto que es un dolor el ver rodeados de hijos a muchos que carecen del talento, de la experiencia y de la virtud que son necesarias para dirigir su educación.

DOÑA IRENE. Lo que sé decirle a usted es que aún no había cumplido los diecinueve años cuando me casé de primeras nupcias con mi difunto Don Epifanio, que esté en el cielo. Y era un hombre que, mejorando lo presente, no es posible hallarle de más respeto, más caballeresco... Y, al mismo tiempo, más divertido y decidor. Pues, para servir a usted, ya tenía los cincuenta y seis, muy largos de talle, cuando se casó conmigo.

DON DIEGO. Buena edad... No era un niño; pero...

DOÑA IRENE. Pues a eso voy... Ni a mí podía convenirme en aquel entonces un boquirrubio con los cascos a la jineta... No señor... Y no es decir tampoco que estuviese achacoso ni quebrantado de salud, nada de eso. Sanito estaba, gracias a Dios, como una manzana; ni en su vida conoció otro mal, sino una especie de alferecía que le amagaba de cuando en cuando. Pero luego que nos casamos, dio en darle tan a menudo y tan de recio, que a los siete meses me hallé viuda y encinta de una criatura que nació después, y al cabo y al fin se me murió de alfombrilla.

DON DIEGO. ¡Oiga!... Mire usted si dejó sucesión el bueno de Don Epifanio.

DOÑA IRENE. Sí, señor; ¿pues por qué no?

DON DIEGO. Lo digo porque luego saltan con... Bien que si uno hubiera de hacer caso... ¿Y fue niño, o niña?

DOÑA IRENE. Un niño muy hermoso. Como una plata era el angelito.

DON DIEGO. Cierto que es consuelo tener, así, una criatura y...

DOÑA IRENE. ¡Ay, señor! Dan malos ratos, pero ¿qué importa? Es mucho gusto, mucho.

DON DIEGO. Ya lo creo.

DOÑA IRENE. Sí señor.

DON DIEGO. Ya se ve que será una delicia y...

DOÑA IRENE. ¿Pues no ha de ser?

DON DIEGO. ... un embeleso el verlos juguetear y reír, y acariciarlos, y merecer sus fiestecillas inocentes.

DOÑA IRENE. ¡Hijos de mi vida! Veintidós he tenido en los tres matrimonios que llevo hasta ahora, de los cuales solo esta niña me ha venido a quedar; pero le aseguro a usted que…

ESCENA V
SIMÓN, DOÑA IRENE, DON DIEGO
SIMÓN. *(Sale por la puerta del foro.)* Señor, el mayoral está esperando.
DON DIEGO. Dile que voy allá… ¡Ah! Tráeme primero el sombrero y el bastón, que quisiera dar una vuelta por el campo. *(Entra Simón al cuarto de Don Diego, saca un sombrero y un bastón, se los da a su amo, y al fin de la escena se va con él por la puerta del foro.)* Conque ¿supongo que mañana tempranito saldremos?
DOÑA IRENE. No hay dificultad. A la hora que a usted le parezca.
DON DIEGO. A eso de las seis. ¿Eh?
DOÑA IRENE. Muy bien.
DON DIEGO. El sol nos da de espaldas… Le diré que venga una media hora antes.
DOÑA IRENE. Sí, que hay mil chismes que acomodar.

ESCENA VI
DOÑA IRENE, RITA
DOÑA IRENE. ¡Válgame Dios! Ahora que me acuerdo… ¡Rita!… Me le habrán dejado morir. ¡Rita!
RITA. Señora. *(Saca debajo del brazo almohadas y sábanas.)*
DOÑA IRENE. ¿Qué has hecho del tordo? ¿Le diste de comer?
RITA. Sí, señora. Más ha comido que un avestruz. Ahí le puse en la ventana del pasillo.
DOÑA IRENE. ¿Hiciste las camas?
RITA. La de usted ya está. Voy a hacer esas otras antes que anochezca, porque si no, como no hay más alumbrado que el del candil, y no tiene garabato, me veo perdida.
DOÑA IRENE. Y aquella chica, ¿qué hace?
RITA. Está desmenuzando un bizcocho para dar de cenar a Don Periquito.
DOÑA IRENE. ¡Qué pereza tengo de escribir! *(Se levanta y se entra en su cuarto.)* Pero es preciso, que estará con mucho cuidado la pobre Circuncisión.
RITA. ¡Qué chapucerías! No ha dos horas, como quien dice, que salimos de allá, y ya empiezan a ir y venir correos. ¡Qué poco me gustan a mí las mujeres gazmoñas y zalameras! *(Entra en el cuarto de Doña Francisca.)*

ESCENA VII
CALAMOCHA.
CALAMOCHA. *(Sale por la puerta del foro con unas maletas, botas y látigos. Lo deja todo sobre la mesa y se sienta.)* ¿Conque ha de ser el número tres? Vaya en gracia… Ya, ya conozco el tal número tres. Colección de bichos más abundantes no la tiene el Gabinete de Historia Natural… Miedo me da de entrar… ¡Ay! ¡ay!… ¡Y qué agujetas! Estas sí que son agujetas… Paciencia, pobre Calamocha; paciencia… Y gracias a que los caballitos dijeron: no podemos más; que, si no, por esta vez no veía yo el número tres, ni las plagas de Faraón que tiene dentro… En fin, como los animales amanezcan vivos, no será poco… Reventados están… *(Canta Rita*

desde adentro. Calamocha se levanta desperezándose.) ¡Oiga!... ¿Seguidillitas?... y no canta mal... Vaya, aventura tenemos... ¡Ay, qué desvencijado estoy!

ESCENA VIII
RITA, CALAMOCHA.

RITA. Mejor es cerrar, no sea que nos alivien de ropa, y... *(Forcejeando para echar la llave.)* Pues cierto que está bien acondicionada la llave.

CALAMOCHA. ¿Gusta usted de que eche una mano, mi vida?

RITA. Gracias, mi alma.

CALAMOCHA. ¡Calle!... ¡Rita!

RITA. ¡Calamocha!

CALAMOCHA. ¿Qué hallazgo es este?

RITA. ¿Y tu amo?

CALAMOCHA. Los dos acabamos de llegar.

RITA. ¿De veras?

CALAMOCHA. No, que es chanza. Apenas recibió la carta de Doña Paquita, yo no sé adónde fue, ni con quién habló, ni cómo lo dispuso; solo sé decirte que aquella tarde salimos de Zaragoza. Hemos venido como dos centellas por ese camino. Llegamos esta mañana a Guadalajara, y a las primeras diligencias nos hallamos con que los pájaros volaron ya. A caballo otra vez, y vuelta a correr y a sudar y a dar chasquidos... En suma, molidos los rocines, y nosotros a medio moler, hemos parado aquí con ánimo de salir mañana... Mi teniente se ha ido al Colegio Mayor a ver a un amigo, mientras se dispone algo que cenar... Esta es la historia.

RITA. ¿Conque le tenemos aquí?

CALAMOCHA. Y enamorado más que nunca, celoso, amenazando vidas... Aventurado a quitar el hipo a cuantos le disputen la posesión de su Currita idolatrada.

RITA. ¿Qué dices?

CALAMOCHA. Ni más ni menos.

RITA. ¡Qué gusto me das!... Ahora sí se conoce que le tiene amor.

CALAMOCHA. ¿Amor?... ¡Friolera!... El moro Gazul fue para con él un pelele, Medoro un zascandil y Gaiferos un chiquillo de la doctrina.

RITA. ¡Ay, cuando la señorita lo sepa!

CALAMOCHA. Pero acabemos. ¿Cómo te hallo aquí? ¿Con quién estás? ¿Cuándo llegaste? Qué...

RITA. Ya te lo diré. La madre de Doña Paquita dio en escribir cartas y más cartas, diciendo que tenía concertado su casamiento en Madrid con un caballero rico, honrado, bien quisto, en suma, cabal y perfecto, que no había más que apetecer. Acosada la señorita con tales propuestas, y angustiada incesantemente con los sermones de aquella bendita monja, se vio en la necesidad de responder que estaba pronta a todo lo que la mandasen... Pero no te puedo ponderar cuánto lloró la pobrecita, qué afligida estuvo. Ni quería comer, ni podía dormir... Y al mismo tiempo era preciso disimular, para que su tía no sospechara la verdad del caso. Ello es que cuando, pasado el primer susto, hubo lugar de discurrir escapatorias y arbitrios, no hallamos otro que el de avisar a tu amo, esperando que si era su cariño tan verdadero y de buena ley como nos había ponderado, no consentiría que su pobre Paquita pasara a manos de un desconocido, y se perdiesen para siempre tantas caricias, tantas lágrimas y tantos suspiros estrellados en las tapias del corral. A pocos días de haberle escrito, cata el coche de colleras y el mayoral Gasparet con sus medias azules, y la madre y el novio que vienen por ella; recogimos a toda prisa nuestros meriñaques, se atan los cofres, nos despedimos de aquellas buenas mujeres, y en dos latigazos llegamos antes de ayer a Alcalá. La detención ha sido para que la señorita visite a otra tía monja que tiene aquí, tan arrugada y tan sorda como la que dejamos allá. Ya la ha visto, ya la han besado bastante una por una todas las religiosas, y creo que mañana temprano saldremos. Por esta casualidad nos…

CALAMOCHA. Sí. No digas más… Pero… ¿Conque el novio está en la posada?

RITA. Ese es su cuarto (*Señalando el cuarto de Don Diego, el de Doña Irene y el de Doña Francisca*), este el de la madre y aquel el nuestro.

CALAMOCHA. ¿Cómo nuestro? ¿Tuyo y mío?

RITA. No, por cierto. Aquí dormiremos esta noche la señorita y yo; porque ayer, metidas las tres en ese de enfrente, ni cabíamos de pie, ni pudimos dormir un instante, ni respirar siquiera.

CALAMOCHA. Bien. Adiós. (*Recoge los trastos que puso sobre la mesa en ademán de irse.*)

RITA. Y, ¿adónde?

CALAMOCHA. Yo me entiendo… Pero, el novio, ¿trae consigo criados, amigos o deudos que le quiten la primera zambullida que le amenaza?

RITA. Un criado viene con él.

CALAMOCHA. ¡Poca casa!… Mira, dile en caridad que se disponga, porque está en peligro. Adiós.

RITA. ¿Y volverás presto?

CALAMOCHA. Se supone. Estas cosas piden diligencia y, aunque apenas puedo moverme, es necesario que mi teniente deje la visita y venga a cuidar de su hacienda, disponer el entierro de ese hombre, y… ¿Conque ese es nuestro cuarto, eh?

RITA. Sí. De la señorita y mío.

CALAMOCHA. ¡Bribona!

RITA. ¡Botarate! Adiós.

CALAMOCHA. Adiós, aborrecida. (*Entra con los trastos en el cuarto de Don Carlos.*)

ESCENA IX

DOÑA FRANCISCA, RITA.

RITA. ¡Qué malo es!… Pero… ¡Válgame Dios! ¡Don Félix aquí!… Sí, la quiere, bien se conoce… (*Sale Calamocha del cuarto de Don Carlos y se va por la puerta del foro.*) ¡Oh! Por más que digan, los hay muy finos; y entonces, ¿qué ha de hacer una?… Quererlos; no tiene remedio, quererlos… Pero ¿qué dirá la señorita cuando le vea, que está ciega por él? ¡Pobrecita! ¿Pues no sería una lástima que…? Ella es. (*Sale Doña Francisca.*)

DOÑA FRANCISCA. ¡Ay, Rita!

RITA. ¿Qué es eso? ¿Ha llorado usted?

DOÑA FRANCISCA. ¿Pues no he de llorar? Si vieras mi madre… Empeñada está en que he de querer mucho a ese hombre… Si ella supiera lo que sabes tú, no me mandaría cosas imposibles… Y que es tan bueno, y que es rico, y que me irá tan bien con él… Se ha enfadado tanto, y me ha llamado picarona, inobediente… ¡Pobre de mí! Porque no miento ni sé fingir, por eso me llaman picarona.

RITA. Señorita, por Dios, no se aflija usted.

DOÑA FRANCISCA. Ya, como tú no lo has oído… Y dice que Don Diego se queja de que yo no le digo nada… Harto le digo, y bien he procurado hasta ahora mostrarme delante de él, que no lo estoy, por cierto, y reírme y hablar niñerías… Y todo por dar gusto a mi madre, que si no… Pero bien sabe la Virgen que no me sale del corazón. *(Se va oscureciendo lentamente el teatro.)*

RITA. Vaya, vamos, que no hay motivo todavía para tanta angustia… ¿Quién sabe?… ¿No se acuerda usted ya de aquel día de asueto que tuvimos el año pasado en la casa de campo del intendente?

DOÑA FRANCISCA. ¡Ay! ¿Cómo puedo olvidarlo?… Pero ¿qué me vas a contar?

RITA. Quiero decir que aquel caballero que vimos allí con aquella cruz verde: tan galán, tan fino…

DOÑA FRANCISCA. ¡Qué rodeos!… Don Félix. ¿Y qué?

RITA. Que nos fue acompañando hasta la ciudad…

DOÑA FRANCISCA. Y bien… Y luego volvió, y le vi, por mi desgracia, muchas veces… Mal aconsejada de ti.

RITA. ¿Por qué, señora?… ¿A quién dimos escándalo? Hasta ahora nadie lo ha sospechado en el convento. Él no entró jamás por las puertas, y cuando de noche hablaba con usted, mediaba entre los dos una distancia tan grande, que usted la maldijo no pocas veces… Pero esto no es el caso. Lo que voy a decir es que un amante como aquél no es posible que se olvide tan presto de su querida Paquita… Mire usted que todo cuanto hemos leído a hurtadillas en las novelas no equivale a lo que hemos visto en él… ¿Se acuerda usted de aquellas tres palmadas que se oían entre once y doce de la noche, de aquella sonora punteada con tanta delicadeza y expresión?

DOÑA FRANCISCA. ¡Ay, Rita! Sí, de todo me acuerdo, y mientras viva conservaré la memoria… Pero está ausente… y entretenido acaso con nuevos amores.

RITA. Eso no lo puedo yo creer.

DOÑA FRANCISCA. Es hombre, al fin, y todos ellos…

RITA. ¡Qué bobería! Desengáñese usted, señorita. Con los hombres y las mujeres sucede lo mismo que con los melones de Añover. Hay de todo; la dificultad está en saber escogerlos. El que se lleve chasco en la elección, quéjese de su mala suerte, pero no desacredite la mercancía… Hay hombres muy embusteros, muy picarones; pero no es creíble que lo sea el que ha dado pruebas tan repetidas de perseverancia y amor. Tres meses duró el terreno y la conversación a oscuras, y en todo aquel tiempo, bien sabe usted que no vimos en él una acción descompuesta, ni oímos de su boca una palabra indecente ni atrevida.

DOÑA FRANCISCA. Es verdad. Por eso le quise tanto, por eso le tengo tan fijo aquí… aquí… *(Señalando el pecho.)* ¿Qué habrá dicho al ver la carta?… ¡Oh! Yo bien sé lo que habrá dicho…: ¡Válgate Dios! ¡Es lástima! Cierto. ¡Pobre Paquita!… Y se acabó… No habrá dicho más… Nada más.

RITA. No, señora; no ha dicho eso.
DOÑA FRANCISCA. ¿Qué sabes tú?
RITA. Bien lo sé. Apenas haya leído la carta se habrá puesto en camino y vendrá volando a consolar a su amiga… Pero… *(Acercándose a la puerta del cuarto de Doña Irene.)*
DOÑA FRANCISCA. ¿Adónde vas?
RITA. Quiero ver si…
DOÑA FRANCISCA. Está escribiendo.
RITA. Pues ya presto habrá de dejarlo, que empieza a anochecer… Señorita, lo que le he dicho a usted es la verdad pura. Don Félix está ya en Alcalá.
DOÑA FRANCISCA. ¿Qué dices? No me engañes.
RITA. Aquél es su cuarto… Calamocha acaba de hablar conmigo.
DOÑA FRANCISCA. ¿De veras?
RITA. Sí, señora… Y le ha ido a buscar para…
DOÑA FRANCISCA. ¿Conque me quiere?… ¡Ay, Rita! Mira tú si hicimos bien de avisarle… Pero ¿ves qué fineza?… ¿Si vendrá bueno? ¡Correr tantas leguas solo por verme… porque yo se lo mando!… ¡Qué agradecida le debo estar!… ¡Oh!, yo le prometo que no se quejará de mí. Para siempre agradecimiento y amor.
RITA. Voy a traer luces. Procuraré detenerme por allá abajo hasta que vuelvan… Veré lo que dice y qué piensa hacer, porque hallándonos todos aquí, pudiera haber una de Satanás entre la madre, la hija, el novio y el amante; y si no ensayamos bien esta contradanza, nos hemos de perder en ella.
DOÑA FRANCISCA. Dices bien… Pero no; él tiene resolución y talento, y sabrá determinar lo más conveniente… Y ¿cómo has de avisarme?… Mira que así que llegue le quiero ver.
RITA. No hay que dar cuidado. Yo le traeré por acá, y en dándome aquella tosecilla seca… ¿Me entiende usted?
DOÑA FRANCISCA. Sí, bien.
RITA. Pues entonces no hay más que salir con cualquier excusa. Yo me quedaré con la señora mayor; la hablaré de todos sus maridos y de sus concuñados, y del obispo que murió en el mar… Además, que si está allí Don Diego…
DOÑA FRANCISCA. Bien, anda; y así que llegue…
RITA. Al instante.
DOÑA FRANCISCA. Que no se te olvide toser.
RITA. No haya miedo.
DOÑA FRANCISCA. ¡Si vieras qué consolada estoy!
RITA. Sin que usted lo jure lo creo.
DOÑA FRANCISCA. ¿Te acuerdas, cuando me decía que era imposible apartarme de su memoria, que no habría peligros que le detuvieran, ni dificultades que no atropellara por mí?
RITA. Sí, bien me acuerdo.
DOÑA FRANCISCA. ¡Ah!… Pues mira cómo me dijo la verdad. *(Doña Francisca se va al cuarto de Doña Irene; Rita, por la puerta del foro.)*

ACTO II

ESCENA I

Se irá oscureciendo lentamente el teatro, hasta que al principio de la escena tercera vuelve a iluminarse.

DOÑA FRANCISCA. Nadie parece aún… *(Doña Francisca se acerca a la puerta del foro y vuelve.)* ¡Qué impaciencia tengo!… Y dice mi madre que soy una simple, que solo pienso en jugar y reír, y que no sé lo que es amor… Sí, diecisiete años y no cumplidos; pero ya sé lo que es querer bien, y la inquietud y las lágrimas que cuesta.

ESCENA II

DOÑA IRENE, DOÑA FRANCISCA

DOÑA IRENE. Sola y a oscuras me habéis dejado allí.

DOÑA FRANCISCA. Como estaba usted acabando su carta, mamá, por no estorbarla me he venido aquí, que está mucho más fresco.

DOÑA IRENE. Pero aquella muchacha, ¿qué hace que no trae una luz? Para cualquiera cosa se está un año… Y yo tengo un genio como una pólvora… *(Siéntase.)* Sea todo por Dios… ¿Y Don Diego? ¿No ha venido?

DOÑA FRANCISCA. Me parece que no.

DOÑA IRENE. Pues cuenta, niña, con lo que te he dicho ya. Y mira que no gusto de repetir una cosa dos veces. Este caballero está sentido, y con muchísima razón.

DOÑA FRANCISCA. Bien: sí, señora; ya lo sé. No me riña usted más.

DOÑA IRENE. No es esto reñirte, hija mía; esto es aconsejarte. Porque como tú no tienes conocimiento para considerar el bien que se nos ha entrado por las puertas… Y lo atrasada que me coge, que yo no sé lo que hubiera sido de tu pobre madre… Siempre cayendo y levantando… Médicos, botica… Que se dejaba pedir aquel caribe de Don Bruno (Dios le haya coronado de gloria) los veinte y los treinta reales por cada papelillo de píldoras de coloquíntida y asafétida… Mira que un casamiento como el que vas a hacer, muy pocas le consiguen. Bien que a las oraciones de tus tías, que son unas bienaventuradas, debemos agradecer esta fortuna, y no a tus méritos ni a mi diligencia… ¿Qué dices?

DOÑA FRANCISCA. Yo, nada, mamá.

DOÑA IRENE. Pues nunca dices nada. ¡Válgame Dios, señor!… En hablándote de esto no se te ocurre nada que decir.

ESCENA III

RITA, DOÑA IRENE, DOÑA FRANCISCA

Sale RITA por la puerta del foro con luces y las pone encima de la mesa.

DOÑA IRENE. Vaya, mujer, yo pensé que en toda la noche no venías.

RITA. Señora, he tardado porque han tenido que ir a comprar las velas. Como el tufo del velón la hace a usted tanto daño…

DOÑA IRENE. Seguro que me hace muchísimo mal, con esta jaqueca que padezco… Los parches de alcanfor al cabo tuve que quitármelos; ¡si no me sirvieron de nada! Con las obleas me parece que me va mejor… Mira, deja una luz ahí, y llévate la otra a mi cuarto, y corre la cortina, no se me llene todo de mosquitos.

RITA. Muy bien. *(Toma una luz y hace que se va.)*
DOÑA FRANCISCA. *(Aparte, a Rita.)* ¿No ha venido?
RITA. Vendrá.
DOÑA IRENE. Oyes, aquella carta que está sobre la mesa, dásela al mozo de la posada para que la lleve al instante al correo… *(Va Rita al cuarto de Doña Irene.)* Y tú, niña, ¿qué has de cenar? Porque será menester recogernos presto para salir mañana de madrugada.
DOÑA FRANCISCA. Como las monjas me hicieron merendar…
DOÑA IRENE. Con todo eso… Siquiera unas sopas del puchero para el abrigo del estómago… *(Sale Rita con una carta en la mano, y hasta el fin de la escena hace que se va y vuelve, según lo indica el diálogo.)* Mira, has de calentar el caldo que apartamos al medio día, y haznos un par de tazas de sopas, y tráetelas luego que estén.
RITA. ¿Y nada más?
DOÑA IRENE. No, nada más… ¡Ah!, y házmelas bien caldositas.
RITA. Sí, ya lo sé.
DOÑA IRENE. Rita.
RITA. *(Aparte.)* Otra. ¿Qué manda usted?
DOÑA IRENE. Encarga mucho al mozo que lleve la carta al instante… Pero no, señor; mejor es… No quiero que la lleve él, que son unos borrachones, que no se les puede… Has de decir a Simón que digo yo que me haga el gusto de echarla en el correo. ¿Lo entiendes?
RITA. Sí, señora.
DOÑA IRENE. ¡Ah!, mira.
RITA. *(Aparte.)* Otra.
DOÑA IRENE. Bien que ahora no corre prisa… Es menester que luego me saques de ahí al tordo y colgarle por aquí, de modo que no se caiga y se me lastime… *(Se va Rita por la puerta del foro.)* ¡Qué noche tan mala me dio!… ¡Pues no se estuvo el animal toda la noche de Dios rezando el *Gloria Patri* y la oración del Santo Sudario!… Ello, por otra parte, edificaba, cierto. Pero cuando se trata de dormir…

ESCENA IV
DOÑA IRENE, DOÑA FRANCISCA.
DOÑA IRENE. Pues mucho será que Don Diego no haya tenido algún encuentro por ahí, y eso le detenga. Cierto que es un señor muy mirado, muy puntual… ¡Tan buen cristiano! ¡Tan atento! ¡Tan bien hablado! ¡Y con que garbo y generosidad se porta!… Ya se ve, un sujeto de bienes y posibles… ¡Y qué casa tiene! Como un ascua de oro la tiene… Es mucho aquello. ¡Qué ropa blanca! ¡Qué batería de cocina! ¡Y qué despensa, llena de cuanto Dios crió!… Pero tú no pareces que atiendes a lo que estoy diciendo.
DOÑA FRANCISCA. Sí, señora, bien lo oigo; pero no la quería interrumpir a usted.
DOÑA IRENE. Allí estarás, hija mía, como el pez en el agua. Pajaritas del aire que apetecieras las tendrías, porque como él te quiere tanto, y es un caballero tan de bien y tan temeroso de Dios… Pero mira, Francisquita, que me cansa de veras el que siempre que te hablo de esto hayas dado en la flor de no responderme palabra… ¡Pues no es cosa particular, señor!

DOÑA FRANCISCA. Mamá, no se enfade usted.
DOÑA IRENE. No es buen empeño de… ¿Y te parece a ti que no sé yo muy bien de dónde viene todo eso?… ¿No ves que conozco las locuras que se te han metido en esa cabeza de chorlito?… ¡Perdóneme Dios!
DOÑA FRANCISCA. Pero… Pues ¿qué sabe usted?
DOÑA IRENE. ¿Me quieres engañar a mí, eh? ¡Ay, hija! He vivido mucho, y tengo yo mucha trastienda y mucha penetración para que tú me engañes.
DOÑA FRANCISCA. *(Aparte.)* ¡Perdida soy!
DOÑA IRENE. Sin contar con su madre… Como si tal madre no tuviera… Ya te aseguro que aunque no hubiera sido con esta ocasión, de todos modos era ya necesario sacarte del convento. Aunque hubiera tenido que ir a pie y sola por ese camino, te hubiera sacado de allí… ¡Mire usted qué juicio de niña éste! Que porque ha vivido un poco de tiempo entre monjas, ya se le puso en la cabeza el ser ella monja también… Ni qué entiende ella de eso, ni qué… En todos los estados se sirve a Dios, Frasquita; pero el complacer a su madre, asistida, acompañada y ser el consuelo de sus trabajos, esa es la primera obligación de una hija obediente… y sépalo usted, si no lo sabe.
DOÑA FRANCISCA. Es verdad, mamá… Pero yo nunca he pensado abandonarla a usted.
DOÑA IRENE. Sí, que no sé yo…
DOÑA FRANCISCA. No, señora. Créame usted. La Paquita nunca se apartará de su madre, ni le dará disgustos.
DOÑA IRENE. Mira si es cierto lo que dices.
DOÑA FRANCISCA. Sí, señora; que yo no sé mentir.
DOÑA IRENE. Pues, hija, ya sabes lo que te he dicho. Ya ves lo que pierdes, y la pesadumbre que me darás si no te portas en todo como corresponde… Cuidado con ello.
DOÑA FRANCISCA. *(Aparte.)* ¡Pobre de mí!

ESCENA V
DON DIEGO, DOÑA IRENE, DOÑA FRANCISCA.
Sale Don Diego por la puerta del foro y deja sobre la mesa sombrero y bastón.
DOÑA IRENE. Pues ¿cómo tan tarde?
DON DIEGO. Apenas salí tropecé con el rector de Málaga, Padre Guardián de San Diego y el doctor Padilla, y hasta que me han hartado bien de chocolate y bollos no me han querido soltar… *(Se sienta junto a Doña Irene.)* Y a todo esto, ¿cómo va?
DOÑA IRENE. Muy bien.
DON DIEGO. ¿Y Doña Paquita?
DOÑA IRENE. Doña Paquita siempre acordándose de sus monjas. Ya le digo que es tiempo de mudar de bisiesto y pensar solo en dar gusto a su madre y obedecerla.
DON DIEGO. ¡Qué diantre! ¿Conque tanto se acuerda de…?
DOÑA IRENE. ¿Qué se admira usted? Son niñas… No saben lo que quieren, ni lo que aborrecen… En una edad, así, tan…
DON DIEGO. No; poco a poco, eso no. Precisamente en esa edad son las pasiones algo más enérgicas y decisivas que en la nuestra, y por cuanto la razón se halla

todavía imperfecta y débil, los ímpetus del corazón son mucho más violentos… *(Asiendo de una mano a Doña Francisca, la hace sentar inmediata a él.)* Pero de veras, Doña Paquita, ¿se volvería usted al convento de buena gana?… La verdad.

DOÑA IRENE. Pero si ella no…

DON DIEGO. Déjela usted, señora, que ella responderá.

DOÑA FRANCISCA. Bien sabe usted lo que acaba de decirle… No permita Dios que yo le dé que sentir.

DON DIEGO. Pero eso lo dice usted tan afligida y…

DOÑA IRENE. Si es natural, señor. ¿No ve usted que…?

DON DIEGO. Calle usted, por Dios, Doña Irene, y no me diga usted a mí lo que es natural. Lo que es natural es que la chica esté llena de miedo y no se atreva a decir una palabra que se oponga a lo que su madre quiere que diga… Pero si esto hubiese, por vida mía, que estábamos lucidos.

DOÑA FRANCISCA. No, señor; lo que dice su merced, eso digo yo; lo mismo. Porque en todo lo que me mande la obedeceré.

DON DIEGO. ¡Mandar, hija mía! En estas materias tan delicadas los padres que tienen juicio no mandan. Insinúan, proponen, aconsejan; eso sí, todo eso sí; ¡pero mandar!… ¿Y quién ha de evitar después las resultas funestas de lo que mandaron?… Pues, ¿cuántas veces vemos matrimonios infelices, uniones monstruosas, verificadas solamente porque un padre tonto se metió a mandar lo que no debiera?… ¿Cuántas veces una desdichada mujer halla anticipada la muerte en el encierro de un claustro, porque su madre o su tío se empeñaron en regalar a Dios lo que Dios no quería? ¡Eh! No, señor; eso no va bien… Mire usted, Doña Paquita, yo no soy de aquellos hombres que se disimulan los defectos. Yo sé que ni mi figura ni mi edad son para enamorar perdidamente a nadie; pero tampoco he creído imposible que una muchacha de juicio y bien criada llegase a quererme con aquel amor tranquilo y constante que tanto se parece a la amistad, y es el único que puede hacer los matrimonios felices. Para conseguirlo no he ido a buscar ninguna hija de familia de estas que viven en una decente libertad… Decente, que yo no culpo lo que no se opone al ejercicio de la virtud. Pero ¿cuál sería entre todas ellas la que no estuviese ya prevenida en favor de otro amante más apetecible que yo? Y en Madrid, figúrese usted en un Madrid… Lleno de estas ideas me pareció que tal vez hallaría en usted todo cuanto deseaba…

DOÑA IRENE. Y puede usted creer, señor Don Diego, que…

DON DIEGO. Voy acabar señora; déjeme usted acabar. Yo me hago cargo, querida Paquita, de lo que habrán influido en una niña tan bien inclinada como usted las santas costumbres que ha visto practicar en aquel inocente asilo de la devoción y la virtud; pero si a pesar de todo esto la imaginación acalorada, las circunstancias imprevistas, la hubiesen hecho elegir sujeto más digno, sepa usted que yo no quiero nada con violencia. Yo soy ingenuo; mi corazón y mi lengua no se contradicen jamás. Esto mismo le pido a usted, Paquita: sinceridad. El cariño que a usted le tengo no la debe hacer infeliz… Su madre de usted no es capaz de querer una injusticia, y sabe muy bien que a nadie se le hace dichoso por fuerza. Si usted no halla en mí prendas que la inclinen, si siente algún otro cuidadillo en su corazón, créame usted, la menor disimulación en esto nos daría a todos muchísimo que sentir.

DOÑA IRENE. ¿Puedo hablar ya, señor?
DON DIEGO. Ella, ella debe hablar, y sin apuntador y sin intérprete.
DOÑA IRENE. Cuando yo se lo mande.
DON DIEGO. Pues ya puede usted mandárselo, porque a ella la toca responder... Con ella he de casarme, con usted no.
DOÑA IRENE. Yo creo, señor Don Diego, que ni con ella ni conmigo. ¿En qué concepto nos tiene usted?... Bien dice su padrino, y bien claro me lo escribió pocos días ha, cuando le di parte de este casamiento. Que aunque no la ha vuelto a ver desde que la tuvo en la pila, la quiere muchísimo; y a cuantos pasan por el Burgo de Osma les pregunta cómo está, y continuamente nos envía memorias con el ordinario.
DON DIEGO. Y bien, señora, ¿qué escribió el padrino?... O, por mejor decir, ¿qué tiene que ver nada de eso con lo que estamos hablando?
DOÑA IRENE. Sí señor que tiene que ver; sí señor. Y aunque yo lo diga, le aseguro a usted que ni un padre de Atocha hubiera puesto una carta mejor que la que él me envió sobre el matrimonio de la niña... Y no es ningún catedrático, ni bachiller, ni nada de eso, sino un cualquiera, como quien dice, un hombre de capa y espada, con un empleíllo infeliz en el ramo del viento, que apenas le da para comer... Pero es muy ladino, y sabe de todo, y tiene una labia y escribe que da gusto... Casi toda la carta venía en latín, no le parezca a usted, y muy buenos consejos que me daba en ella... Que no es posible, sino que adivinase lo que nos está sucediendo.
DON DIEGO. Pero, señora, si no sucede nada, ni hay cosa que a usted le deba disgustar.
DOÑA IRENE. Pues ¿no quiere usted que me disguste oyéndole hablar de mi hija en términos que...? ¡Ella otros amores ni otros cuidados!... Pues si tal hubiera... ¡Válgame Dios!... la mataba a golpes, mire usted... Respóndele, una vez que quiere que hables, y que yo no chiste. Cuéntale los novios que dejaste en Madrid cuando tenías doce años, y los que has adquirido en el convento al lado de aquella santa mujer. Díselo para que se tranquilice, y...
DON DIEGO. Yo, señora, estoy más tranquilo que usted.
DOÑA IRENE. Respóndele.
DOÑA FRANCISCA. Yo no sé qué decir. Si ustedes se enfadan...
DON DIEGO. No, hija mía; esto es dar alguna expresión a lo que se dice; pero enfadarnos no, por cierto. Doña Irene sabe lo que yo la estimo.
DOÑA IRENE. Sí, señor, que lo sé, y estoy sumamente agradecida a los favores que usted nos hace... Por eso mismo...
DON DIEGO. No se hable de agradecimiento; cuanto yo puedo hacer, todo es poco... Quiero solo que Doña Paquita esté contenta.
DOÑA IRENE. ¿Pues no ha de estarlo? Responde.
DOÑA FRANCISCA. Sí, señor, que lo estoy.
DON DIEGO. Y que la mudanza de estado que se le previene no le cueste el menor sentimiento.
DOÑA IRENE. No, señor, todo al contrario... Boda más a gusto de todos no se pudiera imaginar.
DON DIEGO. En esa inteligencia, puedo asegurarla que no tendrá motivos de

arrepentirse después. En nuestra compañía vivirá querida y adorada, y espero que a fuerza de beneficios he de merecer su estimación y su amistad.

DOÑA FRANCISCA. Gracias, señor Don Diego... ¡A una huérfana, pobre, desvalida como yo!...

DON DIEGO. Pero de prendas tan estimables que la hacen a usted digna todavía de mayor fortuna.

DOÑA IRENE. Ven aquí, ven... Ven aquí, Paquita.

DOÑA FRANCISCA. ¡Mamá! *(Se levanta, abraza a su madre y se acarician mutuamente.)*

DOÑA IRENE. ¿Ves lo que te quiero?

DOÑA FRANCISCA. Sí, señora.

DOÑA IRENE. ¿Y cuánto procuro tu bien, que no tengo otro pío sino el de verte colocada antes que yo falte?

DOÑA FRANCISCA. Bien lo conozco.

DOÑA IRENE. ¡Hija de mi vida! ¿Has de ser buena?

DOÑA FRANCISCA. Sí, señora.

DOÑA IRENE. ¡Ay, que no sabes tú lo que te quiere tu madre!

DOÑA FRANCISCA. Pues ¿qué? ¿No la quiero yo a usted?

DON DIEGO. Vamos, vamos de aquí. *(Se levanta Don Diego y después Doña Irene.)* No venga alguno y nos halle a los tres llorando como tres chiquillos.

DOÑA IRENE. Sí, dice usted bien. *(Se van los dos al cuarto de Doña Irene. Doña Francisca va detrás, y Rita, que sale por la puerta del foro, la hace detener.)*

ESCENA VI

RITA, DOÑA FRANCISCA.

RITA. Señorita... ¡Eh!, chit... señorita.

DOÑA FRANCISCA. ¿Qué quieres?

RITA. Ya ha venido.

DOÑA FRANCISCA. ¿Cómo?

RITA. Ahora mismo acaba de llegar. Le he dado un abrazo con licencia de usted, y ya sube por la escalera.

DOÑA FRANCISCA. ¡Ay, Dios!... ¿Y qué debo hacer?

RITA. ¡Donosa pregunta!... Vaya, lo que importa es no gastar el tiempo en melindres de amor... Al asunto... y juicio... Y mire usted que en el paraje en que estamos la conversación no puede ser muy larga... Ahí está.

DOÑA FRANCISCA. Sí... Él es.

RITA. Vaya cuidar de aquella gente... Valor, señorita, y resolución. *(Rita se va al cuarto de Doña Irene.)*

DOÑA FRANCISCA. No, no; que yo también... Pero no lo merece.

ESCENA VII

DON CARLOS, DOÑA FRANCISCA.

Sale Don Carlos por la puerta del foro.

DON CARLOS. ¡Paquita!... ¡Vida mía! Ya estoy aquí... ¿Cómo va, hermosa, cómo va?

DOÑA FRANCISCA. Bienvenido.

DON CARLOS. ¿Cómo tan triste?... ¿No merece mi llegada más alegría?
DOÑA FRANCISCA. Es verdad, pero acaban de sucederme cosas que me tienen fuera de mí... Sabe usted... Sí, bien lo sabe usted... Después de escrita aquella carta, fueron por mí... Mañana a Madrid... Ahí está mi madre.
DON CARLOS. ¿En dónde?
DOÑA FRANCISCA. Ahí, en ese cuarto. *(Señalando al cuarto de Doña Irene.)*
DON CARLOS. ¿Sola?
DOÑA FRANCISCA. No, señor.
DON CARLOS. Estará en compañía del prometido esposo. *(Se acerca al cuarto de Doña Irene, se detiene y vuelve.)* Mejor... Pero ¿no hay nadie más con ella?
DOÑA FRANCISCA. Nadie más, solos están... ¿Qué piensa usted hacer?
DON CARLOS. Si me dejase llevar de mi pasión, y de lo que esos ojos me inspiran, una temeridad... Pero tiempo hay... Él también será hombre de honor, y no es justo insultarle porque quiere bien a una mujer tan digna de ser querida... Yo no conozco a su madre de usted ni... Vamos, ahora nada se puede hacer... Su decoro de usted merece la primera atención.
DOÑA FRANCISCA. Es mucho el empeño que tiene en que me case con él.
DON CARLOS. No importa.
DOÑA FRANCISCA. Quiere que esta boda se celebre así que lleguemos a Madrid.
DON CARLOS. ¿Cuál?... No. Eso no.
DOÑA FRANCISCA. Los dos están de acuerdo, y dicen...
DON CARLOS. Bien... Dirán... Pero no puede ser.
DOÑA FRANCISCA. Mi madre no me habla continuamente de otra materia. Me amenaza, me ha llenado de temor... Él insta por su parte, me ofrece tantas cosas, me...
DON CARLOS. Y usted, ¿qué esperanza le da?... ¿Ha prometido quererle mucho?
DOÑA FRANCISCA. ¡Ingrato!... ¿Pues no sabe usted que...? ¡Ingrato!
DON CARLOS. Sí; no lo ignoro, Paquita... Yo he sido el primer amor.
DOÑA FRANCISCA. Y el último.
DON CARLOS. Y antes perderé la vida que renunciar al lugar que tengo en ese corazón... Todo él es mío... ¿Digo bien? *(Asiéndola de las manos.)*
DOÑA FRANCISCA. ¿Pues de quién ha de ser?
DON CARLOS. ¡Hermosa! ¡Qué dulce esperanza me anima!... Una sola palabra de esa boca me asegura... Para todo me da valor... En fin, ya estoy aquí... ¿Usted me llama para que la defienda, la libre, le cumpla una obligación mil y mil veces prometida? Pues a eso mismo vengo yo... Si ustedes se van a Madrid mañana, yo voy también. Su madre de usted sabrá quién soy... Allí puedo contar con el favor de un anciano respetable y virtuoso, a quien más que tío debo llamar amigo y padre. No tiene otro deudo más inmediato ni más querido que yo; es hombre muy rico, y si los dones de la fortuna tuviesen para usted algún atractivo, esta circunstancia añadiría felicidades a nuestra unión.
DOÑA FRANCISCA. ¿Y qué vale para mí toda la riqueza del mundo?
DON CARLOS. Ya lo sé. La ambición no puede agitar a un alma tan inocente.
DOÑA FRANCISCA. Querer y ser querida... No apetezca más ni conozco mayor fortuna.

DON CARLOS. Ni hay otra… Pero debe usted serenarse, y esperar que la suerte mude nuestra aflicción presente en durables dichas.

DOÑA FRANCISCA. ¿Y qué se ha de hacer para que a mi pobre madre no le cueste una pesadumbre?… ¡Me quiere tanto!… Si acabo de decirle que no la disgustaré, ni me apartaré de su lado jamás; que siempre seré obediente y buena… ¡Y me abrazaba con tanta ternura! Quedó tan consolada con lo poco que acerté a decirle… Yo no sé, no sé qué camino ha de hallar usted para salir de estos ahogos.

DON CARLOS. Yo le buscaré… ¿No tiene usted confianza en mí?

DOÑA FRANCISCA. ¿Pues no he de tenerla? ¿Piensa usted que estuviera yo viva si esta esperanza no me animase? Sola y desconocida de todo el mundo, ¿qué había yo de hacer? Si usted no hubiese venido, mis melancolías me hubieran muerto, sin tener a quién volver los ojos, ni poder comunicar a nadie la causa de ellas… Pero usted ha sabido proceder como caballero y amante, y acaba de darme con su venida la prueba de lo mucho que me quiere. *(Se enternece y llora.)*

DON CARLOS. ¡Qué llanto!… ¡Cómo persuade!… Sí, Paquita, yo solo basto para defenderla a usted de cuantos quieran oprimirla. A un amante favorecido, ¿quién puede oponérsele? Nada hay que temer.

DOÑA FRANCISCA. ¿Es posible?

DON CARLOS. Nada… Amor ha unido nuestras almas en estrechos nudos y solo la muerte bastará a dividirlas.

ESCENA VIII

RITA, DON CARLOS, DOÑA FRANCISCA.

RITA. Señorita, adentro. La mamá pregunta por usted. Voy a traer la cena, y se van a recoger al instante… Y usted, señor galán, ya puede también disponer de su persona.

DON CARLOS. Sí, que no conviene anticipar sospechas… Nada tengo que añadir.

DOÑA FRANCISCA. Ni yo.

DON CARLOS. Hasta mañana. Con la luz del día veremos a este dichoso competidor.

RITA. Un caballero muy honrado, muy rico, muy prudente; con su chupa larga, su camisola limpia y sus sesenta años debajo del peluquín. *(Se va por la puerta del foro.)*

DOÑA FRANCISCA. Hasta mañana.

DON CARLOS. Adiós. Paquita.

DOÑA FRANCISCA. Acuéstese usted y descanse.

DON CARLOS. ¿Descansar con celos?

DOÑA FRANCISCA. ¿De quién?

DON CARLOS. Buenas noches… Duerma usted bien, Paquita.

DOÑA FRANCISCA. ¿Dormir con amor?

DON CARLOS. Adiós, vida mía.

DOÑA FRANCISCA. Adiós. *(Entra al cuarto de Doña Irene.)*

ESCENA IX

DON CARLOS, CALAMOCHA, RITA.

DON CARLOS. ¡Quitármela! *(Paseándose inquieto.)* No… Sea quien fuere, no me la quitará. Ni su madre ha de ser tan imprudente que se obstine en verificar este

matrimonio repugnándolo su hija… mediando yo… ¡Sesenta años!… Precisamente será muy rico… ¡El dinero!… Maldito él sea, que tantos desórdenes origina.
CALAMOCHA. Pues, señor *(Sale por la puerta del foro)*, tenemos un medio cabrito asado, y… a lo menos parece cabrito. Tenemos una magnífica ensalada de berros, sin anapelos ni otra materia extraña, bien lavada, escurrida y condimentada por estas manos pecadoras, que no hay más que pedir. Pan de Meco, vino de la Tercia… Conque, si hemos de cenar y dormir, me parece que sería bueno…
DON CARLOS. Vamos… ¿Y adónde ha de ser?
CALAMOCHA. Abajo… Allí he mandado disponer una angosta y fementida mesa, que parece un banco de herrador.
RITA. ¿Quién quiere sopas? *(Sale por la puerta del foro con unos platos, taza, cucharas y servilleta.)*
DON CARLOS. Buen provecho.
CALAMOCHA. Si hay alguna real moza que guste de cenar cabrito, levante el dedo.
RITA. La real moza se ha comido ya media cazuela de albondiguillas… Pero lo agradece, señor militar. *(Entra al cuarto de Doña Irene.)*
CALAMOCHA. Agradecida te quiero yo, niña de mis ojos.
DON CARLOS. Conque ¿vamos?
CALAMOCHA. ¡Ay, ay, ay!… *(Calamocha se encamina a la puerta del foro, y vuelve; hablan él y Don Carlos, con reservas, hasta que Calamocha se adelanta a saludar a Simón.)* ¡Eh! Chit, digo…
DON CARLOS. ¿Qué?
CALAMOCHA. ¿No ve usted lo que viene por allí?
DON CARLOS. ¿Es Simón?
CALAMOCHA. El mismo… Pero ¿quién diablos le…?
DON CARLOS. ¿Y qué haremos?
CALAMOCHA. ¿Qué sé yo?… Sonsacarle, mentir y… ¿Me da usted licencia para que…?
DON CARLOS. Sí; miente lo que quieras… ¿A qué habrá venido este hombre?

ESCENA X
SIMÓN, DON CARLOS, CALAMOCHA.
Simón sale por la puerta del foro.
CALAMOCHA. Simón, ¿tú por aquí?
SIMÓN. Adiós, Calamocha. ¿Cómo va?
CALAMOCHA. Lindamente.
SIMÓN. ¡Cuánto me alegro de…!
DON CARLOS. ¡Hombre! ¿Tú en Alcalá? ¿Pues qué novedad es esta?
SIMÓN. ¡Oh, que estaba usted ahí, señorito!… ¡Voto a sanes!
DON CARLOS. ¿Y mi tío?
SIMÓN. Tan bueno.
CALAMOCHA. ¿Pero se ha quedado en Madrid, o…?
SIMÓN. ¿Quién me había de decir a mí…? ¡Cosa como ella! Tan ajeno estaba yo ahora de… Y usted, de cada vez más guapo… ¿Conque usted irá a ver al tío, eh?
CALAMOCHA. Tú habrás venido con algún encargo del amo.

SIMÓN. ¡Y qué calor traje, y qué polvo por ese camino! ¡Ya, ya!

CALAMOCHA. Alguna cobranza tal vez, ¿eh?

DON CARLOS. Puede ser. Como tiene mi tío ese poco de hacienda en Ajalvir… ¿No has venido a eso?

SIMÓN. ¡Y qué buena maula le ha salido el tal administrador! Labriego más marrullero y más bellaco no le hay en toda la campiña… ¿Conque usted viene ahora de Zaragoza?

DON CARLOS. Pues… Figúrate tú.

SIMÓN. ¿O va usted allá?

DON CARLOS. ¿Adónde?

SIMÓN. A Zaragoza. ¿No está allí el regimiento?

CALAMOCHA. Pero, hombre, si salimos el verano pasado de Madrid, ¿no habíamos de haber andado más de cuatro leguas?

SIMÓN. ¿Qué sé yo? Algunos van por la posta, y tardan más de cuatro meses en llegar… Debe de ser un camino muy malo.

CALAMOCHA. *(Aparte, separándose de Simón.)* ¡Maldito seas tú y tu camino, y la bribona que te dio papilla!

DON CARLOS. Pero aún no me has dicho si mi tío está en Madrid o en Alcalá, ni a qué has venido, ni…

SIMÓN. Bien, a eso voy… Sí señor, voy a decir a usted… Conque… Pues el amo me dijo…

ESCENA XI

DON DIEGO, DON CARLOS, SIMÓN, CALAMOCHA.

DON DIEGO. No *(Desde adentro)*, no es menester; si hay luz aquí. Buenas noches, Rita. *(Don Carlos se turba y se aparta a un extremo del teatro.)*

DON CARLOS. ¡Mi tío!…

DON DIEGO. ¡Simón! *(Sale del cuarto de Doña Irene, encaminándose al suyo; repara en Don Carlos y se acerca a él. Simón le alumbra y vuelve a dejar la luz sobre la mesa.)*

SIMÓN. Aquí estoy, señor.

DON CARLOS. *(Aparte.)* ¡Todo se ha perdido!

DON DIEGO. Vamos… Pero… ¿quién es?

SIMÓN. Un amigo de usted, señor.

DON CARLOS. *(Aparte.)* ¡Yo estoy muerto!

DON DIEGO. ¿Cómo un amigo?… ¿Qué?… Acerca esa luz.

DON CARLOS. Tío. *(En ademán de besar la mano a Don Diego, que le aparta de sí con enojo.)*

DON DIEGO. Quítate de ahí.

DON CARLOS. Señor.

DON DIEGO. Quítate… No sé cómo no le… ¿Qué haces aquí?

DON CARLOS. Si usted se altera y…

DON DIEGO. ¿Qué haces aquí?

DON CARLOS. Mi desgracia me ha traído.

DON DIEGO. ¡Siempre dándome que sentir, siempre! Pero… *(Acercándose a Don*

Carlos.) ¿Qué dices? ¿De veras ha ocurrido alguna desgracia? Vamos… ¿Qué te sucede?… ¿Por qué estás aquí?

CALAMOCHA. Porque le tiene a usted ley, y le quiere bien, y…

DON DIEGO. A ti no te pregunto nada… ¿Por qué has venido de Zaragoza sin que yo lo sepa?… ¿Por qué te asusta el verme?… Algo has hecho: sí, alguna locura has hecho que le habrá de costar la vida a tu pobre tío.

DON CARLOS. No, señor, que nunca olvidaré las máximas de honor y prudencia que usted me ha inspirado tantas veces.

DON DIEGO. Pues ¿a qué viniste? ¿Es desafío? ¿Son deudas? ¿Es algún disgusto con tus jefes?… Sácame de esta inquietud, Carlos… Hijo mío, sácame de este afán.

CALAMOCHA. Si todo ello no es más que…

DON DIEGO. Ya he dicho que calles… Ven acá. *(Tomándole de la mano se aparta con él a un extremo del teatro, y le habla en voz baja.)* Dime qué ha sido.

DON CARLOS. Una ligereza, una falta de sumisión a usted… Venir a Madrid sin pedirle licencia primero… Bien arrepentido estoy, considerando la pesadumbre que le he dado al verme.

DON DIEGO. ¿Y qué otra cosa hay?

DON CARLOS. Nada más, señor.

DON DIEGO. Pues ¿qué desgracia era aquella de que me hablaste?

DON CARLOS. Ninguna. La de hallarle a usted en este paraje… y haberle disgustado tanto, cuando yo esperaba sorprenderle en Madrid, estar en su compañía algunas semanas y volverme contento de haberle visto.

DON DIEGO. ¿No hay más?

DON CARLOS. No, señor.

DON DIEGO. Míralo bien.

DON CARLOS. No, señor… A eso venía. No hay nada más.

DON DIEGO. Pero no me digas tú a mí… Si es imposible que estas escapadas se… No, señor… ¿Ni quién ha de permitir que un oficial se vaya cuando se le antoje, y abandone de ese modo sus banderas?… Pues si tales ejemplos se repitieran mucho, adiós disciplina militar… Vamos… Eso no puede ser.

DON CARLOS. Considere usted, tío, que estamos en tiempo de paz; que en Zaragoza no es necesario un servicio tan exacto como en otras plazas, en que no se permite descanso a la guarnición… Y, en fin, puede usted creer que este viaje supone la aprobación y la licencia de mis superiores, que yo también miro por mi estimación, y que cuando me he venido, estoy seguro de que no hago falta.

DON DIEGO. Un oficial siempre hace falta a sus soldados. El rey le tiene allí para que los instruya, los proteja y les dé ejemplo de subordinación, de valor, de virtud.

DON CARLOS. Bien está; pero ya he dicho los motivos…

DON DIEGO. Todos esos motivos no valen nada… ¡Porque le dio la gana de ver al tío!… Lo que quiere su tío de usted no es verle cada ocho días, sino saber que es hombre de juicio, y que cumple con sus obligaciones. Eso es lo que quiere… Pero *(Alza la voz y se pasea con inquietud)* yo tomaré mis medidas para que estas locuras no se repitan otra vez… Lo que usted ha de hacer ahora es marcharse inmediatamente.

DON CARLOS. Señor, si…

DON DIEGO. No hay remedio… Y ha de ser al instante. Usted no ha de dormir aquí.
CALAMOCHA. Es que los caballos no están ahora para correr…, ni pueden moverse.
DON DIEGO. Pues con ellos *(A Calamocha.)* y con las maletas al mesón de afuera. Usted *(A Don Carlos.)* no ha de dormir aquí… Vamos *(A Calamocha.)* tú, buena pieza, menéate. Abajo con todo. Pagar el gasto que se haya hecho, sacar los caballos y marchar… Ayúdale tú… *(A Simón.)* ¿Qué dinero tienes ahí?
SIMÓN. Tendré unas cuatro o seis onzas. *(Saca de un bolsillo algunas monedas y se las da a Don Diego.)*
DON DIEGO. Dámelas acá… Vamos, ¿qué haces? *(A Calamocha.)* ¿No he dicho que ha de ser al instante?… Volando. Y tú *(A Simón.)* ve con él, ayúdale, y no te me apartes de allí hasta que se hayan ido. *(Los dos criados entran en el cuarto de Don Carlos.)*

ESCENA XII
DON DIEGO, DON CARLOS.
DON DIEGO. Tome usted. *(Le da el dinero.)* Con eso hay bastante para el camino… Vamos, que cuando yo lo dispongo así, bien sé lo que me hago… ¿No conoces que es todo por tu bien, y que ha sido un desatino lo que acabas de hacer?… Y no hay que afligirse por eso, ni creas que es falta de cariño… Ya sabes lo que te he querido siempre; y en obrando tú según corresponde, seré tu amigo como lo he sido hasta aquí.
DON CARLOS. Ya lo sé.
DON DIEGO. Pues bien; ahora obedece lo que te mando.
DON CARLOS. Lo haré sin falta.
DON DIEGO. Al mesón de afuera. *(A los dos criados, que salen con los trastos del cuarto de Don Carlos, y se van por la puerta del foro.)* Allí puedes dormir, mientras los caballos comen y descansan… Y no me vuelvas aquí por ningún pretexto ni entres en la ciudad… ¡Cuidado! Y a eso de las tres o las cuatro, marchar. Mira que yo he de saber que sales. ¿Lo entiendes?
DON CARLOS. Sí, señor.
DON DIEGO. Mira que lo has de hacer.
DON CARLOS. Sí, señor; haré lo que usted manda.
DON DIEGO. Muy bien… Adiós… Todo te lo perdono… Vete con Dios… Y yo sabré también cuándo llegas a Zaragoza; no te parezca que estoy ignorante de lo que hiciste la vez pasada.
DON CARLOS. ¿Pues qué hice yo?
DON DIEGO. Si te digo que lo sé, y que te lo perdono, ¿qué más quieres? No es tiempo ahora de tratar de eso. Vete.
DON CARLOS. Quede usted con Dios. *(Hace que se va y vuelve.)*
DON DIEGO. ¿Sin besar la mano a su tío, eh?
DON CARLOS. No me atreví. *(Besa la mano a Don Diego y se abrazan.)*
DON DIEGO. Y dame un abrazo, por si no nos volvemos a ver.
DON CARLOS. ¿Qué dice usted? ¡No lo permita Dios!
DON DIEGO. ¡Quién sabe, hijo mío! ¿Tienes algunas deudas? ¿Te falta algo?
DON CARLOS. No, señor; ahora, no.

DON DIEGO. Mucho es, porque tú siempre tiras por largo… Como cuentas con la bolsa del tío… Pues bien; yo escribiré al señor Aznar para que te dé cien doblones de orden mía. Y mira cómo los gastas… ¿Juegas?
DON CARLOS. No, señor; en mi vida.
DON DIEGO. Cuidado con eso… Conque, buen viaje. Y no te acalores: jornadas regulares y nada más… ¿Vas contento?
DON CARLOS. No, señor. Porque usted me quiere mucho, me llena de beneficios, y yo le pago mal.
DON DIEGO. No se hable ya de lo pasado… Adiós.
DON CARLOS. ¿Queda usted enojado conmigo?
DON DIEGO. No, por cierto… Me disgusté bastante, pero ya se acabó… No me des que sentir. *(Poniéndole ambas manos sobre los hombros.)* Portarse como hombre de bien.
DON CARLOS. No lo dude usted.
DON DIEGO. Como oficial de honor.
DON CARLOS. Así lo prometo.
DON DIEGO. Adiós, Carlos. *(Se abrazan.)*
DON CARLOS. *(Aparte, al irse por la puerta del foro.)* ¡Y la dejo!… ¡Y la pierdo para siempre!

ESCENA XIII
DON DIEGO. Demasiado bien se ha compuesto dispuesto… Luego lo sabrá enhorabuena… Pero no es lo mismo escribírselo que… Después de hecho, no importa nada… ¡Pero siempre aquel respeto al tío!… Como una malva es. *(Se enjuga las lágrimas, toma una luz y se va a su cuarto. Queda oscura la escena por un breve espacio.)*

ESCENA XIV
DOÑA FRANCISCA, RITA
Salen del cuarto de Doña Irene. Rita sacará una luz y la pone sobre la mesa.
RITA. Mucho silencio hay por aquí.
DOÑA FRANCISCA. Se habrán recogido ya… Estarán rendidos.
RITA. Precisamente.
DOÑA FRANCISCA. ¡Un camino tan largo!
RITA. ¡A lo que obliga el amor, señorita!
DOÑA FRANCISCA. Sí; bien puedes decirlo: amor… y yo ¿qué no hiciera por él?
RITA. Y deje usted, que no ha de ser este el último milagro. Cuando lleguemos a Madrid, entonces será ella… El pobre Don Diego ¡qué chasco se va a llevar! Y por otra parte, vea usted qué señor tan bueno, que cierto da lástima…
DOÑA FRANCISCA. Pues en eso consiste todo. Si él fuese un hombre despreciable, ni mi madre hubiera admitido su pretensión, ni yo tendría que disimular mi repugnancia… Pero ya es otro tiempo, Rita. Don Félix ha venido, y ya no temo a nadie. Estando mi fortuna en su mano, me considero la más dichosa de las mujeres.
RITA. ¡Ay! Ahora que me acuerdo… Pues poquito me lo encargó… Ya se ve, si con estos amores tengo yo también la cabeza… Voy por él. *(Encaminándose al cuarto de Doña Irene.)*

DOÑA FRANCISCA. ¿A qué vas?
RITA. El tordo, que ya se me olvidaba sacarle de allí.
DOÑA FRANCISCA. Sí, tráelo, no empiece a rezar como anoche… Allí quedó junto a la ventana… Y ve con cuidado, no despierte mamá.
RITA. Sí, mire usted el estrépito de caballerías que anda por allá abajo… Hasta que lleguemos a nuestra calle del Lobo, número siete, cuarto segundo, no hay que pensar en dormir… Y ese maldito portón, que rechina que…
DOÑA FRANCISCA. Te puedes llevar la luz.
RITA. No es menester, que ya sé dónde está. *(Se va al cuarto de Doña Irene.)*

ESCENA XV
SIMÓN, DOÑA FRANCISCA
Sale por la puerta del foro, Simón.
DOÑA FRANCISCA. Yo pensé que estaban ustedes acostados.
SIMÓN. El amo ya habrá hecho esa diligencia; pero yo todavía no sé en dónde he de tener el rancho… Y buen sueño que tengo.
DOÑA FRANCISCA. ¿Qué gente nueva ha llegado ahora?
SIMÓN. Nadie. Son unos que estaban ahí y se han ido.
DOÑA FRANCISCA. ¿Los arrieros?
SIMÓN. No, señora. Un oficial y un criado suyo, que parece que se van a Zaragoza.
DOÑA FRANCISCA. ¿Quiénes dice usted que son?
SIMÓN. Un teniente coronel un oficial de caballería y su asistente.
DOÑA FRANCISCA. ¿Y estaban aquí?
SIMÓN. Sí, señora; ahí en ese cuarto.
DOÑA FRANCISCA. No los he visto.
SIMÓN. Parece que llegaron esta tarde y… A la cuenta habrán despachado ya la comisión que traían… Con que se han ido… Buenas noches, señorita. *(Se va al cuarto de Don Diego.)*

ESCENA XVI
RITA, DOÑA FRANCISCA.
DOÑA FRANCISCA. ¡Dios mío de mi alma! ¿Qué es esto?… No puedo sostenerme… ¡Desdichada! *(Se sienta en una silla junto a la mesa.)*
RITA. Señorita, yo vengo muerta. *(Saca la jaula del tordo y la deja encima de la mesa; abre la puerta del cuarto, de Don Carlos, y vuelve.)*
DOÑA FRANCISCA. ¡Ay, que es cierto!… ¿Tú lo sabes también?
RITA. Deje usted, que todavía no creo lo que he visto… Aquí no hay nadie… ni maletas, ni ropa, ni… Pero ¿cómo podía engañarme? Si yo misma los he visto salir.
DOÑA FRANCISCA. ¿Y eran ellos?
RITA. Sí, señora. Los dos.
DOÑA FRANCISCA. Pero, ¿se han ido fuera de la ciudad?
RITA. Si no los he perdido de vista hasta que salieron por la Puerta de Mártires… Como está un paso de aquí.
DOÑA FRANCISCA. ¿Y es ése el camino de Aragón?
RITA. Ese es.
DOÑA FRANCISCA. ¡Indigno!… ¡Hombre indigno!

RITA. Señorita...

DOÑA FRANCISCA. ¿En qué te ha ofendido esta infeliz?

RITA. Yo estoy temblando toda... Pero... Si es incomprensible... Si no alcanzo a descubrir qué motivos ha podido haber para esta novedad.

DOÑA FRANCISCA. ¿Pues no le quise más que a mi vida?... ¿No me ha visto loca de amor?

RITA. No sé qué decir al considerar una acción tan infame.

DOÑA FRANCISCA. ¿Qué has de decir? Que no me ha querido nunca, ni es hombre de bien... ¿Y vino para esto? ¡Para engañarme, para abandonarme así! *(Se levanta y Rita la sostiene.)*

RITA. Pensar que su venida fue con otro designio, no me parece natural... Celos... ¿Por qué ha de tener celos?... Y aun eso mismo debiera enamorarle más... Él no es cobarde, y no hay que decir que habrá tenido miedo de su competidor.

DOÑA FRANCISCA. Te cansas en vano... Di que es un pérfido, di que es un monstruo de crueldad, y todo lo has dicho.

RITA. Vamos de aquí, que puede venir alguien y...

DOÑA FRANCISCA. Sí, vámonos... Vamos a llorar... ¡Y en qué situación me deja!... Pero ¿ves qué malvado?

RITA. Sí, señora; ya lo conozco.

DOÑA FRANCISCA. ¡Qué bien supo fingir!... ¿Y con quién? Conmigo... ¿Pues yo merecí ser engañada tan alevosamente?... ¿Mereció mi cariño este galardón?... ¡Dios de mi vida! ¿Cuál es mi delito, cuál es? *(Rita toma la luz y se van entrambas al cuarto de Doña Francisca.)*

ACTO III

ESCENA I

DON DIEGO, SIMÓN

Teatro oscuro. Sobre la mesa habrá un candelero con vela apagada y la jaula del tordo. Simón duerme tendido en el banco

DON DIEGO. *(Sale de su cuarto poniéndose la bata.)* Aquí, a lo menos, ya que no duerma no me derretiré... Vaya, si alcoba como ella no se... ¡Cómo ronca este!... Guardémosle el sueño hasta que venga el día, que ya poco puede tardar... *(Simón despierta y se levanta.)* ¿Qué es eso? Mira no te caigas, hombre.

SIMÓN. Qué, ¿estaba usted ahí, señor?

DON DIEGO. Sí, aquí me he salido, porque allí no se puede parar.

SIMÓN. Pues yo, a Dios gracias, aunque la cama es algo dura, he dormido como un emperador.

DON DIEGO. ¡Mala comparación!... Di que has dormido como un pobre hombre, que no tiene ni dinero, ni ambición, ni pesadumbres, ni remordimientos.

SIMÓN. En efecto, dice usted bien... ¿Y qué hora será ya?

DON DIEGO. Poco ha que sonó el reloj de San Justo y, si no conté mal, dio las tres.

SIMÓN. ¡Oh!, pues ya nuestros caballeros irán por ese camino adelante echando chispas.

DON DIEGO. Sí, ya es regular que hayan salido... Me lo prometió, y espero que lo hará.

SIMÓN. ¡Pero si usted viera qué apesadumbrado le dejé! ¡Qué triste!
DON DIEGO. Ha sido preciso.
SIMÓN. Ya lo conozco.
DON DIEGO. ¿No ves qué venida tan intempestiva?
SIMÓN. Es verdad. Sin permiso de usted, sin avisarle, sin haber un motivo urgente… Vamos, hizo muy mal… Bien que por otra parte él tiene prendas suficientes para que se le perdone esta ligereza… Digo… Me parece que el castigo no pasará adelante, ¿eh?
DON DIEGO. ¡No, qué!… No señor. Una cosa es que le haya hecho volver. Ya ves en qué circunstancia nos cogía… Te aseguro que cuando se fue me quedó un ansia en el corazón. *(Suenan a lo lejos tres palmadas y poco después se oye que puntean un instrumento.)* ¿Qué ha sonado?
SIMÓN. No sé… Gente que pasa por la calle. Serán labradores.
DON DIEGO. Calla.
SIMÓN. Vaya, música tenemos, según parece.
DON DIEGO. Sí, como lo hagan bien.
SIMÓN. ¿Y quién será el amante infeliz que viene a puntear a estas horas en ese callejón tan puerco?… Apostaré que son amores con la moza de la posada, que parece un mico.
DON DIEGO. Puede ser.
SIMÓN. Ya empiezan. Oigamos… *(Tocan una sonata desde adentro.)* Pues le digo a usted que toca muy lindamente el pícaro del barberillo.
DON DIEGO. No: no hay barbero que sepa hacer eso, por muy bien que afeite.
SIMÓN. ¿Quiere usted que nos asomemos un poco, a ver?…
DON DIEGO. No, dejarlos… ¡Pobre gente! ¡Quién sabe la importancia que darán ellos a la tal música!… No gusto yo de incomodar a nadie. *(Salen de su cuarto Doña Francisca y Rita, encaminándose a la venta. Don Diego y Simón se retiran a un lado y observan.)*
SIMÓN. ¡Señor!… ¡Eh!… Presto, aquí a un ladito.
DON DIEGO. ¿Qué quieres?
SIMÓN. Que han abierto la puerta de esa alcoba y huele a faldas que trasciende.
DON DIEGO. ¿Sí?… Retirémonos.

ESCENA II
DOÑA FRANCISCA, RITA, DON DIEGO, SIMÓN
RITA. Con tiento, señorita.
DOÑA FRANCISCA. Siguiendo la pared, ¿no voy bien? *(Vuelven a puntear el instrumento.)*
RITA. Sí, señora… Pero vuelven a tocar… Silencio…
DOÑA FRANCISCA. No te muevas… Deja… Sepamos primero si es él.
RITA. ¿Pues no ha de ser?… La seña no puede mentir.
DOÑA FRANCISCA. Calla… Sí, él es… ¡Dios mío! *(Se acerca Rita a la ventana, abre la vidriera y da tres palmadas. Cesa la música.)* Ve, responde… Albricias, corazón. Él es.
SIMÓN. ¿Ha oído usted?

DON DIEGO. Sí.
SIMÓN. ¿Qué querrá decir esto?
DON DIEGO. Calla.
DOÑA FRANCISCA. *(Se asoma a la ventana. Rita se queda detrás de ella. Los puntos suspensivos indican las interrupciones más o menos largas.)* Yo soy... Y ¿qué había de pensar viendo lo que usted acaba de hacer?... ¿Qué fuga es esta?... Rita *(Apartándose de la ventana y vuelve después a asomarse)* amiga, por Dios, ten cuidado, y si oyeres algún rumor, al instante avísame... ¿Para siempre? ¡Triste de mí!... Bien está, tírela usted... Pero yo no acabo de entender... ¡Ay, Don Félix! Nunca le he visto a usted tan tímido... *(Tiran desde adentro una carta que cae por la ventana del teatro. Doña Francisca la busca, y no hallándola vuelve a asomarse.)* No, no la he cogido; pero aquí está sin duda... ¿Y no he de saber yo hasta que llegue el día los motivos que tiene usted para dejarme muriendo?... Sí, yo quiero saberlo de boca de usted. Su Paquita de usted se lo manda... Y ¿cómo le parece a usted que estará el mío?... No me cabe en el pecho... Diga usted. *(Simón se adelanta un poco, tropieza con la jaula y la deja caer.)*
RITA. Señorita, vamos de aquí... Presto, que hay gente.
DOÑA FRANCISCA. ¡Infeliz de mí!... Guíame.
RITA. Vamos. *(Al retirarse tropieza con Simón. Las dos se van al cuarto de Doña Francisca.)* ¡Ay!
DOÑA FRANCISCA. ¡Muerta voy!

ESCENA III
DON DIEGO, SIMÓN.
DON DIEGO. ¿Qué grito fue ese?
SIMÓN. Una de las fantasmas que al retirarse tropezó conmigo.
DON DIEGO. Acércate a esa ventana y mira si hallas en el suelo un papel... ¡Buenos estamos!
SIMÓN. *(Tentando por el suelo, cerca de la ventana.)* No encuentro nada, señor.
DON DIEGO. Búscale bien, que por ahí ha de estar.
SIMÓN. ¿Le tiraron desde la calle?
DON DIEGO. Sí... ¿Qué amante es este?... ¡Y dieciséis años y criada en un convento! Acabó ya toda mi ilusión.
SIMÓN. Aquí está. *(Halla la carta y se la da a Don Diego.)*
DON DIEGO. Vete abajo y enciende una luz... En la caballeriza o en la cocina... Por ahí habrá algún farol... Y vuelve con ella al instante. *(Se va Simón por la puerta del foro.)*

ESCENA IV
DON DIEGO.
DON DIEGO. ¿Y a quién debo culpar? *(Apoyándose en el respaldo de una silla.)* ¿Es ella la delincuente, o su madre, o sus tías, o yo?... ¿Sobre quién... sobre quién ha de caer esta cólera, que por más que lo procuro no la sé reprimir?... ¡La naturaleza la hizo tan amable a mis ojos!... ¡Qué esperanzas tan halagüeñas concebí! ¡Qué felicidades me prometía!... ¡Celos!... ¿Yo?... ¡En qué edad tengo celos!... Vergüenza es... Pero esta inquietud que yo siento, esta indignación, estos deseos de venganza,

¿de qué provienen? ¿Cómo he de llamarlos? Otra vez parece que... *(Advirtiendo que suena el ruido en la puerta del cuarto de Doña Francisca, se retira a un extremo del teatro.)* Sí.

ESCENA V

RITA, DON DIEGO, SIMÓN.

RITA. Ya se han ido... *(Observa, escucha, se asoma después a la ventana y busca la carta por el suelo.)* ¡Válgame Dios!... El papel estará muy bien escrito, pero el señor Don Félix es un grandísimo picarón... ¡Pobrecita de mi alma!... Se muere sin remedio... Nada, ni perros parecen por la calle... ¡Ojalá no los hubiéramos conocido! ¿Y este maldito papel?... Pues buena la hiciéramos si no pareciese... ¿Qué dirá?... Mentiras, mentiras, y todo mentira.

SIMÓN. Ya tenemos luz. *(Sale con luz. Rita se sorprende.)*

RITA. ¡Perdida soy!

DON DIEGO. *(Acercándose.)* ¡Rita! ¿Pues tú aquí?

RITA. Sí, señor; porque...

DON DIEGO. ¿Qué buscas a estas horas?

RITA. Buscaba... Yo le diré a usted... Porque oímos un ruido tan grande...

SIMÓN. ¿Sí, eh?

RITA. Cierto... Un ruido y... mire usted *(Alza la jaula que está en el suelo)*, era la jaula del tordo... Pues la jaula era, no tiene duda... ¡Válgate Dios! ¿Si habrá muerto?... No, vivo está, vaya... Algún gato habrá sido. Preciso.

SIMÓN. Sí, algún gato.

RITA. ¡Pobre animal! ¡Y que asustadillo se conoce que está todavía!

SIMÓN. Y con mucha razón... ¿No te parece, si le hubiera pillado el gato?...

RITA. Se le hubiera comido. *(Cuelga la jaula de un clavo que habrá en la pared.)*

SIMÓN. Y sin pebre... Ni plumas hubiera dejado.

DON DIEGO. Tráeme esa luz.

RITA. ¡Ah! Deje usted, encenderemos esta *(Enciende la vela que está sobre la mesa)*, que ya lo que no se ha dormido...

DON DIEGO. Y Doña Paquita, ¿duerme?

RITA. Sí, señor.

SIMÓN. Pues mucho es que con el ruido del tordo...

DON DIEGO. Vamos. *(Se entra en su cuarto. Simón va con él, llevándose una de las luces.)*

ESCENA VI

DOÑA FRANCISCA, RITA.

DOÑA FRANCISCA *(Saliendo de su cuarto.)* ¿Ha parecido el papel?

RITA. No, señora.

DOÑA FRANCISCA. ¿Y estaban aquí los dos cuando tú saliste?

RITA. Yo no lo sé. Lo cierto es que el criado sacó una luz, y me hallé de repente, como por máquina, entre él y su amo, sin poder escapar ni saber qué disculpa darles. *(Toma la luz y vuelve a buscar la carta, cerca de la ventana.)*

DOÑA FRANCISCA. Ellos eran, sin duda... Aquí estarían cuando yo hablé desde la ventana... ¿Y ese papel?

RITA. Yo no lo encuentro, señorita.
DOÑA FRANCISCA. Le tendrán ellos, no te canses... Si es lo único que faltaba a mi desdicha... No le busques. Ellos le tienen.
RITA. A lo menos por aquí...
DOÑA FRANCISCA. ¡Yo estoy loca! *(Se sienta.)*
RITA. Sin haberse explicado este hombre, ni decir siquiera...
DOÑA FRANCISCA. Cuando iba a hacerlo, me avisaste, y fue preciso retirarnos... Pero ¿sabes tú con qué temor me habló, qué agitación mostraba? Me dijo que en aquella carta vería yo los motivos justos que le precisaban a volverse; que la había escrito para dejársela a persona fiel que la pusiera en mis manos, suponiendo que el verme sería imposible. Todo engaño, Rita, de un hombre aleve que prometió lo que no pensaba cumplir... Vino, halló un competidor, y diría: Pues yo ¿para qué he de molestar a nadie ni hacerme ahora defensor de una mujer?... ¡Hay tantas mujeres!... Cásenla... Yo nada pierdo... Primero es mi tranquilidad que la vida de esa infeliz... ¡Dios mío, perdón!... ¡Perdón de haberle querido tanto!
RITA. ¡Ay, señorita! *(Mirando hacia el cuarto de Don Diego.)* Que parece que salen ya.
DOÑA FRANCISCA. No importa, déjame.
RITA. Pero si Don Diego la ve a usted de esa manera...
DOÑA FRANCISCA. Si todo se ha perdido ya, ¿qué puedo temer?... ¿Y piensas tú que tengo alientos para levantarme?... Que vengan, nada importa.

ESCENA VII
DON DIEGO, SIMÓN, DOÑA FRANCISCA, RITA
SIMÓN. Voy enterado, no es menester más.
DON DIEGO. Mira, y haz que ensillen inmediatamente al Moro, mientras tú vas allá. Si han salido, vuelves, montas a caballo y en una buena carrera que des, los alcanzas... ¿Los dos aquí, eh? Conque, vete, no se pierda tiempo. *(Después de hablar los dos, junto al cuarto de Don Diego, se va Simón por la puerta del foro.)*
SIMÓN. Voy allá.
DON DIEGO. Mucho se madruga, Doña Paquita.
DOÑA FRANCISCA. Sí, señor.
DON DIEGO. ¿Ha llamado ya Doña Irene?
DOÑA FRANCISCA. No, señor... *(A Rita.)* Mejor es que vayas allá, por si ha despertado y se quiere vestir. *(Rita se va al cuarto de Doña Irene.)*

ESCENA VIII
DON DIEGO, DOÑA FRANCISCA
DON DIEGO. ¿Usted no habrá dormido bien esta noche?
DOÑA FRANCISCA. No, señor. ¿Y usted?
DON DIEGO. Tampoco.
DOÑA FRANCISCA. Ha hecho demasiado calor.
DON DIEGO. ¿Está usted desazonada?
DOÑA FRANCISCA. Alguna cosa.
DON DIEGO. ¿Qué siente usted? *(Se sienta junto a Doña Francisca.)*
DOÑA FRANCISCA. No es nada... Así un poco de... Nada... no tengo nada.

DON DIEGO. Algo será, porque la veo a usted muy abatida, llorosa, inquieta… ¿Qué tiene usted, Paquita? ¿No sabe usted que la quiero tanto?

DOÑA FRANCISCA. Sí, señor.

DON DIEGO. Pues ¿por qué no hace usted más confianza de mí? ¿Piensa usted que no tendré yo mucho gusto en hallar ocasiones de complacerla?

DOÑA FRANCISCA. Ya lo sé.

DON DIEGO. ¿Pues cómo, sabiendo que tiene usted un amigo, no desahoga con él su corazón?

DOÑA FRANCISCA. Porque eso mismo me obliga a callar.

DON DIEGO. Eso quiere decir que tal vez soy yo la causa de su pesadumbre de usted.

DOÑA FRANCISCA. No, señor; usted en nada me ha ofendido… No es de usted de quien yo me debo quejar.

DON DIEGO. Pues ¿de quién, hija mía?… Venga usted acá… *(Se acerca más.)* Hablemos siquiera una vez sin rodeos ni disimulación… Dígame usted: ¿no es cierto que usted mira con algo de repugnancia este casamiento que se la propone? ¿Cuánto va que si la dejasen a usted entera libertad para la elección no se casaría conmigo?

DOÑA FRANCISCA. Ni con otro.

DON DIEGO. ¿Será posible que usted no conozca otro más amable que yo, que la quiera bien, y que la corresponda como usted merece?

DOÑA FRANCISCA. No, señor; no, señor.

DON DIEGO. Mírelo usted bien.

DOÑA FRANCISCA. ¿No le digo a usted que no?

DON DIEGO. ¿Y he de creer, por dicha, que conserve usted tal inclinación al retiro en que se ha criado, que prefiera la austeridad del convento a una vida más…?

DOÑA FRANCISCA. Tampoco; no señor… Nunca he pensado así.

DON DIEGO. No tengo empeño de saber más… Pero de todo lo que acabo de oír resulta una gravísima contradicción. Usted no se halla inclinada al estado religioso, según parece. Usted me asegura que no tiene queja ninguna de mí, que está persuadida de lo mucho que la estimo, que no piensa casarse con otro, ni debo recelar que nadie dispute su mano… Pues ¿qué llanto es ese? ¿De dónde nace esa tristeza profunda, que en tan poco tiempo ha alterado su semblante de usted, en términos que apenas le reconozco? ¿Son estas las señales de quererme exclusivamente a mí, de casarse gustosa conmigo dentro de pocos días? ¿Se anuncian así la alegría y el amor? *(Se va iluminando lentamente la escena, suponiendo que viene la luz del día.)*

DOÑA FRANCISCA. Y ¿qué motivos le he dado a usted para tales desconfianzas?

DON DIEGO. ¿Pues qué? Si yo prescindo de estas consideraciones, si apresuro las diligencias de nuestra unión, si su madre de usted sigue aprobándola y llega el caso de…

DOÑA FRANCISCA. Haré lo que mi madre me manda, y me casaré con usted.

DON DIEGO. ¿Y después, Paquita?

DOÑA FRANCISCA. Después… y mientras me dure la vida, seré mujer de bien.

DON DIEGO. Eso no lo puedo yo dudar… Pero si usted me considera como el que ha de ser hasta la muerte su compañero y su amigo, dígame usted: estos títulos ¿no me dan algún derecho para merecer de usted mayor confianza? ¿No he de lograr que usted me diga la causa de su dolor? Y no para satisfacer una impertinente curiosidad, sino para emplearme todo en su consuelo, en mejorar su suerte, en hacerla dichosa, si mi conato y mis diligencias pudiesen tanto.

DOÑA FRANCISCA. ¡Dichas para mí!... Ya se acabaron.

DON DIEGO. ¿Por qué?

DOÑA FRANCISCA. Nunca diré por qué.

DON DIEGO. Pero ¡qué obstinado, qué imprudente silencio!... Cuando usted misma debe presumir que no estoy ignorante de lo que hay.

DOÑA FRANCISCA. Si usted lo ignora, señor Don Diego, por Dios no finja que lo sabe; y si en efecto lo sabe usted, no me lo pregunte.

DON DIEGO. Bien está. Una vez que no hay nada que decir, que esa aflicción y esas lágrimas son voluntarias, hoy llegaremos a Madrid, y dentro de ocho días será usted mi mujer.

DOÑA FRANCISCA. Y daré gusto a mi madre.

DON DIEGO. Y vivirá usted infeliz.

DOÑA FRANCISCA. Ya lo sé.

DON DIEGO. Ve aquí los frutos de la educación. Esto es lo que se llama criar bien a una niña: enseñarla a que desmienta y oculte las pasiones más inocentes con una pérfida disimulación. Las juzgan honestas luego que las ven instruidas en el arte de callar y mentir. Se obstinan en que el temperamento, la edad ni el genio no han de tener influencia alguna en sus inclinaciones, o en que su voluntad ha de torcerse al capricho de quien las gobierna. Todo se las permite, menos la sinceridad. Con tal que no digan lo que sienten, con tal que finjan aborrecer lo que más desean, con tal que se presten a pronunciar, cuando se lo mandan, un sí perjuro, sacrílego, origen de tantos escándalos, ya están bien criadas, y se llama excelente educación la que inspira en ellas el temor, la astucia y el silencio de un esclavo.

DOÑA FRANCISCA. Es verdad... Todo eso es cierto... Eso exigen de nosotras, eso aprendemos en la escuela que se nos da... Pero el motivo de mi aflicción es mucho más grande.

DON DIEGO. Sea cual fuere, hija mía, es menester que usted se anime... Si la ve a usted su madre de esa manera, ¿qué ha de decir?... Mire usted que ya parece que se ha levantado.

DOÑA FRANCISCA. ¡Dios mío!

DON DIEGO. Sí, Paquita; conviene mucho que usted vuelva un poco sobre sí... No abandonarse tanto... Confianza en Dios... Vamos, que no siempre nuestras desgracias son tan grandes como la imaginación las pinta... ¡Mire usted qué desorden este! ¡Qué agitación! ¡Qué lágrimas! Vaya, ¿me da usted palabra de presentarse así..., con cierta serenidad y...? ¿Eh?

DOÑA FRANCISCA. Y usted, señor... Bien sabe usted el genio de mi madre. Si usted no me defiende, ¿a quién he de volver los ojos? ¿Quién tendrá compasión de esta desdichada?

DON DIEGO. Su buen amigo de usted... Yo... ¿Cómo es posible que yo la abandonase... criatura en la situación dolorosa en que la veo? *(Asiéndola de las manos.)*

DOÑA FRANCISCA. ¿De veras?

DON DIEGO. Mal conoce usted mi corazón.

DOÑA FRANCISCA. Bien le conozco. *(Quiere arrodillarse; Don Diego se lo estorba, y ambos se levantan.)*

DON DIEGO. ¿Qué hace usted, niña?

DOÑA FRANCISCA. Yo no sé… ¡Qué poco merece toda esa bondad una mujer tan ingrata para con usted!… No, ingrata no; infeliz… ¡Ay, qué infeliz soy, señor Don Diego!

DON DIEGO. Yo bien sé que usted agradece como puede el amor que le tengo… Lo demás todo ha sido… ¿qué se yo?…, una equivocación mía, y no otra cosa… Pero usted, ¡inocente! usted no ha tenido la culpa.

DOÑA FRANCISCA. Vamos… ¿No viene usted?

DON DIEGO. Ahora no, Paquita. Dentro de un rato iré por allá.

DOÑA FRANCISCA. Vaya usted presto. *(Encaminándose al cuarto de Doña Irene, vuelve y se despide de Don Diego besándole las manos.)*

DON DIEGO. Sí, presto iré.

ESCENA IX

SIMÓN, DON DIEGO.

SIMÓN. Ahí están, señor.

DON DIEGO. ¿Qué dices?

SIMÓN. Cuando yo salía de la puerta, los vi a lo lejos, que iban ya de camino. Empecé a dar voces y hacer señas con el pañuelo; se detuvieron, y apenas llegué y le dije al señorito lo que usted mandaba, volvió las riendas, y está abajo. Le encargué que no subiera hasta que le avisara yo, por si acaso había gente aquí, y usted no quería que le viesen.

DON DIEGO. ¿Y qué dijo cuando le diste el recado?

SIMÓN. Ni una sola palabra… Muerto viene… Ya digo, ni una sola palabra… A mí me ha dado compasión el verle así tan…

DON DIEGO. No me empieces ya a interceder por él.

SIMÓN. ¿Yo, señor?

DON DIEGO. Sí, que no te entiendo yo… ¡Compasión!… Es un pícaro.

SIMÓN. Como yo no sé lo que ha hecho…

DON DIEGO. Es un bribón, que me ha de quitar la vida… Ya te he dicho que no quiero intercesores.

SIMÓN. Bien está, señor. *(Se va por la puerta del foro. Don Diego se sienta, manifestando inquietud y enojo.)*

DON DIEGO. Dile que suba.

ESCENA X

DON CARLOS, DON DIEGO

DON DIEGO. Venga usted acá, señorito; venga usted… ¿En dónde has estado desde que no nos vemos?

DON CARLOS. En el mesón de afuera.

DON DIEGO. ¿Y no has salido de allí en toda la noche, eh?

DON CARLOS. Sí, señor; entré en la ciudad y…

DON DIEGO. ¿A qué?… Siéntese usted.

DON CARLOS. Tenía precisión de hablar con un sujeto… *(Se sienta.)*

DON DIEGO. ¡Precisión!

DON CARLOS. Sí, señor… Le debo muchas atenciones, y no era posible volverme a Zaragoza sin estar primero con él.

DON DIEGO. Ya. En habiendo tantas obligaciones de por medio… Pero venirle a ver a las tres de la mañana, me parece mucho desacuerdo… ¿Por qué no le escribiste un papel?… Mira, aquí he de tener… Con este papel que le hubieras enviado en mejor ocasión, no había necesidad de hacerle trasnochar, ni molestar a nadie. *(Dándole el papel que tiraron a la ventana. Don Carlos, luego que le reconoce, se le vuelve y se levanta en ademán de irse.)*

DON CARLOS. Pues si todo lo sabe usted, ¿para qué me llama? ¿Por qué no me permite seguir mi camino y se evitaría una contestación de la cual ni usted ni yo quedaremos contentos?

DON DIEGO. Quiere saber su tío de usted lo que hay en esto y quiere que usted se lo diga.

DON CARLOS. ¿Para qué saber más?

DON DIEGO. Porque yo lo quiero y lo mando. ¡Oiga!

DON CARLOS. Bien está.

DON DIEGO. Siéntate ahí… *(Se sienta Don Carlos.)* ¿En dónde has conocido a esta niña?… ¿Qué amor es este? ¿Qué circunstancias han ocurrido?… ¿Qué obligaciones hay entre los dos? ¿Dónde, cuándo la viste?

DON CARLOS. Volviéndome a Zaragoza el año pasado, llegué a Guadalajara sin ánimo de detenerme; pero el intendente, en cuya casa de campo nos apeamos, se empeñó en que había de quedarme allí todo aquel día, por ser cumpleaños de su parienta, prometiéndome que al siguiente me dejaría proseguir mi viaje. Entre las gentes convidadas hallé a Doña Paquita, a quien la señora había sacado aquel día del convento para que se esparciese un poco… Yo no sé qué vi en ella, qué excitó en mí una inquietud, un deseo constante, irresistible, de mirarla, de oírla, de hallarme a su lado, de hablar con ella, de hacerme agradable a sus ojos… El intendente dijo entre otras cosas…, burlándose…, que yo era muy enamorado, y le ocurrió fingir que me llamaba Don Félix de Toledo, nombre que dio Calderón a algunos amantes de sus comedias. Yo sostuve esa ficción porque desde luego concebí la idea de permanecer algún tiempo en aquella ciudad, evitando que llegase a noticia de usted… Observé que Doña Paquita me trató con un agrado particular, y cuando por la noche nos separamos, yo me quedé lleno de vanidad y de esperanzas, viéndome preferido a todos los concurrentes de aquel día, que fueron muchos. En fin… Pero no quisiera ofender a usted refiriéndole…

DON DIEGO. Prosigue…

DON CARLOS. Supe que era hija de una señora de Madrid, viuda y pobre, pero de gente muy honrada… Fue necesario fiar de mi amigo los proyectos de amor que me obligaban a quedarme en su compañía; y él, sin aplaudirlos ni desaprobarlos, halló disculpas, las más ingeniosas, para que ninguno de su familia extrañara mi detención. Como su casa de campo está inmediata a la ciudad, fácilmente iba y venía de noche… Logré que Doña Paquita leyese algunas cartas mías y con las pocas respuestas que de ella tuve, acabé de precipitarme en una pasión que mientras viva me hará infeliz.

DON DIEGO. Vaya… Vamos, sigue adelante.

DON CARLOS. Mi asistente *(que, como usted sabe, es hombre de travesura y conoce el mundo)*, con mil artificios que a cada paso le ocurrían, facilitó los muchos estorbos que al principio hallábamos… La seña era dar tres palmadas, a las cuales respondían con otras tres desde una ventanilla que daba al corral de las monjas. Hablábamos todas las noches, muy a deshora, con el recato y las precauciones que ya se dejan entender… Siempre fui para ella Don Félix de Toledo, oficial de un regimiento, estimado de mis jefes y hombre de honor… Nunca le dije más, ni le hablé de mis parientes, ni de mis esperanzas, ni le di a entender que casándose conmigo podía aspirar a mejor fortuna; porque ni me convenía nombrarle a usted, ni quise exponerla a que las miras de interés, y no el amor, la inclinasen a favorecerme. De cada vez la hallé más fina, más hermosa, más digna de ser adorada… Cerca de tres meses me detuve allí; pero al fin era necesario separarnos, y una noche funesta me despedí, la dejé rendida a un desmayo mortal, y me fui, ciego de amor, adonde mi obligación me llamaba… Sus cartas consolaron por algún tiempo mi ausencia triste, y en una que recibí pocos días ha, me dijo cómo su madre trataba de casarla, que primero perdería la vida que dar su mano a otro que a mí; me acordaba mis juramentos, me exhortaba a cumplirlos… Monté a caballo, corrí precipitado el camino, llegué a Guadalajara, no la encontré, vine aquí… Lo demás bien lo sabe usted, no hay para qué decírselo.

DON DIEGO. ¿Y qué proyectos eran los tuyos en esta venida?

DON CARLOS. Consolarla, jurarle de nuevo un eterno amor, pasar a Madrid, verle a usted, echarme a sus pies, referirle todo lo ocurrido, y pedirle, no riquezas, ni herencias, ni protecciones, ni… eso no… Solo su consentimiento y su bendición para verificar un enlace tan suspirado, en que ella y yo fundábamos toda nuestra felicidad.

DON DIEGO. Pues ya ves, Carlos, que es tiempo de pensar muy de otra manera.

DON CARLOS. Sí, señor.

DON DIEGO. Si tú la quieres, yo la quiero también. Su madre y toda su familia aplauden este casamiento. Ella…, y sean las que fueren las promesas que a ti te hizo…, ella misma, no ha media hora, me ha dicho que está pronta a obedecer a su madre y darme la mano, así que…

DON CARLOS. Pero no el corazón. *(Se levanta.)*

DON DIEGO. ¿Qué dices?

DON CARLOS. No, eso no… Sería ofenderla… Usted celebrará sus bodas cuando guste; ella se portará siempre como conviene a su honestidad y a su virtud; pero yo he sido el primero, el único objeto de su cariño, lo soy y lo seré… Usted se llamará su marido; pero si alguna o muchas veces la sorprende, y ve sus ojos hermosos inundados en lágrimas, por mí las vierte… No le pregunte usted jamás el motivo de sus melancolías… Yo, yo seré la causa… Los suspiros, que en vano procurará reprimir, serán finezas dirigidas a un amigo ausente.

DON DIEGO. ¿Qué temeridad es esta? *(Se levanta con mucho enojo, encaminándose hacia Don Carlos, que se va retirando.)*

DON CARLOS. Ya se lo dije a usted… Era imposible que yo hablase una palabra sin ofenderle… Pero acabemos esta odiosa conversación… Viva usted feliz, y no me aborrezca, que yo en nada le he querido disgustar... La prueba mayor que yo puedo darle es mi obediencia y mi respeto, es la de salir de aquí inmediatamente... Pero no se me niegue a lo menos el consuelo de saber que usted me perdona.

DON DIEGO. ¿Con que, en efecto, te vas?

DON CARLOS. Al instante, señor... Y esta ausencia será bien larga.

DON DIEGO. ¿Por qué?

DON CARLOS. Porque no me conviene verla en mi vida... Si las voces que corren de una próxima guerra se llegaran a verificar... entonces...

DON DIEGO. ¿Qué quieres decir? *(Asiendo de un brazo a Don Carlos le hace venir más adelante.)*

DON CARLOS. Nada... Que apetezca la guerra porque soy soldado.

DON DIEGO. ¡Carlos!... ¡Qué horror!... ¿Y tienes corazón para decírmelo?

DON CARLOS. Alguien viene... *(Mirando con inquietud hacia el cuarto de Doña Irene, se desprende de Don Diego y hace que se va por la puerta del foro. Don Diego va detrás de él y quiere detenerle.)* Tal vez será ella... Quede usted con Dios.

DON DIEGO. ¿Adónde vas?... No, señor; no has de irte.

DON CARLOS. Es preciso... Yo no he de verla... Una sola mirada nuestra pudiera causarle a usted inquietudes crueles.

DON DIEGO. Ya he dicho que no ha de ser... Entra en ese cuarto.

DON CARLOS. Pero si...

DON DIEGO. Haz lo que te mando. *(Entra Don Carlos en el cuarto de Don Diego.)*

ESCENA XI
DOÑA IRENE, DON DIEGO

DOÑA IRENE. Conque, señor Don Diego, ¿es ya la de vámonos?... Buenos días... *(Apaga la luz que está sobre la mesa.)* ¿Reza usted?

DON DIEGO. *(Paseándose con inquietud.)* Sí, para rezar estoy ahora.

DOÑA IRENE. Si usted quiere, ya pueden ir disponiendo el chocolate y que avisen al mayoral para que enganchen luego que... Pero ¿qué tiene usted, señor?... ¿Hay alguna novedad?

DON DIEGO. Sí; no deja de haber novedades.

DOÑA IRENE. Pues ¿qué?... Dígalo usted, por Dios... ¡Vaya, vaya!... No sabe usted lo asustada que estoy... Cualquiera cosa, así, repentina, me remueve toda y me... Desde el último mal parto que tuve, quedé tan sumamente delicada de los nervios... Y va ya para diez y nueve años, si no son veinte; pero desde entonces, ya digo, cualquiera friolera me trastorna... Ni los baños, ni caldos de culebra, ni la conserva de tamarindos; nada me ha servido; de manera que...

DON DIEGO. Vamos, ahora no hablemos de malos partos ni de conservas... Hay otra cosa más importante de que tratar... ¿Qué hacen esas muchachas?

DOÑA IRENE. Están recogiendo la ropa y haciendo el cofre para que todo esté a la vela y no haya detención.

DON DIEGO. Muy bien. Siéntese usted... Y no hay que asustarse ni alborotarse *(Siéntanse los dos)* por nada de lo que yo diga; y cuenta, no nos abandone el juicio cuando más lo necesitamos... Su hija de usted está enamorada...

DOÑA IRENE. ¿Pues no lo he dicho ya mil veces? Sí señor que lo está; y bastaba que yo lo dijese para que…

DON DIEGO. ¡Ese vicio maldito de interrumpir a cada paso! Déjeme usted hablar.

DOÑA IRENE. Bien, vamos, hable usted.

DON DIEGO. Está enamorada; pero no está enamorada de mí.

DOÑA IRENE. ¿Qué dice usted?

DON DIEGO. Lo que usted oye.

DOÑA IRENE. Pero, ¿quién le ha contado a usted esos disparates?

DON DIEGO. Nadie. Yo lo sé, yo lo he visto, nadie me lo ha contado, y cuando se lo digo a usted, bien seguro estoy que es verdad… Vaya, ¿qué llanto es ese?

DOÑA IRENE. *(Llora.)* ¡Pobre de mí!

DON DIEGO. ¿A qué viene eso?

DOÑA IRENE. ¡Porque me ven sola y sin medios, y porque soy una pobre viuda, parece que todos me desprecian y se conjuran contra mí!

DON DIEGO. Señora Doña Irene…

DOÑA IRENE. Al cabo de mis años y de mis achaques, verme tratada de esta manera, como un estropajo, como una puerca cenicienta, vamos al decir… ¿Quién lo creyera de usted?… ¡Válgame Dios!… ¡Si vivieran mis tres difuntos!… Con el último difunto que me viviera, que tenía un genio como una serpiente…

DON DIEGO. Mire usted, señora, que se me acaba la paciencia.

DOÑA IRENE. Que lo mismo era replicarle que se ponía hecho una furia del infierno, y un día del Corpus, yo no sé por qué friolera, hartó de mojicones a un comisario ordenador y si no hubiera sido por dos padres del Carmen, que se pusieron de por medio, le estrella contra un poste en los portales de Santa Cruz.

DON DIEGO. Pero ¿es posible que no ha de atender usted a lo que voy a decir?

DOÑA IRENE. ¡Ay! No, señor; que bien lo sé, que no tengo pelo de tonta, no, señor… Usted ya no quiere a la niña, y busca pretextos para zafarse de la obligación en que está… ¡Hija de mi alma y de mi corazón!

DON DIEGO. Señora Doña Irene, hágame usted el gusto de oírme, de no replicarme, de no decir despropósitos, y luego que usted sepa lo que hay, llore y gima, y grite y diga cuanto quiera… Pero, entretanto, no me apure usted el sufrimiento, por amor de Dios.

DOÑA IRENE. Diga usted lo que le dé la gana.

DON DIEGO. Que no volvamos otra vez a llorar ya…

DOÑA IRENE. No, señor; ya no lloro. *(Enjugándose las lágrimas con un pañuelo.)*

DON DIEGO. Pues hace ya cosa de un año, poco más o menos, que Doña Paquita tiene otro amante. Se han hablado muchas veces, se han escrito, se han prometido amor, fidelidad, constancia… Y, por último, existe en ambos una pasión tan fina, que las dificultades y la ausencia, lejos de disminuirla, han contribuido eficazmente a hacerla mayor. En este supuesto…

DOÑA IRENE. ¿Pero no conoce usted, señor, que todo es un chisme inventado por alguna mala lengua que no nos quiere bien?

DON DIEGO. Volvemos otra vez a lo mismo… No señora; no es chisme. Repito de nuevo que lo sé.

DOÑA IRENE. ¿Qué ha de saber usted, señor, ni qué traza tiene eso de verdad?

¡Conque la hija de mis entrañas, encerrada en un convento, ayunando los siete reviernes, acompañada de aquellas santas religiosas! ¡Ella, que no sabe lo que es mundo, que no ha salido todavía del cascarón, como quien dice!... Bien se conoce que no sabe usted el genio que tiene Circuncisión... ¡Pues bonita es ella para haber disimulado a su sobrina el menor desliz!

DON DIEGO. Aquí no se trata de ningún desliz, señora Doña Irene; se trata de una inclinación honesta, de la cual hasta ahora no habíamos tenido antecedente alguno. Su hija de usted es una niña muy honrada, y no es capaz de deslizarse... Lo que digo es que la madre Circuncisión, y la Soledad, y la Candelaria, y todas las madres, y usted, y yo el primero, nos hemos equivocado solemnemente. La muchacha se quiere casar con otro, y no conmigo... Hemos llegado tarde; usted ha contado muy de ligero con la voluntad de su hija... Vaya, ¿para qué es cansarnos? Lea usted ese papel, y verá si tengo razón. *(Saca el papel de Don Carlos y se le da a Doña Irene. Ella, sin leerle, se levanta muy agitada, se acerca a la puerta de su cuarto y llama. Se levanta Don Diego y procura en vano contenerla.)*

DOÑA IRENE. ¡Yo he de volverme loca!... ¡Francisquita!... ¡Virgen del Tremedal!... ¡Rita! ¡Francisca!

DON DIEGO. Pero ¿a qué es llamarlas?

DOÑA IRENE. Sí, señor; que quiero que venga y que se desengañe la pobrecita de quién es usted.

DON DIEGO. Lo echó todo a rodar... Esto le sucede a quien se fía de la prudencia de una mujer.

ESCENA XII
DOÑA FRANCISCA, RITA, DOÑA IRENE, DON DIEGO
Salen Doña Francisca y Rita de su cuarto.

RITA. Señora.

DOÑA FRANCISCA. ¿Me llamaba usted?

DOÑA IRENE. Sí, hija; porque el señor Don Diego nos trata de un modo que ya no se puede aguantar. ¿Qué amores tienes, niña? ¿A quién has dado palabra de matrimonio? ¿Qué enredos son éstos?... Y tú, picarona... Pues tú también lo has de saber... Por fuerza lo sabes... ¿Quién ha escrito este papel? ¿Qué dice? *(Presentando el papel abierto a Doña Francisca.)*

RITA. *(Aparte a Doña Francisca.)* Su letra es.

DOÑA FRANCISCA. ¡Qué maldad!... Señor Don Diego, ¿así cumple usted su palabra?

DON DIEGO. Bien sabe Dios que no tengo la culpa... Venga usted aquí. *(Tomando de una mano a Doña Francisca, la pone a su lado.)* No hay que temer... Y usted, señora, escuche y calle, y no me ponga en términos de hacer un desatino... Deme usted ese papel... *(Quitándole el papel.)* Paquita, ya se acuerda usted de las tres palmadas de esta noche.

DOÑA FRANCISCA. Mientras viva me acordaré.

DON DIEGO. Pues este es el papel que tiraron a la ventana... No hay que asustarse, ya lo he dicho. *(Lee.)*

"Bien mío: si no consigo hablar con usted, haré lo posible para que llegue a sus manos

esta carta. Apenas me separé de usted, encontré en la posada al que yo llamaba mi enemigo, y al verle no sé cómo no expiré de dolor. Me mandó que saliera inmediatamente de la ciudad, y fue preciso obedecerle. Yo me llamo Don Carlos, no Don Félix. Don Diego es mi tío. Viva usted dichosa, y olvide para siempre a su infeliz amigo. –Carlos de Urbina."

DOÑA IRENE. ¿Conque hay eso?
DOÑA FRANCISCA. ¡Triste de mí!
DOÑA IRENE. ¿Conque es verdad lo que decía el señor, grandísima picarona? Te has de acordar de mí. *(Se encamina hacia Doña Francisca, muy colérica, y en ademán de querer maltratarla. Rita y Don Diego la estorban.)*
DOÑA FRANCISCA. ¡Madre!… ¡Perdón!
DOÑA IRENE. No, señor; que la he de matar.
DON DIEGO. ¿Qué locura es esta?
DOÑA IRENE. He de matarla.

ESCENA XIII
DON CARLOS, DON DIEGO, DOÑA IRENE, DOÑA FRANCISCA, RITA
Sale Don Carlos del cuarto precipitadamente; coge de un brazo a Doña Francisca, se la lleva hacia el fondo del teatro y se pone delante de ella para defenderla. Doña Irene se asusta y se retira.

DON CARLOS. Eso no…. Delante de mí nadie ha de ofenderla.
DOÑA FRANCISCA. ¡Carlos!
DON CARLOS. *(A Don Diego.)* Disimule usted mi atrevimiento…. He visto que la insultaban y no me he sabido contener.
DOÑA IRENE. ¿Qué es lo que me sucede, Dios mío? ¿Quién es usted? ¿Qué acciones son estas?… ¡Qué escándalo!
DON DIEGO. Aquí no hay escándalos…. Ese es de quien su hija de usted está enamorada…. Separarlos y matarlos viene a ser lo mismo…. Carlos…. No importa…. Abraza a tu mujer. *(Se abrazan Don Carlos y Doña Francisca, y después se arrodillan a los pies de Don Diego.)*
DOÑA IRENE. ¿Conque su sobrino de usted?…
DON DIEGO. Sí, señora; mi sobrino, que con sus palmadas, y su música, y su papel me ha dado la noche más terrible que he tenido en mi vida… ¿Qué es esto, hijos míos; qué es esto?
DOÑA FRANCISCA. ¿Conque usted nos perdona y nos hace felices?
DON DIEGO. Sí, prendas de mi alma…. Sí. *(Los hace levantar con expresión de ternura.)*
DOÑA IRENE. ¿Y es posible que usted se determina a hacer un sacrificio?…
DON DIEGO. Yo pude separarlos para siempre y gozar tranquilamente la posesión de esta niña amable, pero mi conciencia no lo sufre… ¡Carlos!… ¡Paquita!… ¡Qué dolorosa impresión me deja en el alma el esfuerzo que acabo de hacer!… Porque, al fin, soy hombre miserable y débil.
DON CARLOS. Si nuestro amor *(Besándole las manos)*, si nuestro agradecimiento pueden bastar a consolar a usted en tanta pérdida…
DOÑA IRENE. ¡Conque el bueno de Don Carlos! Vaya que…

DON DIEGO. Él y su hija de usted estaban locos de amor, mientras que usted y las tías fundaban castillos en el aire, y me llenaban la cabeza de ilusiones, que han desaparecido como un sueño…. Esto resulta del abuso de autoridad, de la opresión que la juventud padece; estas son las seguridades que dan los padres y los tutores, y esto lo que se debe fiar en el sí de las niñas…. Por una casualidad he sabido a tiempo el error en que estaba… ¡Ay de aquellos que lo saben tarde!

DOÑA IRENE. En fin, Dios los haga buenos, y que por muchos años se gocen…. Venga usted acá, señor; venga usted, que quiero abrazarle. *(Abrazando a Don Carlos, Doña Francisca se arrodilla y besa la mano de su madre.)* Hija, Francisquita. ¡Vaya! Buena elección has tenido…. Cierto que es un mozo muy galán…. Morenillo, pero tiene un mirar de ojos muy hechicero.

RITA. Sí, dígaselo usted, que no lo ha reparado la niña… señorita, un millón de besos. *(Se besan Doña Francisca y Rita.)*

DOÑA FRANCISCA. Pero ¿ves qué alegría tan grande?… ¡Y tú, como me quieres tanto!… Siempre, siempre serás mi amiga.

DON DIEGO. Paquita hermosa *(Abraza a Doña Francisca)*, recibe los primeros abrazos de tu nuevo padre…. No temo ya la soledad terrible que amenazaba a mi vejez…. Vosotros *(Asiendo de las manos a Doña Francisca y a Don Carlos)* seréis la delicia de mi corazón; el primer fruto de vuestro amor… sí, hijos, aquél… no hay remedio, aquél es para mí. Y cuando le acaricie en mis brazos, podré decir: a mí me debe su existencia este niño inocente; si sus padres viven, si son felices, yo he sido la causa.

DON CARLOS. ¡Bendita sea tanta bondad!

DON DIEGO. Hijos, bendita sea la de Dios.

FIN

Actividades preliminares

1. En tu opinión, ¿qué es ser un buen padre o una buena madre? ¿Quiénes desempeñan estos roles hoy en día? ¿Qué responsabilidades conllevan? ¿Hay límites sobre las decisiones que los padres y las madres pueden tomar sobre sus hijos/as? En grupos pequeños de tres o cuatro, comparen el rol del padre y el de la madre representado en el texto y discutan las semejanzas y/o diferencias con el rol de estas figuras en el momento actual y en tu entorno social y cultural.

2. En grupo de dos, escriban una lista de diez mandamientos que deben de seguir los padres y las madres al criar a sus hijos/as. Luego compártanla con la clase u otro grupo. Luego, comparen estas reglas y las que emergen en la obra. ¿Siguen las figuras paternales estas reglas? ¿Por qué sí o no?

3. Utiliza un buscador electrónico (*Google, Bing, Internet Archive*, u otro) y lleva a cabo una búsqueda de portadas de libros de *El sí de las niñas*, escoge dos para hablar de ellas en clase. En tu opinión ¿cuál es la mejor portada? ¿Y la peor? ¿Introducen temas o personajes? ¿Presentan el período histórico? Y, ¿de qué forma estas portadas venden el producto al consumidor?

Hacia el texto

A. Circunstancias dadas

En parejas, improvisen un diálogo entre Rita y Calamocha, los dos sirvientes de Doña Francisca y Don Carlos. Imaginen que ellos chismean (*gossip*) libremente sobre uno de los siguientes temas:

1. La obediencia de Doña Francisca y Don Carlos.
2. La personalidad de Doña Irene.
3. El poder de Don Diego.

B. Preguntas de comprensión

1. ¿Dónde se desarrolla la obra? Busca el lugar en un mapa. ¿Por qué escoge Moratín este lugar como el punto geográfico de la obra?
2. ¿Quiénes son los personajes principales? ¿Cómo son? Describe sus personalidades haciendo una lista corta de aspectos que caracterizan a cada personaje.
3. ¿Cuál es la primera y última voz que habla en la obra? ¿Por qué le da Moratín a este personaje la primera y última palabra? ¿Revela algo sobre el personaje y lo que representa en la obra?
4. Simón, Calamocha y Rita son los sirvientes de Don Diego, Don Carlos y de Doña Francisca respectivamente. ¿Cómo son los sirvientes? ¿Cuáles son sus preocupaciones o necesidades? ¿Cómo son sus relaciones con sus amos? ¿Cómo es la experiencia/vida de esta clase social? ¿Por qué incluye Moratín a este grupo en la obra?
5. La obra alude a una jerarquía social basada en diferencias de estado como la nobleza, el clero, los ricos, las personas en niveles modestos y los pobres. Dibuja una pirámide representando a los personajes y su estatus social. ¿Qué niveles sociales se presentan? ¿Quiénes los ocupan? Busca momentos en la obra que aluden a las diferencias sociales. ¿Se cuestionan las diferencias? ¿Se respetan o respaldan?
6. ¿Cuál es el conflicto central de la obra?
7. Doña Francisca es una niña bien educada para la época. ¿Dónde se le educa? ¿Qué se le enseña? ¿Quiénes le enseñan y guían?
8. Doña Francisca tiene momentos de libertad, ¿cómo se escapa de su vida en el convento? ¿Critica Moratín el encierro que ha vivido Doña Francisca?
9. Don Diego tiene un papel central en la obra. Esto se nota porque Moratín lo hace presente en varias escenas y le otorga mucho diálogo. ¿Cuáles son las creencias claves de Don Diego? ¿Qué valora en términos de la educación, la función de la mujer y la responsabilidad de los padres y las madres?
10. Don Diego representa al hombre ilustrado que valora la razón y cuestiona la forma en que las costumbres y las tradiciones afectan al individuo. Encuentra ejemplos en el texto en que se articula esta visión del ilustrado.
11. La obra gira alrededor de la ironía. Luego de buscar una definición

literaria de la ironía, reflexiona sobre los momentos irónicos en la obra. ¿Qué aporta la ironía a la obra?

12. Moratín crea *comedias de carácter,* que se basan en ejemplos concretos de una clase social en que los personajes actúan según sus personalidades, emociones y formas de ser. Estos personajes verosímiles y reconocibles en el mundo real desatan la acción por su forma de ser. ¿Cómo se nota *la comedia de carácter* en esta obra?

C. Más allá de la comprensión

1. Reflexiona sobre el ambiente de la obra. ¿Qué circunstancias sociales, culturales y económicas influyen en la experiencia de los personajes? ¿Qué circunstancias sociales limitan las opciones de Doña Francisca? ¿Y Don Carlos?

2. ¿Qué aspectos económicos y sociales intervienen en el arreglo matrimonial pactado entre Doña Irene y Don Diego al principio de la obra? ¿Cuál era la función del matrimonio en el pasado según se muestra en la obra? ¿Ha evolucionado el rol social del matrimonio? En tu opinión, ¿qué significa el matrimonio hoy en día?

3. El tema del matrimonio desigual era un asunto de actualidad en la época en que escribió Moratín. Si tuvieras que escribir una obra con algún tema de actualidad, ¿cuáles serían los temas sobre los que te gustaría escribir? Menciona cinco. Luego, comparte tus respuestas con el grupo.

Dramatizaciones

1. En clase, recreen con un/a compañero/a una foto viva de un momento en la obra. Escojan una situación en la obra y luego actúenla, pero congelándola como si fuera una foto. Consideren: la expresión corporal, el estado de ánimo, la situación espacial. Luego preséntenla a la clase y discutan el momento o los momentos representado/s.

2. Como tarea, recrea una foto de un personaje de la obra, tipo *selfie*. ¿A quién escoges? ¿Qué ropa vas a llevar? ¿Qué expresiones vas a mostrar? ¿Dónde vas a estar? Luego de tomar la foto, añádele un pie de foto (*caption*) que describa la imagen de una forma imaginativa.

3. Trae un objeto a clase que represente a uno de los personajes en la obra. El objeto puede representar su carácter, su edad, sus intereses, su estado emocional, su comportamiento o sus valores. Luego, explícale a la clase la razón por la que has escogido dicho objeto.

Conexiones culturales

1. La Ilustración (*Enlightenment*) es un movimiento intelectual y cultural que surge en Europa en el siglo XVIII. Es una nueva forma de entender al mundo, que introduce una visión crítica a las ideas y los valores del momento. También se conoce como El Siglo de las Luces. Busca información sobre la Ilustración en

España. ¿Cuándo ocurrió? ¿Por qué llega tarde a España? ¿Cuáles son las ideas claves de la Ilustración? ¿Cómo se refleja en el arte visual y literario?

2. *El sí de las niñas* presenta el tema de la educación, particularmente la educación de la mujer. Investiga la situación de la mujer española en el siglo XIX. ¿Qué roles sociales ejerce en la sociedad? ¿Qué derechos tiene? ¿Qué tipo de educación recibe? Claves de búsqueda: mujer española & siglo XIX, la educación de la mujer española & siglo XIX, historia de los derechos de la mujer española.

Ahora a escribir

1. *El sí de las niñas* reflexiona sobre elementos sociales que afectan el desarrollo de la mujer en términos sociales, económicos y personales. Por ello, se puede ver en la obra una articulación feminista muy temprana. No obstante, ¿es *El sí de las niñas* una obra feminista? Escribe un ensayo en el que estableces una postura hacia la pregunta y luego argumentas tus puntos.

2. Moratín escribe una comedia y por ello culmina con un final feliz en que el amor vence y los jóvenes pueden estar juntos. ¿Cómo cambiaría la trama de la obra si fuese escrita en otro género literario? Reescribe la última escena de la obra con las características de otro género literario, algunas opciones pueden ser: la tragedia, la literatura gay, el horror, entre otras.

Bibliografía mínima

Casalduero, Joaquín. "Forma y sentido de *El sí de las niñas*." *Nueva revista de filología hispánica*, no. 11, 1957, pp. 36–56.

Deacon, Philip. "Arte y realidad en *El sí de las niñas* de Leandro Fernández de Moratín." *Cuadernos de historia moderna. Anejos,* vol. 7, 2007, pp. 87–97.

Dowling, John C. "The Inquisition Appraises *El sí de las niñas*." *Hispania*, vol. 44, no. 2, 1961, pp. 237–244.

Franco Rubio, Gloria A. "La contribución literaria de Moratín y otros hombres de letras al modelo de la mujer doméstica." *Cuadernos de historia moderna. Anejos*, vol. 7, 2007, pp. 221–254.

Kitts, Sally-Ann. "Power, Opposition and Enlightenment in Moratín's *El sí de las niñas*." *Bulletin of Spanish Studies*, vol.86, no. 7–8, 2009, pp. 193–212.

6

La casa de Bernarda Alba: Drama de mujeres en los pueblos de España

Federico García Lorca
(España)

Introducción

Federico García Lorca (1898–1936) vivió el arte mientras experimentó y estudió la vida. Fue poeta, dramaturgo y director de teatro. La crítica literaria lo sitúa como parte de la Generación de 1927. Lorca cultivó una variedad de artes como la música, la danza y la pintura. Se interesó también por los títeres de cachiporra o títeres de guante. Lorca nació en Fuente Vaqueros y creció en Granada, en Andalucía, por lo cual se explica de esta forma su interés artístico por lo andaluz. Lorca viajó por España (Baeza, Córdoba, Galicia, Cataluña, Madrid, entre otros) y visitó ciudades como Nueva York, La Habana, Buenos Aires y Montevideo. Sus viajes hicieron posible un desarrollo notable en su arte al establecer contacto con la humanidad y el arte de estos lugares. Se puede decir que Lorca fue un estudiante inagotable de diferentes estéticas nacionales e internacionales, quien no deseaba ser encasillado como poeta del folclore andaluz ni del cante jondo. Se movió en un círculo artístico que incluía figuras como Juan Ramón Jiménez, Luis Buñuel, Rafael Alberti, Jorge Guillén y Salvador Dalí, con quien tuvo una relación amorosa y artística intensa. Aunque Lorca no estaba involucrado activamente con la política, tenía interés en democratizar el arte, llevándolo al pueblo y ese fue uno de los objetivos del grupo de teatro universitario, La Barraca, que él dirigió. En una representación especial de *Yerma* ofrecida por Margarita Xirgu en el Teatro Español, Lorca salió al escenario y dijo: "El teatro es una escuela de llanto y de risa y una tribuna libre donde los hombres pueden poner en evidencia morales viejas o equivocadas y explicar con ejemplos vivos normas eternas del corazón y el sentimiento del hombre."[1] Precisamente, *La casa de Bernarda Alba* pone en evidencia los valores morales que rigen las vidas de las mujeres en la obra y los retos de vivir bajo la vigilancia y expectativas de valores socio-culturales impuestos. La vida de Lorca culmina repentinamente en medio de una serie de proyectos, fue fusilado en la madrugada del 18 de agosto de 1936 en la

---

1. Christopher Maurer, "Biografía: Una vida en breve," sección Últimos años, Fundación Federico García Lorca, http://www.garcia-lorca.org/Federico/Biografia.aspx?Sel=Introducción.

carretera entre Víznar y Alfacar al inicio de la Guerra Civil Española. Entre sus obras más destacadas se encuentran: *Impresiones y paisajes* (1918), *Romancero gitano* (1935), *Poeta en Nueva York* (1932), *Poema del cante jondo* (1931), *Bodas de sangre* (1933) y *Yerma* (1936).

La casa de Bernarda Alba (1936)

Personajes

Bernarda, 60 años	La Poncia (criada), 60 años	Mujer 2
María Josefa (madre de Bernarda), 80 años	Prudencia, 50 años	Mujer 3
Angustias (hija de Bernarda), 39 años	Criada, 50 años	Mujer 4
Magdalena (hija de Bernarda), 30 años	Mujeres de luto	
Amelia (hija de Bernarda), 27 años	Mendiga	
Martirio (hija de Bernarda), 24 años	Muchacha	
Adela (hija de Bernarda), 20 años	Mujer 1	

El poeta advierte que estos tres actos tienen la intención de un documental fotográfico.

ACTO I

Habitación blanquísima del interior de la casa de Bernarda. Muros gruesos. Puertas en arco con cortinas de yute rematadas con madroños y volantes. Sillas de anea. Cuadros con paisajes inverosímiles de ninfas o reyes de leyenda. Es verano. Un gran silencio umbroso se extiende por la escena. Al levantarse el telón está la escena sola. Se oyen doblar las campanas.

(*Sale la Criada.*)

CRIADA. Ya tengo el doble de esas campanas metido entre las sienes.
LA PONCIA. (*Sale comiendo chorizo y pan.*) Llevan ya más de dos horas de gori-gori. Han venido curas de todos los pueblos. La iglesia está hermosa. En el primer responso se desmayó la Magdalena.
CRIADA. Es la que se queda más sola.
LA PONCIA. Era la única que quería al padre. ¡Ay! ¡Gracias a Dios que estamos solas un poquito! Yo he venido a comer.
CRIADA. ¡Si te viera Bernarda…!
LA PONCIA. ¡Quisiera que ahora, que no come ella, que todas nos muriéramos de hambre! ¡Mandona! ¡Dominanta! ¡Pero se fastidia! Le he abierto la orza de chorizos.
CRIADA. (*Con tristeza, ansiosa.*) ¿Por qué no me das para mi niña, Poncia?
LA PONCIA. Entra y llévate también un puñado de garbanzos. ¡Hoy no se dará cuenta!

VOZ (*Dentro.*) ¡Bernarda!
LA PONCIA. La vieja. ¿Está bien cerrada?
CRIADA. Con dos vueltas de llave.
LA PONCIA. Pero debes poner también la tranca. Tiene unos dedos como cinco ganzúas.
VOZ. ¡Bernarda!
LA PONCIA. (*A voces.*) ¡Ya viene! (*A la Criada.*) Limpia bien todo. Si Bernarda no ve relucientes las cosas me arrancará los pocos pelos que me quedan.
CRIADA. ¡Qué mujer!
LA PONCIA. Tirana de todos los que la rodean. Es capaz de sentarse encima de tu corazón y ver cómo te mueres durante un año sin que se le cierre esa sonrisa fría que lleva en su maldita cara. ¡Limpia, limpia ese vidriado!
CRIADA. Sangre en las manos tengo de fregarlo todo.
LA PONCIA. Ella, la más aseada; ella, la más decente; ella, la más alta. Buen descanso ganó su pobre marido.
(*Cesan las campanas.*)
CRIADA. ¿Han venido todos sus parientes?
LA PONCIA. Los de ella. La gente de él la odia. Vinieron a verlo muerto y le hicieron la cruz.
CRIADA. ¿Hay bastantes sillas?
LA PONCIA. Sobran. Que se sienten en el suelo. Desde que murió el padre de Bernarda no han vuelto a entrar las gentes bajo estos techos. Ella no quiere que la vean en su dominio. ¡Maldita sea!
CRIADA. Contigo se portó bien.
LA PONCIA. Treinta años lavando sus sábanas; treinta años comiendo sus sobras; noches en vela cuando tose; días enteros mirando por la rendija para espiar a los vecinos y llevarle el cuento; vida sin secretos una con otra, y sin embargo, ¡maldita sea! ¡Mal dolor de clavo le pinche en los ojos!
CRIADA. ¡Mujer!
LA PONCIA. Pero yo soy buena perra; ladro cuando me lo dicen y muerdo los talones de los que piden limosna cuando ella me azuza; mis hijos trabajan en sus tierras y ya están los dos casados, pero un día me hartaré.
CRIADA. Y ese día…
LA PONCIA. Ese día me encerraré con ella en un cuarto y le estaré escupiendo un año entero. "Bernarda, por esto, por aquello, por lo otro," hasta ponerla como un lagarto machacado por los niños, que es lo que es ella y toda su parentela. Claro es que no le envidio la vida. Le quedan cinco mujeres, cinco hijas feas, que quitando a Angustias, la mayor, que es la hija del primer marido y tiene dineros, las demás mucha puntilla bordada, muchas camisas de hilo, pero pan y uvas por toda herencia.
CRIADA. ¡Ya quisiera tener yo lo que ellas!
LA PONCIA. Nosotras tenemos nuestras manos y un hoyo en la tierra de la verdad.
CRIADA. Esa es la única tierra que nos dejan a las que no tenemos nada.
LA PONCIA. (*En la alacena.*) Este cristal tiene unas motas.
CRIADA. Ni con el jabón ni con bayetas se le quitan.
(*Suenan las campanas.*)

LA PONCIA. El último responso. Me voy a oírlo. A mí me gusta mucho cómo canta el párroco. En el *Pater noster* subió, subió, subió la voz que parecía un cántaro llenándose de agua poco a poco. ¡Claro es que al final dio un gallo, pero da gloria oírlo! Ahora que nadie como el antiguo sacristán, Tronchapinos. En la misa de mi madre, que esté en gloria, cantó. Retumbaban las paredes, y cuando decía amén era como si un lobo hubiese entrado en la iglesia. (*Imitándolo.*) ¡Ameeeén! (*Se echa a toser.*)

CRIADA. Te vas a hacer el gaznate polvo.

LA PONCIA. ¡Otra cosa hacía polvo yo! (*Sale riendo.*)

(*La Criada limpia. Suenan las campanas.*)

CRIADA. (*Llevando el canto.*) Tin, tin, tan. Tin, tin, tan. ¡Dios lo haya perdonado!

MENDIGA. (*Con una niña.*) ¡Alabado sea Dios!

CRIADA. Tin, tin, tan. ¡Que nos espere muchos años! Tin, tin, tan.

MENDIGA. (*Fuerte, con cierta irritación.*) ¡Alabado sea Dios!

CRIADA. (*Irritada.*) ¡Por siempre!

MENDIGA. Vengo por las sobras.

(*Cesan las campanas.*)

CRIADA. Por la puerta se va a la calle. Las sobras de hoy son para mí.

MENDIGA. Mujer, tú tienes quien te gane. ¡Mi niña y yo estamos solas!

CRIADA. También están solos los perros y viven.

MENDIGA. Siempre me las dan.

CRIADA. Fuera de aquí. ¿Quién os dijo que entraréis? Ya me habéis dejado los pies señalados. (*Se van. Limpia.*) Suelos barnizados con aceite, alacenas, pedestales, camas de acero, para que traguemos quina las que vivimos en las chozas de tierra con un plato y una cuchara. ¡Ojalá que un día no quedáramos ni uno para contarlo! (*Vuelven a sonar las campanas.*) Sí, sí, ¡vengan clamores! ¡venga caja con filos dorados y toallas de seda para llevarla!; ¡que lo mismo estarás tú que estaré yo! Fastídiate, Antonio María Benavides, tieso con tu traje de paño y tus botas enterizas. ¡Fastídiate! ¡Ya no volverás a levantarme las enaguas detrás de la puerta de tu corral!

(*Por el fondo, de dos en dos, empiezan a entrar mujeres de luto con pañuelos grandes, faldas y abanicos negros. Entran lentamente hasta llenar la escena.*)

CRIADA. (*Rompiendo a gritar.*) ¡Ay Antonio María Benavides, que ya no verás estas paredes, ni comerás el pan de esta casa! Yo fui la que más te quiso de las que te sirvieron. (*Tirándose del cabello.*) ¿Y he de vivir yo después de verte marchar? ¿Y he de vivir?

(*Terminan de entrar las doscientas mujeres y aparece Bernarda y sus cinco hijas.*)

BERNARDA. (*A la Criada.*) ¡Silencio!

CRIADA. (*Llorando.*) ¡Bernarda!

BERNARDA. Menos gritos y más obras. Debías haber procurado que todo esto estuviera más limpio para recibir al duelo. Vete. No es este tu lugar. (*La Criada se va sollozando.*) Los pobres son como los animales; parece como si estuvieran hechos de otras sustancias.

MUJER 1. Los pobres sienten también sus penas.
BERNARDA. Pero las olvidan delante de un plato de garbanzos.
MUCHACHA. (*Con timidez.*) Comer es necesario para vivir.
BERNARDA. A tu edad no se habla delante de las personas mayores.
MUJER 1. Niña, cállate.
BERNARDA. No he dejado que nadie me dé lecciones. Sentarse. (*Se sientan. Pausa. Fuerte.*) Magdalena, no llores. Si quieres llorar te metes debajo de la cama. ¿Me has oído?
MUJER 2. (*A Bernarda.*) ¿Habéis empezado los trabajos en la era?
BERNARDA. Ayer.
MUJER 3. Cae el sol como plomo.
MUJER 1. Hace años no he conocido calor igual.
(*Pausa. Se abanican todas.*)
BERNARDA. ¿Está hecha la limonada?
LA PONCIA. Sí, Bernarda. (*Sale con una gran bandeja llena de jarritas blancas, que distribuye.*)
BERNARDA. Dale a los hombres.
LA PONCIA. Ya están tomando en el patio.
BERNARDA. Que salgan por donde han entrado. No quiero que pasen por aquí.
MUCHACHA. (*A Angustias*) Pepe el Romano estaba con los hombres del duelo.
ANGUSTIAS. Allí estaba.
BERNARDA. Estaba su madre. Ella ha visto a su madre. A Pepe no lo ha visto ni ella ni yo.
MUCHACHA. Me pareció…
BERNARDA. Quien sí estaba era el viudo de Darajalí. Muy cerca de tu tía. A ese lo vimos todas.
MUJER 2. (*Aparte, en voz baja.*) ¡Mala, más que mala!
MUJER 3. (*Aparte, en voz baja.*) ¡Lengua de cuchillo!
BERNARDA. Las mujeres en la iglesia no deben mirar más hombre que al oficiante, y a ese porque tiene faldas. Volver la cabeza es buscar el calor de la pana.
MUJER 1. (*En voz baja.*) ¡Vieja lagarta recocida!
LA PONCIA. (*Entre dientes.*) ¡Sarmentosa por calentura de varón!
BERNARDA. (*Dando un golpe de bastón en el suelo.*) ¡Alabado sea Dios!
TODAS. (*Santiguándose.*) Sea por siempre bendito y alabado.
BERNARDA. ¡Descansa en paz con la santa
    compaña de cabecera!
TODAS.   ¡Descansa en paz!
BERNARDA. Con el ángel San Miguel
    y su espada justiciera
TODAS.   ¡Descansa en paz!
BERNARDA. Con la llave que todo lo abre
    y la mano que todo lo cierra.
TODAS.   ¡Descansa en paz!
BERNARDA. Con los bienaventurados
    y las lucecitas del campo.

TODAS. ¡Descansa en paz!
BERNARDA. Con nuestra santa caridad
        y las almas de tierra y mar.
TODAS. ¡Descansa en paz!
BERNARDA. Concede el reposo a tu siervo Antonio María Benavides y dale la corona de tu santa gloria.
TODAS. Amén.
BERNARDA. (*Se pone de pie y canta.*) Réquiem aeternam dona eis Domine.
TODAS. (*De pie y cantando al modo gregoriano.*) Et lux perpetua luceat eis. (*Se santiguan.*)
MUJER 1. Salud para rogar por su alma.
(*Van desfilando.*)
MUJER 3. No te faltará la hogaza de pan caliente.
MUJER 2. Ni el techo para tus hijas.
(*Van desfilando todas por delante de Bernarda y saliendo. Sale Angustias por otra puerta que da al patio.*)
MUJER 4. El mismo trigo de tu casamiento lo sigas disfrutando.
LA PONCIA. (*Entrando con una bolsa.*) De parte de los hombres esta bolsa de dineros para responsos.
BERNARDA. Dales las gracias y échales una copa de aguardiente.
MUCHACHA. (*A Magdalena.*) Magdalena…
BERNARDA. (*A Magdalena, que inicia el llanto.*) Chissss. (*Salen todas. A las que se han ido.*) ¡Andar a vuestras cuevas a criticar todo lo que habéis visto! Ojalá tardéis muchos años en pasar el arco de mi puerta.
LA PONCIA. No tendrás queja ninguna. Ha venido todo el pueblo.
BERNARDA. Sí, para llenar mi casa con el sudor de sus refajos y el veneno de sus lenguas.
AMELIA. ¡Madre, no hable usted así!
BERNARDA. Es así como se tiene que hablar en este maldito pueblo sin río, pueblo de pozos, donde siempre se bebe el agua con el miedo de que esté envenenada.
LA PONCIA. ¡Cómo han puesto la solería!
BERNARDA. Igual que si hubiera pasado por ella una manada de cabras. (*La Poncia limpia el suelo.*) Niña, dame un abanico.
ADELA. Tome usted. (*Le da un abanico redondo con flores rojas y verdes.*)
BERNARDA. (*Arrojando el abanico al suelo.*) ¿Es este el abanico que se da a una viuda? Dame uno negro y aprende a respetar el luto de tu padre.
MARTIRIO. Tome usted el mío.
BERNARDA. ¿Y tú?
MARTIRIO. Yo no tengo calor.
BERNARDA. Pues busca otro, que te hará falta. En ocho años que dure el luto no ha de entrar en esta casa el viento de la calle. Haceros cuenta que hemos tapiado con ladrillos puertas y ventanas. Así pasó en casa de mi padre y en casa de mi abuelo. Mientras, podéis empezar a bordaros el ajuar. En el arca tengo veinte piezas de hilo con el que podréis cortar sábanas y embozos. Magdalena puede bordarlas.
MAGDALENA. Lo mismo me da.

ADELA. (*Agria.*) Si no queréis bordarlas irán sin bordados. Así las tuyas lucirán más.

MAGDALENA. Ni las mías ni las vuestras. Sé que yo no me voy a casar. Prefiero llevar sacos al molino. Todo menos estar sentada días y días dentro de esta sala oscura.

BERNARDA. Eso tiene ser mujer.

MAGDALENA. Malditas sean las mujeres.

BERNARDA. Aquí se hace lo que yo mando. Ya no puedes ir con el cuento a tu padre. Hilo y aguja para las hembras. Látigo y mula para el varón. Eso tiene la gente que nace con posibles.

(*Sale Adela.*)

VOZ. ¡Bernarda!, ¡déjame salir!

BERNARDA. (*En voz alta.*) ¡Dejadla ya!

(*Sale la Criada.*)

CRIADA. Me ha costado mucho trabajo sujetarla. A pesar de sus ochenta años, tu madre es fuerte como un roble.

BERNARDA. Tiene a quién parecerse. Mi abuelo fue igual.

CRIADA. Tuve durante el duelo que taparle varias veces la boca con un costal vacío porque quería llamarte para que le dieras agua de fregar siquiera, para beber, y carne de perro, que es lo que ella dice que tú le das.

MARTIRIO. ¡Tiene mala intención!

BERNARDA. (*A la Criada.*) Déjala que se desahogue en el patio.

CRIADA. Ha sacado del cofre sus anillos y los pendientes de amatistas, se los ha puesto, y me ha dicho que se quiere casar.

(*Las hijas ríen.*)

BERNARDA. Ve con ella y ten cuidado que no se acerque al pozo.

CRIADA. No tengas miedo que se tire.

BERNARDA. No es por eso… Pero desde aquel sitio las vecinas pueden verla desde su ventana.

(*Sale la Criada.*)

MARTIRIO. Nos vamos a cambiar de ropa.

BERNARDA. Sí, pero no el pañuelo de la cabeza. (*Entra Adela.*) ¿Y Angustias?

ADELA. (*Con intención.*) La he visto asomada a las rendijas del portón. Los hombres se acababan de ir.

BERNARDA. ¿Y tú a qué fuiste también al portón?

ADELA. Me llegué a ver si habían puesto las gallinas.

BERNARDA. ¡Pero el duelo de los hombres habría salido ya!

ADELA. (*Con intención.*) Todavía estaba un grupo parado por fuera.

BERNARDA. (*Furiosa.*) ¡Angustias! ¡Angustias!

ANGUSTIAS. (*Entrando.*) ¿Qué manda usted?

BERNARDA. ¿Qué mirabas y a quién?

ANGUSTIAS. A nadie.

BERNARDA. ¿Es decente que una mujer de tu clase vaya con el anzuelo detrás de un hombre el día de la misa de su padre? ¡Contesta! ¿A quién mirabas? (*Pausa.*)

ANGUSTIAS. Yo…

BERNARDA. ¡Tú!

ANGUSTIAS. ¡A nadie!
BERNARDA. (*Avanzando con el bastón y golpeándola.*) ¡Suave! ¡Dulzarrona!
LA PONCIA. (*Corriendo.*) ¡Bernarda, cálmate! (*La sujeta.*)
(*Angustias llora.*)
BERNARDA. ¡Fuera de aquí todas!
(*Salen.*)
LA PONCIA. Ella lo ha hecho sin dar alcance a lo que hacía, que está francamente mal. Ya me chocó a mí verla escabullirse hacia el patio. Luego estuvo detrás de una ventana oyendo la conversación que traían los hombres, que, como siempre, no se puede oír.
BERNARDA. ¡A eso vienen a los duelos! (*Con curiosidad.*) ¿De qué hablaban?
LA PONCIA. Hablaban de Paca la Roseta. Anoche ataron a su marido a un pesebre y a ella se la llevaron a la grupa del caballo hasta lo alto del olivar.
BERNARDA. ¿Y ella?
LA PONCIA. Ella, tan conforme. Dicen que iba con los pechos fuera y Maximiliano la llevaba cogida como si tocara la guitarra. ¡Un horror!
BERNARDA. ¿Y qué pasó?
LA PONCIA. Lo que tenía que pasar. Volvieron casi de día. Paca la Roseta traía el pelo suelto y una corona de flores en la cabeza.
BERNARDA. Es la única mujer mala que tenemos en el pueblo.
LA PONCIA. Porque no es de aquí. Es de muy lejos. Y los que fueron con ella son también hijos de forasteros. Los hombres de aquí no son capaces de eso.
BERNARDA. No, pero les gusta verlo y comentarlo, y se chupan los dedos de que esto ocurra.
LA PONCIA. Contaban muchas cosas más.
BERNARDA. (*Mirando a un lado y a otro con cierto temor.*) ¿Cuáles?
LA PONCIA. Me da vergüenza referirlas.
BERNARDA. ¿Y mi hija las oyó?
LA PONCIA. ¡Claro!
BERNARDA. Esa sale a sus tías; blancas y untosas que ponían ojos de carnero al piropo de cualquier barberillo. ¡Cuánto hay que sufrir y luchar para hacer que las personas sean decentes y no tiren al monte demasiado!
LA PONCIA. ¡Es que tus hijas están ya en edad de merecer! Demasiada poca guerra te dan. Angustias ya debe tener mucho más de los treinta.
BERNARDA. Treinta y nueve justos.
LA PONCIA. Figúrate. Y no ha tenido nunca novio…
BERNARDA. (*Furiosa.*) ¡No, no ha tenido novio ninguna ni les hace falta! Pueden pasarse muy bien.
LA PONCIA. No he querido ofenderte.
BERNARDA. No hay en cien leguas a la redonda quien se pueda acercar a ellas. Los hombres de aquí no son de su clase. ¿Es que quieres que las entregue a cualquier gañán?
LA PONCIA. Debías haberte ido a otro pueblo.
BERNARDA. Eso, ¡a venderlas!
LA PONCIA. No, Bernarda, a cambiar… Claro que en otros sitios ellas resultan las pobres.

BERNARDA. ¡Calla esa lengua atormentadora!
LA PONCIA. Contigo no se puede hablar. ¿Tenemos o no tenemos confianza?
BERNARDA. No tenemos. Me sirves y te pago. ¡Nada más!
CRIADA. (*Entrando.*) Ahí está don Arturo, que viene a arreglar las particiones.
BERNARDA. Vamos. (*A la Criada.*) Tú empieza a blanquear el patio. (*A la Poncia.*) Y tú ve guardando en el arca grande toda la ropa del muerto.
LA PONCIA. Algunas cosas las podríamos dar...
BERNARDA. Nada, ¡ni un botón! ¡Ni el pañuelo con que le hemos tapado la cara! (*Sale lentamente apoyada en el bastón y al salir vuelve la cabeza y mira a sus criadas.*)
(*Las criadas salen después. Entran Amelia y Martirio.*)
AMELIA. ¿Has tomado la medicina?
MARTIRIO. ¡Para lo que me va a servir!
AMELIA. Pero la has tomado.
MARTIRIO. Yo hago las cosas sin fe, pero como un reloj.
AMELIA. Desde que vino el médico nuevo estás más animada.
MARTIRIO. Yo me siento lo mismo.
AMELIA. ¿Te fijaste? Adelaida no estuvo en el duelo.
MARTIRIO. Ya lo sabía. Su novio no la deja salir ni al tranco de la calle. Antes era alegre; ahora ni polvos se echa en la cara.
AMELIA. Ya no sabe una si es mejor tener novio o no.
MARTIRIO. Es lo mismo.
AMELIA. De todo tiene la culpa esta crítica que no nos deja vivir. Adelaida habrá pasado mal rato.
MARTIRIO. Le tiene miedo a nuestra madre. Es la única que conoce la historia de su padre y el origen de sus tierras. Siempre que viene le tira puñaladas en el asunto. Su padre mató en Cuba al marido de su primera mujer para casarse con ella. Luego aquí la abandonó y se fue con otra que tenía una hija y luego tuvo relaciones con esta muchacha, la madre de Adelaida, y se casó con ella después de haber muerto loca la segunda mujer.
AMELIA. Y ese infame, ¿por qué no está en la cárcel?
MARTIRIO. Porque los hombres se tapan unos a otros las cosas de esta índole y nadie es capaz de delatar.
AMELIA. Pero Adelaida no tiene culpa de esto.
MARTIRIO. No, pero las cosas se repiten. Y veo que todo es una terrible repetición. Y ella tiene el mismo sino de su madre y de su abuela, mujeres las dos del que la engendró.
AMELIA. ¡Qué cosa más grande!
MARTIRIO. Es preferible no ver a un hombre nunca. Desde niña les tuve miedo. Los veía en el corral uncir los bueyes y levantar los costales de trigo entre voces y zapatazos y siempre tuve miedo de crecer por temor de encontrarme de pronto abrazada por ellos. Dios me ha hecho débil y fea y los ha apartado definitivamente de mí.
AMELIA. ¡Eso no digas! Enrique Humanes estuvo detrás de ti y le gustabas.
MARTIRIO. ¡Invenciones de la gente! Una vez estuve en camisa detrás de la ventana

hasta que fue de día porque me avisó con la hija de su gañán que iba a venir y no vino. Fue todo cosa de lenguas. Luego se casó con otra que tenía más que yo.

AMELIA. ¡Y fea como un demonio!

MARTIRIO. ¡Qué les importa a ellos la fealdad! A ellos les importa la tierra, las yuntas y una perra sumisa que les dé de comer.

AMELIA. ¡Ay! (*Entra Magdalena.*)

MAGDALENA. ¿Qué hacéis?

MARTIRIO. Aquí.

AMELIA. ¿Y tú?

MAGDALENA. Vengo de correr las cámaras. Por andar un poco. De ver los cuadros bordados en cañamazo de nuestra abuela, el perrito de lanas y el negro luchando con el león, que tanto nos gustaba de niñas. Aquella era una época más alegre. Una boda duraba diez días y no se usaban las malas lenguas. Hoy hay más finura, las novias se ponen velo blanco como en las poblaciones y se bebe vino de botella, pero nos pudrimos por el qué dirán.

MARTIRIO. ¡Sabe Dios lo que entonces pasaría!

AMELIA. (*A Magdalena.*) Llevas desabrochados los cordones de un zapato.

MAGDALENA. ¡Qué más da!

AMELIA. ¡Te los vas a pisar y te vas a caer!

MAGDALENA. ¡Una menos!

MARTIRIO. ¿Y Adela?

MAGDALENA. ¡Ah! Se ha puesto el traje verde que se hizo para estrenar el día de su cumpleaños, se ha ido al corral, y ha comenzado a voces: "¡Gallinas, gallinas, miradme!" ¡Me he tenido que reír!

AMELIA. ¡Si la hubiera visto madre!

MAGDALENA. ¡Pobrecilla! Es la más joven de nosotras y tiene ilusión. ¡Daría algo por verla feliz!

(*Pausa. Angustias cruza la escena con unas toallas en la mano.*)

ANGUSTIAS. ¿Qué hora es?

MAGDALENA. Ya deben ser las doce.

ANGUSTIAS. ¿Tanto?

AMELIA. ¡Estarán al caer!

(*Sale Angustias.*)

MAGDALENA. (*Con intención.*) ¿Sabéis ya la cosa…? (*Señalando a Angustias.*)

AMELIA. No.

MAGDALENA. ¡Vamos!

MARTIRIO. No sé a qué cosa te refieres…

MAGDALENA. Mejor que yo lo sabéis las dos. Siempre cabeza con cabeza como dos ovejitas, pero sin desahogaros con nadie. ¡Lo de Pepe el Romano!

MARTIRIO. ¡Ah!

MAGDALENA. (*Remedándola.*) ¡Ah! Ya se comenta por el pueblo. Pepe el Romano viene a casarse con Angustias. Anoche estuvo rondando la casa y creo que pronto va a mandar un emisario.

MARTIRIO. ¡Yo me alegro! Es buen mozo.

AMELIA. Yo también. Angustias tiene buenas condiciones.
MAGDALENA. Ninguna de las dos os alegráis.
MARTIRIO. ¡Magdalena! ¡Mujer!
MAGDALENA. Si viniera por el tipo de Angustias, por Angustias como mujer, yo me alegraría, pero viene por el dinero. Aunque Angustias es nuestra hermana, aquí estamos en familia y reconocemos que está vieja, enfermiza, y que siempre ha sido la que ha tenido menos méritos de todas nosotras. Porque si con veinte años parecía un palo vestido, ¡qué será ahora que tiene cuarenta!
MARTIRIO. No hables así. La suerte viene a quien menos la aguarda.
AMELIA. ¡Después de todo dice la verdad! Angustias tiene el dinero de su padre, es la única rica de la casa, por eso ahora que nuestro padre ha muerto y ya se harán particiones, vienen por ella!
MAGDALENA. Pepe el Romano tiene veinticinco años y es el mejor tipo de todos estos contornos. Lo natural sería que te pretendiera a ti, Amelia, o a nuestra Adela, que tiene veinte años, pero no que venga a buscar lo más oscuro de esta casa, a una mujer que, como su padre, habla con la nariz.
MARTIRIO. ¡Puede que a él le guste!
MAGDALENA. ¡Nunca he podido resistir tu hipocresía!
MARTIRIO. ¡Dios me valga!
(*Entra Adela.*)
MAGDALENA. ¿Te han visto ya las gallinas?
ADELA. ¿Y qué querías que hiciera?
AMELIA. ¡Si te ve nuestra madre te arrastra del pelo!
ADELA. Tenía mucha ilusión con el vestido. Pensaba ponérmelo el día que vamos a comer sandías a la noria. No hubiera habido otro igual.
MARTIRIO. ¡Es un vestido precioso!
ADELA. Y me está muy bien. Es lo que mejor ha cortado Magdalena.
MAGDALENA. ¿Y las gallinas qué te han dicho?
ADELA. Regalarme unas cuantas pulgas que me han acribillado las piernas. (*Ríen.*)
MARTIRIO. Lo que puedes hacer es teñirlo de negro.
MAGDALENA. Lo mejor que puedes hacer es regalárselo a Angustias para la boda con Pepe el Romano.
ADELA. (*Con emoción contenida.*) Pero Pepe el Romano...
AMELIA. ¿No lo has oído decir?
ADELA. No.
MAGDALENA. ¡Pues ya lo sabes!
ADELA. ¡Pero si no puede ser!
MAGDALENA. ¡El dinero lo puede todo!
ADELA. ¿Por eso ha salido detrás del duelo y estuvo mirando por el portón? (*Pausa.*) Y ese hombre es capaz de...
MAGDALENA. Es capaz de todo.
(*Pausa.*)
MARTIRIO. ¿Qué piensas, Adela?
ADELA. Pienso que este luto me ha cogido en la peor época de mi vida para pasarlo.

MAGDALENA. Ya te acostumbrarás.
ADELA. (*Rompiendo a llorar con ira.*) ¡No, no me acostumbraré! Yo no quiero estar encerrada. No quiero que se me pongan las carnes como a vosotras. No quiero perder mi blancura en estas habitaciones. Mañana me pondré mi vestido verde y me echaré a pasear por la calle. ¡Yo quiero salir!
(*Entra la Criada.*)
MAGDALENA. (*Autoritaria.*) ¡Adela!
CRIADA. ¡La pobre! ¡Cuánto ha sentido a su padre! (*Sale.*)
MARTIRIO. ¡Calla!
AMELIA. Lo que sea de una será de todas. (*Adela se calma.*)
MAGDALENA. Ha estado a punto de oírte la Criada.
CRIADA. (*Apareciendo.*) Pepe el Romano viene por lo alto de la calle.
(*Amelia, Martirio y Magdalena corren presurosas.*)
MAGDALENA. ¡Vamos a verlo!
(*Salen rápido.*)
CRIADA. (*A Adela.*) ¿Tú no vas?
ADELA. No me importa.
CRIADA. Como dará la vuelta a la esquina, desde la ventana de tu cuarto se verá mejor. (*Sale.*)
(*Adela queda en escena dudando; después de un instante se va también rápido hacia su habitación. Salen Bernarda y La Poncia.*)
BERNARDA. ¡Malditas particiones!
LA PONCIA. ¡Cuánto dinero le queda a Angustias!
BERNARDA. Sí.
LA PONCIA. Y a las otras, bastante menos.
BERNARDA. Ya me lo has dicho tres veces y no te he querido replicar. Bastante menos, mucho menos. No me lo recuerdes más.
(*Sale Angustias muy compuesta de cara.*)
BERNARDA. ¡Angustias!
ANGUSTIAS. Madre.
BERNARDA. ¿Pero has tenido valor de echarte polvos en la cara? ¿Has tenido valor de lavarte la cara el día de la misa de tu padre?
ANGUSTIAS. No era mi padre. El mío murió hace tiempo. ¿Es que ya no lo recuerda usted?
BERNARDA. ¡Más debes a este hombre, padre de tus hermanas, que al tuyo! Gracias a este hombre tienes colmada tu fortuna.
ANGUSTIAS. ¡Eso lo teníamos que ver!
BERNARDA. ¡Aunque fuera por decencia! ¡Por respeto!
ANGUSTIAS. Madre, déjeme usted salir.
BERNARDA. ¿Salir? Después que te hayas quitado esos polvos de la cara. ¡Suavona! ¡Yeyo! ¡Espejo de tus tías! (*Le quita violentamente con su pañuelo los polvos.*) ¡Ahora vete!
LA PONCIA. ¡Bernarda, no seas tan inquisitiva!
BERNARDA. Aunque mi madre esté loca yo estoy con mis cinco sentidos y sé perfectamente lo que hago.

(*Entran todas.*)
MAGDALENA. ¿Qué pasa?
BERNARDA. No pasa nada.
MAGDALENA. (*A Angustias.*) Si es que discutís por las particiones, tú que eres la más rica te puedes quedar con todo.
ANGUSTIAS. ¡Guárdate la lengua en la madriguera!
BERNARDA. (*Golpeando con el bastón en el suelo.*) ¡No os hagáis ilusiones de que vais a poder conmigo. ¡Hasta que salga de esta casa con los pies adelante mandaré en lo mío y en lo vuestro!
(*Se oyen unas voces y entra en escena María Josefa, la madre de Bernarda, viejísima, ataviada con flores en la cabeza y en el pecho.*)
MARÍA JOSEFA. Bernarda, ¿dónde está mi mantilla? Nada de lo que tengo quiero que sea para vosotras, ni mis anillos, ni mi traje negro de moaré, porque ninguna de vosotras se va a casar. ¡Ninguna! ¡Bernarda, dame mi gargantilla de perlas!
BERNARDA. (*A la Criada.*) ¿Por qué la habéis dejado entrar?
CRIADA. (*Temblando.*) ¡Se me escapó!
MARÍA JOSEFA. Me escapé porque me quiero casar, porque quiero casarme con un varón hermoso de la orilla del mar, ya que aquí los hombres huyen de las mujeres.
BERNARDA. ¡Calle usted, madre!
MARÍA JOSEFA. No, no callo. No quiero ver a estas mujeres solteras, rabiando por la boda, haciéndose polvo el corazón, y yo me quiero ir a mi pueblo. ¡Bernarda, yo quiero un varón para casarme y tener alegría!
BERNARDA. ¡Encerradla!
MARÍA JOSEFA. ¡Déjame salir, Bernarda!
(*La Criada coge a María Josefa.*)
BERNARDA. ¡Ayudarla vosotras!
(*Todas arrastran a la vieja.*)
MARÍA JOSEFA. ¡Quiero irme de aquí! ¡Bernarda! ¡A casarme a la orilla del mar, a la orilla del mar! (*Telón rápido.*)

ACTO II

(*Habitación blanca del interior de la casa de Bernarda. Las puertas de la izquierda dan a los dormitorios. Las hijas de Bernarda están sentadas en sillas bajas, cosiendo. Magdalena borda. Con ellas está La Poncia.*)

ANGUSTIAS. Ya he cortado la tercera sábana.
MARTIRIO. Le corresponde a Amelia.
MAGDALENA. Angustias, ¿Pongo también las iniciales de Pepe?
ANGUSTIAS. (*Seca.*) No.
MAGDALENA. (*A voces.*) Adela, ¿no vienes?
AMELIA. Estará echada en la cama.
LA PONCIA. Esa tiene algo. La encuentro sin sosiego, temblona, asustada, como si tuviese una lagartija entre los pechos.
MARTIRIO. No tiene ni más ni menos que lo que tenemos todas.
MAGDALENA. Todas, menos Angustias.

ANGUSTIAS. Yo me encuentro bien y al que le duela que reviente.

MAGDALENA. Desde luego hay que reconocer que lo mejor que has tenido siempre ha sido el talle y la delicadeza.

ANGUSTIAS. Afortunadamente pronto voy a salir de este infierno.

MAGDALENA. ¡A lo mejor no sales!

MARTIRIO. ¡Dejar esa conversación!

ANGUSTIAS. Y, además, ¡más vale onza en el arca que ojos negros en la cara!

MAGDALENA. Por un oído me entra y por otro me sale.

AMELIA. *(A La Poncia.)* Abre la puerta del patio a ver si nos entra un poco el fresco.

(La Poncia lo hace.)

MARTIRIO. Esta noche pasada no me podía quedar dormida del calor.

AMELIA. ¡Yo tampoco!

MAGDALENA. Yo me levanté a refrescarme. Había un nublo negro de tormenta y hasta cayeron algunas gotas.

LA PONCIA. Era la una de la madrugada y subía fuego de la tierra. También me levanté yo. Todavía estaba Angustias con Pepe en la ventana.

MAGDALENA. *(Con ironía.)* ¿Tan tarde? ¿A qué hora se fue?

ANGUSTIAS. Magdalena, ¿a qué preguntas, si lo viste?

AMELIA. Se iría a eso de la una y media.

ANGUSTIAS. ¿Sí? ¿Tú por qué lo sabes?

AMELIA. Lo sentí toser y oí los pasos de su jaca.

LA PONCIA. Pero si yo lo sentí marchar a eso de las cuatro.

ANGUSTIAS. No sería él.

LA PONCIA. Estoy segura.

AMELIA. A mí también me pareció.

MAGDALENA. ¡Qué cosa más rara!

(Pausa.)

LA PONCIA. Oye, Angustias. ¿Qué fue lo que te dijo la primera vez que se acercó a tu ventana?

ANGUSTIAS. Nada. ¿Qué me iba a decir? Cosas de conversación.

MARTIRIO. Verdaderamente es raro que dos personas que no se conocen se vean de pronto en una reja y ya novios.

ANGUSTIAS. Pues a mí no me chocó.

AMELIA. A mí me daría no sé qué.

ANGUSTIAS. No, porque cuando un hombre se acerca a una reja ya sabe por lo que van y vienen, llevan y traen, que se le va a decir que sí.

MARTIRIO. Bueno, pero él te lo tendría que decir.

ANGUSTIAS. ¡Claro!

AMELIA. *(Curiosa.)* ¿Y cómo te lo dijo?

ANGUSTIAS. Pues, nada: "Ya sabes que ando detrás de ti, necesito una mujer buena, modosa, y esa eres tú si me das la conformidad."

AMELIA. ¡A mí me da vergüenza de estas cosas!

ANGUSTIAS. Y a mí, pero hay que pasarlas.

LA PONCIA. ¿Y habló más?

ANGUSTIAS. Sí, siempre habló él.
MARTIRIO. ¿Y tú?
ANGUSTIAS. Yo no hubiera podido. Casi se me salía el corazón por la boca. Era la primera vez que estaba sola de noche con un hombre.
MAGDALENA. Y un hombre tan guapo.
ANGUSTIAS. No tiene mal tipo.

LA PONCIA. Esas cosas pasan entre personas ya un poco instruidas, que hablan y dicen y mueven la mano... La primera vez que mi marido Evaristo el Colorín vino a mi ventana... ¡Ja, ja, ja!
AMELIA. ¿Qué pasó?
LA PONCIA. Era muy oscuro. Lo vi acercarse y al llegar, me dijo: "Buenas noches." "Buenas noches," le dije yo, y nos quedamos callados más de media hora. Me corría el sudor por todo el cuerpo. Entonces Evaristo se acercó, se acercó que se quería meter por los hierros, y dijo con voz muy baja: "¡Ven que te tiente!"
(Ríen todas. Amelia se levanta corriendo y espía por una puerta.)
AMELIA. ¡Ay! Creí que llegaba nuestra madre.
MAGDALENA. ¡Buenas nos hubiera puesto! *(Siguen riendo.)*
AMELIA. Chissss... ¡Que nos va a oír!
LA PONCIA. Luego se portó bien. En vez de darle por otra cosa le dio por criar colorines hasta que murió. A vosotras, que sois solteras, os conviene saber de todos modos que el hombre, a los quince días de boda, deja la cama por la mesa y luego la mesa por la tabernilla, y la que no se conforma se pudre llorando en un rincón.
AMELIA. Tú te conformaste.
LA PONCIA. ¡Yo pude con él!
MARTIRIO. ¿Es verdad que le pegaste algunas veces?
LA PONCIA. Sí, y por poco lo dejo tuerto.
MAGDALENA. ¡Así debían ser todas las mujeres!

LA PONCIA. Yo tengo la escuela de tu madre. Un día me dijo no sé qué cosa y le maté todos los colorines con la mano del almirez. *(Ríen)*
MAGDALENA. Adela, niña, no te pierdas esto.
AMELIA. Adela. *(Pausa.)*
MAGDALENA. ¡Voy a ver! *(Entra.)*
LA PONCIA. ¡Esa niña está mala!
MARTIRIO. Claro, ¡no duerme apenas!
LA PONCIA. ¿Pues qué hace?
MARTIRIO. ¡Yo qué sé lo que hace!
LA PONCIA. Mejor lo sabrás tú que yo, que duermes pared por medio.
ANGUSTIAS. La envidia la come.
AMELIA. No exageres.
ANGUSTIAS. Se lo noto en los ojos. Se le está poniendo mirar de loca.
MARTIRIO. No habléis de locos. Aquí es el único sitio donde no se puede pronunciar esta palabra.
(Sale Magdalena con Adela.)
MAGDALENA. ¿Pues no estabas dormida?

ADELA. Tengo mal cuerpo.

MARTIRIO. (*Con intención.*) ¿Es que no has dormido bien esta noche?

ADELA. Sí.

MARTIRIO. ¿Entonces?

ADELA. (*Fuerte.*) ¡Déjame ya! ¡Durmiendo o velando, no tienes por qué meterte en lo mío! ¡Yo hago con mi cuerpo lo que me parece!

MARTIRIO. ¡Solo es interés por ti!

ADELA. Interés o inquisición. ¿No estabais cosiendo? Pues seguir. ¡Quisiera ser invisible, pasar por las habitaciones sin que me preguntarais dónde voy!

CRIADA. (*Entra.*) Bernarda os llama. Está el hombre de los encajes. (*Salen.*)

(*Al salir, Martirio mira fijamente a Adela.*)

ADELA. ¡No me mires más! Si quieres te daré mis ojos, que son frescos, y mis espaldas para que te compongas la joroba que tienes, pero vuelve la cabeza cuando yo pase.

(*Se va Martirio.*)

LA PONCIA. ¡Que es tu hermana y además la que más te quiere!

ADELA. Me sigue a todos lados. A veces se asoma a mi cuarto para ver si duermo. No me deja respirar. Y siempre: "¡Qué lástima de cara! ¡Qué lástima de cuerpo, que no va a ser para nadie!" ¡Y eso no! Mi cuerpo será de quien yo quiera!

LA PONCIA. (*Con intención y en voz baja.*) De Pepe el Romano, ¿No es eso?

ADELA. (*Sobrecogida.*) ¿Qué dices?

LA PONCIA. ¡Lo que digo, Adela!

ADELA. ¡Calla!

LA PONCIA. (*Alto.*) ¿Crees que no me he fijado?

ADELA. ¡Baja la voz!

LA PONCIA. ¡Mata esos pensamientos!

ADELA. ¿Qué sabes tú?

LA PONCIA. Las viejas vemos a través de las paredes. ¿Dónde vas de noche cuando te levantas?

ADELA. ¡Ciega debías estar!

LA PONCIA. Con la cabeza y las manos llenas de ojos cuando se trata de lo que se trata. Por mucho que pienso no sé lo que te propones. ¿Por qué te pusiste casi desnuda con la luz encendida y la ventana abierta al pasar Pepe el segundo día que vino a hablar con tu hermana?

ADELA. ¡Eso no es verdad!

LA PONCIA. ¡No seas como los niños chicos! Deja en paz a tu hermana y si Pepe el Romano te gusta, te aguantas. (*Adela llora.*) Además, ¿Quién dice que no te puedas casar con él? Tu hermana Angustias es una enferma. Esa no resiste el primer parto. Es estrecha de cintura, vieja, y con mi conocimiento te digo que se morirá. Entonces Pepe hará lo que hacen todos los viudos de esta tierra: se casará con la más joven, la más hermosa, y esa eres tú. Alimenta esa esperanza, olvídalo, lo que quieras, pero no vayas contra la ley de Dios.

ADELA. ¡Calla!

LA PONCIA. ¡No callo!

ADELA. Métete en tus cosas, ¡oledora! ¡pérfida!

LA PONCIA. ¡Sombra tuya he de ser!

ADELA. En vez de limpiar la casa y acostarte para rezar a tus muertos, buscas como una vieja marrana asuntos de hombres y mujeres para babosear en ellos.

LA PONCIA. ¡Velo! Para que las gentes no escupan al pasar por esta puerta.

ADELA. ¡Qué cariño tan grande te ha entrado de pronto por mi hermana!

LA PONCIA. No os tengo ley a ninguna, pero quiero vivir en casa decente. ¡No quiero mancharme de vieja!

ADELA. Es inútil tu consejo. Ya es tarde. No por encima de ti, que eres una criada, por encima de mi madre saltaría para apagarme este fuego que tengo levantado por piernas y boca. ¿Qué puedes decir de mí? ¿Que me encierro en mi cuarto y no abro la puerta? ¿Que no duermo? ¡Soy más lista que tú! Mira a ver si puedes agarrar la liebre con tus manos.

LA PONCIA. No me desafíes. ¡Adela, no me desafíes! Porque yo puedo dar voces, encender luces y hacer que toquen las campanas.

ADELA. Trae cuatro mil bengalas amarillas y ponlas en las bardas del corral. Nadie podrá evitar que suceda lo que tiene que suceder.

LA PONCIA. ¡Tanto te gusta ese hombre!

ADELA. ¡Tanto! Mirando sus ojos me parece que bebo su sangre lentamente.

LA PONCIA. Yo no te puedo oír.

ADELA. ¡Pues me oirás! Te he tenido miedo. ¡Pero ya soy más fuerte que tú! *(Entra Angustias.)*

ANGUSTIAS. ¡Siempre discutiendo!

LA PONCIA. Claro, se empeña en que con el calor que hace, vaya a traerle no sé qué cosa de la tienda.

ANGUSTIAS. ¿Me compraste el bote de esencia?

LA PONCIA. El más caro. Y los polvos. En la mesa de tu cuarto los he puesto. *(Sale Angustias.)*

ADELA. ¡Y chitón!

LA PONCIA. ¡Lo veremos!

(Entran Martirio, Amelia y Magdalena.)

MAGDALENA. *(A Adela.)* ¿Has visto los encajes?

AMELIA. Los de Angustias para sus sábanas de novia son preciosos.

ADELA. *(A Martirio, que trae unos encajes)* ¿Y estos?

MARTIRIO. Son para mí. Para una camisa.

ADELA. *(Con sarcasmo.)* Se necesita buen humor.

MARTIRIO. *(Con intención.)* Para verlo yo. No necesito lucirme ante nadie.

LA PONCIA. Nadie la ve a una en camisa.

MARTIRIO. *(Con intención y mirando a Adela.)* ¡A veces! Pero me encanta la ropa interior. Si fuera rica la tendría de Holanda. Es uno de los pocos gustos que me quedan.

LA PONCIA. Estos encajes son preciosos para las gorras de niño, para mantehuelos de cristianar. Yo nunca pude usarlos en los míos. A ver si ahora Angustias los usa en los suyos. Como le dé tener crías, vais a estar cosiendo mañana y tarde.

MAGDALENA. Yo no pienso dar una puntada.

AMELIA. Y mucho menos cuidar niños ajenos. Mira tú cómo están las vecinas del callejón, sacrificadas por cuatro monigotes.

LA PONCIA. Esas están mejor que vosotras. ¡Siquiera allí se ríe y se oyen porrazos!

MARTIRIO. Pues vete a servir con ellas.

LA PONCIA. No. Ya me ha tocado en suerte este convento.

(*Se oyen unos campanillos lejanos, como a través de varios muros.*)

MAGDALENA. Son los hombres que vuelven al trabajo.

LA PONCIA. Hace un minuto dieron las tres.

MARTIRIO. ¡Con este sol!

ADELA. *(Sentándose.)* ¡Ay, quién pudiera salir también a los campos!

MAGDALENA. *(Sentándose.)* ¡Cada clase tiene que hacer lo suyo!

MARTIRIO. *(Sentándose.)* ¡Así es!

AMELIA. *(Sentándose.)* ¡Ay!

LA PONCIA. No hay alegría como la de los campos en esta época. Ayer de mañana llegaron los segadores. Cuarenta o cincuenta buenos mozos.

MAGDALENA. ¿De dónde son este año?

LA PONCIA. De muy lejos. Vinieron de los montes. ¡Alegres! ¡Como árboles quemados! ¡Dando voces y arrojando piedras! Anoche llegó al pueblo una mujer vestida de lentejuelas y que bailaba con un acordeón, y quince de ellos la contrataron para llevársela al olivar. Yo los vi de lejos. El que la contrataba era un muchacho de ojos verdes, apretado como una gavilla de trigo.

AMELIA. ¿Es eso cierto?

ADELA. ¡Pero es posible!

LA PONCIA. Hace años vino otra de estas y yo misma di dinero a mi hijo mayor para que fuera. Los hombres necesitan estas cosas.

ADELA. Se les perdona todo.

AMELIA. Nacer mujer es el mayor castigo.

MAGDALENA. Y ni nuestros ojos siquiera nos pertenecen.

(*Se oye un canto lejano que se va acercando.*)

LA PONCIA. Son ellos. Traen unos cantos preciosos.

AMELIA. Ahora salen a segar.

Coro:
> Ya salen los segadores
> en busca de las espigas;
> se llevan los corazones
> de las muchachas que miran.

(*Se oyen panderos y carrañacas. Pausa. Todas oyen en un silencio traspasado por el sol.*)

AMELIA. ¡Y no les importa el calor!

MARTIRIO. Siegan entre llamaradas.

ADELA. Me gustaría segar para ir y venir. Así se olvida lo que nos muerde.

MARTIRIO. ¿Qué tienes tú que olvidar?

ADELA. Cada una sabe sus cosas.

MARTIRIO. *(Profunda.)* ¡Cada una!
LA PONCIA. ¡Callar! ¡Callar!
Coro:
(Muy lejano.)
>   Abrir puertas y ventanas
>   las que vivís en el pueblo,
>   el segador pide rosas
>   para adornar su sombrero.

LA PONCIA. ¡Qué canto!
MARTIRIO. *(Con nostalgia.)*
>   Abrir puertas y ventanas
>   las que vivís en el pueblo…

ADELA. *(Con pasión.)*
>   … el segador pide rosas
>   para adornar su sombrero.

(Se va alejando el cantar.)
LA PONCIA. Ahora dan la vuelta a la esquina.
ADELA. Vamos a verlos por la ventana de mi cuarto.
LA PONCIA. Tened cuidado con no entreabrirla mucho, porque son capaces de dar un empujón para ver quién mira.
(Se van las tres. Martirio queda sentada en la silla baja con la cabeza entre las manos.)
AMELIA. *(Acercándose.)* ¿Qué te pasa?
MARTIRIO. Me sienta mal el calor.
AMELIA. ¿No es más que eso?
MARTIRIO. Estoy deseando que llegue noviembre, los días de lluvia, las escarchas; todo lo que no sea este verano interminable.
AMELIA. Ya pasará y volverá otra vez.
MARTIRIO. ¡Claro! *(Pausa.)* ¿A qué hora te dormiste anoche?
AMELIA. No sé. Yo duermo como un tronco. ¿Por qué?
MARTIRIO. Por nada, pero me pareció oír gente en el corral.
AMELIA. ¿Sí?
MARTIRIO. Muy tarde.
AMELIA. ¿Y no tuviste miedo?
MARTIRIO. No. Ya lo he oído otras noches.
AMELIA. Debíamos tener cuidado. ¿No serían los gañanes?
MARTIRIO. Los gañanes llegan a las seis.
AMELIA. Quizá una mulilla sin desbravar.
MARTIRIO. *(Entre dientes y llena de segunda intención.)* Eso, ¡eso!, una mulilla sin desbravar.
AMELIA. ¡Hay que prevenir!
MARTIRIO. No. No. No digas nada. Puede ser un barrunto mío.
AMELIA. Quizá. *(Pausa. Amelia inicia el mutis.)*
MARTIRIO. Amelia.
AMELIA. *(En la puerta.)* ¿Qué? *(Pausa.)*

MARTIRIO. Nada. (*Pausa.*)
AMELIA. ¿Por qué me llamaste? (*Pausa.*)
MARTIRIO. Se me escapó. Fue sin darme cuenta. (*Pausa.*)
AMELIA. Acuéstate un poco.
ANGUSTIAS. (*Entrando furiosa en escena, de modo que haya un gran contraste con los silencios anteriores.*) ¿Dónde está el retrato de Pepe que tenía yo debajo de mi almohada? ¿Quién de vosotras lo tiene?
MARTIRIO. Ninguna.
AMELIA. Ni que Pepe fuera un San Bartolomé de plata.
ANGUSTIAS. ¿Dónde está el retrato?
(*Entran La Poncia, Magdalena y Adela.*)
ADELA. ¿Qué retrato?
ANGUSTIAS. Una de vosotras me lo ha escondido.
MAGDALENA. ¿Tienes la desvergüenza de decir esto?
ANGUSTIAS. Estaba en mi cuarto y no está.
MARTIRIO. ¿Y no se habrá escapado a medianoche al corral? A Pepe le gusta andar con la luna.

ANGUSTIAS. ¡No me gastes bromas! Cuando venga se lo contaré.
LA PONCIA. ¡Eso no, porque aparecerá! (*Mirando a Adela.*)
ANGUSTIAS. ¡Me gustaría saber cuál de vosotras lo tiene!
ADELA. (*Mirando a Martirio.*) ¡Alguna! ¡Todas, menos yo!
MARTIRIO. (*Con intención.*) ¡Desde luego!
BERNARDA. (*Entrando con su bastón.*) ¿Qué escándalo es este en mi casa y en el silencio del peso del calor? Estarán las vecinas con el oído pegado a los tabiques.
ANGUSTIAS. Me han quitado el retrato de mi novio.
BERNARDA. (*Fiera.*) ¿Quién? ¿Quién?
ANGUSTIAS. ¡Estas!
BERNARDA. ¿Cuál de vosotras? (*Silencio.*) ¡Contestarme! (*Silencio. A Poncia.*) Registra los cuartos, mira por las camas. Esto tiene no ataros más cortas. ¡Pero me vais a soñar! (*A Angustias.*) ¿Estás segura?
ANGUSTIAS. Sí.
BERNARDA. ¿Lo has buscado bien?
ANGUSTIAS. Sí, madre.
(*Todas están en medio de un embarazoso silencio.*)
BERNARDA. Me hacéis al final de mi vida beber el veneno más amargo que una madre puede resistir. (*A Poncia.*) ¿No lo encuentras?
LA PONCIA. (*Saliendo.*) Aquí está.
BERNARDA. ¿Dónde lo has encontrado?
LA PONCIA. Estaba…

BERNARDA. Dilo sin temor.
LA PONCIA. (*Extrañada.*) Entre las sábanas de la cama de Martirio.
BERNARDA. (*A Martirio.*) ¿Es verdad?
MARTIRIO. ¡Es verdad!

BERNARDA. (*Avanzando y golpeándola con el bastón.*) Mala puñalada te den, ¡mosca muerta! ¡Sembradura de vidrios!
MARTIRIO. (*Fiera.*) ¡No me pegue usted, madre!
BERNARDA. ¡Todo lo que quiera!
MARTIRIO. ¡Si yo la dejo! ¿Lo oye? ¡Retírese usted!
LA PONCIA. No faltes a tu madre.
ANGUSTIAS. (*Cogiendo a Bernarda.*) Déjala. ¡Por favor!
BERNARDA. Ni lágrimas te quedan en esos ojos.
MARTIRIO. No voy a llorar para darle gusto.
BERNARDA. ¿Por qué has cogido el retrato?
MARTIRIO. ¿Es que yo no puedo gastar una broma a mi hermana? ¿Para qué otra cosa lo iba a querer?
ADELA. (*Saltando llena de celos.*) No ha sido broma, que tú nunca has gustado jamás de juegos. Ha sido otra cosa que te reventaba el pecho por querer salir. Dilo ya claramente.
MARTIRIO. ¡Calla y no me hagas hablar, que si hablo se van a juntar las paredes unas con otras de vergüenza!
ADELA. ¡La mala lengua no tiene fin para inventar!
BERNARDA. ¡Adela!

MAGDALENA. Estáis locas.
AMELIA. Y nos apedreáis con malos pensamientos.
MARTIRIO. Otras hacen cosas más malas.
ADELA. Hasta que se pongan en cueros de una vez y se las lleve el río.
BERNARDA. ¡Perversa!
ANGUSTIAS. Yo no tengo la culpa de que Pepe el Romano se haya fijado en mí.
ADELA. ¡Por tus dineros!
ANGUSTIAS. ¡Madre!
BERNARDA. ¡Silencio!
MARTIRIO. Por tus marjales y tus arboledas.
MAGDALENA. ¡Eso es lo justo!
BERNARDA. ¡Silencio digo! Yo veía la tormenta venir, pero no creía que estallara tan pronto. ¡Ay, qué pedrisco de odio habéis echado sobre mi corazón! Pero todavía no soy anciana y tengo cinco cadenas para vosotras y esta casa levantada por mi padre para que ni las hierbas se enteren de mi desolación. ¡Fuera de aquí!
(*Salen. Bernarda se sienta desolada. La Poncia está de pie arrimada a los muros. Bernarda reacciona, da un golpe en el suelo y dice:*)
¡Tendré que sentarles la mano! Bernarda, ¡acuérdate que esta es tu obligación!
LA PONCIA. ¿Puedo hablar?
BERNARDA. Habla. Siento que hayas oído. Nunca está bien una extraña en el centro de la familia.
LA PONCIA. Lo visto, visto está.

BERNARDA. Angustias tiene que casarse en seguida.
LA PONCIA. Hay que retirarla de aquí.
BERNARDA. No a ella. ¡A él!

LA PONCIA. Claro, a él hay que alejarlo de aquí. Piensas bien.
BERNARDA. No pienso. Hay cosas que no se pueden ni se deben pensar. Yo ordeno.
LA PONCIA. ¿Y tú crees que él querrá marcharse?
BERNARDA. *(Levantándose.)* ¿Qué imagina tu cabeza?
LA PONCIA. Él, claro, se casará con Angustias.
BERNARDA. Habla, te conozco demasiado para saber que ya me tienes preparada la cuchilla.
LA PONCIA. Nunca pensé que se llamara asesinato al aviso.
BERNARDA. ¿Me tienes que prevenir algo?
LA PONCIA. Yo no acuso, Bernarda. Yo solo te digo: abre los ojos y verás.
BERNARDA. ¿Y verás qué?
LA PONCIA. Siempre has sido lista. Has visto lo malo de las gentes a cien leguas. Muchas veces creí que adivinabas los pensamientos. Pero los hijos son los hijos. Ahora estás ciega.
BERNARDA. ¿Te refieres a Martirio?
LA PONCIA. Bueno, a Martirio… *(Con curiosidad.)* ¿Por qué habrá escondido el retrato?
BERNARDA. *(Queriendo ocultar a su hija.)* Después de todo, ella dice que ha sido una broma. ¿Qué otra cosa puede ser?
LA PONCIA. *(Con sorna.)* ¿Tú lo crees así?
BERNARDA. *(Enérgica.)* No lo creo. ¡Es así!
LA PONCIA. Basta. Se trata de lo tuyo. Pero si fuera la vecina de enfrente, ¿qué sería?

BERNARDA. Ya empiezas a sacar la punta del cuchillo.
LA PONCIA. *(Siempre con crueldad.)* No, Bernarda, aquí pasa una cosa muy grande. Yo no te quiero echar la culpa, pero tú no has dejado a tus hijas libres. Martirio es enamoradiza, digas lo que tú quieras. ¿Por qué no la dejaste casar con Enrique Humanes? ¿Por qué el mismo día que iba a venir a la ventana le mandaste recado que no viniera?
BERNARDA. *(Fuerte.)* ¡Y lo haría mil veces! ¡Mi sangre no se junta con la de los Humanes mientras yo viva! Su padre fue gañán.
LA PONCIA. ¡Y así te va a ti con esos humos!
BERNARDA. Los tengo porque puedo tenerlos. Y tú no los tienes porque sabes muy bien cuál es tu origen.
LA PONCIA. *(Con odio.)* ¡No me lo recuerdes! Estoy ya vieja, siempre agradecí tu protección.
BERNARDA. *(Crecida.)* ¡No lo parece!
LA PONCIA. *(Con odio envuelto en suavidad.)* A Martirio se le olvidará esto.
BERNARDA. Y si no lo olvida peor para ella. No creo que esta sea la "cosa muy grande" que aquí pasa. Aquí no pasa nada. ¡Eso quisieras tú! Y si pasara algún día, estate segura que no traspasaría las paredes.
LA PONCIA. ¡Eso no lo sé yo! En el pueblo hay gentes que leen también de lejos los pensamientos escondidos.
BERNARDA. ¡Cómo gozarías de vernos a mí y a mis hijas camino del lupanar!
LA PONCIA. ¡Nadie puede conocer su fin!

BERNARDA. ¡Yo sí sé mi fin! ¡Y el de mis hijas! El lupanar se queda para alguna mujer ya difunta...

LA PONCIA. (*Fiera.*) ¡Bernarda! ¡Respeta la memoria de mi madre!

BERNARDA. ¡No me persigas tú con tus malos pensamientos! (*Pausa.*)

LA PONCIA. Mejor será que no me meta en nada.

BERNARDA. Eso es lo que debías hacer. Obrar y callar a todo. Es la obligación de los que viven a sueldo.

LA PONCIA. Pero no se puede. ¿A ti no te parece que Pepe estaría mejor casado con Martirio o... ¡sí!, con Adela?

BERNARDA. No me parece.

LA PONCIA. (*Con intención.*) Adela. ¡Esa es la verdadera novia del Romano!

BERNARDA. Las cosas no son nunca a gusto nuestro.

LA PONCIA. Pero les cuesta mucho trabajo desviarse de la verdadera inclinación. A mí me parece mal que Pepe esté con Angustias, y a las gentes, y hasta al aire. ¡Quién sabe si se saldrán con la suya!

BERNARDA. ¡Ya estamos otra vez!... Te deslizas para llenarme de malos sueños. Y no quiero entenderte, porque si llegara al alcance de todo lo que dices te tendría que arañar.

LA PONCIA. ¡No llegará la sangre al río!

BERNARDA. ¡Afortunadamente mis hijas me respetan y jamás torcieron mi voluntad!

LA PONCIA. ¡Eso sí! Pero en cuanto las dejes sueltas se te subirán al tejado.

BERNARDA. ¡Ya las bajaré tirándoles cantos!

LA PONCIA. ¡Desde luego eres la más valiente!

BERNARDA. ¡Siempre gasté sabrosa pimienta!

LA PONCIA. ¡Pero lo que son las cosas! A su edad. ¡Hay que ver el entusiasmo de Angustias con su novio! ¡Y él también parece muy picado! Ayer me contó mi hijo mayor que a las cuatro y media de la madrugada, que pasó por la calle con la yunta, estaban hablando todavía.

BERNARDA. ¡A las cuatro y media!

ANGUSTIAS. (*Saliendo.*) ¡Mentira!

LA PONCIA. Eso me contaron.

BERNARDA. (*A Angustias.*) ¡Habla!

ANGUSTIAS. Pepe lleva más de una semana marchándose a la una. Que Dios me mate si miento.

MARTIRIO. (*Saliendo.*) Yo también lo sentí marcharse a las cuatro.

BERNARDA. Pero, ¿lo viste con tus ojos?

MARTIRIO. No quise asomarme. ¿No habláis ahora por la ventana del callejón?

ANGUSTIAS. Yo hablo por la ventana de mi dormitorio.

(*Aparece Adela en la puerta.*)

MARTIRIO. Entonces...

BERNARDA. ¿Qué es lo que pasa aquí?

LA PONCIA. ¡Cuida de enterarte! Pero, desde luego, Pepe estaba a las cuatro de la madrugada en una reja de tu casa.

BERNARDA. ¿Lo sabes seguro?
LA PONCIA. Seguro no se sabe nada en esta vida.
ADELA. Madre, no oiga usted a quien nos quiere perder a todas.
BERNARDA. ¡Yo sabré enterarme! Si las gentes del pueblo quieren levantar falsos testimonios, se encontrarán con mi pedernal. No se hable de este asunto. Hay a veces una ola de fango que levantan los demás para perdernos.
MARTIRIO. A mí no me gusta mentir.
LA PONCIA. Y algo habrá.
BERNARDA. No habrá nada. Nací para tener los ojos abiertos. Ahora vigilaré sin cerrarlos ya hasta que me muera.
ANGUSTIAS. Yo tengo derecho de enterarme.
BERNARDA. Tú no tienes derecho más que a obedecer. Nadie me traiga ni me lleve. *(A La Poncia.)* Y tú te metes en los asuntos de tu casa. ¡Aquí no se vuelve a dar un paso que yo no sienta!
CRIADA. *(Entrando.)* ¡En lo alto de la calle hay un gran gentío y todos los vecinos están en sus puertas!
BERNARDA. *(A Poncia.)* ¡Corre a enterarte de lo que pasa! *(Las mujeres corren para salir.)* ¿Dónde vais? Siempre os supe mujeres ventaneras y rompedoras de su luto. ¡Vosotras, al patio!
(Salen y sale Bernarda. Se oyen rumores lejanos. Entran Martirio y Adela, que se quedan escuchando y sin atreverse a dar un paso más de la puerta de salida.)
MARTIRIO. Agradece a la casualidad que no desaté mi lengua.
ADELA. También hubiera hablado yo.
MARTIRIO. ¿Y qué ibas a decir? ¡Querer no es hacer!
ADELA. Hace la que puede y la que se adelanta. Tú querías pero no has podido.

MARTIRIO. No seguirás mucho tiempo.
ADELA. ¡Lo tendré todo!
MARTIRIO. Yo romperé tus abrazos.
ADELA. *(Suplicante.)* ¡Martirio, déjame!
MARTIRIO. ¡De ninguna!
ADELA. ¡Él me quiere para su casa!
MARTIRIO. ¡He visto cómo te abrazaba!
ADELA. Yo no quería. He ido como arrastrada por una maroma.
MARTIRIO. ¡Primero muerta!
(Se asoman Magdalena y Angustias. Se siente crecer el tumulto.)
LA PONCIA. *(Entrando con Bernarda.)* ¡Bernarda!
BERNARDA. ¿Qué ocurre?
LA PONCIA. La hija de la Librada, la soltera, tuvo un hijo no se sabe con quién.
ADELA. ¿Un hijo?
LA PONCIA. Y para ocultar su vergüenza lo mató y lo metió debajo de unas piedras, pero unos perros con más corazón que muchas criaturas, lo sacaron y como llevados por la mano de Dios lo han puesto en el tranco de su puerta. Ahora la quieren matar. La traen arrastrando por la calle abajo, y por las trochas y los terrenos del olivar vienen los hombres corriendo, dando unas voces que estremecen los campos.

BERNARDA. Sí, que vengan todos con varas de olivo y mangos de azadones, que vengan todos para matarla.
ADELA. ¡No, no, para matarla no!
MARTIRIO. Sí, y vamos a salir también nosotras.
BERNARDA. Y que pague la que pisotea su decencia.
(Fuera se oye un grito de mujer y un gran rumor.)
ADELA. ¡Que la dejen escapar! ¡No salgáis vosotras!
MARTIRIO. *(Mirando a Adela.)* ¡Que pague lo que debe!
BERNARDA. *(Bajo el arco.)* ¡Acabad con ella antes que lleguen los guardias! ¡Carbón ardiendo en el sitio de su pecado!
ADELA. *(Cogiéndose el vientre.)* ¡No! ¡No!
BERNARDA. ¡Matadla! ¡Matadla!
(Telón)

ACTO III

Cuatro paredes blancas ligeramente azuladas del patio interior de la casa de Bernarda. Es de noche. El decorado ha de ser de una perfecta simplicidad. Las puertas iluminadas por la luz de los interiores dan un tenue fulgor a la escena.

En el centro, una mesa con un quinqué, donde están comiendo Bernarda y sus hijas. La Poncia les sirve. Prudencia está sentada aparte.

Al levantarse el telón hay un gran silencio, interrumpido por el ruido de platos y cubiertos.

PRUDENCIA. Ya me voy. Os he hecho una visita larga. *(Se levanta.)*

BERNARDA. Espérate, mujer. No nos vemos nunca.
PRUDENCIA. ¿Han dado el último toque para el rosario?
LA PONCIA. Todavía no.
(Prudencia se sienta.)
BERNARDA. ¿Y tu marido cómo sigue?
PRUDENCIA. Igual.
BERNARDA. Tampoco lo vemos.
PRUDENCIA. Ya sabes sus costumbres. Desde que se peleó con sus hermanos por la herencia no ha salido por la puerta de la calle. Pone una escalera y salta las tapias del corral.
BERNARDA. Es un verdadero hombre. ¿Y con tu hija…?
PRUDENCIA. No la ha perdonado.
BERNARDA. Hace bien.
PRUDENCIA. No sé qué te diga. Yo sufro por esto.
BERNARDA. Una hija que desobedece deja de ser hija para convertirse en una enemiga.
PRUDENCIA. Yo dejo que el agua corra. No me queda más consuelo que refugiarme en la iglesia, pero como me estoy quedando sin vista tendré que dejar de venir para que no jueguen con una los chiquillos. *(Se oye un gran golpe, como dado en los muros.)* ¿Qué es eso?

BERNARDA. El caballo garañón, que está encerrado y da coces contra el muro. (*A voces.*) ¡Trabadlo y que salga al corral! (*En voz baja.*) Debe tener calor.
PRUDENCIA. ¿Vais a echarle las potras nuevas?
BERNARDA. Al amanecer.

PRUDENCIA. Has sabido acrecentar tu ganado.
BERNARDA. A fuerza de dinero y sinsabores.
LA PONCIA. (*Interviniendo.*) ¡Pero tiene la mejor manada de estos contornos! Es una lástima que esté bajo de precio.
BERNARDA. ¿Quieres un poco de queso y miel?
PRUDENCIA. Estoy desganada.
(*Se oye otra vez el golpe.*)
LA PONCIA. ¡Por Dios!
PRUDENCIA. ¡Me ha retemblado dentro del pecho!
BERNARDA. (*Levantándose furiosa.*) ¿Hay que decir las cosas dos veces? ¡Echadlo que se revuelque en los montones de paja! (*Pausa, y como hablando con los gañanes.*) Pues encerrad las potras en la cuadra, pero dejadlo libre, no sea que nos eche abajo las paredes. (*Se dirige a la mesa y se sienta otra vez.*) ¡Ay, qué vida!
PRUDENCIA. Bregando como un hombre.
BERNARDA. Así es. (*Adela se levanta de la mesa.*) ¿Dónde vas?
ADELA. A beber agua.
BERNARDA. (*En alta voz.*) Trae un jarro de agua fresca. (*A Adela.*) Puedes sentarte. (*Adela se sienta.*)
PRUDENCIA. Y Angustias, ¿cuándo se casa?
BERNARDA. Vienen a pedirla dentro de tres días.
PRUDENCIA. ¡Estarás contenta!
ANGUSTIAS. ¡Claro!

AMELIA. (*A Magdalena.*) ¡Ya has derramado la sal!
MAGDALENA. Peor suerte que tienes no vas a tener.
AMELIA. Siempre trae mala sombra.
BERNARDA. ¡Vamos!
PRUDENCIA. (*A Angustias.*) ¿Te ha regalado ya el anillo?
ANGUSTIAS. Mírelo usted. (*Se lo alarga.*)
PRUDENCIA. Es precioso. Tres perlas. En mi tiempo las perlas significaban lágrimas.
ANGUSTIAS. Pero ya las cosas han cambiado.
ADELA. Yo creo que no. Las cosas significan siempre lo mismo. Los anillos de pedida deben ser de diamantes.
PRUDENCIA. Es más propio.
BERNARDA. Con perlas o sin ellas, las cosas son como una se las propone.
MARTIRIO. O como Dios dispone.
PRUDENCIA. Los muebles me han dicho que son preciosos.
BERNARDA. Dieciséis mil reales he gastado.
LA PONCIA. (*Interviniendo.*) Lo mejor es el armario de luna.
PRUDENCIA. Nunca vi un mueble de estos.
BERNARDA. Nosotras tuvimos arca.

PRUDENCIA. Lo preciso es que todo sea para bien.
ADELA. Que nunca se sabe.
BERNARDA. No hay motivo para que no lo sea.
(Se oyen lejanísimas unas campanas.)
PRUDENCIA. El último toque. *(A Angustias.)* Ya vendré a que me enseñes la ropa.
ANGUSTIAS. Cuando usted quiera.
PRUDENCIA. Buenas noches nos dé Dios.
BERNARDA. Adiós, Prudencia.
Las cinco a la vez: Vaya usted con Dios.
(Pausa. Sale Prudencia.)
BERNARDA. Ya hemos comido. *(Se levantan.)*
ADELA. Voy a llegarme hasta el portón para estirar las piernas y tomar un poco de fresco.
(Magdalena se sienta en una silla baja retrepada contra la pared.)
AMELIA. Yo voy contigo.
MARTIRIO. Y yo.
ADELA. *(Con odio contenido.)* No me voy a perder.
AMELIA. La noche quiere compañía.
(Salen. Bernarda se sienta y Angustias está arreglando la mesa.)
BERNARDA. Ya te he dicho que quiero que hables con tu hermana Martirio. Lo que pasó del retrato fue una broma y lo debes olvidar.
ANGUSTIAS. Usted sabe que ella no me quiere.
BERNARDA. Cada uno sabe lo que piensa por dentro. Yo no me meto en los corazones, pero quiero buena fachada y armonía familiar. ¿Lo entiendes?
ANGUSTIAS. Sí.
BERNARDA. Pues ya está.
MAGDALENA. *(Casi dormida.)* Además, ¡si te vas a ir antes de nada! *(Se duerme.)*
ANGUSTIAS. Tarde me parece.
BERNARDA. ¿A qué hora terminaste anoche de hablar?
ANGUSTIAS. A las doce y media.
BERNARDA. ¿Qué cuenta Pepe?
ANGUSTIAS. Yo lo encuentro distraído. Me habla siempre como pensando en otra cosa. Si le pregunto qué le pasa, me contesta: "Los hombres tenemos nuestras preocupaciones."
BERNARDA. No le debes preguntar. Y cuando te cases, menos. Habla si él habla y míralo cuando te mire. Así no tendrás disgustos.
ANGUSTIAS. Yo creo, madre, que él me oculta muchas cosas.
BERNARDA. No procures descubrirlas, no le preguntes y, desde luego, que no te vea llorar jamás.
ANGUSTIAS. Debía estar contenta y no lo estoy.
BERNARDA. Eso es lo mismo.
ANGUSTIAS. Muchas veces miro a Pepe con mucha fijeza y se me borra a través de los hierros, como si lo tapara una nube de polvo de las que levantan los rebaños.
BERNARDA. Eso son cosas de debilidad.

ANGUSTIAS. ¡Ojalá!
BERNARDA. ¿Viene esta noche?
ANGUSTIAS. No. Fue con su madre a la capital.
BERNARDA. Así nos acostaremos antes. ¡Magdalena!
ANGUSTIAS. Está dormida.
(Entran Adela, Martirio y Amelia.)
AMELIA. ¡Qué noche más oscura!
ADELA. No se ve a dos pasos de distancia.
MARTIRIO. Una buena noche para ladrones, para el que necesite escondrijo.
ADELA. El caballo garañón estaba en el centro del corral. ¡Blanco! Doble de grande. Llenando todo lo oscuro.
AMELIA. Es verdad. Daba miedo. ¡Parecía una aparición!
ADELA. Tiene el cielo unas estrellas como puños.
MARTIRIO. Esta se puso a mirarlas de modo que se iba a tronchar el cuello.
ADELA. ¿Es que no te gustan a ti?
MARTIRIO. A mí las cosas de tejas arriba no me importan nada. Con lo que pasa dentro de las habitaciones tengo bastante.
ADELA. Así te va a ti.
BERNARDA. A ella le va en lo suyo como a ti en lo tuyo.
ANGUSTIAS. Buenas noches.
ADELA. ¿Ya te acuestas?
ANGUSTIAS. Sí, esta noche no viene Pepe. *(Sale.)*
ADELA. Madre, ¿Por qué cuando se corre una estrella o luce un relámpago se dice:
    Santa Bárbara bendita,
    que en el cielo estás escrita
    con papel y agua bendita?
BERNARDA. Los antiguos sabían muchas cosas que hemos olvidado.
AMELIA. Yo cierro los ojos para no verlas.
ADELA. Yo, no. A mí me gusta ver correr lleno de lumbre lo que está quieto y quieto años enteros.
MARTIRIO. Pero estas cosas nada tienen que ver con nosotros.
BERNARDA. Y es mejor no pensar en ellas.
ADELA. ¡Qué noche más hermosa! Me gustaría quedarme hasta muy tarde para disfrutar el fresco del campo.
BERNARDA. Pero hay que acostarse. ¡Magdalena!
AMELIA. Está en el primer sueño.
BERNARDA. ¡Magdalena!
MAGDALENA. *(Disgustada.)* ¡Dejarme en paz!
BERNARDA. ¡A la cama!
MAGDALENA. *(Levantándose malhumorada.)* ¡No la dejáis a una tranquila! *(Se va refunfuñando.)*
AMELIA. Buenas noches. *(Se va.)*
BERNARDA. Andar vosotras también.
MARTIRIO. ¿Cómo es que esta noche no viene el novio de Angustias?
BERNARDA. Fue de viaje.

MARTIRIO. (*Mirando a Adela.*) ¡Ah!
ADELA. Hasta mañana. (*Sale.*)
(*Martirio bebe agua y sale lentamente mirando hacia la puerta del corral. Sale la Poncia.*)
LA PONCIA. ¿Estás todavía aquí?
BERNARDA. Disfrutando este silencio y sin lograr ver por parte alguna "la cosa tan grande" que aquí pasa, según tú.
LA PONCIA. Bernarda, dejemos esa conversación.

BERNARDA. En esta casa no hay un sí ni un no. Mi vigilancia lo puede todo.
LA PONCIA. No pasa nada por fuera. Eso es verdad. Tus hijas están y viven como metidas en alacenas. Pero ni tú ni nadie puede vigilar por el interior de los pechos.
BERNARDA. Mis hijas tienen la respiración tranquila.
LA PONCIA. Eso te importa a ti, que eres su madre. A mí, con servir tu casa tengo bastante.
BERNARDA. Ahora te has vuelto callada.
LA PONCIA. Me estoy en mi sitio, y en paz.
BERNARDA. Lo que pasa es que no tienes nada que decir. Si en esta casa hubiera hierbas ya te encargarías de traer a pastar las ovejas del vecindario.
LA PONCIA. Yo tapo más de lo que te figuras.
BERNARDA. ¿Sigue tu hijo viendo a Pepe a las cuatro de la mañana? ¿Siguen diciendo todavía la mala letanía de esta casa?
LA PONCIA. No dicen nada.
BERNARDA. Porque no pueden. Porque no hay carne donde morder. ¡A la vigilia de mis ojos se debe esto!
LA PONCIA. Bernarda, yo no quiero hablar porque temo tus intenciones. Pero no estés segura.
BERNARDA. ¡Segurísima!
LA PONCIA. ¡A lo mejor, de pronto, cae un rayo! A lo mejor de pronto, un golpe de sangre te para el corazón.
BERNARDA. Aquí no pasará nada. Ya estoy alerta contra tus suposiciones.
LA PONCIA. Pues mejor para ti.
BERNARDA. ¡No faltaba más!
CRIADA. (*Entrando.*) Ya terminé de fregar los platos. ¿Manda usted algo, Bernarda?
BERNARDA. (*Levantándose.*) Nada. Yo voy a descansar.
LA PONCIA. ¿A qué hora quiere que la llame?
BERNARDA. A ninguna. Esta noche voy a dormir bien. (*Se va.*)
LA PONCIA. Cuando una no puede con el mar lo más fácil es volver las espaldas para no verlo.
CRIADA. Es tan orgullosa que ella misma se pone una venda en los ojos.
LA PONCIA. Yo no puedo hacer nada. Quise atajar las cosas, pero ya me asustan demasiado. ¿Tú ves este silencio? Pues hay una tormenta en cada cuarto. El día que estallen nos barrerán a todas. Yo he dicho lo que tenía que decir.
CRIADA. Bernarda cree que nadie puede con ella y no sabe la fuerza que tiene un hombre entre mujeres solas.

LA PONCIA. No es toda la culpa de Pepe el Romano. Es verdad que el año pasado anduvo detrás de Adela y esta estaba loca por él, pero ella debió estarse en su sitio y no provocarlo. Un hombre es un hombre.
CRIADA. Hay quien cree que habló muchas noches con Adela.
LA PONCIA. Es verdad. (*En voz baja.*) Y otras cosas.
CRIADA. No sé lo que va a pasar aquí.
LA PONCIA. A mí me gustaría cruzar el mar y dejar esta casa de guerra.
CRIADA. Bernarda está aligerando la boda y es posible que nada pase.
LA PONCIA. Las cosas se han puesto ya demasiado maduras. Adela está decidida a lo que sea y las demás vigilan sin descanso.
CRIADA. ¿Y Martirio también?
LA PONCIA. Esa es la peor. Es un pozo de veneno. Ve que el Romano no es para ella y hundiría el mundo si estuviera en su mano.
CRIADA. ¡Es que son malas!
LA PONCIA. Son mujeres sin hombre, nada más. En estas cuestiones se olvida hasta la sangre. ¡Chisssssss! (*Escucha.*)
CRIADA. ¿Qué pasa?
LA PONCIA. (*Se levanta.*) Están ladrando los perros.
CRIADA. Debe haber pasado alguien por el portón.
(*Sale Adela en enaguas blancas y corpiño.*)
LA PONCIA. ¿No te habías acostado?
ADELA. Voy a beber agua. (*Bebe en un vaso de la mesa.*)
LA PONCIA. Yo te suponía dormida.
ADELA. Me despertó la sed. Y vosotras, ¿no descansáis?
CRIADA. Ahora.
(*Sale Adela.*)
LA PONCIA. Vámonos.
CRIADA. Ganado tenemos el sueño. Bernarda no me deja descansar en todo el día.
LA PONCIA. Llévate la luz.
CRIADA. Los perros están como locos.
LA PONCIA. No nos van a dejar dormir.
(*Salen. La escena queda casi a oscuras. Sale María Josefa con una oveja en los brazos.*)
MARÍA JOSEFA.
>Ovejita, niño mío,
>vámonos a la orilla del mar.
>La hormiguita estará en su puerta,
>yo te daré la teta y el pan.
>
>Bernarda,
>cara de leoparda.
>Magdalena,
>cara de hiena.
>¡Ovejita!
>Meee, meee.

Vamos a los ramos del portal de Belén.
(Ríe)

Ni tú ni yo queremos dormir.
La puerta sola se abrirá
y en la playa nos meteremos
en una choza de coral.

Bernarda,
cara de leoparda.
Magdalena,
cara de hiena.
¡Ovejita!
Meee, meee.
Vamos a los ramos del portal de Belén.
(Se va cantando.)

Entra Adela. Mira a un lado y otro con sigilo y desaparece por la puerta del corral. Sale Martirio por otra puerta y queda en angustioso acecho en el centro de la escena. También va en enaguas. Se cubre con un pequeño mantón negro de talle. Sale por enfrente de ella María Josefa.

MARTIRIO. Abuela, ¿dónde va usted?

MARÍA JOSEFA. ¿Vas a abrirme la puerta? ¿Quién eres tú?

MARTIRIO. ¿Cómo está aquí?

MARÍA JOSEFA. Me escapé. ¿Tú quién eres?

MARTIRIO. Vaya a acostarse.

MARÍA JOSEFA. Tú eres Martirio, ya te veo. Martirio, cara de martirio. ¿Y cuándo vas a tener un niño? Yo he tenido este.

MARTIRIO. ¿Dónde cogió esa oveja?

MARÍA JOSEFA. Ya sé que es una oveja. Pero, ¿por qué una oveja no va a ser un niño? Mejor es tener una oveja que no tener nada. Bernarda, cara de leoparda. Magdalena, cara de hiena.

MARTIRIO. No dé voces.

MARÍA JOSEFA. Es verdad. Está todo muy oscuro. Como tengo el pelo blanco crees que no puedo tener crías, y sí, crías y crías y crías. Este niño tendrá el pelo blanco y tendrá otro niño y este otro, y todos con el pelo de nieve, seremos como las olas, una y otra y otra. Luego nos sentaremos todos y todos tendremos el cabello blanco y seremos espuma. ¿Por qué aquí no hay espumas? Aquí no hay más que mantos de luto.

MARTIRIO. Calle, calle.

MARÍA JOSEFA. Cuando mi vecina tenía un niño yo le llevaba chocolate y luego ella me lo traía a mí, y así siempre, siempre, siempre. Tú tendrás el pelo blanco, pero no vendrán las vecinas. Yo tengo que marcharme, pero tengo miedo de que los perros me muerdan. ¿Me acompañarás tú a salir del campo? Yo quiero campo. Yo quiero casas, pero casas abiertas y las vecinas acostadas en sus camas con sus niños chiquitos, y los hombres fuera, sentados en sus sillas. Pepe el Romano es un gigante.

Todas lo queréis. Pero él os va a devorar porque vosotras sois granos de trigo. No granos de trigo, no. ¡Ranas sin lengua!

MARTIRIO. (*Enérgica.*) Vamos, váyase a la cama. (*La empuja.*)

MARÍA JOSEFA. Sí, pero luego tú me abrirás, ¿verdad?

MARTIRIO. De seguro.

MARÍA JOSEFA. *(Llorando.)*

    Ovejita, niño mío,
    Vámonos a la orilla del mar.
    La hormiguita estará en su puerta,
    yo te daré la teta y el pan.

(*Sale. Martirio cierra la puerta por donde ha salido María Josefa y se dirige a la puerta del corral. Allí vacila, pero avanza dos pasos más.*)

MARTIRIO. (*En voz baja.*) Adela. (*Pausa. Avanza hasta la misma puerta. En voz alta.*) ¡Adela!

(*Aparece Adela. Viene un poco despeinada.*)

ADELA. ¿Por qué me buscas?

MARTIRIO. ¡Deja a ese hombre!

ADELA. ¿Quién eres tú para decírmelo?

MARTIRIO. No es ese el sitio de una mujer honrada.

ADELA. ¡Con qué ganas te has quedado de ocuparlo!

MARTIRIO. (*En voz alta.*) Ha llegado el momento de que yo hable. Esto no puede seguir así.

ADELA. Esto no es más que el comienzo. He tenido fuerza para adelantarme. El brío y el mérito que tú no tienes. He visto la muerte debajo de estos techos y he salido a buscar lo que era mío, lo que me pertenecía.

MARTIRIO. Ese hombre sin alma vino por otra. Tú te has atravesado.

ADELA. Vino por el dinero, pero sus ojos los puso siempre en mí.

MARTIRIO. Yo no permitiré que lo arrebates. Él se casará con Angustias.

ADELA. Sabes mejor que yo que no la quiere.

MARTIRIO. Lo sé.

ADELA. Sabes, porque lo has visto, que me quiere a mí.

MARTIRIO. (*Desesperada.*) Sí.

ADELA. (*Acercándose.*) Me quiere a mí. Me quiere a mí.

MARTIRIO. Clávame un cuchillo si es tu gusto, pero no me lo digas más.

ADELA. Por eso procuras que no vaya con él. No te importa que abrace a la que no quiere; a mí, tampoco. Ya puede estar cien años con Angustias, pero que me abrace a mí se te hace terrible, porque tú lo quieres también, ¡lo quieres!

MARTIRIO. (*Dramática.*) ¡Sí! Déjame decirlo con la cabeza fuera de los embozos. ¡Sí! Déjame que el pecho se me rompa como una granada de amargura. ¡Le quiero!

ADELA. (*En un arranque, y abrazándola.*) Martirio, Martirio, yo no tengo la culpa.

MARTIRIO. ¡No me abraces! No quieras ablandar mis ojos. Mi sangre ya no es la tuya, y aunque quisiera verte como hermana, no te miro ya más que como mujer. (*La rechaza.*)

ADELA. Aquí no hay ningún remedio. La que tenga que ahogarse que se ahogue. Pepe el Romano es mío. Él me lleva a los juncos de la orilla.

MARTIRIO. ¡No será!

ADELA. Ya no aguanto el horror de estos techos después de haber probado el sabor de su boca. Seré lo que él quiera que sea. Todo el pueblo contra mí, quemándome con sus dedos de lumbre, perseguida por los que dicen que son decentes, y me pondré delante de todos la corona de espinas que tienen las que son queridas de algún hombre casado.

MARTIRIO. ¡Calla!

ADELA. Sí, sí. (*En voz baja.*) Vamos a dormir, vamos a dejar que se case con Angustias. Ya no me importa. Pero yo me iré a una casita sola donde él me verá cuando quiera, cuando le venga en gana.

MARTIRIO. Eso no pasará mientras yo tenga una gota de sangre en el cuerpo.

ADELA. No a ti, que eres débil: a un caballo encabritado soy capaz de poner de rodillas con la fuerza de mi dedo meñique.

MARTIRIO. No levantes esa voz que me irrita. Tengo el corazón lleno de una fuerza tan mala, que sin quererlo yo, a mí misma me ahoga.

ADELA. Nos enseñan a querer a las hermanas. Dios me ha debido dejar sola en medio de la oscuridad, porque te veo como si no te hubiera visto nunca.

(*Se oye un silbido y Adela corre a la puerta, pero Martirio se le pone delante.*)

MARTIRIO. ¿Dónde vas?

ADELA. ¡Quítate de la puerta!

MARTIRIO. ¡Pasa si puedes!

ADELA. ¡Aparta! (*Lucha.*)

MARTIRIO. (*A voces.*) ¡Madre, madre!

ADELA. ¡Déjame!

(*Aparece Bernarda. Sale en enaguas con un mantón negro.*)

BERNARDA. Quietas, quietas. ¡Qué pobreza la mía, no poder tener un rayo entre los dedos!

MARTIRIO. (*Señalando a Adela.*) ¡Estaba con él! ¡Mira esas enaguas llenas de paja de trigo!

BERNARDA. ¡Esa es la cama de las mal nacidas! (*Se dirige furiosa hacia Adela.*)

ADELA. (*Haciéndole frente.*) ¡Aquí se acabaron las voces de presidio! (*Adela arrebata el bastón a su madre y lo parte en dos.*) Esto hago yo con la vara de la dominadora. No dé usted un paso más. ¡En mí no manda nadie más que Pepe!

(*Sale Magdalena.*)

MAGDALENA. ¡Adela!

(*Salen La Poncia y Angustias.*)

ADELA. Yo soy su mujer. (*A Angustias.*) Entérate tú y ve al corral a decírselo. Él dominará toda esta casa. Ahí fuera está, respirando como si fuera un león.

ANGUSTIAS. ¡Dios mío!

BERNARDA. ¡La escopeta! ¿Dónde está la escopeta? (*Sale corriendo.*)

(*Aparece Amelia por el fondo, que mira aterrada con la cabeza sobre la pared. Sale detrás Martirio.*)

ADELA. ¡Nadie podrá conmigo! (*Va a salir.*)

ANGUSTIAS. *(Sujetándola.)* De aquí no sales con tu cuerpo en triunfo. ¡Ladrona! ¡Deshonra de nuestra casa!
MAGDALENA. ¡Déjala que se vaya donde no la veamos nunca más! *(Suena un disparo.)*
BERNARDA. *(Entrando.)* Atrévete a buscarlo ahora.
MARTIRIO. *(Entrando.)* Se acabó Pepe el Romano.
ADELA. ¡Pepe! ¡Dios mío! ¡Pepe! *(Sale corriendo.)*
LA PONCIA. ¿Pero lo habéis matado?
MARTIRIO. ¡No! ¡Salió corriendo en la jaca!
BERNARDA. No fue culpa mía. Una mujer no sabe apuntar.
MAGDALENA. ¿Por qué lo has dicho entonces?
MARTIRIO. ¡Por ella! Hubiera volcado un río de sangre sobre su cabeza.
LA PONCIA. Maldita.
MAGDALENA. ¡Endemoniada!
BERNARDA. Aunque es mejor así. *(Se oye como un golpe.)* ¡Adela! ¡Adela!
LA PONCIA. *(En la puerta.)* ¡Abre!
BERNARDA. Abre. No creas que los muros defienden de la vergüenza.
CRIADA. *(Entrando.)* ¡Se han levantado los vecinos!

BERNARDA. *(En voz baja, como un rugido.)* ¡Abre, porque echaré abajo la puerta! *(Pausa. Todo queda en silencio.)* ¡Adela! *(Se retira de la puerta.)* ¡Trae un martillo! *(La Poncia da un empujón y entra. Al entrar da un grito y sale.)* ¿Qué?
LA PONCIA. *(Se lleva las manos al cuello.)* ¡Nunca tengamos ese fin!
(Las hermanas se echan hacia atrás. La Criada se santigua. Bernarda da un grito y avanza.)
LA PONCIA. ¡No entres!
BERNARDA. No. ¡Yo no! Pepe: irás corriendo vivo por lo oscuro de las alamedas, pero otro día caerás. ¡Descolgarla! ¡Mi hija ha muerto virgen! Llevadla a su cuarto y vestirla como si fuera doncella. ¡Nadie dirá nada! ¡Ella ha muerto virgen! Avisad que al amanecer den dos clamores las campanas.
MARTIRIO. Dichosa ella mil veces que lo pudo tener.
BERNARDA. Y no quiero llantos. La muerte hay que mirarla cara a cara. ¡Silencio! *(A otra hija.)* ¡A callar he dicho! *(A otra hija.)* Las lágrimas cuando estés sola. ¡Nos hundiremos todas en un mar de luto! Ella, la hija menor de Bernarda Alba, ha muerto virgen. ¿Me habéis oído? ¡Silencio, silencio he dicho! ¡Silencio!

(Telón.)

Actividades preliminares

1. Reflexiona sobre los personajes de la obra. ¿Quiénes son? ¿Cómo son? Luego, escoge a uno para representarlo/la visualmente en un *selfie*. Luego, compartan con el grupo su fotografía. ¿Qué aporta cada imagen? ¿Qué rasgos de la personalidad transmite esta representación?

2. ¿Hay algún personaje que encuentras difícil en la obra? ¿Qué aspectos

de este personaje no te gustan? ¿Existe este tipo de individuo más allá del texto literario o es un personaje tipo?

3. El control de la expresión en términos del habla, las emociones y el cuerpo es un tema recurrente en la obra. Reflexiona sobre el modo en que la gente puede medir o controlar la forma de expresarse, ofrece ejemplos del autocontrol. ¿En qué circunstancias se controla la expresión? ¿Con qué fin?

Hacia el texto

A. Circunstancias dadas

En grupos pequeños de tres o cuatro, y por turno de veinte segundos, resuman la obra. Si no pueden resumir justo cuando les llega el turno, pueden decir, "paso." Pero la persona que pasa debe resumir por completo al fin si pasa más de una vez. Pueden utilizar una de las siguientes oraciones para comenzar el ejercicio:

1. En un pueblo pequeño, se escuchan las campanas de la iglesia…
2. En la casa de Bernarda Alba, las sirvientas están cansadas de limpiar ya que…
3. Ha muerto el esposo de Bernarda Alba y pronto…

B. Preguntas de comprensión

1. Al leer el primer parlamento de la obra, ¿quiénes hablan? ¿Qué tareas domésticas están desempeñando? ¿Qué sentimientos expresan?

2. ¿Qué sonidos acompañan el comienzo de la obra? ¿Cómo complementan el argumento?

3. Al principio, las sirvientas hacen comentarios sobre sus experiencias. ¿Qué caracteriza y diferencia a cada sirvienta? ¿Qué han experimentado en la casa de Bernarda? Es decir, ¿cómo ha sido su experiencia? ¿Revelan algo sobre su clase económica?

4. Específicamente, ¿qué dicen las sirvientas de Bernarda? Cita el texto.

5. El personaje de Bernarda es el eje central de la obra. ¿Quién es Bernarda? ¿Cómo es? ¿Qué sabemos de ella? Cuando entra Bernarda a la escena, ¿cuál es su primera palabra? ¿Por qué es importante?

6. Se dice que conocemos a las personas a través de sus palabras y sus acciones.

   a. Busquen ejemplos de momentos en que Bernarda se revela a sí misma a través de sus propias palabras. ¿Qué nos revelan estos ejemplos de su personalidad?

   b. Busquen ejemplos de las acciones de Bernarda. ¿Qué cosas hace? ¿Qué revelan sobre el personaje?

   c. Algunas veces hay actos que definen y determinan a un individuo, reflexionen sobre los actos claves que, de alguna manera, anticipan el fin trágico de la obra. ¿Qué comportamiento, forma de ser, o decisiones suscitan la tragedia final?

7. Los hombres en la obra no aparecen físicamente ni tienen una voz en la escena. No obstante, parecen tener la habilidad de afectar a los personajes. ¿Quiénes son los personajes masculinos en la obra? ¿A quiénes inquietan? ¿Cómo ejercen el poder?

8. María Josefa es la madre de Bernarda y aparece en la escena a través de sonidos y de acciones. ¿Cómo es la madre de Bernarda? ¿Qué sonidos incorpora en la escena? ¿Qué vestuario lleva? ¿Ves algún contraste entre esta mujer anciana y el resto de las mujeres de la obra? ¿Quién se expresa con más libertad? En una lectura simbólica, ¿cuál puede ser su valor simbólico en la obra?

9. Las hijas de Bernarda son los personajes que llenan la casa con su luto. ¿Quiénes son las hijas de Bernarda? ¿Cuántos años tienen? ¿Cómo son? ¿Cómo pasan el tiempo? ¿Cómo se asemejan y diferencian? ¿Qué cosas las afectan o desconciertan?

10. ¿Quién es Poncia? ¿Cómo es su relación con Bernarda? ¿Cuánto tiempo le ha servido a Bernarda? ¿Qué consejos le da Poncia a Bernarda y a las hijas? ¿Estos consejos son acatados?

11. El título de la obra nos revela que la casa de Bernarda va a ser un lugar importante. Encuentra ejemplos textuales que describen la casa físicamente. ¿Cómo es? ¿Evocan algo a nivel simbólico?

12. ¿Cuál es la experiencia de los personajes femeninos en la obra? Reflexiona no solo sobre las sirvientas y las hijas, pero también sobre las otras mujeres mencionadas.

C. Más allá de la comprensión

1. Una entrada de diario: Escribe una composición de una página desde el punto de vista de María Josefa, Poncia o de una de las hijas de Bernarda Alba.

2. En grupo, reflexionen sobre los retos que enfrentan los personajes femeninos al tener que vivir en una sociedad patriarcal.

3. La música y la danza aparecen al principio de la obra en el contexto del luto y la oración que los personajes rezan para honrar la memoria del esposo de Bernarda Alba. También aparecen en las escenas con María Josefa. Lean estas escenas otra vez. Identifiquen y analicen los rasgos poéticos de la obra. ¿En qué momento ocurren? ¿Qué efectos pueden tener en la audiencia? En tu opinión, ¿por qué incluye Lorca la melodía de la oración y la canción? ¿y los movimientos descriptivos del cuerpo?

Dramatizaciones

1. Improvisa la escena olvidada. Imagina que a Lorca se le ha olvidado incluir una escena en la obra. ¿Qué escena hace falta? Actúa la escena en clase o produce una narración oral que grabas para compartir con la clase.

2. En grupos de tres, hagan una improvisación sobre el gran escape de

María Josefa. Ella se escapa de la casa y dos jóvenes campesinos la encuentran en el camino, pero ella no quiere volver a la casa de Bernarda.

3. Al final de la obra vemos que Bernarda tiene que enfrentar una tragedia familiar, improvisa el momento en que Bernarda y sus hijas enfrentan esta situación inesperada. ¿Cómo reaccionan los personajes de manera individual y grupal? ¿Cuál es el tono de la escena?

Conexiones culturales

1. Investiga las costumbres del luto o el tema de la herencia en la época de la obra.

2. Lorca sitúa su drama en un pueblo en España que evoca Andalucía al aludir a las paredes blancas y los veranos calurosos; además la obra menciona el pueblo de Darajalí cerca de Fuente Vaqueros en la provincia de Granada. Busca información sobre los pueblos blancos de Andalucía. ¿A qué pueblos incluye esta ruta rural? ¿Qué caracteriza a estos pueblos? Escoge uno para conocerlo más a fondo en términos de historia, arquitectura, gastronomía y práctica cultural.

Ahora a escribir

¿Cómo aparecen los siguientes temas en la obra? ¿Qué función desempeñan? Desarrollen los siguientes temas en ensayos analíticos.

1. El rol de la madre en la obra.
2. El amor como ímpetu destructor.
3. El deseo como fuente de libertad.
4. El encierro y la pérdida de autonomía.
5. La función del arte (música, danza, pintura) en la obra.

Bibliografía mínima

Colecchia, Francesca, editor. *García Lorca: An Annotated Primary Bibliography*. Garland, 1982.
Fundación Federico García Lorca. www.garcia-lorca.org/Home/Home.aspx
Gabriele, John P. "Of Mothers and Freedom: Adela's Struggle for Selfhood in *La casa de Bernarda Alba*." *Symposium: A Quarterly Journal in Modern Literatures*, vol. 47, no. 3, 1993, pp. 188–199.
Morris, C. Brian. "Voices in a Void: Speech in *La casa de Bernarda Alba*." *Hispania*, vol. 72, no. 3, 1989, pp. 498–509.
Smith, Paul Julián. *The Theatre of Lorca: Text, Performance, Psychoanalysis*. Cambridge UP, 1998.

7

Casa matriz
Diana Raznovich
(Argentina)

Introducción

Diana Raznovich (Argentina, 1945–), dramaturga, poeta, guionista y dibujante gráfica, comenzó su carrera como dramaturga a fines de la década del sesenta, irrumpiendo en la escena teatral con una propuesta que desafiaba las convenciones del teatro realista de la época. Tras numerosas amenazas, Raznovich se exilia en España antes del golpe de estado del 24 de marzo de 1976, el que culminó con la dictadura militar de 1976 a 1983. En tales circunstancias, regresa a la Argentina de manera temporaria con motivo de su participación en el Ciclo Teatro Abierto (1981).

Su labor en el campo teatral ha recibido amplio reconocimiento tanto en Latinoamérica, como en Europa y en los EE. UU. Su teatro se caracteriza por el uso del humor, el juego teatral, situaciones dramáticas exageradas y la presencia de técnicas metateatrales. Entre los temas que recorren su producción dramática se encuentran la cultura de la sociedad de consumo, las relaciones humanas, las imposiciones de las normas sociales, el aspecto performativo del género, la sociedad patriarcal, la influencia de la televisión y la representación de la sexualidad. La crítica coincide en subrayar que el tono contestario y lo político se intersectan con el subtexto feminista tanto en los escritos como en el humor gráfico de la autora. Entre sus obras se destacan: *Buscapiés* (1968), *Texas en carretillas* (1971), *El contratiempo* (1973), *Plaza hay una sola* (1975), *El desconcierto* (1981), *Jardín de otoño* (1985), *Casa matriz* (1991), *De atrás para adelante* (1995) y *Objetos personales* (1996), entre otras.

Casa matriz surgió de un taller de mujeres escritoras realizado en Buenos Aires, en 1988, en donde la consigna era escribir en torno a la figura materna o la relación entre madre e hija. Este texto formó parte de la antología *Salirse de madre* (1992), libro en cuya contratapa las autoras y editoras advirtieron que se trataba "de un modo de empezar a hablar y develar a las mujeres reales que se ocultan detrás de tantos mitos." En efecto, la obra trata sobre un personaje en crisis que para el día de su cumpleaños se regala el alquiler de una madre sustituta de la empresa Casa Matriz Inc. La empleada de esta agencia tendrá entonces que actuar las ocho madres que Bárbara solicitó y por cuyo servicio pagó bastante. Por medio de la dramatización e improvisación del vínculo maternofilial entre Bárbara y su madre sustituta, la dramaturga interroga y desarticula los imaginarios sociales y los discursos que producen y reproducen una noción hegemónica de género y del arquetipo femenino, en particular. En Buenos Aires la obra se estrenó en el Teatro Bauen el 25 de mayo de 1993 y desde entonces *Casa matriz* ha subido a muchos escenarios internacionales.

Casa matriz (1991)

Personajes

Bárbara: *30 años. Muy atractiva, sensual y complaciente. Sin embargo, de repente entra en zonas sombrías y se torna irascible. Estas contradicciones personales, permitirán que se adapte en velocidad a las diversas hijas que deberá componer.*

Madre Sustituta: *Mujer bella, de edad indeterminada, alrededor de los 40 años. No es imprescindible una marcada diferencia de edad entre ambas, ya que es una Madre Sustituta de su cliente y no real. Tiene rasgos finos, delineados y hermosos. Es extremadamente histriónica, expansiva y obviamente, tiene dotes de actriz consumada. Es una empleada de Casa Matriz, entrenada profesionalmente para actuar todos los roles de madre que contraten sus clientes.*

Escenografía

La obra transcurre en uno de los estudios de Casa Matriz Inc. Agency. Se ha creado una habitación de soltera, estratégicamente decorada para que los elementos que contiene puedan mutarse rápidamente o transformarse en otros. Al igual que los personajes, la escenografía sufrirá fuertes cambios estilísticos, según la escena que se esté viviendo adentro. Por eso deberá resolverse con elementos sencillos y mutables. Hay dos puertas, una de ingreso a la supuesta casa de Bárbara y otra que da al interior. Hay un perchero con ropa colgada preparado para las distintas madres e hijas que durante la obra representarán ambas. Puede haber, según lo estime el escenógrafo, un bar con bebidas. Unas sillas y una mesa. Puede ser interesante que las luces permitan demarcar dos zonas afectivas de la obra: una que tiene que ver con la relación cliente—Madre Sustituta, más bien fría azulina. La otra más emocional, impregnada de las pasiones que se desataran según las escenas. La Madre Sustituta traerá además una maleta personal con complementos de la ropa que hay en el escenario. Vestida de seda color salmón. Se oye el Magnificat de Bach. Bárbara se para encima de un banco con una batuta y de espaldas al público "dirige" la orquesta. Suena el timbre. Ella parece no oírlo, absorta en la música que invade la habitación. El timbre suena con más insistencia. Bárbara en un ataque repentino de furia, rompe la batuta; mágicamente la música cesa.

BÁRBARA. Era un momento privado, de gran envergadura. Yo había logrado un encuentro decisivo con lo que algún día, sin duda, llamaría "mi felicidad" (*Abre con paciencia la puerta.*) y usted lógicamente no tolera la diferencia enajenada del goce.

(*Al abrirse la puerta comienza a sonar música hindú. Vestida con ropa india la Madre Sustituta ingresa hablando ostentosamente.*)

MADRE SUSTITUTA ¡Nunca debí creerle! ¡Él era demasiado fuerte, demasiado hermoso, demasiado moreno! Hacíamos el amor seis veces al día. Siempre sobre elefantes blancos, bajo un arcoíris de música sacra. Le encantaba verme sonreír. Querida hija: ¿Alguna vez tuviste un orgasmo solar? ¿O tus orgasmos solo han sido lunares? Yo sé que las madres no debemos hablar de estas cosas con las hijas. Pero nuestra relación siempre ha sido tan intensa… Si me suicido me gustaría hacerlo en casa de mi hija. Y ella lo comprendería como un acto de amor. Yo he comprendido muy tarde la diferencia entre amor y pasión. India es un buen lugar para perderse para siempre. Yo lo he amado. Creo que no voy a poder vivir sin él. ¡Es demasiado!!! ¿Por qué no me consolás hijita? Sos lo único que tengo. Soy una sombra de mí misma en las arenas de la nada. Me dejó sin decirme una palabra. Y al día siguiente lo vi pasar en elefante blanco con otra mujer. Voy a morirme de tristeza. Hacé algo por tu mamá querida. ¡Ayudame a morir con dignidad!

BÁRBARA. Te queda fantástico este traje mamá. (*La besa fríamente.*) ¿Coco Chanel? ¿Qué tal el viaje? Disculpame que no te fui a buscar al aeropuerto, pero…

(*Madre Sustituta cortando el clima anterior, en su carácter de empleada de Casa Matriz. Algo perdida porque no recuerda los detalles de la madre que debe interpretar.*)

BÁRBARA. A París. Tenés una casa en París, mamá. Y pasás mucho tiempo ahí. Estás lo más lejos posible de tus hijos. Hace un año que no nos vemos. Y tengo que aceptar el hecho de ser una hija no querida. (*Bebe angustiada.*) ¡Pensar que me pasé todo el año esperando una miserable tarjeta postal de mi madre! (*Bebe whisky.*) ¿Pero no le informaron de todo esto en Casa Matriz?

MADRE SUSTITUTA. ¿París? ¿Y nunca una postal? ¿Pero no acabo de llegar de la India? ¿Usted es la que necesitaba comenzar con una madre adicta a pasear en elefante, vestida de blanco y con un amante negro?

BÁRBARA. (*Indignada por la ineficiencia de un servicio tan caro.*) Yo jamás contraté ese servicio. ¡No me hace ningún efecto! (*Alterada*) Yo no pienso perder mi tiempo y mi dinero con una madre destruida porque su amante la dejó. ¡Yo pagué por una madre fría y desconsiderada que me hiciera sentir una!

MADRE SUSTITUTA. ¡Así tratan mis grandes entradas operísticas!! ¡En vez de aplaudirme me humilla! Yo tendría que triunfar en Broadway. Ese es mi lugar. ¡Ser una estrella de Broadway!

BÁRBARA. Yo aprecio su esfuerzo shakespereano, señora, ¡pero póngase en mi lugar! Imagínese que pagó para atravesar la barrera del sonido con sus emociones y no sucede nada de eso.

MADRE SUSTITUTA. (*Molesta por su gaffe profesional.*) Tiene razón. Me confundí. Le sucede a los mejores actores. Le podría contar grandes errores de Madona o de Meryl Streep sin ir más lejos.

BÁRBARA. ¿Se equivocó? ¿Y lo dice así, tan ligeramente? Yo aquí esperando a una gélida madre de París que me destrozara el corazón y aparece una mujer de la India con el corazón destrozado ¿a la que tengo para colmo, tengo que contener?

MADRE SUSTITUTA. (*Perturbada por su error se pone un par de anteojos para leer y extrae unos papeles de Casa Matriz. Examina los papeles y se ríe de sí misma.*) Oh, sí ¡aquí está! "Llego desahuciada de la India dispuesta a suicidarme en casa de mi hijo y él me salva." La confundía con un cliente adicto al sufrimiento que tengo que visitar mañana. Aquí está el error ¿quiere leer? (*Le muestra a Bárbara sus papeles.*) Le pido disculpas. Estoy excedida de trabajo. Soy una de las Madres Sustitutas más requeridas y a veces me confundo...

BÁRBARA. ¿Pero usted se iba a suicidar en mi presencia?

MADRE SUSTITUTA. Aquí dice que usted me iba a salvar.

BÁRBARA. ¡Pero que comienzo de función, un suicidio en mis narices y para colmo, un suicidio equivocado!

MADRE SUSTITUTA. Paramos todo a tiempo, no hubo grandes daños. Usted sintió alguna emoción y nosotras trabajamos para producir emociones, aunque sean equivocadas. Perdone, pero quisiera estar segura: ¿usted eligió el plan "Be In" o el plan "Hello My Little Princess?"

BÁRBARA. (*Desbordada va y viene por la habitación.*) ¡Oh no! Esto es inhumano. Hace la entrada de la madre que le tiene que hacer mañana a otro cliente y ¿después me pregunta qué plan contraté? Yo ahorré un año para llegar a este momento. Junté dólar por dólar para tenerla aquí conmigo. Venir a Casa Matriz no es fácil para alguien como yo. Y si he llegado a esto es por...

MADRE SUSTITUTA. (*La interrumpe abruptamente.*) ¡No se le ocurra decirme por qué contrató este servicio! No forma parte de mi trabajo escuchar eso. ¡Imagínese si tuviera que escuchar las confesiones de cada uno de mis clientes! Vaya a un psicoanalista o a un rabino o a un sacerdote. Yo estoy aquí para hacer bien mi trabajo. Vamos a concentrarnos en eso.

BÁRBARA. ¿Me está dando órdenes?

MADRE SUSTITUTA. Quiero estar segura de que usted conoce las reglas de juego.

BÁRBARA. Yo soy quién tiene que dar las órdenes. Usted me pertenece y no lo digo en sentido figurado.

MADRE SUSTITUTA. ¿Y en qué sentido lo dice entonces?

BÁRBARA. Lo digo literalmente. Lo digo sobre bases sólidas.

MADRE SUSTITUTA. (*Se ríe de un modo hiriente.*) Me parece que la idea que usted tiene de la solidez es bastante precaria.

BÁRBARA. ¿De qué se ríe?

MADRE SUSTITUTA. Quiero aclararle para que usted se ubique que yo le pertenezco a usted tanto como a otros.

BÁRBARA. Yo he pagado por esta pertenencia. No quiero ser vulgar, pero digamos que la he adquirido.

MADRE SUSTITUTA. No quiero decepcionarla, pero digamos que hoy me han adquirido ocho.

BÁRBARA. ¡Ocho!

MADRE SUSTITUTA. Mire, puede comprobarlo usted misma (*Le ofrece la agenda. Bárbara no quiere mirarla.*) Corrobore la fecha de hoy. Son ocho.

BÁRBARA. ¿Quiere decir que hoy me visita a mí entre otros siete?

MADRE SUSTITUTA. Un día de trabajo normal. Ocho clientes.

BÁRBARA. (*Reacciona*) ¿Y quién le ha pedido ese dato? ¿No le parece promiscuo decirme qué cantidad de hijos pagan hoy para que usted sea su madre? ¿Quién le ha pedido ese tipo de detalles?

MADRE SUSTITUTA. Nadie me los ha pedido. Simplemente creí que…

BÁRBARA. (*Furiosa con ella*) ¿En qué parte de nuestro contrato, en qué cláusula, en qué versículo está escrito que yo quería saber cuántos clientes tiene que visitar hoy?

MADRE SUSTITUTA. En ninguna parte. No se lo dije por atenerme al contrato, sino porque usted alardeaba de ser mi clienta exclusiva. ¡Y para colmo mi dueña! Dijo que yo le pertenecía.

BÁRBARA. ¡Pues bien, lo reafirmo! Usted durante este lapso de tiempo es mía. Mía. Usted es *mí Madre Sustituta*. ¿Ha entendido bien?

MADRE SUSTITUTA. Si está segura de esa pertenencia, ¿por qué le duelen tanto los otro siete que tengo que visitar hoy?

BÁRBARA. No me duelen. Simplemente no me interesan, eso es todo.

MADRE SUSTITUTA. ¿Está segura de que *eso es todo*?

BÁRBARA. Indiferencia total. Para mí no existen.

MADRE SUSTITUTA. Bueno … para mí si existen. Y no solo ellos, sino otros ocho clientes mañana y otros ocho pasado mañana y así sucesivamente. Multiplique ocho por treinta: doscientos cuarenta clientes al mes. ¿Usted se imagina satisfacer las demandas de doscientos cuarenta hijos al mes? ¿Sabe que paciencia tengo que tener? ¿Se imagina la cantidad de madres diferentes que tengo que interpretar? ¿Se imagina la cantidad de exigencias y demandas delirantes que tengo que satisfacer?

BÁRBARA. Mire, por el momento no puedo imaginarme nada, porque ni siquiera ha satisfecho mis más mínimas demandas. Y para colmo pretende que me apiade de que usted sea una … una… (*Está a punto de decir "prostituta."*) una … una…

MADRE SUSTITUTA. ¿Una qué?

BÁRBARA. Una *Madre Sustituta*, bueno … tan … tan … tan repartida. (*Se le quiebra la voz.*) ¿Quiere saber la verdad? ¡Claro que me importan los otros! Los detesto. Me encantaría ser la única. Comprarle las doscientos cuarenta horas del mes. Si tuviera dinero ahora mismo la contrataba por un mes seguido.

MADRE SUSTITUTA. Esta voracidad no es solo suya. Tengo comprometido todo el resto del año. Hay una viciosa como usted que va a llevarme de vacaciones con ella, para que le actúe miles de madres sustitutas en el Caribe. Hay una famosa actriz de cine que gasta todo lo que gana para lograr que yo le asegure que es mi hija favorita. Hay un senador que paga el triple todos los jueves por mi dedicación exclusiva. Hay una mujer obesa que me paga solamente para que le cocine sus ravioles predilectos y… (*Interrumpe el recuento.*) ¿Pero por qué le estoy contando todo esto? ¿A usted qué le importa? Usted eligió mi foto entre otros miles. Hoy no estoy teniendo un buen día, evidentemente. ¿Por qué le estoy hablando de mí, cuando usted contrató una Madre Sustituta? Ninguno de mis clientes quiere saber nada acerca de mi persona.

BÁRBARA. ¡No me compare con todos esos pervertidos! Soy diferente.

MADRE SUSTITUTA. ¿Diferente en qué? ¿Usted como todos no me querría los trescientos sesenta y cinco días del año, si tuviera con qué pagarme? ¿O entendí mal?

BÁRBARA. Me entendió muy bien señora. Debo admitir que logró despertar en mí intensos sentimientos de celos y exclusión. Usted es una mujer fascinante. Elegí muy bien. Usted es encantadora, aunque haya que tolerar que se equivoque y que hable de otros.

MADRE SUSTITUTA. ¡Últimamente he despertado grandes pasiones en mis clientes! ¿Quiere que le describa alguna? Hay un músico de jazz, muy joven, gay, maravilloso, que mientras bailamos me…

BÁRBARA. ¡No! No me describa ninguna pasión. No me hable de los otros clientes. ¡No quiero saber ni siquiera sus nombres! ¡Imagínese si llego a conocer a alguno!

MADRE SUSTITUTA. Por supuesto que conoce a alguno. El viernes tengo que visitar a un amigo suyo llamado Manuel. Creo que él es su exmarido, ¿verdad?

(*Bárbara se abalanza sobre ella y le tapa la boca. Forcejean. Caen al piso. Bárbara se coloca sobre la Madre sustituta y le aprieta violentamente el cuello.*)

MADRE SUSTITUTA. ¡Suélteme! Me va a ahorcar. Mire que si me lesiona va a tener que pagar mucho dinero por mí a Casa Matriz.

(*Esta frase asusta a Bárbara. La Madre Sustituta se defiende y domina la situación. Está entrenada para la autodefensa. Es evidente que maneja artes marciales. Hace volar a Bárbara por el aire y en una sorprendente toma de yudo la inhabilita para defenderse. Bárbara queda inmovilizada por esta toma.*)

MADRE SUSTITUTA. (*Controlando físicamente la situación.*) ¿Pasó la crisis querida?

BÁRBARA. ¡Parece bien entrenada!

MADRE SUSTITUTA. Es parte de nuestra formación. Recibimos entrenamiento en defensa personal, además de formarnos para actuar, bailar y cantar. Tenemos que estar dispuestas a todo. No podemos descuidar ningún detalle.

(*Bárbara trata de ingresar en una zona de calma y autocontrol.*)

BÁRBARA. No vuelva a mencionarme a mi exmarido.

MADRE SUSTITUTA. De acuerdo. ¿Pero usted no había solicitado sentir celos? ¡La combinación entre una entrada equivocada y la mención de otros clientes da siempre excelentes resultados para desatar celos! ¿No logré realmente sacarla de sí?

BÁRBARA. ¿Usted intenta hacerme creer que su error fue intencional?

MADRE SUSTITUTA. ¡No me diga que usted piensa que realmente me equivoqué! Bueno … bien … si le gusta así … me equivoqué…

BÁRBARA. ¿Y la mención a los otros clientes?

MADRE SUSTITUTA. Usted me acaba de hacer jurar que no volvería a hablar de ellos.

BÁRBARA. Bueno. Me arrepiento de ese pedido. Ahora dígame si realmente mi exmarido la contrató o si fue una estrategia suya para hacerme enloquecer de celos.

MADRE SUSTITUTA. Imagine lo que quiera. La imaginación es un buen ejercicio cuando se ha perdido el sentido de la realidad. (*Bárbara le da una bofetada. Madre Sustituta le devuelve otra.*) ¡Usted adelantó el momento de la bofetada! Esto venía después.

BÁRBARA. Y usted me hizo la entrada pagada por otro. ¿Qué le va a hacer al otro mañana? ¿La entrada que pagué yo?

MADRE SUSTITUTA. ¡Oh no! Le voy a repetir la misma entrada. Ese tipo de personajes me atraen enormemente. ¡Madre con amantes negros que llega de la India … me piden tan pocas veces! En cambio, la entrada que usted contrató un cliché.

BÁRBARA. Yo alquilé una madre gélida para la entrada, que me hiciera esperar mucho. Pedí tener tiempo para que me agudicen en mí los sentimientos fantasmagóricos del desasosiego. No me dejó tiempo para dudar. ¡Yo necesitaba dudar! ¡Pagué por la incertidumbre de saber si mi madre vendría o no vendría! Pero usted redujo todo. (*Pausa fugaz*) ¿Tiene más trabajo después?

MADRE SUSTITUTA. No se preocupe por mí. Estoy llena de trabajo. (*Preocupada.*) ¿Pero usted no llegó a temblar por mí?

BÁRBARA. Un poco. Si hubiera demorado cinco minutos más y no se hubiera equivocado de cliente su entrada hubiera sido exitosa.

MADRE SUSTITUTA. ¿Exitosa? ¡Mi entrada fue inolvidable! ¡Fue un alarde de virtuosismo técnico! ¡La combinación entre esa madre y esa hija fue un verdadero volcán en erupción! Pero usted tiene derecho al reclamo. ¿Quiere que le haga la entrada por la cual pagó?

BÁRBARA. ¡Por supuesto que quiero la entrada que pagué! Exijo lo contratado en vuestras oficinas centrales.

MADRE SUSTITUTA. Bien. Pero le ruego que previamente aclaremos qué quiere. (*Toma un block y se dispone a tomar nota puntual de lo que Bárbara le dicta.*)

BÁRBARA. (*Buscando exactamente las palabras*) Quiero una madre hierática, que me haga estremecer de desasosiego. Una madre helada como el hielo.

MADRE SUSTITUTA. (*Anotando*) ¡Las cosas que nos piden que hagamos!

BÁRBARA. Distante, imprevisible, fantasmática, mala. Demoníaca.

MADRE SUSTITUTA. ¡Un carácter delicioso!

BÁRBARA. Yo pagué por esperar. Yo pagué por padecer. ¡Hace tanto tiempo que deseaba esperar a mi madre! Yo pagué por una madre que me hiciera sufrir por sus continuas inasistencias a nuestras citas.

MADRE SUSTITUTA. (*Relee y memoriza*) Muy bien. Serán satisfechas todas sus demandas. Hagamos de cuenta que todavía no he llegado. Adiós Bárbara.

BÁRBARA. Adiós, señora.

(*Madre Sustituta sale. Las luces descienden. El espacio queda en penumbras. En esas tinieblas Bárbara intenta recuperar la atmósfera del comienzo. Vuelve a poner "El Magnificat" de Bach, toma la batuta. Intenta dirigir la supuesta orquesta. Se da cuenta de que puede volver al comienzo como si nada hubiera sucedido. Interrumpe la música.*)

BÁRBARA. Hemos cometido un error al querer empezar de cero. Yo ya la conozco. Ya me he decepcionado. Este simulacro de entrada no sirve. Vuelva de una vez y sigamos con la madre siguiente. (*Camina ansiosa por el set.*) ¿Se habrá hartado de mí? Esto es inaceptable. Ella no puede hacerme esperar así. Estamos perdiendo un tiempo precioso. (*Abre la puerta de entrada esperando encontrarla allí. No está.*) Estamos perdiendo un tiempo precioso. Admito que no la traté bien. Fue todo culpa mía. Ella tiene sus límites y yo fui muy dura con ella. La humillé y ahora se fue. Ella es realmente muy buena actriz. La entrada equivocada fue maravillosa. Es realmente única. ¿Por qué no fui capaz de decírselo? (*La madre entra con un taller muy elegante. Tiene un sombrerito y un par de guantes que no se quitara en toda la escena.*)

BÁRBARA. ¡Mamá! ¡Todo un año sin vernos! (*La abraza.*)

MADRE SUSTITUTA. (*Fría. Distante. Empuja a Bárbara para alejarla de sí.*) Ahorrarme las efusiones por favor. Veo que todavía recibís a las personas con besos.

BÁRBARA. Disculpa mamá. ¡Es que hace tanto tiempo! Pasá por favor ... tengo tantas ganas de que veas mi casa.

(*La Madre Sustituta no mira la casa, se sienta muy tensa en el borde de una silla. Saca un espejito de la cartera para chequear su maquillaje.*)

MADRE SUSTITUTA. (*Trata de quitarse el efecto del beso en su cara.*) ¿Me corriste el maquillaje de las mejillas?

BÁRBARA. Estás preciosa Mamy. ¿Qué tal tu París? ¿Por qué nunca me escribiste? ¿Me extrañaste en algún momento? ¿Pensaste en mí en algún momento? ¿Por qué no me llamaste para Navidad o para Año Nuevo?

MADRE SUSTITUTA. No puedo contestar todas esas preguntas al mismo tiempo, María. Ni siquiera entiendo qué me estás preguntando.

BÁRBARA. Yo no soy María mamá. Soy Bárbara.

MADRE SUSTITUTA. (*Saca el regalo de su cartera.*) Te traje tu perfume predilecto. *Eau Savage* para hombre. (*Se lo da.*)

BÁRBARA. Este es el perfume predilecto de mi hermano Guillermo. El mío es *Samsara* de Guerlin.

MADRE SUSTITUTA. Qué hija desagradecida. Crucé el océano Atlántico únicamente para traerte tu perfume favorito y ahora tratás de confundirme con tus hermanos, María.

BÁRBARA. (*Angustiada.*) Mamá ... mírame a los ojos. Soy tu hija Bárbara. Te quiero mamá, te quiero mucho... Estoy muy feliz de que me hayas venido a visitar. Esperé mucho tiempo para tener el privilegio de estar a solas con vos. (*La toma de las manos afectuosamente. La madre se irrita por el contacto.*)

MADRE SUSTITUTA. Todo este manoseo me pone nerviosa. ¿Podrías evitarlo? ¿Así que querías estar a solas conmigo? ¿Para qué?

BÁRBARA. (*Bárbara vuelve a tomar las manos enguantadas de su madre, que se las deja tiesas.*) Quería decirte que te amo. Para mí era importante poder decirte eso. Te amo mamá.

MADRE SUSTITUTA. (*Le retira las manos.*) Bien. Ahora sé que me amás, María. (*Se aleja físicamente de su hija.*)

BÁRBARA. ¡No vuelvas a llamarme María! María es mi hermana. Yo soy Bárbara.

MADRE SUSTITUTA. Ya lo sé. No tengo ninguna duda de que no sos María. María nunca me hubiera tenido quieta en una silla para decirme todas estas tonterías. "¡Te amo mamita y para mí es muy importante (*Cruel y sarcástica.*) que lo sepas, etcétera...!" María nunca me hubiera apretado las manos. Nunca. Ella sabe que todo ese tipo de manifestaciones no me parecen higiénicas. (*Se pone de pie.*) María nunca me hubiera besado de esa manera. ¿Hay algo menos elegante que apoyar tus labios en las mejillas de la persona que tienes más a mano y oprimirla, produciendo ese desagradable sonido? (*Imita un sonido de beso muy desagradable.*)

Devolverme el perfume. Se lo voy a dar a Guillermo. Prometo no equivocarme el próximo año cuando te visite nuevamente. (*Bárbara le devuelve el perfume.*)

BÁRBARA. ¡Esta es la primera vez que te acordás de traerme un regalo para mi cumpleaños mamá y me trajiste un regalo equivocado! Siempre hacés lo mismo mamá. Siempre me das a mí los regalos para Guillermo y a Guillermo los regalos para María y a María los regalos para Genovesa.

MADRE SUSTITUTA. (*Divertida*) ¿Hago eso? Qué encantador. Esa distracción que tengo me parece simpatiquísima.

BÁRBARA. Cambié todos los colores de mi casa especialmente para vos. Mirá por lo menos mi casa si no podés mirarme a mí.

MADRE SUSTITUTA. (*Sin mirar.*) Quedó preciosa tu casa, María.

BÁRBARA. No, no. (*Saliendo del personaje y reclamando como cliente.*) Le dije veinte veces que mi nombre es Bárbara. No quiero ser dura con usted, pero ya casi más que gélida, parece amnésica, señora.

MADRE SUSTITUTA. Tengo amnesia emocional. No sé a quién amo.

BÁRBARA. (*Vuelve al personaje.*) ¿Entonces no sabés si me querés?

MADRE SUSTITUTA. ¿Yo? Quererte… ¿Yo te quiero?

BÁRBARA. (*Como cliente.*) Excelente. Lo ha logrado … nunca me sentí peor.

MADRE SUSTITUTA. ¿Y no era eso lo que quería?

BÁRBARA. Sí, sí. Muchas gracias. Nunca me sentí tan bien de sentirme tan mal.

MADRE SUSTITUTA. ¿Se sintió la hija de una mujer de hielo?

BÁRBARA. Sí. La sentí mala, cruel, helada.

MADRE SUSTITUTA. Puedo ser mucho más terrible. Se necesita grandeza para el mal y yo la tengo (*Se saca el cinturón a modo de látigo.*) Me encanta encarnar madres demoníacas.

BÁRBARA. Para mí ha sido suficiente. No quisiera más crueldad.

(*Madre Sustituta guarda su cinturón.*)

MADRE SUSTITUTA. Es una pena que no quiera profundizar en el mal. Amo las madres sádicas.

BÁRBARA. Suficiente.

MADRE SUSTITUTA. ¿Hemos alcanzado el punto de desesperación que contrató?

BÁRBARA. Sí. Ahora usted debería reprocharme por no haber sido suficientemente bárbara.

MADRE SUSTITUTA. Eso se lo dejo a la próxima madre.

(*La Madre Sustituta sale de escena. Se escucha una canzonetta napolitana. Entra al escenario ropa colgada de sogas para que parezca más humilde. Exterior. Terraza. Barrio de inmigrantes italianos. Bárbara se adecua poniéndose debajo de su falda un almohadón que simula un embarazo. Cambia su estilo por el de una humilde muchacha de barrio embarazada y con una "mamma" que la llena de reproches. Entra la madre sustituta con ropa mojada para colgar en los broches. Bárbara la ayuda.*)

MADRE SUSTITUTA. (*Con un dejo de acento siciliano*) Mabelita te tendrías que haber llamado. Mabelita como quería tu padre. Pero se me ocurrió ponerte Bárbara. Y ese nombre te trajo mala suerte. Nadie en este barrio se llama Bárbara. Bárbara es un nombre de persona fina, exitosa. ¡Mirá que exitosa resultaste! ¡Y sobre todo qué final! ¡Maldigo el día en que se me ocurrió ponerte Bárbara!

BÁRBARA. (*Sosteniéndose la cintura porque le pesa el embarazo.*) Yo también lo maldigo. Me obligaste con el nombre a fracasar.
MADRE SUSTITUTA. ¡Te hubieras casado con el diplomático ése que conociste en casa de esa amiga sofisticada que tenías! Hoy sí que estarías gloria. ¡Pero te casaste con El Poroto! Te llenó de hijos, no trabaja, y todos viven pidiéndome dinero a mí. ¿Qué le viste al Poroto nena?
BÁRBARA. Él fue el único en la vida que me dijo, "¡Qué gloria que sos, Bárbara!" Estábamos nadando y le vi esas piernas musculosas que tiene. ¡Dios mío, qué bien estaba! Y cuando se secaba despacito con la toalla. Mamma yo me sentí suya para siempre.
MADRE SUSTITUTA. ¡Ay nena! Ahora estás llena de chicos, él ni te mira y vive protestando porque no le doy bastante dinero para las carreras.
BÁRBARA. Cada vez que te pido dinero me tirás mis fracasos en la cara.
MADRE SUSTITUTA. (*Le da dinero que saca del corpiño.*) Aquí tenés otros 500 dólares. Pero no se te ocurra dárselos a él. Son para mis nietos.
BÁRBARA. (*Guarda el dinero en su corpiño*) Gracias mamma… No puedo salir a trabajar hasta que no tenga mi bebé. Me siento tan sola.
MADRE SUSTITUTA. ¡Pero seguís teniendo hijos con El Poroto!
BÁRBARA. Es que todavía me sigue diciendo, "Qué bárbara que sos Bárbara." Y estoy perdida. ¿Cómo puede un hombre volverte tan loca?
MADRE SUSTITUTA. ¿Un hombre? ¿Volverme loca? ¿A mí? (*Hace la señal de la cruz.*) ¡Todo el mundo sabe que tu padre nunca me vio desnuda! Siempre me dejaba el camisón cuando hacíamos "la porquería." Y lo hacíamos por él. No porque a mí me gustara como a vos. ¡Dios! ¡Perderte un diplomático por El Poroto!
BÁRBARA. (*Demanda como cliente.*) ¡Usted me está tratando cómo una idiota!
MADRE SUSTITUTA. Usted pidió en su plan una madre descalificadora, jodida, que hace reproches. Y ahora que la tiene ¿se queja?
BÁRBARA. La madre que está haciendo es perfecta. Lo que no concuerda es el aspecto sociológico de su planteo. ¿Dónde pude yo haber conocido a un diplomático? El barrio limita mucho. ¿Qué diplomático viene a un barrio de inmigrantes sicilianos a buscar novia?
MADRE SUSTITUTA. ¡Dije que lo habías conocido en casa de una amiga sofisticada!
BÁRBARA. Quiero que insista en el punto en que se arrepiente de haberme puesto el nombre Bárbara.
MADRE SUSTITUTA. (*Retomando la mamma italiana*) Madedetta la hora en que te llamé Bárbara! Te encantaba escribir y te dedicás a vender caramelos. Te atraía un Diplomático y te casaste con El Poroto. ¡Querías ser hermosa y me saliste bizca y con las piernas torcidas!
BÁRBARA. Vos tenés las piernas torcidas. ¡Mirá como caminás arrastrando esas pantuflas!
MADRE SUSTITUTA. Las piernas torcidas las heredaste de mí. Pero esos ojos con forma de huevo los heredaste de tu padre. Te quedaste con lo peor de los dos.
BÁRBARA. Hoy es mi cumpleaños mamá. ¿Cómo podés tratarme así?
MADRE SUSTITUTA. (*Interrumpe la escena. Vuelve a ser la empleada de Casa Matriz.*) Usted pagó para que esta madre la tratara así.

BÁRBARA. Le hablaba a mi madre señora. No estoy cuestionando su profesionalismo.
MADRE SUSTITUTA. Bien, continuemos… (*Recupera el personaje.*) Concentración…
BÁRBARA. Estaba sumergida en la escena. ¿Por qué la interrumpió?
MADRE SUSTITUTA. Tu cumpleaños. ¡El día que naciste fue uno de los más negros de mi vida!
BÁRBARA. (*Interrumpe la escena.*) Yo no pagué para que me dijera eso. Revise el contrato. Hoy es realmente mi cumpleaños señora. Y me estoy regalando un Service de Casa Matriz. Usted es un regalo que me hice para mi cumpleaños.
MADRE SUSTITUTA. Un regalo … yo … un regalo (*Le desagrada la idea de ser un objeto de regalo.*) Pasemos a otra madre … a ésta le duele la cintura.
(*La Madre se va con la palangana de ropa mojada. La ropa colgada sale de escena. Bárbara se quita el almohadón de embarazada. Se pone un impermeable empapado y abre un paraguas. Se moja la cara para simular la lluvia. Recoge libros y se pone anteojos para tener un aspecto de intelectual. Su personalidad se adapta al cambio. La luz da una sensación de estación de tren. En off se escucha la voz de la madre. Tiene un dejo de acento ruso. Es una "idische mame" una típica madre judía. Bárbara está sola, leyendo una carta. Ella busca sentarse en un rincón de la supuesta estación de tren. En off se escucha la voz de la madre. Bárbara no verá entrar a la Madre Sustituta.*)
BÁRBARA. Hijita mía: ¡tanto tiempo sin recibir noticias tuyas! Pero ahora ya no puedo postergar mi necesidad de verte. Esta es la última carta que te escribo antes de que nos veamos. Pues, mañana llegaré a la ciudad. Te ruego que vengas a buscarme a la estación de tren. Sé que esto te presupone una molestia, pero tengo algo muy importante que decirte y prefiero decírtelo personalmente. Llegaré en el tren de las nueve de la noche. Te adora y siempre te adorará. Tu madre.
(*Se escucha el ruido de un tren que llega. Bajan los pasajeros y se van. Por detrás de Bárbara entra la madre en silla de ruedas, toda enyesada de pies a cabeza, excepto el rostro que asoma por debajo del yeso de la cabeza. Bárbara al verla se queda totalmente shokeada. Tira al suelo los libros y la carta y se abraza a las piernas de la madre.*)
BÁRBARA. ¿Mamita, mamá … qué te ha sucedido? ¡Oh mamá!
MADRE SUSTITUTA. (*Acerca la cara a Bárbara para que pueda darle un beso en la porción de rostro que asoma en el vendaje.*) Nada importante querida. ¿Tus estudios cómo marchan?
BÁRBARA. (*Muy angustiada de verla así.*) ¿Por qué nadie me avisó?
MADRE SUSTITUTA. Levantate. Levantate *meidele*. No puedo verte si estás agachada. Te traje unos bagels. (*Le acerca como puede el paquete de comida.*) Esta vez no los hice yo, los hizo tu tía Sarah. No son tan ricos como los míos, pero no están mal. (*Bárbara abre el paquete y se los come con ansiedad.*) Ves, ves. Estás con hambre. ¡Hasta los bagels de Sarah te resultan deliciosos con hambre!
BÁRBARA. Están riquísimos. ¿Tuviste un accidente?
MADRE SUSTITUTA. No hablemos de mí. Fue un golpecito sin importancia. Hablemos de cosas interesantes. Hablemos de tu pasión por la Ontología.
BÁRBARA. ¡Un golpecito sin importancia! ¡Te rompiste todos los huesos, Mamá! ¡Quiero saber cómo te hiciste todo este desastre!

MADRE SUSTITUTA. Trabajando.
BÁRBARA. ¿Trabajando en la bombonería?
MADRE SUSTITUTA. Ese lugar cerró. Y tuve que buscar otro trabajo para poder enviarte dinero.
BÁRBARA. ¿Qué clase de trabajo mamá?
MADRE SUSTITUTA. Limpio cristales en los altos rascacielos. Nadie quiere hacer ese tipo de tarea. Pero a mí me encanta estar ahí, colgada en el andamio, al aire libre, tocando el cielo con las manos. Tenía la maravillosa impresión de estar volando. Y me caí del tercer piso. No tiene ninguna importancia. Lo hice por la Ontología, por vos. Limpiaba y pensaba que mi hija Bárbara gracias a mi trabajo pronto sería Doctora en Ontología. ¡Eso me daba fuerzas! ¡Mi Barbarita, Doctora en Ontología!
BÁRBARA. Están riquísimos. ¿Tuviste un accidente?
MADRE SUSTITUTA. ¿A quién le puede interesar, finalmente, lo que puede pasarme a mí?
BÁRBARA. ¡A mí, por supuesto!
MADRE SUSTITUTA. No hablemos de mí. Fue un golpecito sin importancia. Hablemos de cosas interesantes. Hablemos de tu pasión por la Ontología.
BÁRBARA. Un golpecito sin importancia: ¡te rompiste todos los huesos mamá! ¡Quiero saber cómo te hiciste todo este desastre!
BÁRBARA. ¿Desde cuándo limpiás cristales en las ventanas de los rascacielos?
MADRE SUSTITUTA. ¡Sabía que te ibas a enojar, por eso no te lo quería decir!
BÁRBARA. ¿Desde cuándo arriesgás tu vida así?
MADRE SUSTITUTA. Desde hace cinco años que te miento. Lo hice todo por tus estudios. Yo no tengo ninguna importancia.
BÁRBARA. ¿Limpiando cristales en los edificios para que yo estudie? Yo no quiero que hagas esas cosas por mí. No quiero que me envíes un solo centavo más mamá. Sos demasiado buena. Mucho más buena que yo.
MADRE SUSTITUTA. Oh, déjame ayudarte. Bárbara. Puedo pegar sellos postales en la Oficina de Correos. No me he roto la lengua. (*Saca la lengua.*) Pagan poco por poner la lengua, pero es mejor que nada. (*Saca una bolsita con dinero.*) Mirá ahorré un poco de dinero para vos, Barbarita. No es mucho, pero la sola idea de que te pueda servir, me alcanza. No lo desprecies. Una madre enyesada que trabaja con la lengua merece tu compasión.
(*Bárbara toma el dinero emocionada. Se arrodilla y besa las manos enyesadas de su madre. Apoya la cabeza sobre el regazo de la mamá. La madre canta una bella canción de cuna en idisch, muy popular y conocida. Bárbara tararea con ella.*)
BÁRBARA. Mamá, me siento tan culpable... Es horrible, siento como si yo te hubiera empujado al abismo.
MADRE SUSTITUTA. Lo hago con gusto, no te preocupes.
BÁRBARA. ¿Cómo no voy a preocuparme? (*La contempla con mucha culpa.*) Mirá como estás por culpa mía. Me siento culpable, culpable de haber nacido. Culpable de estar viva.
(*Comienza a mover la silla de ruedas de su madre. La Madre Sustituta da por terminada la escena. Pega un salto de la silla. Camina con los yesos por el escenario.*)

MADRE SUSTITUTA. Bien. Me ha salido muy bien, como siempre. La idishe mame es uno de mis grandes éxitos. Surte efecto. Cada vez que solicitan culpa yo la actúo con gran suceso. Surte efecto. ¡Mire como la dejé! ¿O me va a decir que no sintió una terrible culpa?

BÁRBARA. (*Asiente.*) ¡Sentí una culpa tremenda!

MADRE SUSTITUTA. (*Se quita los yesos con energía*) ¿Me ayuda a desenyesarme la cabeza?

BÁRBARA. (*La ayuda.*) Sentí una culpa sin salida.

MADRE SUSTITUTA. Oh no "la culpa sin salida" viene ahora. ¿usted encargó la muerte de la madre verdad?

BÁRBARA. (*Asustada.*) La puedo liberar de hacer ese rol si no lo desea.

MADRE SUSTITUTA. ¡Oh no me libere de nada! Me encanta el rol de muerta. (*Se pone una larga camisa fúnebre. Se maquilla de blanco la cara. Bárbara se pone la ropa negra de luto. Llora.*) ¿Me morí de muerte súbita?

BÁRBARA. Completamente súbita. Necesito sentir ese impacto.

(*La madre ha preparado la cama fúnebre. Muere de golpe sobre el lecho. Tiene flores entre sus manos. Un crucifijo aparece sobre la cama. Las luces cambian hacia tonalidades más blanquecinas. Suena música fúnebre. Bárbara se queda a solas con su madre muerta.*)

BÁRBARA. Qué hermosa estás mamá. Cuanto te ha embellecido la muerte. Siempre he tratado de ser la más madura de las dos, la más serena de las dos. Mamá, cómo me gustaba caminar contigo del brazo bajo la lluvia. Cómo disfrutaba de tu compañía en el campo, cuando andábamos juntas a caballo. Aunque siempre terminábamos peleándonos. No eran peleas profundas. ¿Verdad mamá? Mamá … yo nunca dije claramente … yo nunca te dije yo nunca te dije que … te amaba. (*Se acerca a su madre.*) Nunca me permití besarte. (*La besa.*) Nunca pude estar cerca de ti, ni dejé que te acercaras a mí. (*La besa más.*) Nunca, nunca. ¿Cómo pude hacerte eso, mamá? (*Llora desconsoladamente.*) ¡Contestame mamá! Decime que a pesar de todo me quisiste. Quiero volver a oír tu vos. Decime algo reconfortante mamá. Abrí los ojos, por Dios. (*Agita a la madre enérgicamente como si en vez de muerta estuviera desmayada.*) Decime que todavía estamos a tiempo. Regresa mamá y dame una oportunidad de ser diferente con vos. (*La toma de la cabeza y la sacude sin dar crédito a su muerte.*) Decime que sí, que todavía tenemos tiempo. Solo te pido un poco de tiempo mamá. Tiempo nada más. Tiempo. ¡Dame un poco de tiempo mamá!

MADRE SUSTITUTA. (*Abre los ojos. Se sienta en la cama.*) ¿Tiempo para qué?

BÁRBARA. (*La suelta bruscamente.*) ¡Los muertos no hablan, señora!

MADRE SUSTITUTA. Pero usted me está atosigando de preguntas querida.

BÁRBARA. ¡Los muertos no responden preguntas señora! (*Acusándola.*) ¡Rompió el misterio! Profanó lo más sagrado. ¡Arruinó la muerte de la madre! ¡Y con lo bien que venía todo! ¡Con lo mucho que estaba sintiendo yo! Me estaba cayendo en un abismo. ¡Estaba indagando mi propia dimensión trágica, señora mía! ¡Usted no tiene ningún respeto por mis emociones profundas! Usted frivoliza todo.

MADRE SUSTITUTA. Mire. Ya le hemos dado bastante tiempo a la madre muerta. Hay otras madres esperando, mucho más divertidas.

7. Casa matriz

BÁRBARA. Aquí la que se tiene que divertir soy yo. Y como esta diversión tan particular cuesta mucho dinero, usted debe cumplir con su responsabilidad. Vuélvase a morir si es tan amable.
(*La madre de mala gana vuelve a acostarse. Se sienta.*)
MADRE SUSTITUTA. Yo me vuelvo a morir, pero usted no me bombardee con preguntas.
BÁRBARA. Pero son preguntas sin respuesta. Justamente las preguntas sin respuesta nos permiten cruzar al otro lado. Conocer un tipo de soledad casi absoluta. Yo no le estoy formulando preguntas que esperan ser respondidas. (*La madre vuelve a morirse.*) Bárbara (*Vuelve a llorar.*) Mamá. Mamá necesito decirte que que…, que (*Se interrumpe.*) No se me ocurre nada para decir. ¡La interrupción fue terrible!
MADRE SUSTITUTA. ¡Por fin! (*Se quita la ropa fúnebre.*) ¡Por fin! Atravesamos la muerte, ahora nos toca festejar la vida. ¡Feliz Cumpleaños Bárbara!
(*La madre sale de escena con una mesa de cumpleaños, llena de masas, tortas, bombones. Hay una torta con 30 velitas. Por encima de la mesa cuelgan globos y un cartel donde dice ¡Happy Birthday Bárbara! Clima festivo que contrasta con el anterior. Bárbara se viste con un vestido precioso, muy festivo. La Madre toca el timbre por la puerta de entrada. Bárbara le abre con una enorme sonrisa. La Madre llega con un vestido con lunares, muy llamativo y una preciosa caja con moño rojo conteniendo el regalo de cumpleaños para Bárbara.*)
MADRE SUSTITUTA. (*Canta.*) ¡Qué cumplas feliz! ¡Qué los cumplas feliz! Mi preciosa Barbarita. ¡Qué los cumplas feliz!
(*Bárbara también canta a dúo con ella. Abre el regalo que le trae la madre. Es un vestido idéntico al que la madre tiene puesto.*)
BÁRBARA. Mamá, es divino. (*Se lo pone encima del que tiene puesto.*) ¡Parecemos mellizas! (*Festejan con un abrazo. Bárbara trae un teclado y tocan el piano a cuatro manos. Cantan juntas una canción de amor. Mirando cantar a su madre.*) ¡Mamá, me hace tan feliz escucharte cantar!
MADRE SUSTITUTA. Me imagino. (*Encantada de sí misma.*)
BÁRBARA. (*Interrumpe el juego.*) No señora. ¡Yo no pagué para que usted se vanagloriara de sí misma!
MADRE SUSTITUTA. ¡Es que me imagino que a usted yo le encanto!
BÁRBARA. Pero de paso, se publicitaba a usted misma. ¡Nunca debió decir "me imagino" cuando le dije que escucharla cantar me hacía feliz!
MADRE SUSTITUTA. (*Soluciona el problema.*) Cambio la respuesta… Dígalo de nuevo.
BÁRBARA. Mamá, ¡me hace tan feliz escucharte cantar!
MADRE SUSTITUTA. Bárbara, ¡lo mejor que te pasó fue tenerte a ti!
BÁRBARA. ¡Eso ya me lo dijo antes y mucho mejor formulado!
MADRE SUSTITUTA. (*Intenta no impacientarse.*) Bárbara, ¿sabés que tu nacimiento le dio sentido a mi existencia?
BÁRBARA. Me imagino.
MADRE SUSTITUTA. (*Corta.*) Usted tampoco puede decir "*me imagino.*" Todas las hijas piensan que le arruinaron la vida a su madre.

BÁRBARA. ¡No con una madre así! Yo a esa madre la contraté para darle sentido a su vida. Es un pequeño lujo que me quiero dar.

MADRE SUSTITUTA. (*Retomando la parte de madre encantadora.*) Bárbara, ¡luz de mi vida! Darte la vida le dio sentido a mi efímera existencia.

BÁRBARA. Su tono es distante, sarcástico, con un dejo algo profesional. Se supone que usted tiene que hacerme olvidar que lo está haciendo por dinero, sino no tiene gracia. Construya mejor las frases. Explicite.

MADRE SUSTITUTA. (*Bien dispuesta*) Mi hija Bárbara es absolutamente insustituible.

BÁRBARA. (*Feliz*) ¿Verdad que soy insustituible, mamá?

MADRE SUSTITUTA. Sí, (*Angustiada por su profesión de Madre Sustituta.*) insustituible. ¡No como yo que soy una Madre Sustituta! Absolutamente sustituible. (*Una pausa extraña. La Madre Sustituta se recupera. Abraza a Bárbara.*) Perdón... (*Retoma.*) Sí mi amor, sos insustituible, singular hasta en la forma de ser común, original hasta en tus obviedades, y sobre todo, sos una gran persona.

BÁRBARA. Repita esas palabras. Costaron muchos dólares.

MADRE SUSTITUTA. Sos la mejor persona que he conocido en mi vida.

BÁRBARA. Basta. Ya ni yo lo creo. (*Se aleja de ella.*) Usted hace todo un poco excesivo hasta volverlo asfixiante.

MADRE SUSTITUTA. Estamos instruidas para eso. Nuestra formación exige un cierto plus. Si no nadie contrataría una Madre Sustituta. El cliente se quedaría con su madre naturalista real. No podemos, no debemos caer en el realismo de las madres que nuestros clientes ya tienen.

BÁRBARA. Entonces quizás todavía no hemos dado en la tecla de mis necesidades.

MADRE SUSTITUTA. Quizás el programa de madres que usted eligió no sea el adecuado. O quizás yo no sea la empleada adecuada para salir al encuentro de sus necesidades.

BÁRBARA. (*Repentinamente.*) No perdamos el tiempo. Comience a ordenar esta habitación. Esmérese en poner orden en toda la casa. ¡Poblemos de atraso y sometimiento esta relación!

MADRE SUSTITUTA. (*Resistente, furiosa, consulta el plan.*) Todos, pero absolutamente todos, necesitan verme en la más triste de las servidumbres. ¡Nunca me salvo de limpiarles la casa! ¡Esto ya lo hemos discutido en las reuniones de nuestro Sindicato!

(*Bárbara se cruza de brazos, despótica, implacable. La Madre Sustituta se coloca una peluca desgreñada sujeta a la cabeza con un pañuelo a lunares. Un vestido negro abotonado, medias negras y zapatillas. Saca de una maleta plumero, escoba, franela y todo tipo de elementos de limpieza. Suena un tango. Madre Sustituta ordena la habitación en silencio mientras Bárbara frente al espejo se cepilla el cabello.*)

MADRE SUSTITUTA. ¿Vas a salir otra vez con ese sinvergüenza?

BÁRBARA. No te metas en mis asuntos mamá.

MADRE SUSTITUTA. (*Barre.*) ¡Pero si vos sos lo único que me queda! Mi hijo mayor fugado por estafas; Beatriz, ¡tu hermana se enamoró de un guerrillero en plena dictadura militar! Ni una foto de ella me dejaron para llorarla ... y vos hijita... (*Madre Sustituta suspira y trabaja.*)

BÁRBARA. ¿Me planchaste el vestido fucsia? (*La madre le trae solícitamente el vestido planchadísimo.*) ¡Te dije que le pusieras apresto!

MADRE SUSTITUTA. (*Asustada.*) ¡Es que me queda mucho más elegante!

BÁRBARA. (*Le grita.*) Yo quiero estar sexy, no elegante mamá... (*Arruga el traje.*) Me tenés harta mamá! (*Deshace la cama. La madre vuelve a hacerla de inmediato.*) ¿Para qué hacés la cama? A Marcelo le gusta coger con la cama revuelta. (*Desordena una cajonera. Tira toda la ropa. La Madre Sustituta vuelve a poner orden a una velocidad inusitada en cámara ligera.*)

MADRE SUSTITUTA. Hijita mía... ¿estás comiendo bien? ¿Qué te pasa? (*Lamentando.*) ¡Si tu padre no se hubiera escapado por la puerta de atrás!

BÁRBARA. (*Feroz.*) ¡Se escapó con tu hermana, mamá!

MADRE SUSTITUTA. Y bueno ... mi hermana siempre fue más atractiva que yo... (*Bárbara se calza un pantalón ajustado y una musculosa muy provocativa.*) Vos no podés salir así a la calle.

BÁRBARA. Yo salgo a la calle como quiero. ¿O querés que me vista de portera como vos?

(*La Madre Sustituta vuelve a hacer la cama. Bárbara toma whisky.*)

MADRE SUSTITUTA. (*Con un hilo de voz.*) ¿Estás tomando otra vez? ¡Me dijiste que habías dejado!

BÁRBARA. (*La enfrenta.*) Te mentí. ¡Me divierte mentirte, vieja! Es lindo ver cómo te crees todo. (*Pausa.*) Estoy embarazada, mamá.

MADRE SUSTITUTA. (*Llorando.*) Hijita mía, sentate. ¿Y de cuántos meses estás?

BÁRBARA. De tres.

MADRE SUSTITUTA. Pero ese hombre es casado. ¿Cómo pudo hacerte eso?

BÁRBARA. No sé si me lo hizo él. No sé de quién es ese hijo.

MADRE SUSTITUTA. (*Temblando.*) Entonces te acostás con más de uno.

BÁRBARA. (*Rompe el juego.*) Es obvio señora, que si le digo que no sé de quién es ese hijo, es porque me acuesto con más de uno. ¡Además usted prometió sufrir!

MADRE SUSTITUTA. (*Profesional.*) Estoy padeciendo enormemente. ¿Quiere que exteriorice?

BÁRBARA. Por supuesto señora, es mi cumpleaños. ¿Qué mejor regalo que una madre sumisa que exteriorice su sufrimiento?

(*Madre Sustituta vuelve al personaje y llora estrepitosamente. Bárbara pone a sonar un rock para tapar el llanto.*)

BÁRBARA. No soporto tu llanto mamá. ¿Por qué llorás? Si la que está jodida soy yo. ¿Por qué no me ayudas a buscar soluciones en vez de derramar lágrimas sobre mis sábanas? Vos me hiciste así. Ahora bancate a esta nena de treinta años que no quieren largar la adolescencia y sigue atada a la falda de su mamá.

MADRE SUSTITUTA. (*Madre Sustituta llora copiosamente con verdaderas lágrimas. Después interrumpe. En tono profesional, altamente competente.*) Venga, acérquese, señorita. (*Bárbara toca y comprueba.*) No puede reclamar un efecto más trágico. Soy la Mater Sufriente por excelencia. Vestida de negro, limpiando, llorando, con una hija alcohólica y embarazada. Soy la Gran Madre Sufriente. Soy la madre consagrada por el Tango. La literatura se ha ocupado vastamente de mí. Soy una madre bíblica: "Parirás con dolor." Soy la Santa Madrecita. Mira qué lagrimones.

BÁRBARA. Se ve que conoce muy bien este tipo de madres.
MADRE SUSTITUTA. Es muy requerida por la clientela de Casa Matriz. ¡Todos quieren ser hijos rebeldes! Y rebelarse contra tanta sumisión es muy sencillo. (*Corta ese personaje haciendo un desafío personal.*) Yo la desafío a rebelarse contra una madre emancipada. O contra una intelectual de gran prestigio. O simplemente, contra una diva internacional. (*Revuelve su maleta.*) Tengo todos los atuendos intactos. ¡Estas madres las piden poco! Todos buscan la cosa facilona, denigrable. Les gusta verme llorar, porque se sienten libres, rebeldes, jóvenes. Pero no les gusta verme reír. ¿Quién paga por verme gozar? ¡Nadie contrata una madre que la pasa bien! ¡Yo la desafío a rebelarse contra una madre que se divierta, señorita mía!

(*El lugar en el estudio de una escritora de teatro: libros, cuadros, computadora, papeles revueltos. Cuando se van entra con llave propia la Madre Sustituta. Madre Sustituta se cambia. Se quita la ropa negra. Se transforma diametralmente. Se convierte en una mujer internacional, viajada, exitosa, divina. Lleva una capelina espléndida, un zorro al cuello, camina como una modelo, imprime ritmo. Velocidad a todo. Tiene hermosas alhajas de buen gusto. Clase. Bárbara se deja el mismo pantalón ajustado con la musculosa del personaje anterior.*)

MADRE SUSTITUTA. (*Irrumpe.*) Te queda espléndido ese look zafado. ¿Abortaste o vas a tener el chico?
BÁRBARA. (*Se adapta rápidamente*) Lo perdí. No vas a ser abuela. Quedate tranquila, ¡Te acabas de hacer un lifting y yo iba a darte un nieto!
MADRE SUSTITUTA. Reconocé que era una mala jugada. Además, estoy saliendo con un tipo tan joven … y vos y yo odiamos la norma general.
BÁRBARA. No decidas mis odios, mamá.
MADRE SUSTITUTA. ¿Tenés whisky en este antro rosado? (*Bárbara le da.*) Es el cuarto que tomo en la mañana de hoy. Demos el día por perdido. ¿No vas a emborracharte conmigo mi vida? Hace tanto que no nos vemos. (*Bárbara se sirve. Beben.*) ¿Terminaste tu obra de teatro?
BÁRBARA. ¿Cuál?
MADRE SUSTITUTA. Esa que me tiene a mí de protagonista. ¡Qué bien me retrataste! Las escenas que me mandaste por correo a mi oficina de New York me resultaron desopilantes. Me tenés calada. Despótica, maléfica, fascinadora, divina. Hasta me ponías esta capelina y este zorro. Desde que lo leí en tu obra no me los saco ni para viajar en avión. Los encuentro tan teatrales. Me dan otro andar. (*Camina de aquí para allá.*) ¿En la obra vos dudabas de que yo fuera realmente tu madre? ¿Han logrado confundirte vida mía?
BÁRBARA. Sí, la terminé. Ya la están ensayando.
MADRE SUSTITUTA. ¡Te la arrebataron de la mano! También, con ese personaje central. ¿Y quién hace de mí?
BÁRBARA. Glenn Close.
MADRE SUSTITUTA. Espléndida actriz. Pero no da el tipo. Quiero decir, con todo respeto por Glenn Close, yo podría enseñarle algunos trucos para parecerse más a mí. No quiero sugerirle que tome el modelo real. Eso es inalcanzable. Es mejor que me reinvente. Pero hay ciertas claves de mi personalidad.

BÁRBARA. Te imaginarás que entre el señor director y ella sabrán cómo encarar el personaje.
MADRE SUSTITUTA. Pero el personaje sabe cómo puede ser encarnado. (*Rompe el clima.*) Le falta rebeldía señorita. ¿No quedamos en que se iba a rebelar? Esa era mi exigencia. Ese es mi desafío. ¡Vamos!
BÁRBARA. (*Harta*) Soy yo la que exijo. Usted es mía. La alquilé muy caro. Pagué muy bien todo este esplendor que despliega. Pero usted puede más.
MADRE SUSTITUTA. La tengo fascinada querida.
BÁRBARA. (*Vuelve al rol de hija escritora de teatro.*) Nunca me dijiste lo de la adopción.
MADRE SUSTITUTA. (*Revoleando el zorro*) Es un delirio de tu padre. Decile a mi exmarido que deje tranquila a las niñitas de quince años con las que circula por mis lugares preferidos de New York y que admita con cuánto amor te concebimos, Bárbara. Hoy es tu cumpleaños, ¿no, mi vida?
BÁRBARA. Cumplo treinta años mamá.
MADRE SUSTITUTA. Cuánto tiempo. Qué vieja me estás poniendo. ¿Se me notan tus treinta años? Yo ya no sé qué estirarme. ¿Y vos te estiraste algo?
BÁRBARA. ¿Te parece que necesito? ¿Me ves arrugada?
MADRE SUSTITUTA. Esta es la edad de comenzar. Una edad peligrosa. Además, una estupenda escritora de teatro, que sale todo el tiempo en las revistas al lado de las actrices.
BÁRBARA. ¿Te parece? (*Se mira al espejo.*)
MADRE SUSTITUTA. (*Rompe el juego.*) ¿Y la rebelión? Pero si está a punto de aceptar hacerse una cirugía estética cuando tiene el cutis perfecto.
BÁRBARA. No puedo rebelarme contra vos, mamá. ¡No puedo más que mirarte ir y venir, como una idiota! ¿Será por eso que me gustan las mujeres?
MADRE SUSTITUTA. ¿Cómo que te gustan las mujeres?
BÁRBARA. Me acuesto con hombres, pero me enamoro de mujeres.
MADRE SUSTITUTA. En cualquier momento vas a tener curiosidad de saber qué es acariciar un cuerpo femenino. Te veo tentada.
BÁRBARA. Estoy viviendo una gran pasión mamá. Ya di ese salto.
MADRE SUSTITUTA. Espléndido. Me parece fantástico que te asumas. Basta de mundos hipócritas. ¿Y con quién estás viviendo esta gran pasión?
BÁRBARA. Con tu amiga Lourdes.
MADRE SUSTITUTA. ¡Lourdes! Me muero. ¿Cómo Lourdes que es tan moralista pudo hacernos esto?
BÁRBARA. Las dos necesitábamos rebelarnos contra vos mamá. (*Se ríe a carcajadas. Corta el juego.*) ¿Vio cómo me rebelé? ¿Vio cómo la maté señora?
MADRE SUSTITUTA. Admito que fue ingenioso lo de la pasión con la tal Lourdes.
BÁRBARA. (*En hija*) ¿Te sirvo whisky mamá?
MADRE SUSTITUTA. Es que tenés siempre un whisky tan malo.
BÁRBARA. Me lo regala Lourdes.
MADRE SUSTITUTA. Se repite hasta en eso.
BÁRBARA. ¿A vos también te regalaba el mismo whisky?
MADRE SUSTITUTA. El mismo whisky y en las mismas circunstancias. Fue la

primera mujer de mi vida. Lourdes es hipnotizante. O por lo menos sabe dónde golpearnos a vos y a mí.

BÁRBARA. (*Corta el juego.*) Se está pasando de límite. Yo no pagué para que usted también tuviera una historia con Lourdes.

MADRE SUSTITUTA. ¡Rebélese! No soy una madrecita incondicional que le ordena los cajones. Yo no sufro querida. ¿Cómo se rebela uno con una madre que no sufre?

BÁRBARA. Usted vino aquí a darme los gustos.

MADRE SUSTITUTA. Esta madre que le propuse da de este modo los gustos. ¡No me va a dejar como una perdedora, acostándose con mi mejor amiga!

BÁRBARA. Y usted no me va a revelar el día de mi cumpleaños, que el gran amor de mi vida fue también su amante. Me parece excesivo.

MADRE SUSTITUTA. Ya le dije que estamos formadas para ser excesivas.

BÁRBARA. Voy a matar a Lourdes, mamá. (*Pone el "Magnificat" de Bach.*)

MADRE SUSTITUTA. O no. Escribí. Vos elaborás muchas cosas escribiendo. Además, tenés mucho material. Una pasión triangular, todo servido. Si la matás en la ficción te va a aliviar la furia. Una pregunta ¿Esa camiseta te la regaló Lourdes?

BÁRBARA. La camiseta, los pantalones, el color de este cuarto y el Magnificat de Bach.

MADRE SUSTITUTA. ¿También el Magnificat? Sacalo.

BÁRBARA. (*Bárbara lo pone más fuerte. Toma una batuta y dirige la orquesta imaginaria.*) Celos ya tenemos. Y ahora sos vos la que está celosa, mamá. (*Se ríe. La Madre Sustituta le arranca la batuta y la rompe. El Magnificat cesa.*)

MADRE SUSTITUTA. Para eso pagó tan caro a Casa Matriz. Para salir ganadora en algunos juegos. No la dejé con culpa. Se pudo vengar. En fin … estas son algunas de las satisfacciones que Casa Matriz ofrece a su clientela.

BÁRBARA. ¿Me va a dar la teta?

MADRE SUSTITUTA. ¡No con esta ropa! (*Se quita la capelina. Se pone una combinación blanca, una enorme teta redonda. Se sienta. Bárbara se pone alegremente en sus brazos. Madre Sustituta saca el pecho lleno de crema. Bárbara se prende al pezón. Suena una hermosa nana bellamente cantada.*)

BÁRBARA. Hummmmmmmm Hummmmmmm Hummmmmm…

(*Madre Sustituta aprieta la teta y empieza a salir una especie de espuma blanca como crema de afeitar con la que baña totalmente a Bárbara que así, llena de esa crema, se le aferra al cuello.*)

BÁRBARA. Es un final operístico. La voy a contratar la semana que viene.

(*Madre Sustituta se pone de pie. Se quita la teta y la guarda. Se viste con la ropa con la que vino. Bárbara sigue con su dedo llevándose crema a la boca. La madre sustituta hace las maletas. Guarda todos sus equipos.*)

BÁRBARA. No me dé detalles. Detesto los detalles cuando me abandonan … abandóneme con todo. Déjeme destruida. Puede hacer la madre que debía hacer al comienzo.

MADRE SUSTITUTA. ¿La que la llamaba María?

BÁRBARA. (*Se acerca implorante.*) ¿No vas a darme un beso mamá?

MADRE SUSTITUTA. Estás llena de … estás toda manchada … yo tengo un traje de *Christian Dior* (*La mira asqueada.*)

BÁRBARA. Creía que era Coco Chanel.
MADRE SUSTITUTA. Me estoy aburriendo de tus errores.
BÁRBARA. (*Se limpia la crema.*) ¿Qué más?
MADRE SUSTITUTA. Y también de tus aciertos.
BÁRBARA. ¿A qué viniste mamá?
MADRE SUSTITUTA. A que me devolviera los mil dólares.
BÁRBARA. (*Corta el juego.*) Yo le debo setecientos dólares. Fíjese la factura de la Casa Matriz, señora.
MADRE SUSTITUTA. El servicio de dar de mamar se cobra aparte. Y la limpieza de la habitación, también. Fíjese. Están en el contrato. (*Le muestra el contrato. Bárbara lo mira. Saca mil dólares del cajón y se los da.*)
BÁRBARA. Ya no nos debemos nada mamá.
MADRE SUSTITUTA. Preferiría no verte por un tiempo. Sos una hija muy…¿demandante? ¿Esa es la palabra?
BÁRBARA. (*Rompe el juego.*) Si yo la elijo la semana que viene y pago, va a tener que volver.
MADRE SUSTITUTA. ¿Con qué dinero?
BÁRBARA. Voy a pedir prestado. Hay una serie de madres que me interesa que usted me haga.
MADRE SUSTITUTA. La semana que viene comienzan mis vacaciones. Va a venir otra señora. Le recomiendo que pida por Anita Zavala. Es muy dúctil y además es gorda. Eso le agrega atractivos insólitos.
BÁRBARA. Yo … la quiero a usted … es decir, no la quiero.
MADRE SUSTITUTA. Yo tampoco la quiero. Aquí los sentimientos los dejamos de lado. Para eso tiene a su madre verdadera. ¿Tiene madre verdad?
BÁRBARA. Sí, claro.
MADRE SUSTITUTA. ¿Y a cuál de todas se parece?
BÁRBARA. ¿Y a usted qué le importa?
MADRE SUSTITUTA. Me dio una ráfaga de celos verdaderos. Eso no debe sucederme. Adiós Bárbara. (*Le extiende la mano.*)
BÁRBARA. ¿Y usted tiene hijos?
MADRE SUSTITUTA. Las madres sustitutas nunca contestamos preguntas realistas. La imaginación se ve limitada. Recurra a Casa Matriz cada vez que lo necesite.
BÁRBARA. (*Saca dinero. Le da cien dólares más.*) Merece una propina señora.
MADRE SUSTITUTA. Los honorarios reales querida. No aceptamos propina. (*Tira el dinero, recoge la maleta y se va. Bárbara se queda sola en el escenario.*)
BÁRBARA. (*Grita.*) ¡Mamá!

FIN

Actividades preliminares

1. En tu cultura o en tu comunidad, ¿es común celebrar el cumpleaños? ¿qué costumbres o tradiciones conoces en relación con los cumpleaños? En tu

caso, ¿qué te gusta hacer ese día? Conversa sobre este tema con otra persona de la clase.

    2. ¿Cuál fue tu reacción cuando leíste que Casa Matriz Inc. es una agencia en donde las empleadas actúan el papel de madres sustitutas? A partir de ese momento, ¿qué expectativas tenías sobre esta obra? Comparte tu opinión con un/a compañero/a de la clase.

    3. Escoge un ejemplo de la ficción televisiva en donde te parece que la representación de la relación madre e hija es poco creíble. En tu opinión, ¿qué elementos de esa representación son poco creíbles? ¿por qué? ¿en qué basas tu punto de vista? Comparte tu ejemplo con un/a compañero/a de clase.

Hacia el texto

A. Circunstancias dadas

Trabajando de manera individual, prepara la improvisación de uno de estos mensajes telefónicos:

    1. Eres Bárbara: estás tratando de grabar el mensaje telefónico en el contestador automático, pero como quieres hacer un mensaje original, lo intentas varias veces.

    2. Eres un amigo de Bárbara: la llamas para su cumpleaños porque la quieres invitar a una clase de yoga en el gimnasio nuevo del barrio.

    3. Formando un semicírculo, cada estudiante presenta su improvisación al resto de la clase. Luego, la clase conversa sobre los momentos más destacados de cada improvisación.

B. Preguntas de comprensión

    1. Describe el espacio físico de los estudios de Casa Matriz Inc. ¿Qué elementos teatrales hay en este espacio?

    2. En una de las primeras acciones de Bárbara, el personaje rompe la batuta "en un ataque repentino de furia" cuando escucha que alguien toca el timbre con insistencia. ¿Qué aspectos de la personalidad de Bárbara se revelan en este comienzo de la obra?

    3. En líneas generales, el melodrama trata de conmover al público por medio de personajes que representan estereotipos y que exageran los sentimientos. ¿Podemos ver estas características en el primer parlamento de la Madre Sustituta? Proporciona ejemplos concretos.

    4. Identifica la primera discusión entre Bárbara (clienta) y la empleada de Casa Matriz Inc. En tu opinión, en esta discusión, ¿quién controla la situación?

    5. ¿En qué parlamentos vemos que los personajes son conscientes de su teatralidad? Menciona los dos primeros ejemplos y explícalos.

    6. Por lo general, Bárbara es el personaje que más interrumpe las escenas. Menciona dos ejemplos en la escena de su cumpleaños y explícalos. ¿Cómo

reacciona la Madre Sustituta ante estas interrupciones? ¿Piensas que la Madre Sustituta está perdiendo la paciencia?

7. ¿Por qué Bárbara reacciona mal cuando se entera de que su exmarido también es un cliente de la Madre Sustituta?

8. ¿Qué arquetipos de madres se presentan en la obra? ¿Cómo interpretas que la misma empleada de Casa Matriz Inc. los puede representar a todos?

9. ¿Cómo interpretan el juego con la rima de las palabras "sustituta" y "prostituta" en el contexto de la obra?

10. En las acotaciones escénicas, ¿qué explicaciones enfatiza la dramaturga? ¿sobre el vestuario, la apariencia física, la actuación, la intención, el estado anímico, o el espacio? ¿son detalladas o no? Finalmente, ¿te ayudaron a visualizar la obra? Explica tu opinión.

11. ¿Cómo describirías el ritmo del diálogo y el de los movimientos de los personajes? ¿y el tono general de la obra, es serio, formal, lúdico o paródico?

12. Según tu interpretación, el desenlace la obra, ¿es anunciado, sorpresivo, o abierto? Compara tu respuesta con la de otra persona de la clase.

C. Más allá de la comprensión

1. ¿Qué cosas ocurren en un ensayo teatral? Menciona tres. ¿Piensas que la primera escena de *Casa matriz* tiene algunos elementos de un ensayo teatral? En parejas, conversen sobre esto.

2. En grupo, discutan en qué sentido la obra de Raznovich indaga el concepto de la performatividad del género.

3. En grupo, diseñen un póster para anunciar el estreno de esta pieza en tu universidad. ¿Qué cosas quieres comunicarle a la audiencia? Puedes buscar fotografías, reseñas o comentarios sobre esta pieza. Cuando el póster esté listo, el grupo lo presenta y añade una explicación sobre los puntos que se tomaron en cuenta en el diseño de este trabajo.

Dramatizaciones

1. Improvisación: Imagina una situación en donde un/a empleado/a de Casa Matriz Inc. le explica a Bárbara el contrato que debe firmar antes de obtener los servicios de la agencia. En términos de los objetivos de cada personaje, piensa que el/la empleado/a quiere vender y Bárbara desea obtener un buen descuento por ser su regalo de cumpleaños.

2. Improvisación: Imagina que Bárbara, su exmarido y la Madre Sustituta se encuentran por casualidad en la farmacia. Imagínate un diálogo muy tenso entre ellos.

Conexiones culturales

1. Sabemos que la Madre Sustituta tiene que representar el papel de una madre italiana y que esa escena tiene lugar en un barrio de inmigrantes. Puesto

que la obra menciona a los inmigrantes que llegaron a la Argentina, investiga las migraciones internacionales y las políticas nacionales de ese país en relación a este fenómeno. Concéntrate en dos momentos históricos diferentes; uno, a principios del siglo XX y el otro, en las primeras décadas de este siglo.

2. En un momento de la pieza, uno de los personajes hace una mención sobre la figura de la madre en los tangos. Busca la letra de una canción de tango y analiza la imagen de la madre. ¿Qué te llama la atención sobre esa letra? Describe el lenguaje de la composición musical. Comparte tu trabajo con otro/a compañero/a. ¿Hay elementos en común?

Ahora a escribir

1. Si consideramos que una obra artística es una expresión de su tiempo, ¿qué inquietudes presenta la autora sobre la cultura de consumo y los consumidores?

2. Examina el uso del humor y la exageración.

3. En su pieza, la autora cuestiona la idea esencialista de la identidad al presentar en el mundo de la ficción un catálogo con diferentes tipos de madres. Analiza este aspecto del texto.

Bibliografía mínima

deMoor, Magda Castellví. "Dramaturgas argentinas: Perspectivas sobre género y representación." *El teatro y su mundo. Estudios sobre teatro iberoamericano y argentino*, Editorial Galerna, 1997, pp. 271–85.

Larson, Catherine. "Games and Gender Issues: Becoming Other in Dramas by Rosario Castellanos, Susana Torres Molina, and Diana Raznovich." *Games and Play in the Theater of Spanish American Women*, Bucknell UP, 2004, pp. 95–116

Magnarelli, Sharon. "More Mothers and Daughters in Performance: Simulacra and Commodification in Diana Raznovich's *Casa Matriz*." *Home is Where the(He)art is. The Family Romance in Late Twentieth-Century Mexican and Argentine Theater*. Lewisburg: Bucknell UP, 2008, pp. 214–234.

Raznovich, Diana. "*Casa Matriz*." *Defiant Acts Four Plays by Diana Raznovich. Actos desafiantes. Cuatro obras de Diana Raznovich*, edited by Diana Taylor and Victoria Martínez, Bucknell UP, 2002, pp. 262–286.

Villegas-Silva, Claudia. "Diana Raznovich: dramaturga feminista." *Gestos. Teoría y Práctica del Teatro Hispánico*, vol. 16, no. 32, 2001, pp. 107–110.

8

La monja bruja

Petrona de la Cruz, Isabel Juárez Espinosa,
grupo teatral "Reflejo de la Diosa Luna"
de la asociación civil Fortaleza de la Mujer Maya
(México)

Introducción

La monja bruja de Petrona de la Cruz e Isabel Juárez Espinosa es una obra que se crea en el marco de las actividades teatrales de la asociación FOMMA (Fortaleza de la Mujer Maya), asociación fundada por estas dos artistas e intelectuales mayas en 1994. Además de la actividad teatral que se desarrolla en FOMMA; en esta agrupación también se dictan una serie de talleres de nutrición, salud, alfabetización, educación lingüística, hilado y de derechos de la mujer, entre otros, orientados a mejorar la situación de las mujeres y de los niños de las comunidades indígenas de San Cristóbal de las Casas, en el estado de Chiapas, México.

La labor literaria de las fundadoras de la FOMMA ha sido reconocida dentro y fuera de México. De la Cruz, por ejemplo, fue la primera escritora maya en obtener el prestigioso premio Rosario Castellanos por su pieza *Una mujer desesperada*. Por su parte, Juárez Espinosa, dramaturga, actriz y autora de *Cuentos y teatro tzeltales* (1994) también ganó premios por sus cuentos con temas ecológicos en el Segundo Encuentro de Indios Mayas y Zoques. En los últimos años, Juárez Espinosa se desempeña como coordinadora de la esfera teatral de la FOMMA, entre cuyas tareas se encuentra la enseñanza teatral. Ambas dramaturgas escriben en sus propias lenguas mayas (*tsotsil* y *tzelta*l) y en español. De manera similar, las representaciones teatrales se llevan a cabo en lenguas mayas y en español.

En cuanto a la temática de las obras teatrales de la FOMMA, la crítica literaria ha señalado que hay una tendencia por abordar temas sobre las realidades circundantes que enfrentan las mujeres en las comunidades indígenas. En este sentido, las primeras piezas, por ejemplo, giran en torno a la problemática del alcoholismo, el desplazamiento de los campesinos, la violencia doméstica y la pobreza. Por su parte, en los trabajos más recientes, aparecen temas como la participación de la mujer en el mercado internacional, la política a nivel local y la cultura doméstica, entre otros. La particularidad de estas piezas es que surgen de vivencias personales, a las que luego se les da forma artística en el marco de talleres de improvisación y de creación colectiva.

A través de los años, el trabajo cultural comunitario de las dramaturgas ha llamado la atención de artistas e investigadores de los Estados Unidos, lo que ha generado estrechos vínculos de colaboración, en la forma de talleres de creación de máscaras, marionetas y de entrenamiento en el método de improvisación y creación colectiva. Precisamente, a partir de estos proyectos de colaboración con otros teatristas, la FOMMA empezó a trabajar con la directora colombiana Doris Difarnecio, de cuyos talleres surgieron las piezas *Crecí solo con el amor de mi madre* (2001), *La voz y la fuerza de la mujer* (2002), *La monja bruja* (2003), *Soledad y esperanza* (2005) y *Viva la vida* (2006).

La monja bruja (2003)

Personajes
Domitila   Gemelos: Pedrito y Pepito
Elías
Sacerdote Benjamín
Sacerdote Facundo

Esta obra se basa más que todo en trabajo actoral. El espacio es creado por medio de la improvisación de los actores. Es decir, no vemos los objetos realmente, son creados para la imaginación de la audiencia por medio del trabajo corporal de los actores. Para crear esta obra se necesitan dos sillas sencillas de madera que impliquen una casa modesta, no moderna. Los actores que participen crean los personajes variados por medio de cambio de voz, actitud y ropaje.

ESCENA I

Aparece Domitila. La vemos regresar del gallinero hablando alegre. Se seca las manos.
DOMITILA. ¡Los gallos peleando por las gallinas! (*Se dirige a su santo San Tiburcio y habla con él.*) ¡Qué abandonado te tengo San Tiburcio! Y esa carita tan sucia! (*Le limpia la cara con su saliva.*) Ha pasado a orinarte la rata y creo que ya tiene días, está muy seca ... no sale. (*Por medio de improvisación enciende una veladora.*) Cuídame esta noche, San Tiburcio (*Se persigna frente de él, luego se dirige a un espejo imaginario y se mira*). Que cabezona estoy (*Se peina, se trenza y continúa mirándose al espejo*). ¿Será que el espejo está mal? ¿Estoy gorda o flaca? (*Termina de trenzarse, se mira el rostro en el espejo, extiende su rebozo lo sacude y se cubre bien. Se dirige a la cama, silla con Biblia encima se tapa con la colcha imaginaria.*) Niño dormido, que yo duerma tranquila esta noche. (*Se queda en una posición que implica que está durmiendo.*)
(*Aparece Elías.*)
Entra tranquilamente caminando con las manos entre los bolsillos. Se dirige a la mesa donde está su licor. Camino a esta mira a Domitila quien duerme. Se sirve dos copas. Después saca los cigarrillos fuma, va a la ventana y a la segunda mirada ve a Rosita que pasa.

8. La monja bruja

ELÍAS. ¡Pstsss … pstss!!!!! ¡Ven! ¡Ven! (*Despacito para que la mujer no lo escuche.*) ¿A qué hora vas por el pan…? Está bien… te espero. ¡No me vayas a dejar plantado! (*Elías comienza a cantar mientras se desviste inspirado por las nalgas de Rosita.*)

CANCIÓN RUMBO AL SUR

(*Domitila abre los ojos alarmada al escuchar el canto de Elías, toma la Biblia y comienza a orar en susurro pretendiendo estar ocupada con su oración para no corresponder los afectos embriagados de su marido.*)

(*Elías se va a la cama y va bajando el volumen a su canción ya que está tratando de seducir a Domitila.*)

DOMITILA. San Tiburcio, déjame quererlo… déjame amarlo… ya vivo con él.

ELÍAS. Ya guarda la Biblia, ¿no? (*Elías comienza a abrazar a su mujer, primero los hombros y después las rodillas. Implicando una escena forzosa en la cual él quiere tener sexo con su mujer. Ella lo rechaza.*)

DOMITILA. ¡No quiero!!!!

Elías rechazado se marcha. Recoge su ropa y sale rabioso.

ESCENA II

El actor que hace de Elías tiene un cambio. Se convierte en el cura Benjamín. Mientras, Domitila sueña con el ángel.

Vemos a Domitila sola en el escenario. Soñando y riéndose como si este ángel imaginario le hiciera cosquillas. Es un momento sensual y divertido. De tanta risa despierta de su sueño, alarmada. Entonces ve que es tarde y recuerda que tiene una cita con el padre Benjamín para su lectura bíblica con la cual está aprendiendo a leer.

DOMITILA. Ya es tarde, no debe tardar en venir el señor cura. (*Toma la escoba y barre, contenta, recordando el sueño con el Ángel. Se ríe. Da vueltas bailando con la escoba imaginándose que es el Ángel. Goza, ríe, baila. Al dar vueltas la sorprende el cura en pleno baile. Avergonzada suelta la escoba y apresuradamente besa la mano del cura.*)

CURA BENJAMÍN. Buenos días, hija…

DOMITILA. Buenos días señor cura (*Besa la mano del cura.*) pase a sentarse, ahorita le sirvo su cafecito. (*Por medio de improvisación. Le sirve el café, se ríe como recordando su sueño y trata de controlar la risa como para no ofender al cura.*) Aquí tiene su cafecito señor cura. (*Riéndose se pone detrás de la silla.*) … (*El cura toma un sorbo.*) ¿Le gusta?

CURA BENJAMÍN. Sí, está muy sabroso…

DOMITILA. Disculpe que no hice tortillas. Me agarró el sueño. (*Se ríe, continúa riendo, el cura extrañado.*)

BENJAMÍN. No te preocupes hija está bien. … ¿Por qué estás tan contenta, hija? A ver siéntate, cuéntame.

DOMITILA. (*Ansiosa, no segura de contar el sueño comienza a hablar un poco dudosa.*) Fíjese señor cura… (*Lo mira y comienza a hablar sonriente.*) Es que, anoche soñé que jugaba con el Ángel… Me tocó las orejas, los hombros, el vientre… (*Benjamín se persigna sorprendido.*) Me hizo sentir cosquillas en todo el cuerpo. Él es alto… como la mata de naranja que está en el patio. (*Mira al cura.*) Tiene los ojos grandes (*Habla como enamorada.*), el rostro suave…, la boca tierna. ¡Que dan ganas de besarlo, padrecito!

Con la palma de su mano me tocó en medio de la cabeza. (*Domitila se para y camina hacia el frente del escenario. Benjamín pone la taza imaginaria sobre la mesa imaginaria y se pone de pie para escuchar.*) ¡Extendió sus enormes alas como de un águila! Y me llevó volando más alto que las nubes. Volamos y volamos. Vimos cerros llenos de vegetación, escuchamos los cantos de los gorriones, el aroma de las flores multicolores era tan intenso que yo no distinguía un aroma en especial. (*Sonriendo como en un éxtasis.*) De pronto vi un espeso humo negro. El ángel me acercó…. Vi que se quemaba una casa. La gente corría por todos lados, las mujeres cargando sus niños gritaban pidiendo auxilio. Lloraban. Rodeados de fuego, rojo como la sangre, los hombres extendían sus brazos como queriendo volar. El maíz se quemaba. Sentí miedo… El ángel, sacó de su ropaje la pluma de un ave y con la señal de una cruz les dio una luz blanca. Después solo se sintió el silencio y una paz. (*Como enamorada y un poco frenética mirando al cura Benjamín.*) ¡Yo quiero estar con ese ángel!

BENJAMÍN. Cálmate, hija, solo es un sueño. Vamos a la lectura.
DOMITILA. Tiene razón, señor cura. (*Se dirigen a las sillas a continuar la lección.*)
BENJAMÍN. Vamos a la página 25 capítulo 5.
DOMITILA. ¿Capítulo qué?
BENJAMÍN. … Yo aquí en los cerros…
DOMITILA. (*Repite incorrectamente*) … yo aquí en los ceros.
BENJAMÍN. (*Mira impaciente a los cielos, pero continúa.*) No. Yo aquí en los cerros.
DOMITILA. (*Contesta correctamente.*) Yo aquí en los cerros.
BENJAMÍN. Y tú aquí con los becerros…
DOMITILA. (*Incorrectamente*) Y tú aquí con los beceros.
BENJAMÍN. (*Le quita la Biblia y toma las manos de Domitila y repiten frente a frente.*)
BENJAMÍN. Y tú aquí con los becerros…
DOMITILA. Y tú aquí con los veceros….
BENJAMÍN. (*Impaciente.*) Y tú aquí con los becerros….
DOMITILA. (*En voz alta correctamente y exagerando su doble RR.*) Y tu aquí con los be –ce– rros. (*Benjamín hace mímica de la pronunciación de Domitila repitiendo en voz baja.*)

Domitila y Benjamín con manos entrelazadas se ríen cuando Domitila pronuncia la palabra bien. Domitila se ríe a voz fuerte y Benjamín expresa su risa con un movimiento de los hombros. Mientras se ríen Benjamín toca la rodilla de Domitila. Ella reacciona sorprendida y retira rápido su propia mano.

DOMITILA. Creo que ya es tarde señor cura… va a llegar tarde para la misa.
BENJAMÍN. (*Avergonzado.*) Si tiene razón hija. (*Mira el reloj.*) Ya me voy. (*Toma la Biblia y sale casi corriendo.*)
DOMITILA. Deme su bendición señor cura. (*Inclina su cabeza y queda sorprendida que el cura Benjamín da la bendición a medias y rápido sale enseguida.*)
(*ACTOR SE CAMBIA AL PERSONAJE DE ELÍAS*)
DOMITILA. Que le habrá pasado a Elías… tiene tres noches que no viene a la casa. Será que voy a ver… ¿y si me golpea…. .y si le pasó algo?… Mejor voy a buscarlo en la cantina donde llega siempre. (*Domitila sale.*)

ESCENA III
IGLESIA

ELÍAS. (*Entra cantando.*) "Hay, hay que borracho vengo…" (*Se da cuenta que se encuentra en un lugar sagrado.*) Hay guey. ¡Pero, si estás en la iglesia! (*Mira a su alrededor y se persigna. Va al confesionario, voltea una silla, golpea la silla en acción de toquido.*)

ELÍAS. (*Llama.*) Padre….

CURA FACUNDO. ¡Voy!

ELÍAS. (*Toca de nuevo impaciente.*) Padrecito.

FACUNDO. Voy hijo, si Dios tuvo paciencia … ¿por qué tú no? (*Se sienta, abre la ventanilla imaginaria, reacciona al olor del alcohol.*)

FACUNDO. ¿Cuál es tu problema hijo?

ELÍAS. (*Borracho.*) Padrecito ayúdeme por favor…

FACUNDO. Dime hijo.

ELÍAS. Padrecito, hable con mi mujer por favor, es que tiene 8 años que vivo con ella y nunca ha sido mi mujer. Ni siquiera un besito deja que yo le dé, padrecito.

FACUNDO. Eso son cosas de pareja, debes de hablar con tu mujer…

ELÍAS. Hable con ella padre por favor, ella viene a misa todos los domingos.

FACUNDO. Viene mucha gente los domingos y no la conozco.

ELÍAS. Bueno padre ni modos, …regáleme un pesito, siquiera para mi trago.

FACUNDO. Si tienes hambre, ve a que te sirvan un plato de comida las monjas, allá en la cocina.

ELÍAS. No sé para que vine aquí, mejor me voy. (*Se mueve al frente del escenario. Improvisa la presencia de San Bartolo y se dirige a él.*) San Bartolo voy a tomar un peso para mi trago, no vayas a regañar… solo un peso nada más, ¿viste? (*Da la espalda al público.*)

FACUNDO. Hijo, debes de tomar el camino bueno, para que dejes de beber el alcohol. (*En seguida sale Facundo de escena, para convertirse en Domitila.*)

ELÍAS. (*Hace una seña como que no le interesa lo que dice el cura.*) Pero si también los curitas se beben su vino ¡y por qué yo no! (*Camina y observa hacia la audiencia, se mira los bolsillos vacíos y comienza a cantar, "con dinero o sin dinero hago siempre lo que quiero" … y sigo siendo el rey … (Ve un folleto en el piso imaginándose que es un billete.*) Yo pensé que era dinero… Pero no es… (*Lo observa con atención, sin darse cuenta de que es un folleto evangélico. Lo lee.*) "Aquí encontrarás amor." (*Reflexiona.*) Amor… yo quiero enamorarme. Amor. (*Sale.*)

ESCENA IV

Vemos a Domitila alegre sentada en la silla en el centro del escenario, bordando un pañuelito. Sonríe y comienza a hablar cuando reaparece Elías serio en juicio. Elías en un diagonal observando, escuchando a su mujer hablar.

DOMITILA. ¡Qué contenta estoy! Hace días que has dejado de beber. Mira te estoy bordando un pañuelo para que estrenes el domingo… ¿Ya te diste cuenta que la marrana tuvo quince marranitos?… Cuando crezcan vamos a venderlos en el mercado y con el dinero compramos algo para la casa, te compras algo para ti… y me compras un santito.

ELÍAS. (*Harto.*) Domitila, ¡Tenemos que hablar!...
DOMITILA. ¡Sí, dime...!
ELÍAS. Hace unos meses me encontré unos folletos evangélicos. Los leí... lo analicé. Decidí ir al lugar donde se llevan a cabo sus reuniones. Estando ahí, vi como llegaban hombres, mujeres y niños. Todos sonriendo me invitaban a pasar. De repente, todos se pusieron de pie cuando empezó a tocar la música y todos empezaron a moverse, nadie sentía dolor ni tristeza en su corazón. Yo escuché la música, sentí mucha felicidad, felicidad... pero sin ti Domitila (*Elías se acerca a Domi.*) porque tú solo te vives hablando con tus santos como que fueran tus hijos... no bien dicen los vecinos que eres una bruja.
DOMITILA. ¡No es cierto!
ELÍAS. Mírate al espejo, ni te peinas, ni te cambias, esta falda apesta.
DOMITILA. Elías...
ELÍAS. (*Con cinismo.*) ¿Te crees Monja? ¡Monja Bruja! (*Acertando.*) ¡Me voy!
(*Domitila se aferra a Elías, primero la cintura y después la rodilla rehusando dejarlo ir.*)
ELÍAS. ¡Suelta! ¡Que me sueltes! (*Domitila. Aferrada a sus rodillas.*) ¡No seas necia! ¡Que me sueltes! ¡Suéltame!!! (*Despegándola y amenazándola.*) ¡Me voy! Y no me sigas Domitila. (*Sale.*)
Se queda sola Domitila mirando a la audiencia triste, desesperada sin saber qué hacer o dónde ir.
DOMITILA. ¿Cuál fue mi culpa? ¿Por qué se fue? ¿Cuál fue mi culpa?...Voy a ver al cura Benjamín para que me dé alojamiento en el convento. (*Sale.*)
Entra el cura Benjamín haciendo círculos y golpeándose el pecho.
BENJAMÍN. Por mi culpa, por mi culpa, por mi gran culpa... Porque he pecado mucho. (*Ve a Domitila nerviosa con ganas de hablar y él solo extiende la mano para que le bese su santa mano.*)
DOMITILA. ¡Buenos días, señor cura! (*Besa la mano del cura.*)
BENJAMÍN. Buenos días, hija.
DOMITILA. Disculpe que le interrumpa su oración... Elías se fue de la casa... (*El padre mira hacia arriba y sigue dando vueltas repitiendo su oración.*)
DOMITILA. Vine a ver si me acepta quedarme en el convento.
BENJAMÍN. Si hija eres bienvenida, no tengo que preguntártelo. Sé que desde niña has estado cerca de Dios. Ve con las monjas a que te den la ropa que vas a usar.
DOMITILA. Gracias. (*Sale y busca la silla con su ropa de Monja.*)
BENJAMÍN. (*Termina su oración por mi culpa...*) Domitila llegó hace seis meses... ella limpia los cristales de la iglesia... sacude el altar... y ella ora en la mañana, al medio día y en la noche y cuando ora... sonríe... ¡claro! a Dios.
(*Mientras habla el cura, vemos a Domitila poniéndose el ropaje de monja con movimientos mínimos, cuando él termina de hablar ella se para y canta estilo canto gregoriano se voltea hacia la audiencia y se sienta. Continúa cantando con voz de ángel y los ojos cerrados. Los abre como si estuviera buscando una contestación de Dios. Se levanta y camina hacia al frente, se hinca, canta y ora en voz baja. Se acerca Benjamín y pone sus manos en el hombro de Domitila.*)
DOMITILA. ¿Necesita algo señor cura?

8. La monja bruja

BENJAMÍN. (*Benjamín saca rápido las manos.*) ¡No hija! Continúa. (*Domitila continúa cantando y Benjamín empieza a abrazarla y a tocar sus pechos como si hubiera perdido el control, Domitila reacciona casi gritando, pero Benjamín tapa su boca de inmediato.*)

BENJAMÍN. ¡Déjate llevar! ¡Tú siempre me has gustado! Si Adán y Eva cometieron el pecado, ¿por qué nosotros no? (*La agarra fuerte de la cintura. Vemos a Domitila como queriendo salir corriendo y Benjamín con las manos en la cintura la detiene.*)

DOMITILA. ¡Que no! (*Hacia atrás.*)

BENJAMÍN. Que sí. (*Hacia al frente.*)

Esto lo hacen dos veces. Domitila se suelta, jaloneando de un brazo. Diciendo lo mismo, que sí que no, (Dos veces.) en el tercer no, Domitila cae de nalgas al suelo.

BENJAMÍN. (*Va hacia Domitila y agarrando su cabeza...*) Aquí no pasó nada y cuidado con decir algo de esto. Si te preguntan, ¿por qué te vas? ... Diles que es tu decisión. ¡Te me vas!!!! (*Sale llevándose la silla.*)

DOMITILA. (*Sola y en shock nervioso se queda viendo el público preguntando.*) Qué hago, qué hago, qué hago... Me duele mi corazón. (*Sale.*)

Entrada de Pepito, muy orgulloso su caminado.

PEPITO. Buenas tardes, yo soy Pepito el hijo de Domitila. Mi madre sí regresó al Pueblo, pero cuando ella volvió encontró la casa vacía. Hasta el colchón se llevó este cabrón de Elías. Solo le dejó sus santos. Pero como ella se tiró al vicio, tuvo que empeñar sus santos para comprar alcohol. Mi mamá frecuentaba la cantina del que ahora es mi padre. Él cuando la conoció, ... la respetó, la cuidó y se enamoró de ella y se casaron. (*Entra Pedrito.*)

PEDRITO. ¡Disculpa por llegar tarde!

PEPITO. Tú siempre llegando tarde ¡Bueno como les decía, de ese matrimonio nacimos mi hermano y yo! Cuando mi mamá estaba embarazada (*Mostrando su panza.*) Yo estaba aquí... y mi hermano aquí ... y cuando mi hermano nació....

PEDRITO. (*Interrumpe.*) Shshshssss! (*Voz baja.*) ¡No digas que nací cagado buey!

PEDRITO Y PEPITO. Somos gemelos (*Somos twins.*)

PEPITO. Nuestros papás nos enseñaron a trabajar la tierra...

PEDRITO. A cuidarla....

PEPITO. ... y más que nada a respetarla....

PEDRITO. ... no a chismosear...

PEPITO. Sí, sí ya lo dijimos.

PEPITO. Como nuestros papás, nos enseñaron a trabajar, yo soy el rey de las carreteras...

PEDRITO. ... y vende huevos de gallina.

PEPITO. ¡Shsss! ¡No lo digas! Y mi hermano es comerciante.

PEDRITO. Sí, vendo chiles, ollas, manteca de cerdo y ¡hasta calzones vendo!

PEPITO y PEDRITO. Y siempre andamos juntos.

PEDRITO. ¡Oye, buey! Nos tenemos que ir.

PEPITO. Bueno, nos tenemos que ir porque mi mamá nos está esperando para comer.

PEDRITO. Hoy es fin de semana y nos preparó algo sabroso. Hasta luego.

(*Caminan abrazados yéndose. Paran y se acuerdan de que no se presentaron por nombre.*)

LOS DOS. Ah, yo me llamo Pepito, Pedrito Gutiérrez, Ramírez, Jolchitom. A sus órdenes, estamos para servirles y que pasen muy buenas tardes.

Actividades preliminares

1. En esta obra, los padres les enseñaron a sus hijos a trabajar la tierra, a respetarla y a no ser chismosos. ¿Y a ti? ¿Qué valores te han enseñado las personas mayores de tu grupo familiar? En parejas, conversen sobre sus respuestas.

2. Sabemos que el personaje de Domitila no tuvo acceso a una educación formal y que el personaje cuenta con pocos recursos. Reflexiona sobre los obstáculos que algunas personas tienen que enfrentar para obtener una educación formal. En pareja, discutan sobre este tema.

3. En el texto de *La monja bruja* se indica que las autoras han representado el papel de los personajes masculinos. Imagínate que vas a dirigir esta obra, ¿quieres emplear el *cross-dressing*, como en la puesta original? ¿por qué sí o no? Conversa en grupo sobre este asunto.

Hacia el texto

A. Circunstancias dadas

En grupos de tres o cuatro, inventen el pasado de Domitila y el de Elías, teniendo en cuenta las circunstancias dadas de los personajes. Pueden utilizar las siguientes frases para comenzar esta actividad:

1. Cuando era pequeña, Domitila aprendió…
2. Domitila se tuvo que ir de su pueblo porque….
3. Elías conoció a Domitila en…

B. Preguntas de comprensión

1. Explica el conflicto inicial entre Domitila y Elías. ¿Cómo es la relación entre ellos? ¿Cuáles son las primeras acciones de los personajes?

2. En sus oraciones a San Tiburcio, ¿qué le pide Domitila a este santo? ¿por qué?

3. ¿Por qué piensas que Domitila quiere aprender español? ¿qué otro idioma habla el personaje?

4. Describe el sueño de Domitila. ¿Cómo lo puedes interpretar en el contexto de la obra?

5. ¿Qué le pide Elías al padre Facundo? Ante la negación del sacerdote, ¿qué hace Elías? Luego, Elías sale cantando "sigo siendo el rey," ¿piensas que hay un elemento humorístico en esta situación, ¿por qué?

6. Examina las acciones de los dos sacerdotes. ¿Qué visión de la Iglesia Católica se presenta en esta obra?

7. ¿Por qué Domitila decide ir al convento? ¿Qué le sucede allí? ¿cómo interpretas que esta es la última vez que vemos a Domitila en escena?

8. ¿Cuántos años abarca la elipsis narrativa? ¿Qué sucedió durante esos años? ¿Cómo sabemos esta información?

9. ¿Qué tipo de información proporcionan las acotaciones? ¿Hay muchos detalles o no? ¿te ayudan a visualizar la obra? Y el ritmo de la obra, ¿es lento o rápido? Explica tus respuestas.

10. El título de la obra aparece en el parlamento de Elías. ¿Por qué el personaje le dice esto a Domitila? Inventa otro título para la obra.

11. ¿En qué momentos de la obra se usa el procedimiento del humor? ¿con qué efecto?

12. El desenlace, ¿es un final abierto o cerrado? Explica tu respuesta.

C. Más allá de la comprensión

1. En grupos, conversen sobre las relaciones de poder dentro del hogar de Domitila y Elías.

2. En parejas, discutan el modo en que la obra expone las condiciones de la violencia de género en las comunidades indígenas.

3. Elías canta un estribillo de la ranchera mexicana "Sigo siendo el rey." Primero, busca la letra de esta canción y, luego, examina su significancia en el contexto de la obra.

Dramatizaciones

1. Escena muda: Improvisa un momento de la primera escena con la que se abre la obra. En otras palabras, representa el momento en que Domitila limpia la estatua de Don Tiburcio, se mira al espejo y se habla a sí misma. Concéntrate solamente en tres acciones y en la expresión corporal. Repite el ejercicio una vez más, pero alternando el ritmo de las acciones a un ritmo pausado, a un ritmo acelerado y a una combinación de los dos. A continuación, el resto de la clase tiene que analizar las diferencias que vio entre las tres versiones de la misma escena.

2. En grupos de dos, improvisa el momento en que Domitila tiene que empeñar (*to pawn*) los únicos objetos que posee: sus santitos. Antes de comenzar, piensa en la situación en la cual se encuentra este personaje.

3. Al final de la obra vemos que Pepito y Pedrito se despiden porque dicen que su madre los espera para almorzar. En grupos de tres, improvisa esta escena del almuerzo. Puedes pensar en lo siguiente: ¿en dónde comen? ¿cómo es la interacción entre los hermanos y su madre? ¿hablan mucho o poco? ¿hay alguna tradición familiar a la hora de comer? ¿están muy cansados por el trabajo duro del día?

Conexiones culturales

1. En el portal de la asociación Fortaleza de la Mujer Maya (FOMMA) busca información sobre las actividades culturales y educativas de los últimos meses. Haz una lista de las actividades que te parecen más importantes para potenciar los derechos de la mujer. Comparte tu lista con el resto de la clase.

2. Investiga la labor de las primeras agrupaciones de teatro maya en el estado de Chiapas, México. Analiza la información que has encontrado y prepara una exposición oral sobre el tema.

3. Busca información sobre las políticas educativas y lingüísticas en el estado de Chiapas, México. Escribe un *blog* explicando las medidas más recientes que se han implementado en el plano de la educación bilingüe y en relación con las comunidades indígenas.

Ahora a escribir

1. Analiza las experiencias de pobreza de la protagonista desde la perspectiva de género.

2. Interpreta el simbolismo del sueño de la protagonista. En tu opinión, ¿con qué propósito se incluye el relato de este sueño?

3. Analiza la importancia de la escena final con los dos hijos de Domitila.

Bibliografía mínima

Carson, Margaret, traductora. "The Demon's Nun." *Stages of Conflict. A Critical Anthology of Latin American Theater and Performance*, edited by Diana Taylor and Sarah Townsend, University of Michigan Press, 2011, pp. 318–321.

de la Cruz Cruz, Petrona e Isabel Juárez Espinosa. *La monja bruja*. Hemispheric Institute of Performance and Politics, 7 July 2003. hemi.nyu.edu/hemi/hidvl-interviews/item/168-fomma-bruja-monja.

Juárez Espinosa, Isabel. "Reflection on the Work That Is Being Done within FOMMA with Respect to Women, Gender and Patriarchy, Change, New Generations and New Technologies." *Staging International Feminisms*, edited by Elaine Aston and Sue-Ellen Case, Palgrave Macmillan, 2007, pp. 171–173.

Taylor, Diana. "*The Demon's Nun*: Petrona de la Cruz and Isabel Juárez Espinosa (Mexico)." *Staging International Feminisms*, edited by Elaine Aston and Sue-Ellen Case, Palgrave Macmillan, 2007, pp. 161–167.

Underiner, Tamara L. *Contemporary Theatre in Mayan Mexico: Death-Defying Acts*, University of Texas Press, 2004.

9

Andrea Evangelina Rodríguez

Luisa A.S. *(Chiqui) Vicioso*
(República Dominicana)

Introducción

Luisa A.S. (Chiqui) Vicioso (Santo Domingo, 1948-) poeta, periodista, ensayista y dramaturga es conocida por la impronta femenina de su producción literaria y ensayística. Recibió una licenciatura en Sociología e Historia de América Latina de Brooklyn College, hizo una maestría en Diseños en Programas Educativos en la Universidad de Columbia y estudió Administración de Proyectos Culturales en la Fundación Getulio Vargas, en Brasil. En su labor como periodista hay que mencionar su colaboración en *La Noticia*, su página literaria en *El Nuevo Diario* y su columna semanal en el diario *Listín*. Su trabajo lírico es amplio y diverso e incluye poemarios tales como *Viaje desde el agua* (1981), *Un extraño ulular traía el viento* (1985), *Internamiento* (1992), *Trago Amargo* (1997) y *Eva/Sión* (2007). Entre sus piezas teatrales se destacan *Wish-Ky Sour*, Premio Nacional de Teatro de 1997, *Salomé U: Cartas a una ausencia* (1998), galardonada con el Premio Casandra a la mejor producción teatral, *Perrerías* (2001) y *Andrea Evangelina Rodríguez*, estrenada en el año 2013, entre otras.

Uno de los temas constantes de su producción poética es el desmantelamiento de mitos nacionales sobre la identidad dominicana. Su dramaturgia, por su parte, aborda temas como la soledad, las relaciones de pareja, el desplazamiento y la migración, la presión social, a la vez que lleva al escenario la vida y obra de mujeres sumergidas en el olvido, emprendiendo así la recuperación de la memoria de esas figuras históricas. Sus obras han sido estrenadas a nivel nacional e internacional y, en especial, muchos montajes se han hecho de su pieza *Andrea Evangelina Rodríguez*.

Esta pieza se basa en la vida de Andrea Evangelina Rodríguez Perozo (1879–1947), primera médica dominicana, quien fue pionera en temas de educación sexual y planificación familiar. A propósito de una puesta auspiciada por la Casa de las Américas en el año 2015, la poeta Nancy Morejón elogió la conmovedora semblanza de esta figura histórica, ya que el espectador "queda atrapado en una vida en donde se palpan las avatares de una mujer negra, quien, excepcionalmente y por su esfuerzo personal, consigue recibir estudios universitarios y, paradójicamente, graduarse de médico en una época donde el acceso a la educación estaba prohibido a los campesinos, los obreros, las mujeres..."(262). Estos elogios se repiten en otras reseñas críticas de la obra.

Andrea Evangelina Rodríguez (2013)

Antecedentes
Obra en diez actos, dedicada a la Dra. Andrea Evangelina Rodríguez, oriunda de San Pedro de Macorís, huérfana, vendedora de gofio y primera médica dominicana, víctima de la dictadura de Trujillo. Se basa en monólogos y voces en off, con una gran economía escenográfica y se centra en el lenguaje corporal.
La doctora vendía gofio (especie de pinole, hecho de maíz con azúcar prieta) para sobrevivir cuando niña y para solventar sus estudios (en todos los niveles), inclusive el universitario; de ahí que el gofio sea un elemento central en la obra, y también una silla, la misma en la que, en distintas épocas de su vida, y en distintos escenarios, siempre estuvo sola y sentada, como única mujer de su color y clase.
La obra rinde tributo al poeta martiniqueño Aimé Cesaire, con cuyo movimiento coincide Evangelina, durante sus estudios en París. En una de las escenas se utilizan versos de su poema "Cuadernos de un retorno al país natal." También rinde homenaje a otra mujer excepcional: Edith Piaff, de quien se utilizan fragmentos de sus canciones "La Vie en Rose" y "Rien de Rien."
Utilería:
Un carrito de gofios, libros de textos, sillas, una sábana roja y cientos de gofios de todos los colores.
Dos hileras de frentes de casa, con puertas y ventanas que se abren y cierran, movibles.
Una escalera ancha de madera, que pueda sostenerse por sí sola, con ocho escalones.
Un espejo de cuerpo entero, pintado de rosado.
Una mesa pintada de rosado.
Docenas de rosas rosadas de plástico.
Un CD con proyecciones de fotos antiguas de San Pedro de Macorís.
Ropa antigua, estola de armiño, guantes, sombrero.
Grabaciones de voz en off.

ESCENA I
Una calle y a ambos lados, el frente de casas con puertas y ventanas abiertas. Se escucha el rumor de animadas voces, conversaciones, música, voces de niños, vida.
Se escucha un grito de alerta: ¡Por ahí viene Evangelina!
Las puertas y ventanas se van cerrando una a una, en secuencia.
Silencio absoluto.

ESCENA II
Se proyecta en el escenario la foto Calle del Comercio (Hoy Avenida Independencia) esquina Rafael Deligne, del San Pedro de Macorís de 1990. Una niña negra, con cuatro moñitos y delantal, sale de la foto y avanza hacia el público. Va empujando un carrito de gofios. En la parte de abajo del carrito están sus libros.
¡GOFIO! ¡GOFIO! ¡GOFIO! ¡BARATO Y BUENO! ¡EL MEJOR GOFIO DEL PAÍS! ¡GOFIO!

La República Dominicana es una isla de 492 kilómetros cuadrados… ¿490 o 492.000? No puede ser tan chiquita. ¿Una isla? ¿O media isla?
¡GOFIO, GOFIO, GOFIO!
Está ubicada en el Mar Caribe … a ver, ¿Cuántos mares hay?… El Mar Caribe … el Atlántico … el Pacífico… GOFIO, GOFIO.
Está entre Cuba y Puerto Rico, al norte los Estados Unidos, al sur…
¡GOFIO, GOFIO, GOFIOOOOOOOOOOOOOOOOOOOOO! ¡EL MEJOR DEL PAÍS!
A ver, Puerto Rico parece un cuadrado, su capital es San Juan, pertenece a los Estados Unidos, pero hablan español.
Cuba se parece un cocodrilo, también pertenece a los Estados Unidos … ummmmmmm, pero no, si ya tuvo su independencia de España, es una República.
¡GOFIO, GOFIO, GOFIO!
Se oye una voz en off…
Niña, ¿estás vendiendo gofio, o qué? OFF

ESCENA III

Un salón de clases en la Universidad Santo Domingo, sillas organizadas para una clase. En medio de ellas una joven limpia, bien vestida, bien peinada, con lentes, sola entre todas las sillas.

Rumor de voces en aumento, grabaciones en off de muchas voces. La actriz no habla, todo lo dirá a través del lenguaje corporal, de acuerdo a los comentarios.

Voces masculinas y blancas.

SHHHHHHHHHHHHHHHHHHHHHHHHHHHHHHHHHHHHHH
¿Una mujer? ¿En la clase?
SHHHHHHHHHHHHHHHHHHHHHHHHHHHHHHHHHHHHHH
¡Dicen que vino a estudiar Medicina!
SHHHHHHHHHHHHHHHHHHHHHHHHHHHHHHHHHHHHHH
¿A qué?
¡A estudiar Medicina!
SHHHHHHHHHHHHHHHHHHHHHHHHHHHHHHHHHHHHHH
¡Mentira!
¡Es de San Pedro de Macorís!
SHHHHHHHHHHHHHHHHHHHHHHHHHHHHHHHHHHHHHH
¡Mentira!
¿De San Pedro?
Sí…
SHHHHHHHHHHHHHHHHHHHHHHHHHHHHHHHHHHHHHH
¡Con razón es negra!

ESCENA IV

Proyección de fotos de San Pedro de Macorís. Una con la vista del muelle y los rieles del ferrocarril. Otra con la vista panorámica de San Pedro de Macorís y la Plaza de los Guaraguaos. Otra de la calle del Comercio, hoy Avenida Independencia y una de la Avenida España, antigua Calle de los Rieles, donde se ve al fondo el edificio José Armenteros y Cía.

Entra otra vez la niña con el carrito de gofios. Habla con su madre… (Fallecida hace unos años.)
¡GOFIO, GOFIO, GOFIO! ¡EL MEJOR DEL PAÍS!
Mamá, la maestra dice que soy la mejor de la clase, pero que tengo que descansar, que no me queme tanto las pestañas…
¡GOFIO, GOFIO, GOFIO!
Saqué cien en Geografía, cien en Historia y cien en Botánica, y cien…
¡GOFIO, GOFIO, GOFIOOOOOOOOOOOO!
Pero yo le digo que cuando llego a la casa como que se me cae encima y lo único que me salva estudiar, leer…
¡GOFIO, GOFIO, GOFIO! ¡BARATO, A TRES CHELES!
Porque tú te fuiste, aunque sé que estás ahí, ¿verdad? Me dijeron que vives en el cielo, pero que siempre estás conmigo, ¿verdad?
¡GOFIO, GOFIO, GOFIOOOOOOOOOOOOOOOOOOOOOOOOOOO!
También me dicen que no me ponga triste, que cuando estoy estudiando, o cuando me acuesto tú me pones la mano, y cierro los ojos y los abro para sentirte, pero no las siento….
¡GOFIOOOOOOOOOO, GOFIOOOOOOOO, GOFIOOOOOO!
Y yo les creo, pero es que me hacen falta tus manos de verdad, los besitos que me dabas, mamá…
¡GOFIO, GOFIO, GOFIO, EL MEJOR DEL PAÍS!
Dicen que no hable contigo mientras vendo los gofios, porque van a pensar que estoy loca…
¡GOFIOOOOOOOOOOOOOOOOS!
Y que además, si lloro, van a creer que tienen moco….
¡GOFIOOOOOOOOO, GOFIOOOOOOOO, GOFIOOOOOOOOOO!
Por ahí vienen unos niños, hablamos luego … voces infantiles.
(*Se apagan las luces.*)

ESCENA V

Aparece la niña con el carrito de gofio. Está sentada en el banco de un parque. Se proyecta en el fondo la foto el Parque, de San Pedro de Macorís.
Voz en *off* Monseñor Apolinar Tejera:
"El lugar natural de la mujer es la casa…"
¡GOFIO, GOFIO, GOFIOOOOOOOOOO, A TRES CHELES!
VOZ EN OFF:
"Es atender al esposo, tener, educar y criar a sus hijos…."
¡GOFIOOOOOOOOOOOOOO, GOFIOOOOOOOOOOOOOO. EL MEJOR DEL PAÍS!
VOZ EN OFF:
"A Eva la expulsaron del Paraíso porque comió del Árbol del Conocimiento."
¡GOFIO, GOFIO, GOFIO!
VOZ EN OFF:
"Y para colmo le dio a comer del fruto prohibido, al pobre Adán…"
¡GOFIOOOOOOOOOOOOOO!

VOZ EN OFF:
"Por eso la condenaron a vivir con dolor."
¡GOFIO DULCE, GOFIO DEL MEJOR, EL MEJOR GOFIO!!!!
VOZ EN OFF:
"Y al pobre Adán a ganar el pan con el sudor de su frente."
¡GOFIOOOOOOOOOOOOOO, GOFIO, GOFIOOOOOOOOO!
VOZ EN OFF:
"Todas abriendo las cajas del conocimiento prohibido y convirtiéndose en estatuas de sal…"
¡GOFIO, GOFIO, GOFIOOOOOOOOOOOOOOOOOOOOOOOOOOOOOOOOOO!

ESCENA VI
Una escalera ancha con ocho peldaños. Presentación de tesis. Un actor representando al rector de la universidad, vestido de Monseñor Tejera, parado en el último escalón, (con los brazos cruzados, postura poderosa), simbolizando los ocho años que tuvo que esperar Evangelina (de hecho, hasta que falleciera el rector) para presentar su tesis, ya que este había dicho que durante su rectorado ningún negro o negra (y eso también lo aplicó al Dr. Peters, eminencia médica dominicana) se graduaría.

Evangelina sube afanosamente hasta el rector, parado de manera altiva en el último (octavo) escalón; le extiende la mano con un folio….

Excelentísimo Sr. Rector, aquí está mi tesis: "Niños con excitación cerebral." Como verá me he concentrado en los desórdenes de la niñez, partiendo un poco de mí misma experiencia, ya que la orfandad, como usted bien sabe, afecta el equilibrio emocional de la infancia.

¿Disculpe?

Entiendo, Sr. Rector, le voy a dejar el ensayo con su secretaria para cuando usted tenga tiempo.

(*Evangelina baja el primer escalón y vuelve y sube, esta vez al séptimo escalón.*)

Sr. Rector: Gracias por recibirme. Vuelvo a presentarle mi tesis sobre los niños con excitación cerebral, en la cual he incorporado otras sugerencias que me hizo llegar y además he hurgado en otras fuentes.

¿Disculpe?

Sí, sí, comprendo. Le voy a dejar mi tesis con la secretaria hasta que usted pueda revisarla a fondo.

(*Evangelina desciende al primer escalón, vuelve y vuelve y sube esta vez al sexto.*)

Excelentísimo Señor Rector, ha pasado ya un año desde que le dejé mi tesis con la secretaria, como usted me indicara.

¿Disculpe?

¿Qué a ella se le ha extraviado?

No, no, no se preocupe. Tengo mis notas manuscritas y la puedo rehacer.

(*Evangelina baja al primer escalón y sube, esta vez al quinto peldaño.*)

Excelentísimo Señor Rector: Me ha llevado un par de años poder armar la tesis de nuevo, usted sabe que tengo que trabajar para sobrevivir y llego muy cansada a la casa, además es difícil trabajar de noche, termino muy agotada y luego hay que levantarse temprano, pero aquí está.

¿Disculpe?

Ah sí, ya entiendo, voy a dejarle la tesis con la secretaria, pero esta vez me voy a asegurar de que me firme un acuse y además he hecho una copia por si acaso.

(*Evangelina baja al primer peldaño y sube esta vez al cuarto escalón.*)

Excelentísimo Monseñor Rector, ya han pasado cuatro años desde que le entregué la tesis y aún espero por sus señalamientos y por la conformación del Tribunal. Dígame, ¿hay algún problema? ¿Es el tema que he escogido? ¿La documentación técnica? ¿Las fuentes? ¿Las entrevistas? ¿El acta de nacimiento? ¿La cédula? ¿El pasaporte?

(*Monseñor estornuda.*)

¿Disculpe?

Sí, sí, ya entiendo que usted debe consultar, investigar las fuentes, ¿cuándo puedo volver a verle?

MONSEÑOR. En un año.

¿En un año?

(*Evangelina baja al primer escalón y sube al tercer peldaño.*)

¡¡¡Qué alegría volver a verle, Monseñor!!! Usted sabe que estoy aspirando a una beca en Francia para especializarme en ginecobstetricia y que no puedo hacerlo hasta que se me apruebe la tesis.

MONSEÑOR. Primero muerto. ¿Disculpe?

Ah, sí, sí, ya entiendo. Es solo que el tiempo corre y ya llevo seis años esperando que usted me apruebe la tesis.

¿Disculpe?

No, no, no estoy molesta. Solo estoy preocupada porque mis fuerzas pueden agotarse.

Sí, sí, claro. Volveré cuando usted lo disponga.

(*Evangelina baja y vuelve y sube esta vez al segundo escalón.*)

Buenas, señor rector, aquí estoy de nuevo, siete años después, a ver qué ha decidido usted sobre la tesis….

¿Disculpe?

Bueno, puede ser que para usted siete años no sean nada, pero para mí son una vida.

¿Disculpe?

No, no, vuelvo a repetirle que no estoy molesta, pero dígame, ¿por qué es que solamente a mí y al Dr. Pieter se nos ha dificultado tanto presentar tesis? ¿Es porque somos negros?

ESCENA VII

"*La Vie en Rose*"

Una habitación iluminada de rosado. Vestimenta rosada. Una mesa rosada. Un baúl rosado, un espejo de cuerpo entero pintado de rosado. Piso cubierto de rosas rosadas. Canción "La Vie en Rose" de Edith Piaff.

Evangelina va sacando cuidadosamente de un baúl las ropas que le han prestado y va a llevar a París y las coloca en la mesa.

Antes de hacerlo se las prueba, se mira, sonríe, gira, tararea "La Vie en Rose" …y dice:

Anacaona siempre usa esta estola en las recepciones. ¡Dios mío! ¡Una estola del armiño con este calor!, pero dice que es lo que se usa en las fiestas de París, ¡Yo tanto que la critiqué y ahora tendré que usarla!

¡Mira este vestido! ¡Qué maravilla! Dudo que tendré ocasión de ponérmelo, pero una nunca sabe. ¿Y si me invitan a una recepción?

¿¡Waoooooooooo, estas botas son divinas! ¡Y estos guantes! ¿Quién lo iba a decir? ¡Yo con botas! Dice Anacaona que la nieve es una belleza, que inspira una gran sensación de paz, de tranquilidad. ¡Justo lo que yo necesito!

¡Y mira esto! ¡Con este collar parezco una reina!

¿Cómo serán los hombres franceses?

¿Serán tan buenos mozos como los pintan?

¿Y les gustarán las trigueñas?

¡París! ¡París! ¡París! (*Gira, se ríe, se para en la punta de los pies, se pone todos los accesorios.*)

París...

¿Será una fiesta?

ESCENA VIII

París. Evangelina. De nuevo sentada, sola, en medio de las sillas, en un salón de clases de la universidad. Se escucha la grabación de un husssssh.

SHHHHHHHHHHHHHHHHHHHHHHHHH

¿Una mujer?

SHHHHHHHHHHHHHHHHHHHHHHHHH

¿Negra?

SHHHHHHHHHHHHHHHHHHHHHHHHH

Dicen que es de las Antillas...

SHHHHHHHHHHHHHHHHHHHHHHHHH

Y que es muy brillante.

SHHHHHHHHHHHHHHHHHHHHHHHHH

Ce n' est pas posible.

SHHHHHHHHHHHHHHHHHHHHHHHHH

El profesor Jean Louis Fauré la ha hecho su asistente, y además le consiguió trabajo en la Maternité Baudelocque.

SHHHHHHHHHHHHHHHHHHHHHHHHH

¿Su asistente?

SHHHHHHHHHHHHHHHHHHHHHHHHH

Sí, está deslumbrado.

SHHHHHHHHHHHHHHHHHHHHHHHHH

¿Deslumbrado?

SHHHHHHHHHHHHHHHHHHHHHHHHH

Y, ella también.

SHHHHHHHHHHHHHHHHHHHHHHHHH

¿Con él?

SHHHHHHHHHHHHHHHHHHHHHHHHH

No, con lo que enseña.

SHHHHHHHHHHHHHHHHHHHHHHHHHHHH
Parece que nunca había oído hablar de la planificación familiar.
SHHHHHHHHHHHHHHHHHHHHHHHHHHHH
¡Claro, es de las Antillas!
SHHHHHHHHHHHHHHHHHHHHHHHHHHHH
¡Ni de la educación sexual!
SHHHHHHHHHHHHHHHHHHHHHHHHHHHH
¡Estás bromeando!
SHHHHHHHHHHHHHHHHHHHHHHHHHH
No, así es, ella no sale de su asombro.
SHHHHHHHHHHHHHHHHHHHHHHHHHH
Y él encantando con su virginidad.
SHHHHHHHHHHHHHHHHHHHHHHHHHH
¿Es virgen?
SHHHHHHHHHHHHHHHHHHHHHHHHHH
¡Debe ser, pero no hablo de esa virginidad, sino de la que le interesa a Fauré!
SHHHHHHHHHHHHHHHHHHHHHHHHHH
¿Cuál?
SHHHHHHHHHHHHHHHHHHHHHHHHHH
La del pensamiento, bobo.
SHHHHHHHHHHHHHHHHHHHHHHHHHH
¡Ah!

ESCENA IX

Otra vez Evangelina sentada en una silla, en un salón oscuro, en medio de la habitación.
   Dos hombres se turnan para interrogarla.
VOZ EN OFF:
A e'ta negra le ha dado por hablar mal del Jefe.
(*Trompada en las costillas*)
¡A e'ta negra! ¡Una negra!
(*Bofetada.*)
Ni siquiera agradece que pudo estudiar por el Jefe…
(*La escupen.*)
¡Gran pedazo de mierda!
(*Trompada en el rostro.*)
Dique priva en que fue a Francia.
(*Escupen el piso*).
¡Plata de sica!
(*Otra trompada, esta vez en el pecho, Evangelina convulsiona.*)
¡Y tan fea!
(*Desmayo de Evangelina.*)
A to'a la fea le da por estudiar.
(*Echale agua pa que despierte.*)
¡Porque no consiguen macho, ni quien la mantenga!
(*La sacuden, no hay respuesta.*)

Y ahora quiere a'ta agitar a lo cuero. ¿Quién ha vito que lo cuero dique tienen derecho? ¿Derecho a qué? ¿A acostarse con Villega y el que llega? ¡Pedazo de mierda, mojón, plata de sica! ¿Y ya el jefe la obliga a que se inyecten como lo perro con rabia? To lo mese tienen quír al médico, se dan gusto pichándola donde má le duele, ¡pá que se dejen de vagamundería!
(*Le echan otra cubeta de agua.*)
No ta repondiendo, jefe....
Despiértala, tiene que decir con quien ta'ba agitando en San Francisco.
(*Otra bofetada.*)
¡Habla! ¿Con quién habla'te? ¿Quién ta'ba contigo? ¡Habla! ¡Hija'e puta!
EVANGELINA. (*musita*)
"Aquellos que consideran que se es negro como se es empleado de segunda clase.... aquellos que capitulaban ante sí mismos....aquellos que viven al fondo de la mazmorra de sí mismos...."
¿Qué t'a diciendo?
Parece que ya tá diciendo con quién se reunió, jefe.
Dale agua pa' que siga.
EVANGELINA.
"Ya para mí mis danzas,
Mis danzas de mal negro,
La danza rompe argolla,
La danza salta prisión,
La danza es hermoso y legítimo
Ser negra."
Parece que ta'diciendo que ta'orgullosa de ser negra. Y a mí ¿qué carajo me importa que te'orgullosa de ser negra? Lo que quiero saber son los nombres. Dále otra galleta a ver si entiende!
EVANGELINA.
"Y ahora que estamos de pie,
Mi país y yo
Y mi pequeña mano
Ahora es su puño enorme
Y la fuerza no está en nosotros
Sino por encima de nosotros
En una voz que barrena la noche..."
¡Vuelve y dale!
EVANGELINA.
"Porque la obra del hombre
Ha empezado ahora
Y le falta al hombre
Conquistar toda prohibición..."
¡Dale!
EVANGELINA.
"La muerte galopa en la prisión, como un caballo blanco.
La muerte luce en la sombra

Como los ojos de los gatos
La muerte hipa
Como el agua bajo las rocas
La muerte es un pájaro herido
La muerte decrece
La muerte vacila
La muerte es una partitura sombría
La muerte expira en una blanca balsa de silicio…"
Pero, ¿de qué coño habla e'ta loca?
Parece que ta' recitando, jefe.
¡Vuelve y dale!
Ahora canta, jefe….
EVANGELINA.
"Allons enfants de la Patrie
Le jour de gloire est arrivé!
Contre nous de la tyrannie
L'entendard sanglant est levé!"
¡Vuelve y dale, coño!
Jefe, si le vuelvo a dar se muere y no tenemos orden de matarla.
EVANGELINA.
"Tremblez ¡vos projets parricides, vont enfin recevoir leur Prix!"
¡Entonces que se calle, coño!, o la mato.
(*Amordazan a Evangelina. Se apaga la luz.*)

ESCENA X
LA PEREGRINA

Regreso a la primera escena, ventanas que se apagan y puertas que se cierran. Llega la Peregrina con su virgen de la Altagracia en la cabeza. Andrajosa, despeinada, sucia.

¡GOFIOOOOOOOOOOOOOOOO, GOFIOOOOOOOOOOOOOOOOOOO! ¡ABAJOO TRUJILLO!
A BAS TRUJILLO!
¡GOFIOOOOOOOOOOOOO, GOFIOOOOOOOOOOOOOOOOOOOO! ¡EL MEJOR DEL PAÍS.
¡ASESINOOOOOOOOOO, LADRÓN, TORTURADOR!
¡ASSASIN! ¡VIOLEUR DE FEMMES! ¡VELEUR!
¡GOFIOOOOOOOOOOO, GOFIOOOOOOOOOOOOOOOOOOOO, A TRES CHELES!
¡VIOLADOR DE MUJERES! ASESINOOOOOO LADRÓN! ¡VIOLEUR DE FEMMES!
¡ASSASIN!
(*Cae del techo una sábana roja, metáfora de la sangre, que la cubre. Evangelina lucha por sacar la cabeza, forcejea con la tela roja.*)
¡GOFIOOOOOOOOOOOOOO! EL MEJOR
¡ABAJO EL GOBIERNO!

¡ABAJO LA DICTADURA!
¡VIVA LA VIRGEN DE LA ALTAGRACIA!
ABAJ LA DICTATURE. ¡VIVE LA VEGE ALTAGRACIA!
GOFIO, GOFIO, GOFIOOOOOOOOOOOOOO, ¡DIOS TE SALVE MARÍA, LLENA ERES DE GRACIA...
JE VOUS SALUTE MARIE, PLEINE DE GRACE
GOFIO, GOFIO, GOFIOOOOOOOOOOOOOOOOOOOOOOOO, A TRES CHELES.

Irrumpe la canción "Rien de Rien," de Edith Piaff.
(Una lluvia de gofios, envueltos en papel de colores, comienza a caer del techo. La Peregrina se queda suspendida, mira al cielo, se ríe con gran alegría, danza.)
Evangelina comienza a quitarse los andrajos, se alisa el pelo, se limpia la cara, se hace cuatro moñitos, vuelve a ser la niña del inicio.
Mira al cielo, con los brazos extendidos, corre hacia la parte atrás del escenario.
¡Mamá, mamá, mamá!
Exclama.
¡Ya voyyyyyyyyyyyyyyyyyyyyyyyyyyyyyy!
¡Ya voyyyyyyyyyyyyyyyyyyyyyyyyyyyyyyy!
¡Espérame!

FIN

Nota de la dramaturga: se sugiere que, en esta propuesta, donde consideramos tener a dos actrices haciendo el papel de Evangelina, la niña Evangelina se sume a la adulta y las dos marchen hacia el final del escenario.

Actividades preliminares

1. En grupo, conversen sobre sus primeras impresiones de la obra. ¿Qué les llama la atención? ¿Hay alguna escena que les incomodó? ¿Por qué sí o no? ¿Qué piensan del aspecto biográfico de la obra?

2. Esta obra está dedicada a la doctora Andrea Evangelina Rodríguez (1879-1947). Lee con mucha atención el prólogo. ¿Qué aspectos de la vida de este personaje histórico aparecen mencionados en los "Antecedentes"? ¿Qué información de contexto proporciona este prólogo?

3. Imagina que tú trabajas en la Secretaría de Cultura y eres la persona encargada de desarrollar proyectos para conmemorar la vida y obra de personas que hicieron cosas para el bien común de tu comunidad. ¿Qué proyecto te gustaría desarrollar? ¿Por qué? ¿Qué historia te gustaría contar? ¿A quiénes invitarías a participar en este proyecto? Conversa sobre estos temas con un compañero/a de clase.

Hacia el texto

A. Circunstancias dadas

Inventa un diálogo entre Andrea Evangelina y otros personajes para tres escenas que se desarrollan en los siguientes momentos de su vida:

1. Cuando Andrea Evangelina está en la escuela primaria y se saca muy buenas notas.
2. Cuando Andrea Evangelina expresa por primera vez que quiere ser doctora y no recibe el apoyo de las personas que la escuchan.
3. Cuando Andrea se recibe como la primera doctora en Medicina de la República Dominicana.

B. Preguntas de comprensión

1. ¿Cuál es el tiempo de la acción dramática? ¿En dónde se desarrolla la trama?
2. ¿Cómo es Andrea Evangelina, el personaje de ficción? ¿Qué aspectos de su vida explora la obra? ¿Qué barreras tiene que enfrentar este personaje como mujer afro-dominicana y de origen humilde?
3. Analiza las acotaciones de la sexta escena. ¿A quién se dirigen? Describe la interacción entre Andrea Evangelina y el rector de la universidad en esta escena.
4. ¿Cuántos años tiene que esperar Andrea Evangelina para que el rector le apruebe su tesis? ¿Por qué? ¿Qué puede simbolizar el uso de peldaños en el contexto de la obra?
5. ¿Qué quiere estudiar en París? ¿Qué imágenes de esta ciudad y de su gente tiene la protagonista? Contrasta el tono de esta escena con el de la anterior.
6. La obra se estructura en diez escenas. En la representación teatral, ¿cómo te imaginas el cambio de escenas?
7. En la escena de la tortura, ¿qué prejuicios raciales y de clase aparecen en el parlamento de los torturadores? ¿Qué sabemos de estos personajes? ¿Qué lenguajes coexisten en esta escena? ¿Cómo interpretas el hecho de que la protagonista recite poesía en esas circunstancias?
8. Busca información sobre el régimen de Rafael Trujillo. ¿Cómo aparece este contexto histórico en esta pieza?
9. Busca en inglés o en español la letra de la canción "Rien de Rien" de Edith Piaff. ¿Cómo interpretas el significado de esta canción en el contexto de la obra?
10. ¿Cómo empieza y finaliza la última escena? ¿Qué cambios vemos en la protagonista? ¿Qué etapas de la vida se representan en escena?
11. En parejas, conversen sobre el desenlace de la pieza. ¿Les conmovió la imagen final? ¿sí o no? ¿por qué?

C. Más allá de la comprensión

1. Busca en la red vídeos sobre una puesta en escena de la obra. Escoge un segmento de la representación o una foto, en caso de que no encuentres material

audiovisual, y haz una lista de tus observaciones sobre la actuación, iluminación, vestuario, baile, música y el espacio escénico. En parejas, compartan sus observaciones sobre la puesta en escena que han visto en internet.

2. En parejas, escriban otra escena final para esta obra. La escena debe incluir acotaciones, signos sonoros y elementos de utilería, entre otras posibilidades.

3. En grupo, intercambien sus puntos de vista acerca de si esta pieza dialoga o no con la época contemporánea.

Dramatizaciones

1. Improvisa una situación dramática entre el rector y Andrea Evangelina usando como contexto la sexta escena y sin pronunciar una palabra. Antes de comenzar la improvisación, en parejas, piensen en los objetivos de cada personaje en esa escena en particular. En esta ocasión, concéntrense en la expresión corporal de los personajes.

2. En grupo, lean los parlamentos de "La Voz en Off" de alguna escena. Conversen sobre su significado y dialoguen sobre cuál puede ser su procedencia. A continuación, ensayen una lectura dramatizada de estos parlamentos probando con diferentes tonos y volumen de voz.

Conexiones culturales

1. Examina la vida y la obra de Andrea Evangelina Rodríguez Perozo (1879-1947) usando diferentes fuentes bibliográficas. ¿Qué aspectos y eventos de su vida se traspasan a la ficción teatral? ¿cuáles omitió la dramaturga? Comparte tu respuesta con un compañero/a de clase.

2. Busca información sobre los discursos que circularon acerca de la admisión de mujeres en la carrera de Medicina en las últimas décadas del siglo XIX y en las primeras del siglo XX. Concéntrate en un país. Haz una presentación de tipo multimedia sobre este tema y reflexiona sobre lo que has aprendido sobre el tema.

3. Busca en internet una definición sencilla de la intertextualidad. A continuación, indica las referencias intertextuales que aparecen en este texto dramático y busca información sobre cada una de ellas. En parejas, escriban tres notas a pie de página (*footnotes*) sobre tres referencias intertextuales que ustedes consideren imprescindibles para la comprensión del texto.

Ahora a escribir

1. Analiza los parlamentos de "La Voz en Off" en las primeras escenas.
2. Examina el modo en que esta obra participa en el proceso de construcción y transmisión de la memoria cultural en la República Dominicana.

3. Reflexiona sobre el tema de la superación educacional en el contexto de esta obra.

Bibliografía mínima

Abreu-Torres, Dania. "Raza y Poesía: Chiqui Vicioso y la reconfiguración de la identidad dominicana." *Hispania,* v. 97, no.2, 2014, pp. 244–255. JSTOR, www.jstor.org.ezproxy.wlu.edu/stable/24368772

Martínez Tabares, Vivian. "Testimonio, espiritualidad y resistencia en el teatro de Chiqui Vicioso." *Latin American Theatre Review* v.37, no.2, 2014, pp. 25–39.

Morejón, Nancy. "Una visita de Chiqui Vicioso a Andrea Evangelina." *El teatro según Chiqui Vicioso (Antología)*. Dirección General de la Feria del Libro, 2016, pp. 261–263

Vicioso, Luisa A.S. "Chiqui." "Discovering Myself." *The Afro-Latin@ Reader. History and Culture in the United States,* edited by Miriam Jiménez Roman and Juan Flores, Duke UP, 2010, pp. 262–265.

Vicioso, Luisa A.S. "Chiqui." "El teatro dominicano: una visión femenina o de género." *El teatro según Chiqui Vicioso (Antología)*, Dirección General de la Feria del Libro, 2016, pp. 11–24.

10

El chico de la última fila

Juan Mayorga
(España)

Introducción

Juan Mayorga (Madrid, 1965–), matemático, doctor en Filosofía, dramaturgo y director de teatro reside actualmente en Madrid y se desempeña como director de la Cátedra de Artes Escénicas de la Universidad Carlos III. Por su obra, ha sido galardonado, entre otros, con los siguientes premios: Nacional de Teatro (2007), Nacional de Literatura (2013), Valle-Inclán (2009), Ceres (2013), La Barraca (2013), Premio Max (2006, 2008, 2009) y Premio Europa de Nuevas Realidades Teatrales (2016). Además, en 1993 funda el Teatro del Astillero junto con otros dramaturgos. Su vasta producción dramática incluye títulos como: *Siete hombres buenos* (1989), *Más ceniza* (1992), *Cartas de amor a Stalin* (1998), *Himmelweg* (2002), *Hamelin* (2005), *El chico de la última fila* (2006), *La paz perpetua* (2007), *La tortuga de Darwin* (2008) y *La lengua en pedazos* (2013).

Para el autor, el teatro "es uno de los pocos lugares donde el ser humano está ante el ser humano" (1096), según lo expresa en una entrevista concedida a John P. Gabriele. En efecto, su teatro representa una constante indagación sobre la humanidad y la sociedad a través de un núcleo temático que gira en torno a la violencia, las relaciones humanas y el abuso de poder. Y en sus palabras, la violencia se entiende como "la dominación de uno sobre otro o de una realidad sobre un ser humano, sea hombre o mujer" (Entrevista con John P. Gabriele, 1097). De la misma manera, en sus obras, Mayorga procura hacer presente lo que no es obvio, por ello, se interesa en formas de violencia no explícitas ni físicas. Así lo notamos en *El chico de la última fila*, obra en donde la violencia se percibe a través de la mirada, las relaciones personales, la educación, la lectura y la complicidad, entre otras posibilidades.

El chico de la última fila (2006)

Personajes

Germán de unos 55 años   Rafa de 17
Juana de unos 55   Rafa Padre de unos 45
Claudio de 17   Ester de unos 40

Germán lee un folio manuscrito en el que hace anotaciones con rotulador rojo. Lo que lee, primero le da risa y luego le indigna. Pone un cero en el folio, lo deja en el montón de la derecha y coge otro del montón de la izquierda. Lee una frase, pone en el folio un gran cero y lo deja en el montón de la derecha. Coge otro folio. Está volviendo a enfadarse cuando llega Juana.

GERMÁN. ¿Qué? ¿Cómo ha ido?
JUANA. Podías haberme acompañado.
GERMÁN. No voy a misa desde los catorce años.
JUANA. No era una misa. Era un funeral.
GERMÁN. No pensé que fuera tan importante para ti. No era un pariente, ni un amigo. No irás a decirme que Bruno era un amigo.
JUANA. Por no estar sola. Por poder hablar con alguien.
(*Silencio.*)
JUANA. Conocí a las mellizas. Son tal como Bruno las describía. ¿Me cambio y nos vamos al cine, a una divertida?
GERMÁN. No te cambies, estás muy guapa. Pero deja que acabe esto. Echa un vistazo, esto sí que es divertido.
(*Vuelve a su lectura. Juana hojea el montón de la derecha.*)
JUANA. Cero. Tres. Cero. Hombre, ¡un cinco! Dos. Cero… ¿Tan malos son?
GERMÁN. (*Sin dejar de leer.*) Peores. El peor curso de mi vida.
JUANA. Eso ya lo dijiste el curso pasado. Y el anterior.
(*Germán pone un uno en el folio, se lo da a Juana y coge otro.*)
GERMÁN. (*Lee.*) "El sábado estuve viendo la tele. El domingo estaba cansado y no hice nada." Punto final. Les di media hora. Dos frases. Cuarenta y ocho horas en la vida de un tío de diecisiete años. El sábado, tele; el domingo, nada. (*Pone un cero en el folio y se lo da a Juana; coge otro.*) No les he pedido que compongan una oda en endecasílabos. Les he pedido que me cuenten su fin de semana. Para ver si saben juntar dos frases. Y no, no saben. (*Lee.*) "Los domingos no me gustan. Los sabados sí que me gustan pero este sabado mi padre no me dejó salir y me quitó el móvil." (*Pone en el folio un gran cero y lo deja en el montón de la derecha.*) Intenté explicarles la noción de "punto de vista." Pero hablar a éstos de punto de vista es como hablar a un chimpancé de mecánica cuántica. Les leo el comienzo de "Moby Dick," se supone que todos saben de qué hablo, que han visto la película. Les explico que la historia la cuenta un marinero. Pregunto: "¿Y si la hubiera contado

otro personaje, por ejemplo, el capitán Achab?" Me miran asustados, como si les hubiera planteado el enigma de la esfinge. "Bueno, me vais a hacer una redacción contándome lo que habéis hecho este fin de semana. Tenéis media hora." Y me entregan esto. ¿Qué fatalidad me condujo a este trabajo? ¿Hay algo más triste que enseñar literatura en bachillerato? Elegí esta profesión pensando que viviría en contacto con el horror. Y lo peor no es enfrentarse, día a día, con la ignorancia más atroz. Lo peor es imaginar el día de mañana. Esos chicos son el futuro. ¿Quién puede conocerlos y no hundirse en la desesperación? Los catastrofistas pronostican la invasión de los bárbaros y yo digo: ya están aquí; los bárbaros ya están aquí, en nuestras aulas.

(*Coge otro folio.*)

JUANA. No sabía si darles el pésame. Estaba por irme cuando se me acercó una de ellas, no sé cuál, no las distingo. Me dijo que mañana irán a la galería a hablar del futuro. "A hablar del futuro." ¿Me escuchas?

(*Germán está absorto en lo que lee.*)

JUANA. ¿Pasa algo?

(*Silencio.*)

GERMÁN. (*Lee.*) "El pasado fin de semana, por Claudio García. El sábado fui a estudiar a casa de Rafael Artola. La idea partió de mí, porque hace tiempo que deseaba entrar en esa casa. Este verano, todas las tardes me iba a mirar la casa desde el parque, y una noche el padre de Rafa casi me coge mirando desde la acera de enfrente. El viernes, aprovechando que Rafa acababa de fracasar en la clase de Matemáticas, le propuse un intercambio: "Tú me ayudas a mí con la Filosofía y yo a ti con las Matemáticas." No era más que un pretexto, claro. Yo sabía que, si aceptaba, sería en su casa, porque la mía está en una calle que Rafa no pisará jamás. A las once toqué el timbre y la puerta se abrió ante mí. Seguí a Rafa hasta su cuarto, que es como yo me imaginaba. Me las arreglé para dejarlo ocupado con un problema de trigonometría mientras yo, con la excusa de buscar una Coca-Cola, echaba un vistazo a la casa. Esa casa en la que por fin me encontraba, después de haberme imaginado tantas veces allí dentro. Es más grande de lo que suponía; mi casa cabe cuatro veces en ella. Todo está muy limpito y ordenado. "Bueno, basta por hoy," me dije, y estaba a punto de volver con Rafa cuando un olor me llamó la atención: el inconfundible olor de la mujer de clase media. Me dejé guiar por ese olor, que me llevó hasta el salón. Allí sentada en el sofá, hojeando una revista de decoración, encontré a la señora de la casa. La miré hasta que levantó sus ojos azules. "Hola. Tú debes ser Carlos." Su voz era tal y como había previsto; ¿dónde enseñarán a hablar a estas mujeres? "Claudio," contesté, sosteniéndole la mirada. "¿Buscas el baño?" "La cocina." Ella me condujo hasta allí. "¿Quieres hielo?" Me fijé en sus manos mientras sacaba los cubitos: alianza en la derecha y sortija en la izquierda. Se sirvió un Martini. "Coge lo que quieras," dijo. "Estás en tu casa." Ella volvió al sofá y yo a la habitación de Rafa. Le resolví el problema de trigonometría. Va a necesitar mucha ayuda para sacar las Matemáticas este curso. Continuará."

(*Silencio.*)

JUANA. ¿Dice "Continuará"?

GERMÁN. Entre paréntesis.

(*Pone un siete en la redacción y coge otra.*)
JUANA. ¿Un siete?
GERMÁN. No tiene faltas, y de vocabulario no está mal. No es Cervantes, pero comparado con los otros… ¿Qué nota le pondrías tú?
JUANA. Yo llevaría esa redacción al director.
GERMÁN. ¿Por qué? ¿Porque la madre de su compañero Rafa tiene los ojos azules?
JUANA. ¿Quién es este chico?
GERMÁN. Me parece que es uno que se sienta en la última fila, pero no estoy seguro. Todavía no los conozco. Estamos en la segunda semana de curso.
JUANA. ¿Le pones un siete y te quedas tan ancho? "Continuará."
GERMÁN. ¿Si le pongo un siete te quedarás tranquila? Menos de un seis no puedo ponerle.
JUANA. Se ríe de ti y le pones un siete.
GERMÁN. ¿Se ríe de mí? No me había dado cuenta.
JUANA. Se ríe de todo. De ti, de su compañero Rafa, de la madre de Rafa… (*Lee.*) "Claudio," contesté, sosteniéndole la mirada." ¿Quién se cree que es? ¿Por qué no le pides que lo lea en clase, en voz alta, a ver si ese otro, ese Rafa, le da un buen sopapo? A no ser que el tal Rafa… (*Lee.*) "Rafa Artola." ¿Existe? Lo mismo todo es una fantasmada.
(*Germán hojea en el montón de la izquierda. Encuentra el folio que busca.*)
GERMÁN. (*Lee.*) "El sábado por la mañana estudié Matemáticas con mi amigo Claudio. Por la tarde fui con mi padre a jugar al baloncesto. Fue un partido muy disputado, pero ganamos y nos fuimos todo el equipo a celebrarlo. El domingo…."
(*Sigue leyendo en silencio. Le pone un cinco y lo coloca en el montón de la derecha.*)
JUANA. ¿Un cinco? Parece un buen chico. Al otro le pones un siete y a éste un cinco.
GERMÁN. No es clase de Ética, ni de Religión. Es Lengua y Literatura.
(*Coge otro folio.*)
JUANA. ¿De verdad no te preocupa? Yo al menos hablaría con él. ¿No vas a hablar con él?
CLAUDIO. ¿Quería verme?
GERMÁN. Siéntate, hombre.
GERMÁN. Se trata de esa redacción sobre el fin de semana. Me preocupa.
CLAUDIO. ¿La puntuación? Me hago un lío con el punto y coma.
GERMÁN. La puntuación está bastante bien.
CLAUDIO. Se me dan mejor las ciencias, pero este año me he propuesto mejorar en Lengua.
GERMÁN. Se trata del contenido. Hablas de otro chico de clase, y de su familia. A alguien le podría parecer mal.
CLAUDIO. ¿Se lo parece a usted? ¿O se refiere a otra persona? ¿Lo ha leído alguien más?
GERMÁN. Todavía no. Pero estoy pensando dárselo al director, a ver qué opina.
CLAUDIO. No lo escribí para el director. Lo escribí para usted.
(*Silencio.*)
GERMÁN. ¿Cómo crees que se sentiría tu compañero Rafa si leyese…? (*Lee.*) "… aprovechando que Rafa acababa de fracasar en la clase de Matemáticas… un olor

me llamó la atención: el inconfundible olor de la mujer de clase media..." Y no es solo lo que dices. Lo peor es lo que está entre líneas. El tono. ¿Qué tal si te lo hago leer en clase? ¿Cómo se sentiría Rafa si oyese esto?

CLAUDIO. No sé cómo se sentiría. Tampoco lo escribí para él. Usted nos pidió que escribiésemos sobre el fin de semana. La idea fue suya.

(*Silencio.*)

GERMÁN. Vamos a dejarlo estar. No sé qué buscabas con esto, pero sea lo que sea, vamos a pasar página.

(*Claudio va a irse.*)

CLAUDIO. El ejercicio de los adjetivos, ¿puedo dárselo?

GERMÁN. Dije para el lunes.

CLAUDIO. Lo hice anoche, de un tirón. Si es que lo entendí bien. Se trataba de hacer una redacción con los adjetivos de la lista. ¿Era eso?

(*Saca el ejercicio.*)

GERMÁN. Es solo un juego para haceros escribir.

CLAUDIO. No sabía si los adjetivos tenían que salir en el orden de la lista o si se podía cambiar. Yo lo hice en el orden de la lista.

GERMÁN. El orden daba igual. Lo dije.

CLAUDIO. Tampoco sabía si se podía usar otros adjetivos, aparte de los de la lista. Y tuve que repetir uno. Repetí "oscuro."

GERMÁN. No tienes que entregármelo hasta el lunes. ¿No quieres quedártelo y revisarlo?

CLAUDIO. Prefiero dárselo ya. Este fin de semana voy a centrarme en las Matemáticas.

(*Deja el ejercicio y se va. Silencio. Germán coge el ejercicio y lee. Juana está demostrando una instalación y embalando las piezas. Germán llega, deja su cartera y le echa una mano.*)

JUANA. ¿Te parece arte para enfermos?

GERMÁN. ¿Arte para enfermos?

JUANA. A eso se reduce todo esto, según esas dos. Claro, que eso lo dijeron después de ver los libros de cuentas. Primero me pidieron las cuentas y luego emitieron su crítica. Si se vendiese, no lo considerarían arte para enfermos. Ya suponía que serían unas retrógradas, por cosas que Bruno contaba. Dos provincianas que igual les da heredar una galería de arte que una tienda de embutidos. ¿Cómo pueden decir que esto ese arte para enfermos?

GERMÁN. Bueno, ya sabes lo que pienso sobre este tipo de instalaciones. Yo necesito ver rostros. Gente. Siento una soledad infinita en medio de...

JUANA. No es el momento, Germán, estoy a punto de perder mi trabajo. No es el momento de soltarme tus teorías contra el arte contemporáneo. Necesito que me digas que esas dos son unas palurdas hijas de puta.

GERMÁN. ¿La cierran? ¿Van a cerrar la galería?

JUANA. Me dan un mes. Un mes para demostrarles que es un negocio viable. Para encontrar algo que se venda, pero que sea el tipo de cosa que se vende en una galería de arte y no en, por ejemplo, una tienda de embutidos. ¿Que no lo encuentro? Pues traspasan el local y santas pascuas. (*En silencio, continúa su quehacer.*)

Tocaron las piezas. Tenías que ver qué caras ponían. "Arte para enfermos" … ¿Y tú? ¿Qué tal el día?
GERMÁN. Nada de particular. Ah, hablé con ese chico.
JUANA. ¿Y?
GERMÁN. Charlamos y luego él me entregó el ejercicio sobre los adjetivos, ese que pongo todos los años.
JUANA. El de "Utiliza los siguientes adjetivos."
GERMÁN. Ese.
JUANA. ¿Y?
GERMÁN. Ha vuelto a hacerlo. Digamos que me ha dado el segundo capítulo. Lo anunció, ¿recuerdas? "Continuará."
(*Silencio.*)
JUANA. ¿Lo tienes ahí?
GERMÁN. Sí.
(*Silencio.*)
JUANA. No quieres que lo lea.
GERMÁN. No sé si me parece bien.
JUANA. Llevo treinta años leyendo las cosas de tus alumnos.
GERMÁN. Pero esto es distinto, ¿no?
(*Juana reanuda su quehacer. Germán abre su cartera, saca el ejercicio y se lo da a Juana, que lo lee.*)
CLAUDIO. Escribe una redacción en que aparezcan los siguientes adjetivos: contento, mismo, nuestro, opuesto, oscuro, igual, concentrado, pequeño, mayor, fantástico. (*Silencio.*) El lunes, después de la clase de Matemáticas, me acerqué a Rafael Artola y le propuse volver a juntarnos a estudiar. El profe le acababa de felicitar por los ejercicios de trigonometría y él estaba contento como si le hubiesen dado el Premio Nóbel, así que quiso empezar esa misma tarde. De camino, hablamos sobre lo que se supone que tienen que hablar los chicos de nuestra edad: de chicas, de lo que vamos a estudiar, de ese tipo de temas fuimos hablando hasta su casa.

¿Por qué Rafa?, ¿por qué lo elegí a él? Porque él es normal. Él está en el extremo opuesto. Hay otros de clase que están en el extremo opuesto, pero hubo algo que, el curso pasado, me hizo fijarme en Rafa: a menudo, al salir de clase, vi a sus padres esperándolo, cogidos de la mano. A otros chicos les avergüenza que sus padres vayan por allí, porque les avergüenza la situación o porque se avergüenzan de sus padres. Rafa no. Rafa parecía conforme con aquello. Y yo me preguntaba: ¿Cómo será su casa? ¿Cómo será la casa de una familia normal?

Nos abrió la puerta una mujer de piel oscura, que igual podía tener quince años que cincuenta y cinco. La señora estaba en el salón, con la revista "Casa y jardín" en una mano y un metro en la otra. Se hallaba tan concentrada midiendo una pared, que tardó en darse cuenta de nuestra presencia.

–Rafa –dijo, dándole un beso–. Y tu amigo… ¿Carlos?

–Claudio.

Sobre la mesa de cristal, junto a un dragoncito chino, tienen una foto de la familia en la playa, de cuando Rafa era pequeño: el papá, la mamá, Rafa y una niña un poco mayor que Rafa.

-Me han puesto un emebé en Matemáticas –anunció Rafa.

–¡Un emebé! ¡Fantástico! ¿Qué os apetece de merienda?

La merienda nos la preparó la mujer oscura. La señora se quedó en el salón, con la revista en una mano y el metro en la otra, flotando como un fantasma. Continuará.

JUANA. Repugnante.
GERMÁN. ¿Qué te parece repugnante?
JUANA. ¿No te parece repugnante?
GERMÁN. ¿Desde cuándo te has vuelto una moralista? Tú, que has expuesto aquí cosas que hacían daño a los ojos, aquella exposición de muñecas hinchables, ¿tú te escandalizas de que un chico de diecisiete años piense lo que le dé la gana?
JUANA. No que lo piense. Que lo escriba. "La exposición de muñecas hinchables." Cualquiera que te oiga... Ni que hubiera convertido la galería en un sex-shop. Eran muñecas manipuladas. Una llevaba la cara de Stalin, otra la de Franco... Tenía un sentido. Para quien quisiese vérselo. Deberías hablar con el director.
GERMÁN. Hablo con el director. Al chico lo castigan con una semana sin clase. O lo expulsan. O lo encarcelan. O lo fusilan. ¿Y qué?
JUANA. O con tus compañeros, con los otros profesores del curso. Y con los padres, eso por descontado, deberías hablar con los padres.
GERMÁN. ¿Para que no lo dejen entrar en esa casa?
JUANA. Con los padres de Claudio, el escritor. Ese chico necesita un psiquiatra. Puede ser peligroso. Es capaz de hacerles algo. Deberías cortar esto antes de que pase algo realmente malo.
GERMÁN. Es un chico cabreado, solo eso. Un chico enfadado con el mundo. Y no es para menos. Mejor que saque su rabia así y no quemando coches. A mí me dan más miedo los otros. Esos sí que son peligrosos. Esos no respetan nada: ni la ortografía, ni la sintaxis, ni el sentido común. Aparte de Claudio, las que menos faltas tienen son dos chinitas que llevan seis meses en España. La última vez que los llevé al teatro me humillaron durante toda la representación. Y no se te ocurra criticarles, que se te echará encima la brigada de pedagogos.
JUANA. Hablas de ellos como si fuesen una masa homogénea. Deberías acercarte a ellos, sin prejuicios, sin condenarlos a priori.
GERMÁN. ¿A los pedagogos?
JUANA. A tus alumnos. (*Mira el ejercicio de Claudio.*) O tiene un problema y está intentando llamar tu atención. ¿Cómo es?
GERMÁN. Se sienta en la última fila. No habla. No participa. No crea problemas. En las demás asignaturas no destaca ni por arriba ni por abajo, salvo en Matemáticas.
JUANA. O sea, que has preguntado por él.
GERMÁN. Creo que es bueno en Matemáticas. ¿Nos vamos o qué?
JUANA. Le abren las puertas de su casa y él... Es un sinvergüenza.
GERMÁN. Es un tío raro. O sea, un tío como Dios manda.
JUANA. ¿Tú también te sentabas en la última fila?
GERMÁN. Es el mejor sitio. Nadie te ve, pero tú los ves a todo.
JUANA. Supón que estas redacciones salen a la luz. En cierta forma, tú estarías comprometido.

GERMÁN. ¿Comprometido con qué?
JUANA. En cierta manera, te estás convirtiendo en su cómplice.
GERMÁN. ¿Cómplice de qué?
JUANA. Si no quieres verlo, no lo veas. (*Desmonta otra pieza. La mira.*) "Arte para enfermos."
GERMÁN. (*A Claudio.*) Quiero hablar con tus padres. ¿Prefieres que los llame o se lo dices tú, que quiero verlos?
CLAUDIO. Llámelos si quiere. Ella no está y él no coge el teléfono.
(*Silencio. Germán pone ante él el ejercicio de los adjetivos.*)
GERMÁN. Aquí "igual" no es adjetivo, sino adverbio. (*Lee.*) "Nos abrió la puerta una mujer de piel oscura, que igual podía tener quince años que cincuenta y cinco." "Igual" modifica a "podía," es un adverbio. En cuanto al estilo, es un batiburrillo. Tienes una empanada entre Hermann Hesse y Julio Verne. Es lógico a tu edad, a tu edad uno lee lo que pilla. (*Saca de su cartera un libro y se lo da a Claudio.*) No es de la biblioteca, es mío. No lo subrayes, ni le dobles las esquinas, ni lo dejes abierto boca abajo.
CLAUDIO. ¿Tengo que leerlo entero? ¿No tiene nada más corto?
GERMÁN. Lee la primera página. Si no te interesa, me lo devuelves.
(*Claudio saca unos folios. Los deja ante Germán.*)
CLAUDIO. Si no le interesa, me lo devuelve.
(*Se sienta a la mesa de Rafa, ante los ejercicios de Matemáticas. Germán lee los folios.*)
RAFA. Pero ¿por qué tengo que cambiarle el signo?
CLAUDIO. Porque lo has pasado al otro lado del igual.
RAFA. ¿Y antes?
CLAUDIO. Aquí la equis estaba multiplicando.
RAFA. ¿Cómo multiplicando?
CLAUDIO. Multiplicando al tres.
(*Rafa mira el problema con perplejidad.*)
RAFA PADRE. Tú debes ser Carlos.
CLAUDIO. Claudio.
(*Rafa Padre llega en chándal. Le cuesta hablar, está recuperándose del esfuerzo. Da la mano a Claudio.*)
RAFA PADRE. Trabajo en equipo. Compartir información. Repartir responsabilidades. Delegar. Yo te la paso a ti cuando estás bajo el aro, tú me la pasas a mí cuando estoy libre de marca. Por cierto, a las ocho dan el diferido los Grizzlies contra los Clippers. ¿Pido una pizza, Rafa? ¿Te quedas a verlo… Claudio?
GERMÁN. (*Dejando de leer.*) ¿Estás haciendo parodia?
CLAUDIO. ¿Parodia?
GERMÁN. El modo en que describes su entrada en la habitación, su modo de hablar… Estás exagerando los rasgos del personaje para provocar la risa del lector.
CLAUDIO. No exagero. Él es así.
GERMÁN. No puede ser así.
CLAUDIO. Se lo juro.
GERMÁN. ¿Es realismo?
CLAUDIO. ¿Realismo?

10. El chico de la última fila

GERMÁN. Supón que pudieras grabar todo con una cámara, a escondidas. ¿Es eso? ¿Es como verlo por un agujero en la pared? ¿O hay una estilización, una abstracción?
CLAUDIO. ¿Abstracción?
GERMÁN. ¿Presentas lo que has visto o lo que a ti te parece significativo? Lo esencial.
CLAUDIO. No lo pongo todo. No pongo el color del chándal. Me da igual que sea verde o azul.
(*Silencio.*)
GERMÁN. ¿Por qué en presente? ¿Por qué te has pasado al presente?
CLAUDIO. Es como estar allí otra vez.
(*Silencio.*)
GERMÁN. Bueno, sigamos.
(*Vuelve a leer.*)
RAFA PADRE. ¿Te quedas a verlo… Claudio?
CLAUDIO. Acepto la oferta del hombre del chándal. Una hora después nos reunimos con él en el salón, aunque a mí me cuesta reconocerlo, sin chándal parece otra persona, pero por el modo en que se relaciona con el mando de la tele deduzco que es él, el cabeza de familia. Está muy interesado en que los Grizzlies ganen a los Clippers. En los Clippers juega un coreano. Eso le da pie a hablarnos sobre China. En el segundo tiempo se incorpora la madre, no sé si a ver el partido o si a informarse sobre China. Al poco suceden dos imprevistos: Pau Gasol es expulsado por cinco faltas personales y el padre recibe una llamada telefónica: tiene que recoger a alguien en el aeropuerto.
RAFA PADRE. Antes la obligación que la devoción.
CLAUDIO. Sin él, los Grizzlies pierden el partido. Según explicó el comentarista, los Grizzlies tuvieron un 52% de posesión de balón y los Clippers un 48%. La clave del partido estuvo en la expulsión de Gasol, según el comentarista. Continuará.
(*Silencio.*)
GERMÁN. Está bien, incluso bastante bien. Si todo lo que pretendes es que la gente se ría de tus personajes. Pero ese es un objetivo bajo. La primera pregunta que debe hacerse un escritor es: ¿Para quién escribo? ¿Para quién escribes tú? Ese muy fácil sacar a luz lo pero de cualquiera, para que la gente mediocre, sintiéndose superior, se ría de él. Ese muy fácil agarrar a un personaje y mirarlo por su lado más ridículo. Lo difícil es mirarlo de cerca, sin prejuicios, sin condenarlo a priori. Encontrar sus razones, su herida, sus pequeñas esperanzas, su desesperación. Mostrar la belleza del dolor humano, eso solo está al alcance de un verdadero artista.
(*Le entrega otro libro. Claudio se va a leer y a escribir.*)
JUANA. No sé qué pretendes.
GERMÁN. Enseñarle.
JUANA. ¿Enseñarle qué?
GERMÁN. Literatura. Y, a través de la literatura, otras cosas.
JUANA. La literatura no enseña nada.
GERMÁN. Ah, ¿no?
JUANA. "Bartleby el escribiente." Lo llevaba en el bolsillo aquel chalao, el que mató a John Lennon. ¿Qué le enseñó la literatura a ese loco?

GERMÁN. El asesino de Lennon llevaba "El guardián entre el centeno."

JUANA. Da igual. Lo que importa es que la literatura no enseña nada. No nos hace mejores.

GERMÁN. Educan más tus exposiciones. La gente sale de tus exposiciones muy cultivada. Si es que consiguen encontrar la salida.

JUANA. Tampoco mis exposiciones. El arte, en general, no enseña nada.

(*Claudio da unos folios a Germán. Este los lee junto a Juana.*)

RAFA. Pero ¿por qué tengo que cambiarle el signo?

CLAUDIO. Porque lo has pasado al otro lado del igual.

RAFA. ¿Y antes?

CLAUDIO. Antes no estaba sumando. Aquí la equis estaba multiplicando.

RAFA. ¿Cómo multiplicando?

CLAUDIO. Multiplicando al tres. Rafa mira el ejercicio con pesimismo. De repente, irrumpe en el cuarto un hombre en atuendo deportivo. Le cuesta respirar.

RAFA PADRE. Tú debes ser Carlos.

CLAUDIO. Claudio.

RAFA PADRE. Trabajo en equipo. Yo te la paso cuando estás bajo el aro, tú me la pasas cuando estoy libre de marca. Por cierto, dan el diferido los Grizzlies contra los Clippers. ¿Pido una pizza, Rafa? ¿Te quedas a verlo... Claudio?

CLAUDIO. Vale.

RAFA PADRE. Pero lo primero es lo primero, ¿eh?, antes la obligación que la devoción. Voy a darme una ducha.

CLAUDIO. Y Rafa va a darse una ducha mientras Rafa reanuda su combate con la equis. Los dos se llaman Rafa. Una hora más tarde estamos los tres, Rafa, Rafa, y yo, en el sofá, comiendo una "Quattro Stagioni," mientras los Grizzlies arrollan a los Clippers para satisfacción de los Rafa. En los Clippers juega un coreano, lo que aprovecha Rafa Padre para disertar sobre China.

RAFA PADRE. Hay dos tipos de chinos...

CLAUDIO. Estuvo una semana en China, por trabajo, hace diez años. No ha vuelto, pero habla sobre los chinos como si no tuviesen secretos para él.

RAFA PADRE. Lo peor que le puedes decir a un chino...

CLAUDIO. En el minuto dos del segundo tiempo, Gasol anota un gancho de tres puntos y los Rafa enloquecen. En el minuto cuatro, Ester se sienta con nosotros a mirar el partido, pero no consigue interesarse, en el minuto siete abre el número doscientos quince de la revista "Casa y jardín," por sus ojos desfilan una mansión del estilo victoriano, una casa-molino holandesa, la casa mallorquina de Catherine Zeta-Jones, tantas casas que ella no tendrá jamás. En el minuto siete coge papel y lápiz y hace un boceto de reforma de la casa, tiene una carpeta llena de bocetos, se pasa el día en casa pero no está contenta con la casa, está dedicada a reformar la casa, aunque sabe lo duro que es tener obreros en casa. En el minuto diez, muerde el lápiz y mira el vacío, concentrada en la gran pregunta de su vida: ¿Cómo sacar otro cuarto de baño? En el minuto doce, Rafa Padre propone comprar un televisor de plasma. En el minuto quince, Pau Gasol es expulsado por cinco personales, lo que indigna a los Rafa, que lo aplauden en pie cuando sale de la cancha, y no es para menos, sus números son escalofriantes: treinta puntos, siete asistencias y cuatro rebotes. En el minuto dieciséis suena el teléfono de Rafa Padre. Pone cara de fastidio, mira la hora, está por no contestar.

RAFA PADRE. (*Al teléfono.*) Dime... Ya te lo noto. ¿Has ido al médico?... ¿Juanito?... ¿Y a qué hora llega?... (*Hace una seña a Ester de que le deje el papel y el lápiz para apuntar.*) BA0423, diez quince, terminal dos... ¿Me hago un cartel con su nombre? Vamos, un folio... Huang Li, con hache... Pero hablará inglés... Hotel Convención... ¿Te parece a uno de comida española?... Tú tranquilo, tú descansa... Nada hombre, faltaría más... (*Guarda el teléfono; a Ester:*) Tengo que ir al aeropuerto, a recoger a un socio.

ESTER. ¿A estas horas? Qué fastidio, ¿no?

RAFA PADRE. Antes la obligación que la devoción. Lo mismo tengo que llevarlo a cenar. O igual no y en dos horas estoy de vuelta.

ESTER. ¿Un chino?

RAFA PADRE. Viene a una firma, a prorrogar un contrato. Lo iba a recoger Mariano, pero está con gripe.

ESTER. ¿A qué hora llega?

RAFA PADRE. A las diez y cuatro.

ESTER. Tienes tiempo.

CLAUDIO. Se sienta a ver el final, pero está nervioso, y no consigue disfrutar del partido. Al rato va a cambiarse.

GERMÁN. No sé qué ponerme. No sé si ir de trabajo o si ir cómodo.

CLAUDIO. Se va a buscar al chino. Nada más salir él, los Clippers empiezan a remontar y en el último segundo se imponen ayudados por un error arbitral.

ESTER. Pero entonces, ¿quien ha ganado?

CLAUDIO. Continuará.

JUANA. Te está toreando. La segunda versión es todavía más cruel. Tú quieres enseñarle y él te da una lección.

GERMÁN. (*A Claudio.*) ¿Qué es lo siguiente? ¿Verlos criticar a los vecinos del tercero? Ya sabemos de la infinita mezquindad de la clase media. Ya se sabe que la clase media es fea, banal, estúpida. También lo era la aristocracia rusa, pero Tolstoi se las arregló para escribir "Ana Karenina." Y Dostoievski, ¿sabes el secreto de Dostoievski? Hacer de personas vulgares personajes inolvidables. Pero si lo que tú quieres ser es un caricaturista... ¿Es eso lo que quieres ser, un caricaturista?

CLAUDIO. Usted dijo que los mirase de cerca. Cuanto más cerca los miro, es peor. Escribo lo que veo.

GERMÁN. Si esto es todo lo que ves, quizá es que no valgas para esto. (*Le da tres libros, uno detrás de otro.*) Chéjov. ¡Dostoievski! ¡¡ Cervantes!!

JUANA. ¿Qué te parece?

(*Le muestra un catálogo. Germán no sabe qué decir.*)

GERMÁN. Bueno, es... interesante.

JUANA. Pero ponte en el lugar de la gente. ¿Crees que comprarán?

GERMÁN. Son todo cosas muy normales: un reloj de cocina, un ventilador...

JUANA. Son objetos normales, pero manipulados para producir un extrañamiento. Fíjate en el reloj: trece números. El artista interviene en el espacio doméstico poniendo de manifiesto rasgos que, de tanto verlos, ya no percibimos. Lo que busca es mostrar la mecanización de nuestra vida y desafiar las fronteras entre lo interior y lo exterior, entre lo privado y lo público.

(*Germán mira el catálogo sin saber qué decir.*)

JUANA. ¿Y esto otro? Escucha.

(*Le pasa unos auriculares. Germán se los pone. Silencio. Se los quita extrañado.*)

GERMÁN. ¿Qué es?

JUANA. Paciencia, hombre.

(*Pone los auriculares a Germán. Hasta que este se los quita.*)

JUANA. Pintura verbal. Es la voz del pintor describiendo el cuadro. El espectador, o sea, el oyente, imagina el cuadro. El espectador es un cocreador: vuelca su imaginario en la pared vacía. El artista propone que los auriculares cuelguen en una pared, o en un marco vacío. Para burlarse de una industria cultural obsesionada con la producción de objetos tangibles, él opta por intervenciones poéticas efímeras despojadas de materialidad. Las pinturas realmente existen, es decir, existieron, pero el pintor, después de hacer las descripciones ante una grabadora, las destruyó. Trece acuarelas.

(*Silencio.*)

GERMÁN. Yo no he visto nada. Aunque ya sabes que mi inglés no es muy bueno. Ahora para disfrutar el arte hace falta saber idiomas. Tiene un acento raro ese hombre.

JUANA. Es chileno. De Valparaíso.

GERMÁN. Sinceramente, dudo que se venda. Yo no lo compraría. A lo sumo me compraría el cedé, en la calle, más barato.

JUANA. No me tomas en serio. Tengo veinte días. Veinte días y me ponen en la calle.

GERMÁN. Si para salvar la galería tienes que exponerme en una vitrina, aceptaré el sacrificio. Pero no me pidas que me deje tomar el pelo.

(*Enfadada, Juana recoge el catálogo, los auriculares y otras cosas que pensaba enseñar a Germán, pero que ya no va a enseñarle. Germán saca de la cartera una redacción.*)

GERMÁN. ¿Quieres leerlo?

(*Juana no contesta, pero se acaba acercando a leer.*)

RAFA (*A Claudio, leyendo de sus apuntes.*) "A tu padre le han puesto una multa de tráfico. Él considera que es injusta y se plantea no pagarla. ¿Qué le aconsejaría Sócrates?"

GERMÁN. ¿Qué demonios es esto?

CLAUDIO. El de Filosofía está empeñado en convencernos de que la Filosofía es útil. Siempre empieza planteándonos un caso, lo que él llama un "dilema moral," y luego nos explica el filósofo, Platón, Hegel, lo que toque. Todos quieren convencernos de que su asignatura es útil. Todos menos el de Matemáticas. Ese ya nos advirtió el primer día que las Matemáticas no sirven para nada.

GERMÁN. Las Matemáticas son importantes. También la Filosofía. Aunque ni las Matemáticas ni la Filosofía tengan repuesta para la gran pregunta.

CLAUDIO. ¿La gran pregunta?

GERMÁN. ¿Tolstoi o Dostoievski? Esa es la gran pregunta, la que resume todas las demás.

RAFA. (*Consultando sus apuntes.*) A Sócrates, que era inocente, lo condenaron a tomar cicuta. Un amigo le propuso fugarse. Sócrates contestó: "Atenas me ha alimentado, me ha protegido, me ha educado. No puedo obedecer a Atenas cuando me conviene y desobedecerla cuando me viene mal." Y se bebió la cicuta de un trago. ¿Lo coges?

CLAUDIO. Siempre empezamos con la Filosofía. Cuarto de hora de Filosofía y dos horas de Matemáticas. Yo tengo problemas con la Filosofía; las Matemáticas tienen problemas con Rafa.

RAFA. Raíz cuadrada de menos uno. Por más que lo pienso, no le veo el sentido.

CLAUDIO. No es un número real. Por eso se les llama números imaginarios: raíz de menos cinco, raíz de menos siete... Solo existen en la cabeza. Pero se les puede sumar, multiplicar... ¡dibujar! Se puede hacer cosas con ellos, aunque no existan.

RAFA. No consigo memorizar las fórmulas. Las aprendo y se me van.

CLAUDIO. No tienes que memorizarlas, tienes que comprenderlas. (*Le pone tres ejercicios.*) Le pongo tres ejercicios: uno fácil, para animarlo; otro no tan fácil; y otro difícil, para que se atasque. Mientras él combate con los números imaginarios, yo doy una vuelta por la casa. En el pasillo tienen colgadas cuatro reproducciones de acuarelas de Paul Klee.

ESTER. ¿Llegaste tarde? No te sentí.

RAFA PADRE. Nos dieron las tantas charlando. El tal Huang, Juanito, así le llamamos, es bastante abierto, para ser un chino. El Rioja le soltó la lengua. No está contento con nosotros. Siente que no lo respetamos. Al principio estuvo frío, como molesto porque yo hubiese ido a recogerlo en lugar de Mariano. No se creyó lo de la gripe.

CLAUDIO. Yo necesitaba un lugar desde el que oír sin perturbarles. Si hubiera podido convertirme en la mosca de la pared, lo habría hecho. No puedo convertirme en mosca, pero puedo ir al pasillo a mirar las acuarelas de Klee con las orejas muy abiertas.

RAFA PADRE. Surgió la idea de trabajar juntos. Él no está conforme con el porcentaje que le damos. Quiere un quince.

ESTER. No te entiendo.

RAFA PADRE. He estado todo el día dándole vueltas. ¿Por qué no dar el salto? Independizarse.

ESTER. Pero en la empresa estás bien. Te valoran mucho.

RAFA PADRE. Me valoran, sí, pero siento que he tocado techo. Cada idea que se me ocurre tiene que pasar por Mariano, que se cuelga la medalla.

ESTER. Siempre has dicho que eres un hombre de equipo.

RAFA PADRE. De equipo, vale, pero en un equipo unos pasan el balón y otros meten la canasta. Llevo demasiado tiempo sudando la camiseta para que otros encesten. Hablando con Juanito de las oportunidades que hay allí...

ESTER. Pero ¿él te habló así? ¿Tan claramente?

RAFA PADRE. Los chinos nunca hablan claramente. Pero si yo le doy el quince, él será mi hombre en China. Mi hombre de confianza. De confianza es un decir, en los chinos no se puede confiar, son falsos como ellos solos, ya encontrará modo de sacarme el veinte, pero aún así las cuentas salen. Hoy día el transporte apenas supone un diez por ciento. El coste está en la mano de obra, y allí sale tirada.

Juanito me señala un escaparate, una de esas muñequitas, la Barbie: "Dos eulos." Un juguete que aquí lo vendes por diez veces más.

ESTER. Pero dejar la empresa… ¿no te da miedo?

RAFA PADRE. Hasta que el proyecto se consolidase, podría continuar en la empresa, no tienen por qué enterarse. Sin perjudicarlos, trabajando en una línea que no interfiera. Nosotros a Juanito le enviamos por meil los planos de la pieza, le decimos cien como está tan fecha y él siempre cumple. Así de sencillo. Es como tener una fábrica sin obreros. O más fácil todavía: les envías una foto y ellos lo copian. No una copia exacta, sería ilegal, con pequeños cambios.

ESTER. Pero hará falta una inversión. Un desembolso inicial.

RAFA PADRE. Con lo que tenemos ahorrado y un pequeño crédito…

ESTER. ¿Y la reforma?

RAFA PADRE. Decías que no teníamos ni para el salón.

ESTER. Concha me ha hablado de unos rumanos que trabajan muy bien y muy barato. Con factura o sin factura.

RAFA PADRE. Ya sé que tienes la ilusión de esa reforma, ya sé.

ESTER. Ahora que me había decidido a cerrar la terraza…

RAFA PADRE. Lo sé, lo sé, es solo que… En la edad en que estoy, necesito una motivación. Me siento estancado. Recuerdo aquellos tiempos, no hace tanto, la energía que tenía, las ganas de comerme el mundo. Siento que somos poco ambiciosos. Veo lo que hace mi jefe y me pregunto: ¿Por qué no yo? Quiero ser mi propio jefe. Tú podrías ayudarme. A elegir los productos, a establecer los contactos… Hay que ir a las tiendas, hablar con los comerciantes, ver qué necesitan. Con un mensaje contundente: "Le ofrezco lo que tiene en el escaparate, diez veces más barato."

ESTER. ¿Me estás proponiendo que trabaje para ti?

RAFA PADRE. Te estoy proponiendo que trabajemos juntos.

ESTER. Sabes que mi idea es acabar la licenciatura. Sacar esas tres asignaturas y ejercer, ahora que los niños son mayores.

RAFA PADRE. Esto sería nuestro. Nuestro. Si esto sale bien, y no tiene por qué salir mal, tendrías más que una reforma. Tendrías una casa nueva.

(*Silencio.*)

ESTER ¿Saco unas aceitunas?

RAFA PADRE. Bueno.

CLAUDIO. Ella sale del salón. Me encuentra mirando las acuarelas de Paul Klee. Todos los títulos acaban en "ung": "Zerstorung," "Unterbrechung," "Hoffnung," "Rettung." Vuelve al salón con un plato de aceitunas y dos martinis.

ESTER. Ese chico, ¿no te incomoda tenerlo todas las tardes por aquí?

RAFA PADRE. Parece bastante prudente. Tímido incluso.

ESTER. ¿A ti no te pone nervioso, con esa mirada perdida?

JUANA ¿Oye todo eso o se lo imagina? ¿Hablan de él delante de él?

GERMÁN. Él no está delante. Está en el pasillo, mirando los cuadros.

JUANA. ¿Y oye todo eso desde allí?

GERMÁN. Oirá frases sueltas. Y luego están las caras, los gestos, la actitud.

ESTER. La próxima semana tiene un parcial. Si no aprueba, deberíamos ponerle un profesor particular.

RAFA PADRE. ¿Y Claudio?

ESTER. Un profesor de verdad. No uno que sepa tan poco como él, que yo creo que entre el uno y el otro se confunden más que se aclaran.

RAFA PADRE. Pero a ese chico se le ve muy perdido. Se ve que para él esto es importante. No creo que sea un chico con muchos amigos.

ESTER. No podemos sacrificar a Rafa por ayudar a un extraño.

RAFA PADRE. No, eso no. Escucha: he estado pensando en el nombre. Tiene que ser fácil de memorizar, y pronunciarse igual en todas partes. Como "Adidas." O un nombre inglés. Y el logo tiene que expresar inmediatamente la idea del producto. Piensa en el rayado de "Nike." Oye, qué buenas estas aceitunas.

JUANA. Empieza a recordarme a mi primo el de Alicante, que te lo encuentras en una boda y te cuenta todos los chismes de la familia. ¿De qué se trata, de conocer a una familia por dentro? ¿Antropología barata o simple cotillearía? A mucha gente le gusta eso, levantar el tejado de una casa y ver lo que hay debajo, la tele está llena de eso. (*Apartándose de la redacción.*) Empieza a aburrirme.

GERMÁN. (*A Claudio.*) El efecto sorpresa se está disipando. Ver a un extraño en esa casa, compartir su mirada, ya no es suficiente. Empiezas a parecerte a ese primo pesado que te cuenta todos los chismes familiares. Si me pongo en la piel de alguien que leyese esto en un libro...

CLAUDIO. ¿Lo está leyendo alguien? No me importa que lo enseñe. Puede enseñárselo a quien quiera.

GERMÁN. No se lo voy a enseñar a nadie porque es muy malo. No voy a hacer perder el tiempo a nadie con esto.

CLAUDIO. Mejor no se lo enseñe a nadie, si es tan malo.

GERMAN. No se lo voy a enseñar a nadie, pero si alguien lo leyese como una novela... Se echa de menos... Falta incertidumbre. Conflictos.

ESTER. ¿Ya se ha ido tu amigo?

RAFA. Perdía el autobús.

ESTER. Anda, tómate una aceituna.

RAFA PADRE. Tu madre y yo apreciamos lo que estás haciendo por ese chico. Cuando podemos ayudar, no debemos perder la ocasión de hacerlo.

RAFA. Él también me ayuda.

RAFA PADRE. Es un intercambio. Él te ayuda con las Matemáticas y tú a él con la Filosofía.

ESTER. ¿Conoces a su familia?

RAFA. No sé mucho de él. No habla mucho. Tampoco en clase. En clase no habla con nadie.

RAFA PADRE. Eso no está bien. Tienes que decir a tus amigos que hablen con él.

RAFA. Si es él el que no habla.

CLAUDIO. ¿Conflictos?

GERMÁN. Un personaje desea algo y desarrolla estrategias para realizar ese deseo. Pero le surgen dificultades. Le salen al paso rivales, enemigos. Antagonistas. Ulises desea volver a casa, pero el cíclope quiere matarlo, la ninfa se enamora de él y lo secuestra, las sirenas lo hipnotizan con su canto... A veces el conflicto no es del héroe contra otro, sino consigo mismo. No me refiero a dilemas tipo "Reforma del salón o negociete en China." Me refiero a luchas en el corazón mismo del personaje. Alquiles: ¿marcho a Troya, como me pide mi ardor guerrero, o me quedo con mi amada Deidamia? El lector se pregunta si el héroe superará sus dificultades y conseguirá su objetivo. Es la pregunta de oro, la pregunta que hay que sembrar en la mente del lector: ¿qué va a pasar? Al lector no se le puede dar tregua, hay que mantenerlo tenso. El lector es como el sultán de Sherezade: si me aburres, te corto la cabeza. Hay quien no cree necesario todo eso: conflictos, incertidumbre… Pero yo necesito que pasen cosas. Yo y todo el mundo, salvo cuatro pedantes extraviados. La gente necesita que le cuenten historias.

(*Silencio.*)

CLAUDIO. Gracias, maestro.

GERMÁN. No me llames "maestro." Y otra cosa: tienes que intervenir en clase. Cuando pido voluntarios, o cuando pregunto. Abrir la boca de vez en cuando. Si no, tendré que suspenderte.

(*Claudio va a irse. Se vuelve.*)

CLAUDIO. El miércoles tenemos parcial de Matemáticas. Rafa no va a aprobar. Y si no aprueba, le buscan profesor particular y a mí me echan. Hay que conseguir el examen como sea.

GERMÁN. ¿Me estás pidiendo que robe el examen de Matemáticas?

CLAUDIO. No veo otra solución. Los números imaginarios no le entran.

(*Silencio.*)

GERMÁN. Ya no necesitas estar allí para escribir. Imagina.

CLAUDIO. Lo he intentado, pero no me sale. Necesito verlos. En la sala de profesores, en el seminario de Matemáticas, en la fotocopiadora, usted sabrá. Si no quiere que me echen de esa casa.

RAFA PADRE. ¡Un ocho! ¿Ves cómo, si te lo propones, lo consigues?

(*Rafa y Rafa padre chocan sus manos como baloncestistas que festejasen una canasta.*)

RAFA PADRE. ¡Un ocho! ¿Y tú, Claudio?

CLAUDIO. Un seis con cinco.

RAFA PADRE. Tampoco está mal, un seis con cinco. ¡Un ocho! ¡Habrá que celebrarlo! ¿Lo sabe tu madre? ¡Ester! ¡Un ocho en el parcial de Matemáticas!

(*Rafa y Rafa Padre chocan sus manos.*)

CLAUDIO. Mi seis con cinco tampoco les parece mal, empiezan a mirarme como a uno más del equipo. Me proponen jugar con ellos al baloncesto.

RAFA. Nos juntamos unos cuantos los sábados, de seis a ocho.

RAFA PADRE. Anda, anímate. No jugamos fuerte.

CLAUDIO. Les contesto que tengo otros planes. Mientras me alejo de la casa, intento imaginarme a mí mismo y a mi padre botando una pelota y tirándola a un aro del que cuelga una redecilla. No, no consigo imaginarme a mí mismo y a mi padre botando una pelota y tirándola a un aro del que cuelga una redecilla. Sin embargo, eso es lo que hacen, cada sábado por la tarde, Rafa hijo y Rafa padre, y se alegran cuando la pelota entra y ponen cara de pena cuando no entra. ¿Y ella, qué hará ella mientras tanto?, me pregunto. A las cinco y media del sábado estoy en el parque, en el banco desde el que los miraba este verano. A las seis menos cuarto veo salir a los atletas. A las seis toco el timbre, cuyo sonido es, por cierto, espantosamente cursi. Se abre la puerta y allí está, la mujer más aburrida del mundo.

ESTER. ¿Al final te has animado? Pues se acaban de ir. Pero los llamo y vuelven por ti.

CLAUDIO. No, no, es que ayer me dejé el libro. El de Matemáticas.

ESTER. No lo he visto. Pasa a ver si lo encuentras.

CLAUDIO. Me acompaña hasta el cuarto de Rafa. El libro no aparece.

ESTER. El lunes preguntaré a Eliana si lo ha visto.

CLAUDIO. Mi madre tenía unos parecidos, le digo, señalando sus pendientes. Se largó cuando yo tenía nueve años. No aguantaba a mi padre. Supongo que tampoco me aguantaba a mí. Mis palabras le causan impacto. Nunca falla, suelto lo de mi madre y me gano la simpatía de la gente. Se establece un vínculo. El otro desea compensarme. El otro desea ser mi madre.

ESTER. ¿Quieres una Coca-Cola?

CLAUDIO. La tomo en el salón. Ella toma un Martini. Hablamos sobre Rafa, sobre las Matemáticas, sobre lo mal que se le daban. Ella estudió Derecho.

ESTER. Lo dejé para cuidar de los niños. Pero ahora que son mayores pienso sacar las tres asignaturas que me faltan.

CLAUDIO. A las ocho, me digo: "Basta por hoy. Continuaremos el próximo sábado." En el pasillo, me detengo a mirar las acuarelas de Klee: "Zerstorung," "Unterbrechung," "Hoffnung," "Rettung."

ESTER. Son bonitos, ¿verdad?

CLAUDIO. Ellos no saben alemán. Ellos no saben lo que tienen en casa. Los compraron para esta pared. Cuando cambien el color de la pared, cambiarán de cuadros. Estos ángeles son terribles.

ESTER. Nunca lo habría pensado. ¿Te parecen ángeles?

CLAUDIO. Son ángeles como los pintaría un niño. Las alas parecen garras. No vuelan, se los lleva el viento. "Zerstorung" quiere decir destrucción. "Unterbrechung," interrupción. "Hoffnung," esperanza. "Rettung," salvación. Salgo de la casa a las ocho y diez. Me quedo en el parque hasta que, pasadas las ocho y media, veo a los Rafa entrar en la casa. Parecen contentos, como si hubiese ganado el partido. Continuará…

JUANA. Esto no puede acabar bien. Esto acaba mal.

GERMÁN. (*A Claudio.*) ¿Qué demonios estás haciendo?

CLAUDIO. Usted dijo que tenían que pasar cosas. Un personaje desea algo y le surgen dificultades. Conflictos. Que el lector se haga la pregunta de oro: ¿qué va a pasar?

GERMÁN. ¿Dónde quieres ir a parar? ¿Qué es lo siguiente? ¿Citarte con ella en un hotel de carretera?

CLAUDIO. No. Tiene que ser en la casa. Todo tiene que pasar en la casa.

JUANA. Tienes que frenar a ese chico antes de que se estrelle. Supón que, por lo que sea, porque se suspende el partido o lo que sea, vuelven a casa y se los encuentran ahí, en el sofá, a la madre y al amigo.

GERMÁN. Aquí no dice nada de sofá. El sofá te lo has imaginado tú.

JUANA. Bueno, en el salón, él con la Coca-Cola y ella con el Martini. Rafa lo mata.

GERMÁN. ¿El padre o el hijo?
JUANA. Los dos. Lo matan.
GERMÁN. O sea, que te lo estás tomando en serio. Pero si se ve que la mitad es inventado. Está fabulando.
JUANA. ¿Está fabulando?
GERMÁN. Es un refrito de películas mal dirigidas: "Rebelde sin causa," "El Graduado"…
JUANA. Pues si fabula, fabula bastante bien. Resulta todo muy creíble.
GERMÁN. Tiene madera de narrador. Nunca había tenido un alumno así. No quiero que se lo crea, pero ese chaval, bien orientado… Muchas veces, cuando hablo, siento que solo me sigue él. Tengo la impresión de que solo él me entiende.
JUANA. ¿Solo él?
GERMÁN. De mis alumnos.
JUANA. Rafa también es alumno tuyo. ¿No crees que tienes una responsabilidad para con él?
GERMÁN. Claro que sí.
JUANA. Te sepulta emocionante pensar que has descubierto a Franz Kafka, ¿eh?, que estás escuchando a Kafka. No sé si es Kafka. Lo que sé es que esto no acaba bien. Esta es una de esas historias en que todos acaban perdiendo.
GERMÁN. (*A Claudio.*) me parece que no sabes en lo que te estás metiendo. ¿Qué demonios es esto? ¿Una sátira de la clase media? ¿Un folletín sentimental? ¿Un "Bildungsroman"?
CLAUDIO. ¿Un qué?
GERMÁN. ¿No sabes alemán? Todo eso de "Zerstorung," "Rettung"…
CLAUDIO. Se lo pregunté a mi padre. Vivió en Berlín cuando joven. También me explicó quién era Paul Klee.
GERMÁN. Supongo que tu padre podrá explicarte que un "Bildungsroman," es una novela que describe la formación sentimental de un muchacho. Creía que se trataba de eso, del paso de un chico a la madurez. Pero ahora no estoy seguro de qué estás haciendo. ¿Lo sabes tú, qué estás haciendo?
CLAUDIO. Hago lo que usted me dice, maestro.
GERMÁN. Yo no te he dicho que tires los tejos a una señora que podría ser tu madre. Y no me llames maestro. (*Silencio.*) ¡Un seis con cinco en Matemáticas! Tu padre estará orgulloso. En otras asignaturas parece que te va peor. Por Historia hace días que no se te ve el pelo. Lo mismo en Inglés. ¿Por qué no vas a clase de Inglés?
CLAUDIO. No lo veo el sentido.
GERMÁN. ¿Y a clase de Historia?
CLAUDIO. Menos.
GERMÁN. Si no estás en clase, ¿dónde estás?
CLAUDIO. En la biblioteca, escribiendo.
GERMÁN. ¿Lo sabe tu padre?
CLAUDIO. Mi padre lo sabe todo.
GERMÁN. ¿Y qué dice él de todo esto?
CLAUDIO. Mi padre no dice nada.
GERMÁN. Me gustaría conocerlo. ¿Por qué no le dices que venga a verme?
CLAUDIO. Mi padre no es un personaje de esta historia. Mi padre no sale.

10. El chico de la última fila

(*Entrega varios folios a Germán, que le da un libro. Claudio se va a leerlo. Germán y Juana leen los folios.*)

JUANA. Tiene un tono de... ¿Teatro del absurdo? El padre intentando sintonizar el televisor de plasma mientras el hijo le lee las instrucciones... En francés, porque no encuentra las otras, aunque no saben francés... ¿Intenta decirnos que sus vidas son absurdas? Son una familia normal.

GERMÁN. ¿Hay una familia "normal"? ¿No hay algo anormal, monstruoso incluso, en el concepto mismo de familia?

JUANA. ¿Cómo puede tratar así a ese pobre chico?

GERMÁN. Bueno, le está enseñando Matemáticas, ha sacado un ocho. Peor la trata a ella. Una hora al teléfono con su amiga. Concha hablando del precio del metro cuadrado. Vaya un tema: "El precio del metro cuadrado." ¡Un poquito de metafísica, por Dios!

(*Saca un libro de su biblioteca.*)

JUANA. ¿*La montaña mágica*? ¿No te estarás pasando? Solo tiene diecisiete años.

GERMÁN. Yo lo leí a los catorce.

JUANA. (*Hojeando la carpeta que reúne los escritos de Claudio.*) Su letra está cambiando. Es menos infantil. Está escribiendo mucho.

GERMÁN. Calculo que tendremos unas cincuenta páginas en formato normal.

JUANA. No se te estará pasando por la cabeza publicarlo. Enviarlo a un premio o algo así. No podéis hacer eso.

GERMÁN. Es mejor que casi todo lo que se publica hoy en día. (*A Claudio, con los últimos folios en la mano.*) Diálogos ágiles, situaciones con chispa... Nada que no se pueda encontrar en mil series de televisión. ¿A eso aspiras, a escribir para la tele? Lo has escrito con pereza, se siente la pereza. Los círculos rojos son tópicos. Tiene mérito: doce tópicos en tres folios. "Una mueca de impaciencia se dibujó en su rostro." Antes que tú, un millón de escritores han escrito esta frase. La palabra "patético" aparece tres veces. Lo patético es tener poco vocabulario. Y ese afán por contarlo todo. Confía en el lector, él completará. Evita describir los estados de ánimo de los personajes, haz que los conozcamos por sus acciones. Me sigue preocupando Rafa, el chaval. Cada personaje tiene que ser indispensable. Rafa solo existe como soporte de Claudio. Pero no solo él, también Ester y Rafa Padre son sepultados por la voz del narrador. Tú no eres tan interesante como crees. Apártate para que podamos ver a tus personajes. La escena debería comenzar cuando el padre entra con la caja "Made in China" y acabar con lo que dice Claudio a Ester cuando se quedan solos: "El día que mi madre se fue, mi padre tiró la tele por la ventana." Ese es el secreto de una buena escena: llevar la acción mansamente y, de pronto, golpear al lector. Esta otra frase es buena, quizá sea la mejor frase que hayas escrito nunca, pero no sirve, no es una frase para esta novela. En cambio, el último párrafo es pura palabrería. Quieres imitar a Poe, pero estos folios no valen ni una coma de Poe.

(*Tacha el párrafo y da a Claudio los folios, plagados de marcas rojas.*)

CLAUDIO. Si usted sabe cómo hacerlo, ¿por qué no lo hace?

GERMÁN. Lo intenté. Hace años. Hasta que me di cuenta de que no era lo bastante bueno. Tú tampoco, tampoco tú eres lo bastante bueno, pero podrías serlo. Tienes un don. Si lo respetas, algún día serás un escritor.

(*Silencio.*)

GERMÁN. Hay algo de lo que todavía no hemos hablado. Hasta ahora hemos evitado hablar de ello, pero ya no podemos postergarlo más tiempo. El título. El título compromete. El título establece un pacto con el lector. El título le orienta acerca de qué ha de valorar, en qué ha de fijarse: "Guerra y paz," "Los hermanos Karamazov"… ¿Qué tal "El chico de la última fila"?

(*Silencio.*)

CLAUDIO. Yo había pensado "Los números imaginarios."

(*Silencio.*)

GERMÁN. El título no es lugar para hacer literatura, la literatura que no se ha sabido hacer en la obra, "Crimen y castigo," "Tío Vania"…

CLAUDIO. A mí me gusta "Los números imaginarios."

GERMÁN. Vamos a dejarlo por hoy. Se te ve cansado. Esta mañana, en clase, te dormiste. ¿Tanto te aburrías?

CLAUDIO. Me pasé la noche escribiendo.

(*Da a Germán más folios. Germán le da "La montaña mágica."*)

CLAUDIO. No sé si deberíamos hacer esto en otro lugar. Los otros empiezan a murmurar: "¿Por qué este se queda todos los días después de clase?" La gente tiene mucha imaginación.

(*Se va. Germán lee los folios.*)

CLAUDIO. Siguen tan contentos con su ocho que me invitan a cenar. El primer plato es cosa del padre: una sopa que aprendió a hacer en China.

RAFA PADRE. Lo cocinan todo. En un restaurante al pie de la muralla nos pusieron un filetito, buenísimo, pero no se sabía si era carne o pescado. ¿Sabéis qué era? ¡La membrana del pie del pato!

RAFA. En clase tenemos dos chinas.

CLAUDIO. Hay un cuento de Kafka titulado "La construcción de la muralla china." Me lo prestó Germán, el de Literatura.

ESTER. Rafa dice que es un poco raro ese hombre, ¿no? Que se le ve amargao.

CLAUDIO. Eliana entra con el segundo plato. Ester la mira mal. Eliana se retira en silencio con los platos sucios.

RAFA PADRE. ¿Pasa algo?

ESTER. Ella sabe lo que pasa.

RAFA PADRE. ¿?

ESTER. El chaquetón de ante, se lo metí en una bolsa con cosas para la parroquia. Pues el domingo estoy con Concha en el centro y nos la encontramos, y veo que Eliana…

(*Llega Juana. Germán levanta la vista del folio.*)

JUANA. Pensaba que ibas a buscarme para comer juntos.

GERMÁN. Se nos fue el santo al cielo. Estuvimos discutiendo sobre los nombres de los personajes. A mí no me dicen nada esos nombres. Ester, Rafa… Aparte de la confusión entre el padre y el hijo. Pero ya sabes lo cabezota que se pone, "Es así como se llaman," y de ahí no hay quien lo saque… ¿Ha pasado algo?

JUANA. Esta mañana me encuentro un cartel de "Se alquila." Las llamo recordándoles que dijeron un mes. Y me dicen que sí, Rosario o Eugenia, nunca sé con cuál hablo, me dice que tengo hasta el treinta. Pero el caso es que ya han colgado el cartelito.
GERMÁN. Es para meterte presión. Tú a lo tuyo. Tienen un compromiso contigo.
JUANA. Quizá el problema no esté en el contenido. Se lo dije muchas veces a Bruno, que teníamos que poner un luminoso. Y cambiar el nombre. "El Laberinto del Minotauro," la gente no sabe si es una galería o qué sé yo. La gente pasa de largo. ¿Qué te parece esto?
(*Saca algo de una caja.*)
GERMÁN. Parece un bolso.
JUANA. Es un bolso. Artesanía africana. También tienen mochilas, carteras, monederos…
GERMÁN. Es bonito.
JUANA. Bah.
GERMÁN. ¿Por qué "Bah"? Es realmente bonito.
JUANA. No quiero convertirme en una tendera.
GERMÁN. ¿Qué tiene de malo ser una tendera? Los tenderos saben lo que venden: trescientos gramos de lentejas, dos metros de lana, una mochila de cuero… Lo saben que venden.
JUANA. Bah.
(*Deja la bolsa y se sienta a leer junto a Germán.*)
ESTER. Pues el domingo estoy con Concha en el centro y nos la encontramos, y veo que Eliana lleva puesto el chaquetón. Concha se dio cuenta en seguida: "¿No es ese tu chaquetón?"
RAFA PADRE. Bueno, es su día libre.
ESTER. ¿Me estás escuchando, Rafa? Lo llevaba puesto, mi chaquetón.
RAFA PADRE. Debió pensar que ya no lo querías. Si lo ibas a dar a la parroquia…
ESTER. Hombre, Rafa, hombre.
RAFA PADRE. No sé por qué le das tanta importancia. Lo dabas por perdido.
ESTER. Es el detalle, Rafa.
RAFA PADRE. Habla con ella. Dile lo que te ha molestado.
ESTER. Preferiría que se lo dijeses tú.
RAFA PADRE. Bueno, se lo diré yo. Después de la cena se lo digo.
CLAUDIO. Pero ya no disfruta de la cena, está inquieto, se levanta y va a cocina a hablar con Eliana. Cuando vuelve, la carne se le ha quedado fría. A las nueve enciende la tele, para ver las noticias.
ESTER. Se veía mejor la vieja.
CLAUDIO. La primera imagen es de unos chicos franceses quemando un coche.
RAFA PADRE. Esos chicos no tienen horizonte. Les han cerrado todas las puertas. Este es el modo en que expresan su rabia contra un sistema que los excluye.
CLAUDIO. Rafa es socio de "Amnistía Internacional." Ester está en "Médicos sin Fronteras" y en una plataforma contra la experimentación contra animales en la que le metió su amiga Concha. Después de las noticias de deportes, Rafa Padre sale a la terraza a fumar un cigarrillo. Yo salgo con él. Nunca he visto el parque

desde allí. Este verano, muchas noches, los vi salir a la terraza. Allí solían cenar, y después Ester y su marido se quedaban un rato charlando. Desde la terraza se ve todo el parque. A la luz de las farolas, reconozco al borracho que da de beber a los patos, al mendigo cojo, a los yonquis, a los negros. Rafa Padre corre cinco quilómetros cada tarde en ese parque, pero ahora su mirada va mucho más allá. Su mirada llega hasta China.

RAFA PADRE. La gente tiene miedo a China. Pero China es nuestra gran oportunidad. China…

CLAUDIO. Se oye un portazo. Al poco, entra en la terraza Ester.

ESTER. Pero tú has visto… Eliana. Se ha ido. Con la maleta.

RAFA PADRE. ¿Se ha ido?

ESTER. Sin despedirse.

RAFA PADRE. No será por lo que le he dicho de tu chaquetón. No he dicho nada que haya podido ofenderla.

ESTER. Ahí lo ha dejado, en la cocina. Al menos se podía haber despedido de Rafa.

CLAUDIO. Desde la terraza veo a Eliana, calle abajo con su maleta. Continuará.

(*Silencio.*)

GERMÁN. Todo eso del chaquetón, ¿qué aporta a la acción principal? Si quitamos esta escena, ¿qué se pierde? Claudio, ¿se aproxima a su objetivo o se aleja de él? Y Rafa, ¿toda la noche de convidado de piedra? Tienes un serio problema con este personaje.

(*Tacha los folios y se los devuelve a Claudio. Este se vuelve hacia Rafa. Saca unos folios en blanco y un bolígrafo y empieza a escribir. Rafa y Claudio se sientan a la mesa en que suelen estudiar.*)

RAFA. Fue como dejarme en pelotas. Nunca me había sentido tan humillado.

CLAUDIO. Concéntrate en esto y olvídate de ese gilipollas. Siete equis al cuadrado más dieciséis i griega al cuadrado igual ciento doce. Sin dibujarla, tienes que ver que es una elipse. ¿Lo ves, que es una elipse?

RAFA. Sí. Creo que sí.

CLAUDIO. ¿Cómo que crees que sí? Es una elipse por este signo. Si le cambiamos el signo, ¿qué es?

(*Silencio.*)

CLAUDIO. Sería una hipérbola. Pero esto es una elipse, por este signo. Vamos a calcular sus focos. ¿Qué es lo primero que tenemos que hacer?

RAFA. Fue como dejarme en pelotas delante de toda de la clase.

GERMÁN. Sí que se lo ha tomado mal.

CLAUDIO. No debió hacerle eso. Y menos insistir cuando la gente empezó a reírse. Cuando oyó las primeras risas, debió cortar, pero en lugar de eso se creció, animado por las risas.

JUANA. ¿Dijiste a Rafa algo desagradable? A veces eres bastante ácido.

GERMÁN. Me limité a corregir sus errores sintácticos y conceptuales.

RAFA. Me gustaría que se sintiese como yo me sentí. Le daba de hostias. Le daba de hostias y le quemaba el coche.

CLAUDIO. No tiene coche.

RAFA. Le daba de hostias.

CLAUDIO. Podías hacer algo mejor. Un artículo en "La Antorcha." Un artículo exponiendo lo que pasó y tu punto de vista.
GERMÁN. ¿Le has animado a que escriba un artículo contra mí?
JUANA. Tú diriges la revista. ¿Los vas a publicar?
GERMÁN. Depende de cómo esté escrito.
JUANA. Pero un artículo contra un profesor…
GERMÁN. Todo el mundo tiene derecho a escribir en "La Antorcha."
JUANA. Pero no se podrá escribir cualquier cosa. Supongo que no se podrá escribir algo racista o machista o meterse con alguien. No es el sitio para discutir los métodos de un profesor.
GERMÁN. No voy a poner en peligro el prestigio de "La Antorcha." Con su sección de actualidad escolar, sus fotos del viaje de fin de curso, sus notas de homenaje a profesores jubilados. Con su sección de chistes y pasatiempos. Con su cuadernillo central de poemas cursis y relatos estúpidos. No, nadie podrá decir que "La Antorcha" censura.
JUANA. ¿Por qué no hablas con Rafa? Para quitarle hierro al asunto. Por él, evitar que se meta en un lío.
GERMÁN. Yo no sé que vaya a escribir ningún artículo. Se supone que no sé nada de lo que pone aquí.
CLAUDIO. ¿Sabes cómo podrías titularlo? "La pizarra vacía."
RAFA. "La pizarra vacía." Mola.
CLAUDIO. Pero ahora vamos a centrarnos en esto. A ver, me vas a calcular los focos de estas elipses. (*Escribe tres ecuaciones; Rafa intenta calcular los focos.*) Yo me voy a dar una vuelta. En la biblioteca del salón tienen libros realmente buenos, ordenados por tamaños. Hay un estante lleno de álbumes de fotos marcados con etiquetas: "2004," "2003"… Abro el álbum "1989": cuando Rafa nació. La primera foto es de la hermanita sosteniendo el bebé. Vuelvo al cuarto de Rafa, a ver cómo va. Le doy una pista para la segunda elipse y reanudo mi paseo. Entro en el despacho de Rafa Padre. El ordenador. No, no voy a abrirlo. La mesa tiene tres cajones. En el primer cajón, rotuladores, una grapadora, una barra de pegamento. En el segundo, carpetas: "Proyecto juguetes Bianjan"; "Proyecto bisutería Junjin"… Trecer cajón: las escrituras de la casa, multas ordenadas por fecha, una radiografía. Me acerco a la ventana para ver la radiografía al trasluz: es una columna vertebral. Un ruido a mi espalda; me vuelvo: Rossmery. Cuando Eliana se fue, durante unos días, en la casa se vivió como si hubiera habido un terremoto. Ester no dejó de hablar por teléfono con su amiga Concha hasta que entre las dos encontraron a Rossmery, un poco más oscura que Eliana. Rossmery hace como que no me ve y sigue barriendo el pasillo. La radiografía parece de una mujer, sí, es una mujer. Salgo del despacho. La siguiente puerta es la del matrimonio. La cama. En las mesillas, los libros que realmente leen. Ella: "La fórmula de la felicidad. Aprende a ser tu mejor amiga." Él: "¿Quién se ha llevado mi queso? Cómo adaptarnos a un mundo en constante cambio." El armario. Siete pares de zapatos de mujer. Una puerta que da a un cuarto de baño. La bañera. Un armarito. Cosas de afeitar. Crema antiestrías. Medicamentos: "Gelocatil," "Otis," "Motilium," "Lexatin," "Oralsone," "Efferalgán"… Vuelvo al cuarto de Rafa. No puede con el tercer ejercicio. Esta no es una elipse. Es una hipérbola.

RAFA. Ah.
CLAUDIO. ¿Pero ves por qué?
(*Silencio.*)
CLAUDIO. Oigo la llave en la cerradura. Oigo a Ester preguntar a Rossmery por la cena. "No hay vino blanco, señora." "Baja a los chinos." Oigo sus pasos acercándose. Da un beso a Rafa. A mí me saluda con sonrisa maternal. Oigo sus tacones alejándose hacia el salón.
RAFA. ¿Y no podría ser una circunferencia?
CLAUDIO. Al rato, llega él. También él viene a dar el beso a Rafa. Lo noto preocupado.
ESTER. Me han puesto una multa por aparcar en una esquina. No podía con tanto paquete. ¿Estás bien?
RAFA PADRE. ¿Te acuerdas de aquel chino, Juanito? Resulta que, hasta hoy no me he enterado, resulta que se fue sin firmar. Hasta el pitido final hay partido. No se pusieron de acuerdo en el porcentaje. Pues esta tarde me llama Mariano y me saca la factura del restorán. Que si no había sitio más caro. Pero si insistió en que quedase contento. No lo llevé a uno súpercarísimo. Eso sí, se le antojó el vino más caro de la carta, y yo, ¿qué iba a hacerle?
ESTER. Pero ¿cuánto es?
RAFA PADRE. Encima que me llama a casa, que me dice que está en cama con fiebre…
ESTER. Pero ¿cuánto?
RAFA PADRE. Doscientos setenta euros.
ESTER. Pues lo pones de tu bolsillo y te olvidas.
RAFA PADRE. Si no es por el dinero. Es porque están jodidos porque el chicho no firmó. Si el chino firma, ni me mencionan esa factura.
CLAUDIO. Bajan la voz cuando me ven. Mi mirada está sobre la acuarela titulada "Zerstorung," que quiere decir "Destrucción."
ESTER. ¿Y qué vas a hacer?
RAFA PADRE. Esperar que amaine el temporal. En cuanto se olviden del chino, se olvidarán de la cena y de los trescientos euros.
ESTER. ¿Trescientos?
RAFA PADRE. Con la propina.
JUANA. Ester está mal.
GERMÁN. ¿Por qué?
JUANA. "Lexatin" es un ansiolítico.
GERMÁN. Yo tomo "Prufax." La mitad de mis compañeros toma ansiolíticos. ¿Y cómo sabes que es de Ester y no de él?
JUANA. Él es mal equilibrado. No entiendo por qué Claudio no abre el ordenador. ¿Qué diferencia hay entre un ordenador, un cajón, una puerta?
GERMÁN. ¿Por qué Claudio no abre el ordenador?
CLAUDIO. Lo que Claudio busca no puede estar en el ordenador. A Claudio ya solo le interesa Ester. El secreto de Ester. Cuando entró en la casa, creía saberlo todo sobre ella. Pero ha descubierto que no la conoce.
(*Silencio.*)

10. El chico de la última fila

GERMÁN. En ese caso, falta una escena. (*Hojea la carpeta.*) Entre la escena de la terraza y esta, falta otra que justifique esa transformación de Claudio.
(*Silencio.*)
CLAUDIO. En la terraza, de día. (*Silencio.*) Esa escena ocurrió, pero no la veía necesaria.
(*Saca papel y bolígrafo.*)
GERMÁN. Esa radiografía... Espero que no nos salgas con un cáncer o algo así. De todas las cosas que me odio, la que más odio es la manipulación sentimental del lector. Buscar las lágrimas del lector: no hay nada más despreciable.
(*Claudio se pone a escribir la escena.*)
CLAUDIO. La terraza está abierta... Ella está allí... comiendo una manzana... "Hace frío," le digo...
GERMÁN. Rafael, ¿puedes quedarte un minuto?
(*Rafa se acerca. Germán le invita a sentarse.*)
GERMÁN. El otro día, cuando te saqué a la pizarra... Al final tuve la impresión de que... Me pareció que no entendiste que mi intención era... (*Silencio.*) ¿Te gusta el baloncesto?
RAFA. Pues sí.
GERMÁN. Es como si, en un partido, el entrenador te corrige el tiro o el modo de botarla... No sé, no entiendo de baloncesto.
(*Le tiende un libro. Rafa lo mira y se lo pasa a Claudio.*)
RAFA. Parecía que quería hablarme, pero no tenía nada que decir. Y al final va y me da esto. (*Imitando el modo de hablar de Germán.*) "No lo subrayes, ni le dobles las esquinas, ni lo dejes abierto boca abajo."
CLAUDIO. Le prestó "La caída." No puedo creerlo.
GERMÁN. ¿Qué no puedes creer? ¿Que le prestase "La caída" o que le prestase un libro? También él es alumno mío.
CLAUDIO. "La caída." Increíble.
GERMÁN. Es la historia de una confusión. La protagonista vive como ofensa lo que solo fue un malentendido.
JUANA. Creo que lo he encontrado. Creo que al fin lo tengo. (*Enseña un catálogo a Germán.*) Se está hablando mucho de ella en Italia, en Holanda... Pero aquí todavía no ha expuesto.
GERMÁN. ¿China?
JUANA. De origen, pero nacida en Los Ángeles. Se ha propuesto revisar la tradición caligráfica desde una perspectiva de género.
GERMÁN. "Desde una perspectiva de género." Ya sabes lo que pienso de esas perspectivas. Si era chico o chica, homosexual o heterosexual, blanco o negro, vertebrado o invertebrado... Prefiero olvidarme de esas perspectivas cuando veo un Velázquez, cuando oigo a Mozart o cuando leo a Goethe.
JUANA. Pero ¿qué te parece? Yo lo veo bastante accesible para un espectador medio.
GERMÁN. ¿Cuál es la diferencia entre "El cielo de Shanghai 6" y "El cielo de Shanghai 7"?
JUANA. No hay dos piezas iguales en la serie. Son variaciones infinitesimales generadas aleatoriamente por ordenador.

GERMÁN. Pero ¿representa algo? ¿Significa algo?

JUANA. No representa nada, es pura presencia. Frente a representación, presentación. ¿No es cierto que se impone al observador con su contundente materialidad?

GERMÁN. La verdad es que sí, asusta un poco. (*Hojea el catálogo.*) ¿Puedo llevármelo?

JUANA. Sí, sí, míralo tranquilamente y me dices algo.

(*Germán guarda el catálogo en su cartera. Claudio acaba de escribir la escena y se la da a Germán, que la lee.*)

CLAUDIO. La terraza está abierta. Ella está allí, comiendo una manzana. (*A Ester.*) Hace frío.

ESTER. Me gusta este tiempo.

(*Muerde la manzana.*)

CLAUDIO. El parque es muy distinto de día que de noche. Veo los niños de los columpios, un grupo de jubilados haciendo Tai-Chi, los negros, esos sí están ahí a todas horas, de día o de noche.

ESTER. En ese parque aprendió Rafa a andar. Y Marta, ahí nos pasábamos el día los tres. No eran los mismos columpios. Eran de hierro.

CLAUDIO. Señala los columpios. La luz de la tarde se desliza por su brazo. (*A Ester.*) ¿Ves aquel banco? Yo te he visto muchas tardes desde allí este verano.

(*Silencio. De pronto, Ester hace una mueca de dolor, las piernas le fallan. Claudio la ayuda a sostenerse.*)

ESTER. Es la espalda. Estoy operada. Un apaño, no tiene solución. He probado con acupuntura, pero nada. No es grave, solo que, cada cierto tiempo se me carga y me da el latigazo. No puedo estar mucho tiempo de pie. Ni puedo correr, antes salía a correr con Rafa. Y no puedo bailar.

CLAUDIO. Pienso en los siete pares de zapatos que vi en su armario. Me pregunto con qué zapatos bailaba, cuando todavía podía hacerlo. Me la imagino bailando con los zapatos rojos. Me la imagino bailando en el parque, con los pies descalzos, sobre las hojas amarillas del otoño.

(*Claudio coge la manzana del suelo, la muerde y se la da a Ester.*)

GERMÁN. "Me la imagino bailando en el parque, con los pies descalzos, sobre las hojas amarillas del otoño." Cuando escribiste esto, ¿acababas de zamparte un bote de melocotones en almíbar? La manzana, ¿es un símbolo?, ¿un puto símbolo? ¿O es solo una manzana? Porque si solo es una manzana, ¿por qué hablar de ella? "Los pies descalzos," "las hojas amarillas"… ¿Quieres acabar de redactor de catálogos de arte? (*Saca el catálogo que Juana le dejó; lee.*) "¿Qué es lo que se ve en las obras de Feng Tang? Lo que se ve en estas piezas es el silencio. Nacidas en un no lugar entre Oriente y Occidente, estas presencias mudas combaten el ruido del mundo, el ensordecedor griterío bla-bla-bla." Que las palabras sirvan para esto… La peor literatura se hace en los catálogos de arte contemporáneo. Poesía basura, jerga de rufianes, cuentos chinos. Todo para vender esto, fíjate en la foto. Es arte porque alguien ha escrito eso, sino sería una mierda. ¿Se te ocurre un trabajo más triste para un escritor? Sí, escribir un discurso para la ministra de Educación: "Junta doscientas palabras para justificar esta cagada." Mi mujer vende este tipo de cosas. Lleva una galería, "El Laberinto del Minotauro," o sea, un lugar para extraviarse.

La han heredado dos señoras con sentido común, dos que llaman al pan, pan y al vino, vino, y le han dicho que se deje de exponer arte para enfermos o le cierran el chiringuito. El fraude empieza por el título: "El cielo de Shanghai." También se podía llamar "King Kong" o "Lo que el viento se llevó." Es la peor alianza: artistas sin talento y escritores corruptos. "Me la imagino bailando en el parque con los pies descalzos, sobre las hojas amarillas del otoño." No, Claudio, este no es el camino, y tú lo sabes.
(*Silencio.*)
CLAUDIO. ¿Algo más?
GERMÁN. Lo de los zapatos. Además de una cursilería, es una incongruencia. Si esta escena es antes de la del dormitorio, todavía no habías encontrado los siete pares de zapatos. Tendría sentido si utilizases el pretérito: el narrador mezcla recuerdos, confunde los tiempos… Pero utilizando el presente…
(*Silencio.*)
CLAUDIO. ¿Más?
GERMÁN. Esa manía tuya de las listas. Lista de medicamentos, lista de grupos del parque, lista de…
CLAUDIO. Lo aprendí en Scott Fitzgerald. En "Suave es la noche."
(*Silencio.*)
GERMÁN. No lo he leído.
CLAUDIO. "Nicole lanzó una mirada sobre la playa: un hombre tomando el sol, dos mexicanos jugando a la pelota, un muchacho a punto de tirarse al agua." Sirve para mostrar en qué se fija el personaje. Se construye al personaje desde sus ojos.
(*Silencio. Germán tiende a Juana la revista "La Antorcha," abierta por el artículo "La pizarra vacía."*)
JUANA. "La pizarra vacía."
(*Lo lee.*)
JUANA. Le hiciste escribir su redacción en la pizarra y luego fuiste borrando las frases que tenían error. Borraste frases una a una hasta dejar la pizarra en blanco. ¿Fue eso lo que hiciste?
GERMÁN. Sí.
JUANA. Entonces, tiene razón en estar enfadado contigo.
GERMÁN. ¿Ah, sí?
JUANA. Fue como desnudarlo en público. Primero me quitas la camisa, luego el pantalón…
GERMÁN. Mira, ya sabes lo que pienso de la literatura simbólica. No entiendo de símbolos. Para mí, una manzana es una manzana, y corregir una redacción en la pizarra es corregir una redacción en la pizarra.
JUANA. Y lo hiciste entre las risas de sus compañeros.
GERMÁN. Bueno, quizá tenía que haber parado cuando empezaron a reírse.
JUANA. Está bastante bien escrito, ¿no?
RAFA. "Unos padres dicen sacar a su hijo de la escuela y que se eduque por Internet. ¿Qué opinaría Aristóteles?."
(*Silencio. Rafa busca en sus apuntes.*)
RAFA. "A juicio de Aristóteles, la educación es demasiado importante para dejarla en

manos de la familia." O sea que, según Aristóteles, a esos padres habría que detenerlos. Según Aristóteles…

CLAUDIO. La Filosofía me da sueño. Cierro los ojos. Aristóteles. Familia. Destrucción. Zerstorung. Alemania. Grecia. China…

GERMÁN. ¿Qué demonios es esto?

CLAUDIO. La conciencia de Claudio. Un monólogo interior.

(*Silencio.*)

GERMÁN. Así que lo has encontrado: James Joyce. Nadie ha hecho tanto daño. Esas escombreras de palabras, ¿es eso la conciencia? El arte debe iluminar el mundo, no extender la confusión. El siglo veinte: dos guerras mundiales y James Joyce. No todo el siglo veinte fue terrible, esta Kafka, y Thomas Mann. Pero Kafka más Thomas Mann no valen un párrafo de Dostoievski… James Joyce: no lo encontrarás en mi biblioteca.

CLAUDIO. Después de nuestro cuarto de hora de Filosofía, pongo a Rafa tres problemas. El último dice: en el triángulo BDE, BD mide tres metros, DE cuatro, BE cinco. Hallar la distancia AD si los ángulos señalados en el dibujo son rectos. No sabe ni por dónde empezar. Pero tiene mucho amor propio, no se da por vencido. Se nos hace de noche.

RAFA PADRE. ¿Sabéis qué hora es?

RAFA. Estos problemas son un lío.

(*Rafa Padre lee el enunciado del problema.*)

RAFA PADRE. (*A Claudio.*) Puedes quedarte a dormir, si sirve para que acabéis los problemas. (*A Rafa.*) Puede quedarse en el cuarto de Marta. (*A Claudio.*) ¿Quieres llamar para avisar?

CLAUDIO. No, gracias, no necesito avisar. Nos dan las doce con los problemas. En el salón todavía hay luz y ruido de tele. Rafa me lleva al cuarto de Marta, que ahora es el cuarto de la plancha.

RAFA. Está en Irlanda, estudiando inglés.

CLAUDIO. Es el cuarto de una niña de catorce años, aunque Marta debe tener unos veinte. Hay una estantería llena de Barbies. Rafa me presta un pijama. Me está grande. Le da risa verme en un pijama tan grande.

RAFA. A ver si te vienes un sábado a jugar al baloncesto. Da igual si no juegas bien, la cosa es pasar un buen rato. Hacer unas risas, cabrearse con el árbitro, tomar algo después del partido…

(*Silencio.*)

RAFA. Gracias por ayudarme con el artículo. Me estás ayudando mucho. Me estás demostrando que eres un verdadero amigo.

(*Silencio.*)

RAFA. ¿Sabes lo que a veces me dan ganas a estas horas? Muchas noches me dan ganas de salir por ahí a hacer algo, como esos chavales franceses, salir a quemar coches o lo que sea, cuando estoy más hasta los cojones.

CLAUDIO. Por fin se va a su cuarto. Yo me echo en la cama y miro el techo. Oigo voces en el pasillo.

RAFA PADRE. Tendríamos que haberle puesto un profesor particular. Todavía estamos a tiempo.

ESTER. Si en Matemáticas es en lo que mejor va.

RAFA PADRE. Si le cundiese más, le daría tiempo para las otras asignaturas.

CLAUDIO. La casa se va quedando en silencio. Espero un rato antes de salir. Camino a ciegas por el pasillo, hasta que mis ojos se acostumbran a la oscuridad. Los cuatro ángeles siguen allí, colgados de la pared como murciélagos. La primera puerta es la de Rossmery. La segunda es la de Rafa. Duerme nervioso, con un gesto extraño. Lo arropo. La siguiente puerta es el despacho. La última puerta es la del matrimonio.

GERMÁN. No es verosímil. Lástima, porque la imagen tiene fuerza: Claudio moviéndose de noche por la casa, como un ángel o un vampiro, mientras ellos duermen. Tiene fuerza, pero no es verosímil.

CLAUDIO. No será verosímil, pero es verdad. Es lo que pasó.

GERMÁN. Da igual que sea verdad. Si no es verosímil, no vale, aunque sea verdad.

(*Silencio. Claudio rompe la redacción. Silencio. Germán recupera los fragmentos y lee.*)

CLAUDIO. La última puerta es la del matrimonio. En la mesilla de él: "Basket aplicado al management" y "Confucio aplicado al management." En la mesilla de ella: "La construcción de la muralla china y otros relatos." Él duerme abrazado a su cintura. Él respira mal. Ella sonríe. Tiene la piel muy blanca. Los pies son de niña pequeña.

(*Claudio la ve dormir. Acaricia los pies de Ester.*)

JUANA. ¿Es que no tenéis respeto a nada? Es un chaval de diecisiete años. Si realmente te importa, deberías sacarlo de esa casa antes de que se haga daño. Te lo dije dese el principio: este no va a parar hasta que alguien le dé un buen guantazo.

GERMÁN. (*A Claudio.*) Has ido demasiado lejos. Es el momento de parar.

CLAUDIO. ¿Quiere que lo deje?

GERMÁN. Ni una línea más.

CLAUDIO. Fue usted el que me metió en esto. Aquella mañana, yo estaba a punto de tirar mis libros y salir corriendo. Cada clase era más insoportable que la anterior. Pero usted nos mandó escribir aquella redacción. Usted nos pidió que escribiésemos y ya no puedo parar.

GERMÁN. ¿No puedes dejar de escribir? Escribe. Sobre tu familia, por ejemplo.

CLAUDIO. Me gustan estos personajes. Tengo que seguir escribiendo sobre ellos.

GERMÁN. En ese caso, yo no voy a seguir leyendo.

(*Silencio. Claudio saca unos folios, los deja ante Germán y se va. Al rato, Germán toma los folios y lee.*)

ESTER. ¿Estás disgustado? ¿Siguen mareándote con aquel chino?

RAFA PADRE. Va a resultar que si no firmó fue por mi culpa.

ESTER. ¿Por tu culpa?

(*Silencio.*)

RAFA PADRE. Aquella noche, después de la cena, estuvimos en un local y Juanito, que ya iba cargado, montó un escándalo. Se enfadó con una chica, casi la pega en plena pista de baile. Lo saqué de allí como pude, para evitar que le diesen dos tortas, que me las pude llevar yo. Y ahora resulta que no lo traté bien y que por eso no firmó.

ESTER. ¿Estuvisteis en un local?

RAFA PADRE. Él quería tomar una copa.

ESTER. ¿Cómo sabías que existía ese sitio? ¿Habías estado antes?
RAFA PADRE. En la vida.
ESTER. Entonces, ¿cómo sabías?
RAFA PADRE. Se sabe que hay esas zonas.
(*Silencio.*)
RAFA PADRE. Estas cosas funcionan así. Hay que tener al socio contento. Hay socios que quieren ir al Museo del Prado, socios que quieren ir al Bernabéu y socios que son unos cerdos.
ESTER. Pero ir a un puticlub, por muy socio que sea, vamos yo no lo entiendo, a mí no me entra en la cabeza.
RAFA PADRE. No es un puticlub. Es un bar en el que hay mujeres.
ESTER. Un bar de mujeres, muy bonito.
RAFA PADRE. Nunca había estado allí. No voy a esos sitios. Siempre lo hace Mariano, a él le van esas cosas, a mí no. Por compañerismo no supe negarme y me cayó el marrón.
ESTER. Me vas a decir que estuviste a disgusto. No bebiste, ni bailaste. ¿O sí que bailaste?
RAFA PADRE. Tomé una copa, por acompañarle.
CLAUDIO. Ella enciende la tele, la pone muy alta. Él se va a la calle a fumar. Es el momento. Sé que es el momento, pero, por primera vez desde que empezó todo, tengo miedo. Entro en el salón.
(*Claudio y Ester se miran en silencio. Claudio da a Ester un papel y se va. Ester lo lee. Juana abre una caja en cuyo exterior hay etiquetas en inglés.*)
JUANA. No sé qué precio proponer a la artista. Esta pieza, por ejemplo. ¿Seiscientos?
(*Germán se acerca a mirar el contenido de la caja.*)
GERMÁN. ¿Seiscientos? ¿Quién pagaría seiscientos por esto?
JUANA. ¿Ese es el problema, el precio? ¿Y si costase sesenta?
GERMÁN. Si costase sesenta… Aún sería demasiado caro. Pero si costase seis euros… ¿Has pensado en los chinos? Los de verdad, los de China.
JUANA. ¿Los chinos de China?
GERMÁN. Los chinos de China te hacen esto cien veces más barato. Te lo quitarían de las manos. ¡Vanguardia para todos los bolsillos! ¡Vanguardia a seis euros! Ese Juanito, el amigo de Rafa Padre, puede copiar de todo. Copiar no, es ilegal, con pequeños cambios, y cambiándole el título, eso es fundamental, el título.
CLAUDIO. Una hoja transpira cada hora a razón de dos miligramos de agua por centímetro cuadrado. Los bordes de la hoja están limitados por las curvas de ecuaciones i griega igual cinco equis elevado a un medio e i griega igual un quinto de equis al cuadrado, donde equis e i griega se expresan en centímetros. Calcula la cantidad de agua transpirado por la hoja durante un día. Mientras Rafa calcula el agua transpirada, yo voy a buscar agua fría. Tengo hielo en las manos cuando ella entra en la cocina. No me mira. Se sirve un Martini. Los hielos se me caen.
ESTER. "Ni siquiera la lluvia baila tan descalza." ¿Qué significa?
CLAUDIO. No significa nada. Es lo que se sienta. El efecto que causa en quien lo lee.
ESTER. No he podido dormir. (*Saca el papel que Claudio le dio.*) "Ni siquiera la lluvia baila tan descalza."

CLAUDIO. No volveré a esta casa, si usted no quiere. No volverá a verme.
ESTER. Mi hijo ha hecho mucho por ti. Y Rafa, te ha cogido cariño. ¿Te imaginas que lo leyesen?
CLAUDIO. No lo escribí para ellos.
ESTER. Si lo leen, te matan.
(*Silencio. Recogen los hielos.*)
ESTER. El resto creo que lo entiendo, pero eso de la lluvia... No sé a qué se refiere. "Ni siquiera la lluvia baila tan descalza."
(*Se le escapa una lágrima. Claudio le seca la lágrima.*)
GERMÁN. Canalla. Así que eso fue lo que le diste, un poema. A esa mujer no le han escrito un poema en la vida. Estás abusando. Esa gente es casi analfabeta. En esa casa no hay un gramo de poesía. Les sueltas un verso y es como tirarles una bomba. No reconocerían un símbolo, aunque lo tuvieran delante de las narices. "Ni si quiere la lluvia baila tan descalza." ¿Estás hablando de esa mujer? No puedes estar hablando de ella.
CLAUDIO. Ahora la veo de otro modo.
GERMÁN. Ya entiendo. Nuestro jovencito iconoclasta le ha cogido el gusto a la clase media.
CLAUDIO. Usted me dijo que los mirase de cerca, sin prejuicios, sin condenarlos a priori.
GERMÁN. ¿Ya no te parece ridículo su olor, su forma de hablar? ¿Vas a escaparte con ella, buscar un buen trabajo, pedir un crédito y comprarle una casa con un salón bien grande?
(*Claudio se levanta.*)
GERMÁN. No te dejes engañar por sus propias palabras. En cuanto a ese verso: a) Es malo; b) Es un plagio.
(*Silencio. Claudio se vuelve hacia Ester. Recogen los hielos.*)
ESTER. El resto creo que lo entiendo, pero eso de la lluvia... No sé a qué se refiere. "Ni siquiera la lluvia baila tan descalza."
(*Se le escapa una lágrima. Claudio le seca la lágrima. Se besan.*)
JUANA. ¿Cómo está Claudio?
GERMÁN. Bien. Yo lo veo bien.
JUANA. Hace tiempo que no me das nada suyo.
GERMÁN. Cinco días. Desde el jueves no me trae nada.
(*Silencio.*)
JUANA. Los he visto. A los dos Rafa. Y a Ester.
GERMÁN. ¿Dónde?
JUANA. Estuve sentada en el coche, frente a la casa. Vi al chico. Y luego a ellos. A ella me la imaginaba más guapa.
GERMÁN. Adelante, por favor.
(*Invita a Rafa Padre y a Ester a sentarse.*)
GERMÁN. Ustedes dirán.
RAFA PADRE. Se trata de ese artículo de Rafael, en la revista.
GERMÁN. Ah, el artículo. No le den importancia. Los chicos son así.
ESTER. Lo leímos ayer. Él no nos había contado nada.

RAFA PADRE. Lo habíamos notado raro.
ESTER. Se ve que le afectó mucho.
RAFA PADRE. Es el símbolo. Él ahí, de pie, y la pizarra que va vaciándose. El símbolo.
(*Silencio.*)
ESTER. Lo que queremos... Lo que creemos que Rafa se merece... Usted lo ofendió en público.
RAFA PADRE. Se merece que usted le pida perdón en público, delante de sus compañeros.
RAFA. "En un partido, un jugador rival golpea a uno de tu equipo, lesionándolo. ¿Qué te aconsejaría Enmanuel Kant?."
(*Silencio.*)
RAFA. No hace falta mirar los apuntes. Seguro que Kant dice que no hay que devolver mal por mal. Y Heráclito, y San Agustín. La venganza tiene mala prensa. Pero si a mí me tocan a uno de mi equipo, yo la devuelvo. Si tocan a mi padre, por ejemplo. Mi padre y yo somos un equipo.
(*Silencio.*)
RAFA. Ayer, después que te fueras, salí detrás de ti. Ya sé cuál es tu casa.
(*Silencio.*)
RAFA. Te vi por la ventana con un hombre.
CLAUDIO. Me estás vacilando.
RAFA. Un tío flaco, con gafas. Tiene algo en la piel, ¿no? ¿Qué le pasa en la piel?
(*Silencio.*)
RAFA. Yo a Kant me lo paso por los cojones. Y a Séneca, y a Santo Tomás de Aquino. Yo si un listillo le hace daño a mi padre, le doy de hostias al listillo y al padre del listillo. Esa es mi filosofía. La Filosofía de Rafael Artola.
(*Silencio.*)
RAFA. Bueno, ya está bien de Filosofía. Hoy quiero que me repases los números imaginarios. Última clase del curso: los números imaginarios. Y como se te ocurra mover el culo de esa silla, te comes los apuntes. ¿Me has oído poeta? Pero antes, como regalo de despedida, te voy a dar yo una lección especial. De baloncesto. Te voy a enseñar a jugar sin balón. (*Se mueve como un baloncestista sin balón.*) En basket, lo más importante es saber jugar sin balón. (*Se mueve alrededor de Claudio, cargando el codo.*)
GERMÁN. ¿Qué te ha pasado en ese ojo?
CLAUDIO. ¿Quería verme?
GERMÁN. Hace diez días que no me das nada. ¿Sigues enfadado?
CLAUDIO. Lo he dejado.
GERMÁN. ¿Ya no vas a la casa?
CLAUDIO. Ya no escribo. He decidido concentrarme en las Matemáticas. Las Matemáticas nunca defraudan.
(*Silencio.*)
GERMÁN. Pero no puedes dejarlo así. Tienes que darle un final.
CLAUDIO. Elija usted. Opción a: Claudio se escapa con Ester. Opción b: Claudio mata a los Rafa y se queda con Ester y con la casa. Opción c: los Rafa matan a Claudio. Opción d: Ester quema la casa con los tres tíos dentro. Elija uno y escríbalo usted mismo.

GERMÁN. No seas tonto, solo puedes escribirlo tú. ¿Sabes cuáles con las dos características de un buen final? Un buen final ha de ser tal que el lector se diga: no me lo esperaba y, sin embargo, no podía acabar de otra manera. Ese es el buen final. Necesario e imprevisible. Inevitable y sorprendente. Tienes que encontrarlo, un final que reconforte al lector o que lo deje herido. ¿O es que no te atreves? ¿No te atreves a acabar?

(*Claudio se va. Germán empieza a hablar solo, como ensayando.*)

GERMÁN. Hace unos días, intentando mostrar a Rafael Artola algunos errores sintácticos y conceptuales, pude equivocarme al elegir...

(*Silencio.*)

GERMÁN. El otro día, cuando saqué a vuestro compañero Rafael Artola a la pizarra, no supe medir...

(*Silencio.*)

JUANA. ¿Te ayudo?

(*Silencio. Germán asiente.*)

JUANA. He estado pensando en cómo pudo sentirse Rafa ante la pizarra vacía.

(*Silencio.*)

GERMÁN. He estado pensando en cómo pudo sentirse Rafa ante la pizarra vacía.

(*Ester está haciendo un boceto de reforma de la casa. Llega Rafa Padre del trabajo. Silencio.*)

RAFA PADRE. Mariano. Ha vuelto a sacarme la factura del chino, delante de todo el mundo. Se los he tirado a la cara: "Trescientos. Y trescientos más para que te los metas por el culo."

(*Silencio.*)

ESTER. Tenemos ahorros. Podemos aguantar hasta que encuentres otra cosa. Y yo voy a trabajar. Hoy mismo empiezo a buscar algo.

(*Rompe el boceto de reforma. Abraza a su marido.*)

CLAUDIO. Hoy me levanto a la misma hora que todos los días, pero con una sensación distinta, hoy es un día distinto, hoy es el final. Me levanto a las siete, como todos los días, le preparo la comida a mi padre y salgo de casa a las ocho, como todos los días, pero sabiendo que hoy he de encontrar un final, necesario e imprevisible, inevitable y sorprendente. Es miércoles, lo que significa que a las nueve tengo Historia, a las diez Inglés, a las once descanso hasta las once y media, a las once y media Matemáticas, a las doce y media Lengua y Literatura. Pero yo cojo mi maleta y camino en dirección contraria a todo eso, en busca de un final. La maleta pesa mucho, pero tiene ruedas, cojo un autobús a las nueve ya estoy frente a los dos rótulos: "El laberinto de Minotauro" y "Se alquila." Ella está dentro, pero no abre hasta las diez. Cuando entro, siento que, aunque nunca me ha visto, me reconoce al instante. Siento que sabe mucho de mí, y yo casi nada de ella. Bueno, algo sé. Sé con qué clase de hombre está casada. Sé que no tiene hijos. Sé lo que piensa su marido de todo esto que la rodea: "mierda"; "arte para enfermos."

JUANA. ¿No deberías estar en clase?

CLAUDIO. Ya no voy a clase. Lo he dejado.

JUANA. ¿Has dejado de estudiar? ¿Y se puede saber qué vas a hacer?

CLAUDIO. Me puedo ganar la vida dando clases particulares. La gente tiene problemas con Matemáticas.

JUANA. No dejes los estudios. Un día te arrepentirás.

CLAUDIO. También puedo escribir catálogos de arte contemporáneo. Mi profesor de Lengua dice que valgo para eso.

(*Observa una pieza. Lee su título.*)

CLAUDIO. "El cielo de Shangai 5." ¿Sabe lo que yo veo en estas… presencias? El silencio. Ante estas presencias mudas cesa el ruido el mundo, el ensordecedor griterío…

JUANA. No he vendido ni una. Ni una en seis días.

CLAUDIO. ¿Usted pondría estas cosas en su casa?

JUANA. A mi marido no le gustan.

CLAUDIO. La gente no quiere arte. La gente quiere decoración. Esto es lo que quiere la gente.

(*Le da la revista "Casa y jardín" de Ester.*)

JUANA. (*Señalando la maleta.*) ¿Te vas de viaje?

CLAUDIO. Es para mi profe de Lengua. Pero no sé dónde vive. Solo sé que su mujer lleva una tienda llamada "El Laberinto del Minotauro." Debería poner un rótulo más grande. Casi paso de largo.

JUANA. Puedes dejarlo aquí. O vas a clase y se lo das.

CLAUDIO. Prefiero llevárselo a casa. Usted sabe lo que le gustan las sorpresas.

(*Silencio. Juana señala "El cielo de Shanghai 5."*)

JUANA. ¿Me ayudas a llevar esto al coche?

CLAUDIO. Entre los dos, llevamos a su coche "El cielo de Shanghai 5." Me monto a su lado. En todo el trayecto no dice palabra.

JUANA. Adelante.

CLAUDIO. Huele a libro, hay libros por todas partes. Sigo a Juana hasta la biblioteca. Abro la maleta y voy sacando los libros. Ella me ayuda a encontrar el sitio de cada uno, no es fácil, están ordenaos por épocas. Cuando colocamos el último, nos sentamos a charlar. Hablamos de Matemáticas; de cómo conoció a Germán; de los libros que le gustan a ella.

JUANA. Los rusos no. Lo encuentro pesadísimos. De "Ana Karenina" solo leí diez páginas: las cinco primeras y las cinco últimas. ¿A ti no te agobia tanto libro? Germán se siente aquí como Noé en su arca. Fuera de aquí, el diluvio. A tu edad ya era así. Tú me lo recuerdas mucho.

CLAUDIO. Suena el teléfono; es él. Juana no le dice que yo estoy con ella. Me invita a comer. Después de comer, se tumba en el sofá y se queda dormida. La veo dormir. Tiene los pies muy blancos. Cojo unos folios y escribo todo esto. Cuando acabo, ella todavía duerme. Dejo los folios a su lado, cojo la maleta vacía y salgo, tan silencioso como puedo, para no despertarla.

(*Se va. Juana despierta. Lee el escrito de Claudio. Germán entra con su cartera.*)

GERMÁN. No he podido. Empecé bien: "He estado pensado en cómo pudo sentirse Rafa…." Empecé bien, pero acabé diciéndoles lo que pienso sobre ellos, en el lenguaje de ellos entienden: "Me tenéis hasta…."

JUANA. Claudio no estaba allí, ¿no?

10. El chico de la última fila

GERMÁN. ¿Cómo lo sabes?

(*Juana señala la biblioteca. Germán observa los libros que prestó y que han vuelto.*)

JUANA. Te ha dejado esto.

(*Le entrega la última redacción de Claudio. Germán la lee en silencio. Mientras, Juana sale y vuelve con "El cielo de Shanghai 5."*)

GERMÁN. ¿Qué es esto?

JUANA. "El cielo de Shanghai 5."

(*Lo coloca.*)

GERMÁN. ¿Y tiene que ser ahí, delante de Dostoievski?

JUAN. Pues sí.

(*Silencio. Germán coge la carpeta de las redacciones, mete la última y sale. Claudio está sentado en su banco, solo. Llega Ester. Silencio.*)

ESTER. Te he visto desde la terraza. Quería devolverte esto. No sabía qué hacer con ello. No quería tirarlo.

(*Le devuelve el poema. Silencio. Ester lo abraza maternalmente. Abrazados, parecen iniciar un baile. Pero Ester se separa de Claudio y se va. Claudio llora. Todavía está llorando cuando llega Germán. Al ver este, Claudio se seca las lágrimas. Silencio.*)

CLAUDIO. ¿Se ha fijado cuántas ventanas se ven desde aquí, cuánta gente? Yo me pongo aquí y pienso: ¿cómo será la vida en esa casa? Allí por ejemplo. (*Señala.*) Esas viejas.

GERMÁN. Están discutiendo. ¿Dos hermanas disputándose una herencia?

CLAUDIO. ¿Dos lesbianas a punto de separarse?

GERMÁN. Dos hermanas discutiendo por la casa del pueblo. La rubia quiere vender. La morena dice que ni hablar. Se están tirando el pasado a la cabeza.

CLAUDIO. Dos lesbianas. Treinta años de convivencia a la mierda porque la rubia se ha enamorado se su reumatóloga. La morena dice: "Pero si yo te la presenté." Fíjese en sus manos. (*Las mueve, imitándola.*) "¡Pero si yo te la presenté! ¡Ahora entiendo por qué no querías que te acompañase a la consulta!"

GERMÁN. Qué va, qué va, dice: (*Moviendo los manos, imitándola.*) "¡La casa de nuestro padre! ¡Con lo que luchó para conservarla!"

CLAUDIO. Debe de ser el tercero derecha.

GERMÁN. Olvídalo. No creo que necesiten un profe de Matemáticas.

CLAUDIO. Algo necesitarán. Siempre habrá un modo de entrar. Siempre hay un modo de entrar a cualquier casa.

(*Silencio. Germán devuelve la carpeta a Claudio.*)

GERMÁN. El final es muy malo. Cámbialo.

CLAUDIO. No es el final. Continuará.

GERMÁN. No vuelvas a acercarte a mi casa.

CLAUDIO. En su biblioteca vi libros de James Joyce. Me pregunto cómo lo titularía él. ¿"El laberinto de Minotauro"? ¿"La pizarra vacía"? ¿"Los cuatro ángeles"? ¿"Los números imaginarios"?

GERMÁN. No vuelvas a cercarte a mi mujer. Si vuelves acercarte a ella, te mato.

CLAUDIO. Desde que lo conocí, tuve ganas de ver cómo vivía. Desde la primera clase. ¿Cómo será la casa de este tío? ¿Quién vivirá con un tipo así? ¿Habrá una mujer lo bastante loca, una tía tan loca que...?

(*Germán da una bofetada a Claudio. Silencio.*)
CLAUDIO. Ahora sí, maestro. Es el final.
(*Con un gesto, hace el oscuro.*)

Actividades preliminares

1. Cuando entras en una clase por primera vez, ¿dónde prefieres sentarte y por qué escoges este sitio? ¿Crees que el lugar que un/a estudiante escoge en clase revela algo de la personalidad o los objetivos personales?

2. La obra muestra varios referentes que son reconocibles para los lectores. ¿Qué aspectos de la vida real incluye Mayorga en esta obra? En grupos pequeños, hagan una lista de situaciones, experiencias, personajes o tipos de personalidad que pueden tener sus referentes en el mundo real. Luego, compartan la lista con la clase. ¿Qué efecto causa esta mímesis? ¿Cuál puede ser el propósito del autor?

3. Reflexiona sobre "la mirada" (*the gaze*) en el contexto de una clase. ¿Quién mira a quién en una clase? ¿Quién tiene permiso de mirar fijamente? ¿Hay límites que la mirada puede traspasar?

Hacia el texto

A. Circunstancias dadas

Imagina un monólogo (1–3 minutos) pronunciado por uno de los siguientes personajes al final de un día complicado. ¿Qué diría? ¿Qué tono usaría el personaje para expresarse? Prepara el monólogo para presentarlo en clase.

1. Ester
2. Juana
3. Claudio

B. Preguntas de comprensión

1. Al leer el primer parlamento de Germán, ¿qué opinión tienes de este personaje? ¿Por qué? ¿Piensas que este parlamento anticipa las situaciones y los conflictos que luego se desarrollan en la trama?

2. ¿En qué lugares transcurre la obra? ¿Hay descripciones de estos lugares en el texto dramático?

3. Reflexiona sobre Germán como personaje. ¿Qué tipo de maestro es Germán? ¿Cómo es su personalidad?

4. ¿Cómo es Claudio? ¿Por qué necesita mirar a otros y observarlos? ¿Qué hace al mirar?

5. ¿Por qué se alarma Juana al leer las composiciones de Claudio? ¿Qué consejos le da a su esposo?

6. Claudio escribe una serie de composiciones, ¿cómo comienza a escribir? ¿sobre qué escribe? ¿evoluciona su escritura? ¿para quién escribe? ¿por qué escribe?

7. ¿Qué función desempeñan las redacciones de Claudio en torno al conflicto y la acción de la obra?

8. ¿Hay un clímax en esta obra? ¿Cuándo ocurre?

9. Encuentra escenas claves en las que Germán y Claudio dialogan. ¿Qué revelan estas escenas sobre la tensión que subyace en la obra?

10. Cuando Juana y Germán hablan sobre el arte, ¿tienen la misma opinión? ¿qué representa el arte para cada uno de estos personajes? ¿cómo se puede explicar sus posturas?

11. Mayorga escribe una obra con gran fluidez entre escenas, diálogo, puntos de vista y pensamientos. Encuentra ejemplos de esta fluidez que se asemeja en algunos momentos a un flujo de consciencia (*stream of consciousness*). ¿Qué función y efecto desempeñan este estilo de narración?

12. Si el teatro lleva a la audiencia a cuestionar e indagar sobre la experiencia humana, ¿qué preguntas te incita a pensar esta obra en general?

C. Más allá de la comprensión

1. La obra presenta el tema central de la mirada. Haz una lista de todos los personajes que observan y miran en esta obra. ¿Quién(es) observa(n)? ¿A quién? ¿Con qué objetivo? ¿Por qué? 2. La obra gira alrededor del placer de la mirada. ¿Qué opinas sobre el uso y abuso de la mirada en esta obra? ¿Despierta el mirar a otros/as y el ser mirado/a algo de placer? Según las convenciones sociales de nuestro entorno, ¿tenemos el poder de ver a quien queramos? ¿puede la mirada transgredir al ser humano y su privacidad? ¿Presenta Mayorga una obra que gira sobre una cuestión ética?

2. La relación entre Germán y Claudio tiene múltiples niveles: maestro y estudiante, maestro y artista, padre e hijo, fuente creativa y escritor hábil. Al final, son cómplices creadores. ¿Cómo se complementan estos personajes? ¿Qué situación crean Germán y Claudio? Al final, ¿son cómplices?

Dramatizaciones

1. Improvisa una escena con uno de los siguientes personajes sin pronunciar una palabra: Germán, Claudio, Rafa, Ester, Juana, o Rafa Padre. Imagina una situación específica (por ejemplo, sentados en un parque, esperando en una esquina, jugando baloncesto, parados en una galería, entre otros), luego actúa las acciones del personaje, concentrándote en sus gestos, movimientos, modo de ser, pero sin decir nada. Presenta la improvisación a la clase.

2. Congélate como si fueras una estatua. La expresión corporal y el gesto muestran las emociones y el sentimiento del ser humano. Imagina que eres un personaje de la obra. Escoge un momento emotivo o difícil para este personaje, y como si fueses una estatua, expresa los sentimientos del personaje sin pronunciar una palabra. A continuación, cada participante de la clase, de uno a uno, camina entre las estatuas, observándolas.

3. La clase escoge a un participante que actúa el papel de uno de los

personajes de la obra, imaginando su forma de ser, emociones e intenciones. Luego, la clase le hace preguntas a este personaje para tratar de entender y comprender sus acciones y motivaciones.

Conexiones culturales

1. La obra alude al contexto educativo en España. Busca información sobre el sistema educativo en España para informarte sobre el sistema de educación pública y privada. Considera las siguientes preguntas para guiar tu investigación: ¿Quién financia la educación? ¿Cómo se financia? ¿Es obligatorio asistir a la escuela? ¿Se divide la educación por edad? ¿Cómo se llama cada etapa y qué la constituye? ¿Cómo se compara al sistema educativo del cual tú formas parte?

2. ¿Crees que la relación entre maestro/a y estudiante puede tener un aspecto cultural? ¿Qué representa el profesorado para los/las estudiante en tu contexto cultural? ¿Qué nivel de honestidad puede tener un/a profesor/a con el/la estudiante? Por ejemplo, ¿puede ser directo/a y claro/a? ¿debe de ser el/la profesora gentil y compasivo/a? Si puedes, trata de entrevistar a alguien nativo/a de un lugar hispano sobre estas cuestiones.

Ahora a escribir

1. Analiza el efecto de la mirada en la obra. ¿Qué función desemplea? Utiliza citas textuales para sustentar tu argumento sobre este tema.

2. La obra se desarrolla casi al estilo del flujo de consciencia en donde escenas, diálogos, pensamientos, espacio y tiempo se entremezclan. ¿Qué preguntas despierta este estilo de narración en el lector-espectador? ¿Piensas que la obra hace un comentario sobre la experiencia humana y los individuos?

3. Imagina que la obra pasa de ser teatro a reporte policial. Escribe el informe policial: adopta un punto de vista específico y usa un tono objetivo para esta ocasión.

Bibliografía mínima

"Juan Mayorga: Teatro y Cartografía." *Youtube*, uploaded by Fundación Juan March, 21 March 2011, https://youtu.be/QXo8qFLWA40.

Marrugat, Jordi. "Palabra, verdad y mentira en el teatro de Juan Mayorga." *Bulletin of Hispanic Studies*, vol. 95, no.5, 2018, pp. 501–517. *EBSCO*, doi:10.3828/bhs.2018.29. Accessed 13 August 2019.

Mayorga, Juan, and B. Muñoz Cáliz. "¿Quién escribe mis palabras?" Entrevista a Juan Mayorga. *Caracol*, vol. 12, pp. 206–225. *DOAJ*, doi: 10.11606/issn.2317-9651.v0i12p206–225. Accessed 13 August 2019.

Mayorga, Juan, and John P. Gabriele. "Entrevista con Juan Mayorga." *Anales De La Literatura Española Contemporánea*, vol. 25, no. 3, 2000, pp. 1095–1103. *JSTOR*, www.jstor.org/stable/27741512.

Rodríguez-Solás, David. "El espacio de la crítica, el lugar de la utopía: El teatro de Juan Mayorga." *Iberoamericana*, vol.16, no. 62, 2016, pp. 225–234. doi: 10.18441/ibam.16.2016.62.225–234. Accessed 13 August 2019.

Glosario

Acción dramática: serie o conjunto de hechos y acontecimientos de una obra dramática.

Acotación: las direcciones que da el autor destinadas a esclarecer la interpretación, las entradas y salidas de los personajes, la descripción de la acción y otros aspectos de la representación.

Caracterización: técnica que se usa para proporcionar información sobre un personaje o una situación.

Conflicto dramático: es la lucha de fuerzas opuestas. Un personaje puede enfrentar el conflicto consigo mismo, con la sociedad, con la naturaleza y con el otro.

Decorado: todo aquello que en el escenario tiene como función enmarcar la acción (por ejemplo, elementos de utilería, mobiliario, etc.) ya sea para representar un lugar determinado, o crear una atmósfera.

Didascalias: acotaciones del autor.

Dramaturgo(a): autor de teatro.

Escenario: el espacio sobre el cual se desarrolla la acción actoral.

Escenografía: es el conjunto de elementos que se utiliza para ambientar y escenificar una obra de teatro, como el decorado, la iluminación, los accesorios, el telón, el vestuario, etc.

Estreno: la representación de un espectáculo por primera vez.

Improvisación: una técnica de actuación en donde los actores responden espontáneamente a las circunstancias de la situación dramática sin tener en cuenta las acciones y las palabras de un texto dramático, aunque la improvisación puede estar vinculada a ese texto dramático.

Monólogo: es el discurso de un personaje que se dirige a sí mismo.

Parlamento: las palabras que pronuncia el personaje o actor.

Personaje: es una entidad esbozada por el autor dramático y en el teatro se materializa a través del acto performativo.

Programa de mano (m.): es la hoja que se reparte al público espectador para informarle sobre la función.

Puesta en escena: significa hacer una interpretación escénica de una obra dramática, es decir, pensar en el trabajo de actuación, la iluminación, la música y la decoración, entre otros elementos. También se puede usar "montaje."

Utilería: el conjunto de objetos y muebles que se emplean en un escenario teatral.

Vestuario: el conjunto de trajes en una representación teatral.

Índice

ACTFL 2
Águila o sol 36; *ver* Berman, Sabina
Alberti, Rafael 119
Allá él 24; *ver* Romero, Concha
Amor como vehículo destructor 16
Así aman los dioses 24; *ver* Romero, Concha

El barón 73; *ver* Moratín, Leandro Fernández
La Barraca 119
Berman, Sabina 1, 36
Besos de lobo 15; *ver* Pedrero, Paloma
blog 188
Bodas de sangre 120; *ver* Lorca, Federico García
Las bodas de una princesa 24; *ver* Romero, Concha
Buñuel, Luis 119
Buscapiés 156; *ver* Raznovich, Diana

Caídos del cielo 23
Cartas de amor a Stalin 203; *ver* Mayorga, Juan
Carter, Jimmy 13
La casa de Bernarda Alba 119; *ver* Lorca, Federico García
Casa Matriz 156; *ver* Raznovich, Diana
Censura 13
El chico de la última fila 203; *ver* Mayorga, Juan
Ciclo Teatro Abierto 156
El color de agosto 15; *ver* Pedrero, Paloma
Comedia de carácter 117
Comunidades indígenas 179
Concierto de aniversario 3; *ver* Rovner, Eduardo
Conflictos matrimoniales 16, 24, 180, 204

Consumo 178
El contratiempo 156; *ver* Raznovich, Diana
Crecí solo con el amor de mi madre 180; *ver* FOMMA
Cross-dressing 186
Crueldad 13
Cuentos y teatro tzeltales 179; *ver* Juárez Espinosa
Cuestionamiento del orden familiar 74, 120

Dalí, Salvador 119
De atrás para adelante 156; *ver* Raznovich, Diana
De la Cruz, Petrona 1, 179
El desconcierto 156; *ver* Raznovich, Diana
Dictadura militar 156
Difarnecio, Doris 180
Discursos de masculinidad 16, 24, 37, 74, 180, 190
Divorcio 16

Educación 74, 118, 186, 203, 239, 240
Enfrentamientos generacionales 74, 120, 204
Entre Villa y una mujer desnuda 36; *ver* Berman, Sabina
Espinosa, Isabel Juárez 1, 179
Eva/Sión 189; *ver* Vicioso, Luisa A.S. (Chiqui)
Un extraño ulular traía el viento 189; *ver* Vicioso, Luisa A.S. (Chiqui)

Feliz nuevo siglo doktor Freud 36; *ver* Berman, Sabina
Flujo de consciencia 239, 240
Fortaleza de la Mujer Maya (FOMMA) 1, 179, 188
¿Una foto? 4; *ver* Rovner, Eduardo

Gabriele, John P. 203
Generación de 1927 119
Gray, María 15
La grieta 36; *ver* Berman, Sabina
Guerra Civil Española 120
Guerra Sucia 13
Guillen, Jorge 119

Hamelin 203; *ver* Mayorga, Juan
hashtags 21
Himmelweg 203; *ver* Mayorga, Juan

Ilustración 73, 117
Impresiones y paisajes 120; *ver* Lorca, Federico García
Infidelidad 16, 34
Internamiento 189; *ver* Vicioso, Luisa A.S. (Chiqui)
Isabel I 24

Jardín de otoño 156; *ver* Raznovich, Diana
Jerarquía social 74
Juana la Loca 24
Juego de reinas 24; *ver* Romero, Concha
Justicia 74

Lección poética 73; *ver* Moratín, Leandro Fernández
La lengua en pedazos 203; *ver* Mayorga, Juan
Lejana tierra mía 3; *ver* Rovner, Eduardo
Libertad de expresión 153
La llamada de Lauren 15; *ver* Pedrero, Paloma
Lorca, Federico García 1, 119

Un maldito beso 24; *ver* Romero, Concha
Maquiladoras 71

Más ceniza 203; ver Mayorga, Juan
Maternidad 115, 157, 178
Matrimonio 23, 117, 178
Matrimonios arreglados 74
Mayorga, Juan 1, 203
melodrama 37
Memoria y olvido 190
Metateatro 23, 24
Mirada (the gaze) 238, 239, 240
La mojigata 73; ver Moratín, Leandro Fernández
Molière 36; ver Berman, Sabina
La monja bruja 179; ver Cruz, Juárez Espinosa y FOMMA
Moratín, Leandro Fernández 1, 73
Morejón, Nancy 189
Muerte súbita 36; ver Berman, Sabina
Una mujer desesperada 179; ver De la Cruz

Neoclasicismo 73
Nueva dramaturgia mexicana 36

Objetos personales 156; ver Raznovich, Diana
Un olor a ámbar 24; ver Romero, Concha
Orígenes del teatro español 73; ver Moratín, Leandro Fernández

La paz perpetua 203; ver Mayorga, Juan
Pedrero, Paloma 1, 15
Performatividad del género 15, 177, 186
Perrerías 189; ver Vicioso, Luisa A.S. (Chiqui)
Piaff, Edith 200
Plan Cóndor 13
Plaza hay una sola 156; ver Raznovich, Diana
Poema del cante jondo 120; ver Lorca, Federico García

Poeta en Nueva York 120; ver Lorca, Federico García
La primavera 13; ver Vivaldi

Racismo 190
Ramón Jiménez, Juan 119
Raznovich, Diana 1, 156
Reflejo de la Diosa Luna 1
Religión 120, 180
Rememoración 190
Representación de figuras históricas; de estereotipos masculinos y femeninos 37, 157, 190
Resguardo personal 15; ver Pedrero, Paloma
Revolución Mexicana 36, 70
Rodríguez, Andrea Evangelina 189; ver Vicioso, Luisa A.S. (Chiqui)
Roles de género 24, 154
Romance gitano 120; ver Lorca, Federico García
Romero, Concha 1, 24
Rompecabezas 36; ver Berman, Sabina
Rovner, Eduardo 1, 3

Salirse de madre 156
Salomé U: Cartas a una ausencia 189; ver Vicioso, Luisa A.S. (Chiqui)
Santa Teresa de Ávila 24
Selfie 117, 152
Shalalá 36; ver Berman, Sabina
El sí de las niñas 73; ver Moratín, Leandro Fernández
Siete hombres buenos 203; ver Mayorga, Juan
Siglo de las Luces 73, 117
Snapchat 32
Sociedad de consumo 178
Sociedad patriarcal 37, 74, 120
Soledad y esperanza 180; ver FOMMA

Tchaikovski 11
Teatro Abierto 3

Teatro neoclásico; teatro comunitario 74, 180
¿Tengo razón o no? 24; ver Romero, Concha
Texas en carretillas 156; ver Raznovich, Diana
Tinieblas de un escritor enamorado 3; ver Rovner, Eduardo
Títeres de cachiporra (o de guante) 119
La toma de Granada por los Reyes Católicos 73; ver Moratín, Leandro Fernández
La tortuga de Darwin 203; ver Mayorga, Juan
Trago amargo 189; ver Vicioso, Luisa A.S. (Chiqui)
Trujillo, Rafael Leónidas 200
Twitter 32

Último premio 3; ver Rovner, Eduardo
UnirTV 15

Viaje desde el agua 189; ver Vicioso, Luisa A.S. (Chiqui)
Vicioso, Luisa S.A. (Chiqui) 1, 189
El viejo y la niña 73; ver Moratín, Leandro Fernández
Villa, Pancho 36, 70
Violencia 179, 203
Violencia de género 180
Viva la vida 180; ver FOMMA
Vivaldi 11, 13
Volvió una noche 3; ver Rovner, Eduardo
La voz y la fuerza de la mujer 180; ver FOMMA

Wish-Ky Sour 189; ver Vicioso, Luisa A.S. (Chiqui)

Xirgu, Margarita 119

Y el mundo vendrá 3; ver Rovner, Eduardo
Yerma 119; ver Lorca, Federico García

www.ingramcontent.com/pod-product-compliance
Lightning Source LLC
Chambersburg PA
CBHW060340010526
44117CB00017B/2896